Nelson Pereira da Costa

Administração para Empreendedores

Um Estudo Introdutório da Administração no Mundo dos Negócios

EDITORA CIÊNCIA MODERNA

Editor: Paulo André P. Marques
Produção Editorial: Dilene Sandes Pessanha
Capa: Daniel Jara
Diagramação: Daniel Jara
Copidesque: Equipe Ciência Moderna

FICHA CATALOGRAFICA

COSTA, Nelson Pereira da.

Administração para Empreendedores

Rio de Janeiro: Editora Ciência Moderna Ltda., 2018.

1. Administração - Gerência
I — Título

ISBN: 978-85-399-1023-6 CDD 658.4

Editora Ciência Moderna Ltda.
R. Alice Figueiredo, 46 – Riachuelo
Rio de Janeiro, RJ – Brasil CEP: 20.950-150
Tel: (21) 2201-6662/ Fax: (21) 2201-6896
E-MAIL: LCM@LCM.COM.BR
WWW.LCM.COM.BR

09/18

A Manoel e Beatriz (in memoriam)

Meus pais e amigos que me deram educação,
apoio e condições para que eu pudesse
estudar e ter a melhor formação possível.
Grato pela paciência e bondade.
Muita Saudade.

Prefácio

Após ter escrito alguns livros de Administração, resolvi voltar para um projeto inacabado que escrevi a cerca de dez anos, sob o título *Básico de Administração*. Só que agora, é minha intenção abordar, de forma mais completa e didática, aquilo que é de fundamental importância saber no Campo da Administração.

Acredito que este livro, ***Administração para Empreendedores,*** se torne um guia para o professor da disciplina Introdução à Administração e que ajude o aluno de Administração sair, da faculdade, mais bem preparado, para enfrentar o mundo empresarial. Na pesquisa de campo que realizei e, também, no tempo em que fui professor universitário em Faculdades de Administração, percebi que empresários, empreendedores, professores e alunos carecem de conceituação. Não sabem, por exemplo, as diferenças entre missão, objetivo, propósito, meta e desafio.

A administração é fator-chave neste momento, como, aliás, sempre foi. O ser humano está começando a perceber sua importância, na medida em que observa a falta de conhecimento administrativo dos homens públicos e a necessidade de gerir a própria vida e os próprios negócios. A ordem de reduzir e cortar, tão característica dos esforços de sobrevivência, no hoje, frequentemente, cobra um alto preço em termos futuros.

Quem desenvolveu uma equipe gerencial sabe o que custa. Além disso, o que garantirá à empresa uma real capacidade de ajustar-se ao presente e desenvolver o futuro senão administradores capazes? Que posição assumir em relação a esta questão é o desafio estratégico a enfrentar, sem prejuízo do amanhã.

As organizações dependem de bons administradores para mantê-las coesas e eficazes; apresentar bom desempenho e até para existir e sobreviver. A realização e a satisfação que usufruirão como pessoas dependerão muito da capacidade com que puderem fazer a administração da organização servir às suas aspirações pessoais, seu desenvolvimento, bem como valores e metas.

Em uma sociedade composta de organizações, como a nossa, o conhecimento de administração e a competência em seu exercício são básicos. Embora muitas coisas nos sejam desconhecidas, sabemos que a administração não representa o mero senso comum. Não constitui apenas a experiência codificada. É, pelo menos potencialmente, um conjunto organizado de conhecimentos.

Administrar significa disciplina, sucesso e fracasso. Cada realização da administração é a realização de um administrador. São os administradores que conseguem o bom desempenho. Mas, é a administração que determina o que fazer. Como trabalho, a ação administrativa tem as suas próprias ferramentas. Assim, o administrador é sempre visto como paradigma, porque o que ele faz é importante no ambiente empresarial. Mas, o seu relacionamento tem uma abrangência muito maior.

O sistema econômico, ao adquirir novas dimensões, muda a sua estratégia e organização. Da mesma forma o crescimento das empresas pressupõe novas estruturas organizacionais, exigindo do empresário uma nova capacidade gerencial, novas aptidões de chefia e liderança e uma atualização das habilidades do Mundo Corporativo.

O administrador é sempre visto como paradigma, porque o que ele faz é importante, não só pela responsabilidade como pela competência. O seu relacionamento tem uma abrangência muito maior do que a de um simples mortal.

A falta de pessoas preparadas em gestão empresarial é um dos fatores que impede o maior crescimento das pequenas empresas e que dificulta a sua competição com as grandes. Peter Drucker sempre acreditou que a gestão dizia respeito aos recursos humanos, isto é, mais especificamente, de conhecimentos, capacidades e relacionamentos. O termo gestão vem sendo preferido pelo desgaste das palavras administração e gerência

Hoje, o administrador é uma pessoa que estudou Administração, por meio de um curso de graduação. Já o gerente passou a designar executivos de grandes empresas. Gestão é da terminologia europeia, que não utiliza a palavra gerência. Para os europeus a palavra gestão engloba administração e gerência.

Este livro abordará os assuntos de forma enxuta, compacta e extremamente objetiva. O leitor encontrará neste projeto a reunião daquilo que é necessário e relevante saber sobre Teoria Administrativa com aquilo que é prática para gerir uma organização. Assim, esta obra atende alunos, professores, empreendedores, empresários e pessoas que possuem um negócio, sem embasamento teórico. Teoria e prática caminham lado a lado, onde a prática mostra o que se faz e a teoria como mudar a prática, sempre numa atitude performática, atualizada, racional e produtiva.

O administrador empreendedor, que não estudar e não se atualizar, além de não progredir, caminhará para trás. Para montar uma empresa, por menor que seja, o empreendedor terá de saber diferençar conceitos e ter conhecimentos necessários para tomar decisões, que sejam as mais inteligentes possíveis, em função dos recursos que possui. Aquele que se diz um prático, logo será engolido pelo mercado. Novas especializações certamente se farão presentes e, com elas, a necessidade de o administrador do futuro organizar sua própria formação e adquirir o hábito da aprendizagem continuada.

É bom, no momento, ressaltar que reais novidades em bibliografia, no campo da Administração, ocorreram até o início da década de 1990 e que, a partir daí, a tecnologia da informação dominou o mercado editorial dos negócios.

Administração para Empreendedores é um projeto estruturado em 10 Capítulos, tendo como objetivos:

Capítulo 1 – Introdução à Administração: Mostrar que administração se aplica não só às organizações, mas, também, a nossa própria vida. Capacitar o leitor a um bom entendimento do processo administrativo.

Capítulo 2 – Teorias da Administração: Mostrar as principais teorias da administração, seus principais aspectos e críticas.

Capítulo 3 – Administrador: Mostrar que o administrador só terá sucesso se o mesmo tiver habilidades apropriadas. Observar, também, que a tomada de decisão ficará à mercê de seus conhecimentos, que, se não forem adequados, trarão consequências desagradáveis para a empresa, isto é, ele será vítima da sua própria ignorância.

Capítulo 4 – Tipos de Administração: Mostrar como a Administração é classificada, apresentando os mais importantes tipos de administração, com seus conceitos, técnicas, processos, métodos e diferenciações, porque cada tipo de administração possui características, linguagens e vocabulários próprios.

Capítulo 5 – Organização: Mostrar que nossa sociedade é composta de organizações diferentes entre si, em função de diversos fatores, processos, objetivos e recursos. Mostrar também que, se a organização não tem um objetivo, qualquer resultado serve.

Capítulo 6 – Comportamento Humano: Mostrar que o comportamento humano em uma organização pode afetar o seu futuro. Para tal, o dirigente precisa ter conhecimento de forma integrada para trabalhar: a motivação, o conflito, a diversidade, a mudança, a complexidade.

Capítulo 7 – Empresa: Mostrar que a empresa é uma organização social cuja existência se deve à sociedade da qual faz parte e que seu dono, o empresário, muitas vezes, precisa abandonar seu sonho de realização, devido às múltiplas dificuldades e adversidades.

Capítulo 8 – Empreendimento: Mostrar que todo empreendimento humano procura reunir e integrar recursos no sentido de se autossustentar e de lucrar, por meio da produção e comercialização de seus bens, serviços e ideias. Mostrar que o empreendedor combina sua intuição, perspicácia e disposição para o trabalho a uma dose, cada vez maior, de sofisticação administrativa e mercadológica.

Capítulo 9 – Gerência: Mostrar os mais importantes elementos que fundamentam a ação gerencial, bem como seus principais tipos.

Capítulo 10 – Problema: Mostrar a dificuldade de definir problema e apontar seus principais causadores, bem como as soluções.

Gostaria de manifestar meus agradecimentos a todos aqueles que, direta e indiretamente, me ajudaram a construir esta obra e, em especial aos autores que se tornaram os "gurus" da Administração.

Nelson Pereira da Costa

Sumário

Capítulo 1

Capítulo 2

Capítulo 3

Capítulo 4

Capítulo 5

Capítulo 6

Capítulo 7

Capítulo 8

Capítulo 9

Capítulo 10

Introdução

Um país como o Brasil, com os recursos que tem, não é exatamente um país com problemas econômicos. Somos, sim, uma sociedade muito mal gerenciada. Não sabemos administrar estados, municípios e a federação. Também não sabemos gerenciar nossas próprias vidas. Nossos governantes e ministros, normalmente, não têm, em sua formação, conhecimentos de Administração. A maioria destes dirigentes nunca trabalhou em grandes empresas, nem como presidente, nem como diretor.

Ao contrário, os EUA, país que o Brasil adora copiar, foi o primeiro governo que se tem notícia da História, que se estruturou intencionalmente como um órgão administrativo. Os últimos presidentes dos EUA vieram da iniciativa privada com larga experiência administrativa. Quando Busch, que possui mestrado em Administração, parabenizou Lula pelo resultado da eleição para a presidência do Brasil, levou quinze minutos de conversação (metade gasto para traduções) e aproveitou a ocasião para vender aviões fabricados no Texas. Infelizmente, ele fez uma guerra para vingar o pai e para se manter no poder, ou, talvez, porque precise da guerra para governar. Bill Klinton, presidente que o antecedeu, é formado em Administração e presidiu empresas.

Os Estados Unidos é a maior potência econômica do mundo não pela qualidade de suas teorias econômicas, mas sim pelas teorias administrativas que desenvolveu. Segundo Drucker, "a maior invenção do Século XX foi a Administração e não o *Chip* utilizado em computadores". Um outro fato curioso é que 40% dos colunistas americanos são "gurus" de gestão empresarial e negócios e não de economia. A Administração se apresenta como um conjunto de conceitos, princípios, regras, métodos, técnicas, funções, prática, cujo conhecimento auxilia o dirigente a melhor conduzir o seu negócio, atividade ou trabalho. Assim, tal conhecimento é fator-chave neste momento de cenários turbulentos.

Conhecer realmente a Administração é tarefa urgente que se coloca para todo administrador, seja público ou privado. Desafio para cujo enfrentamento não faltam tecnologias e ferramentas adequadas, mas que fracassam, se os dirigentes a ele não dirigirem o melhor de seus esforços, sabendo que é preciso construir o futuro e sobreviver no presente. Dessa forma, as imposições de mudanças, ditadas por um processo de crescimento acelerado, adquirem, na área das pequenas e médias empresas, proporções acentuadas.

Entende-se também que a mudança da economia impõe permanente elevação da produtividade. Por outro lado, o progresso tecnológico, ao expandir e diversificar as linhas de produção e distribuição, exige uma ação complementar mais eficiente da empresa, mormente no que diz respeito ao conhecimento administrativo. Daí, a necessidade de fazer com que o administrador esteja sempre questionando sobre si e sobre sua organização, tomando, para tal, as seguintes questões:

- A organização cumpre a sua missão para a qual foi criada?
- Está havendo na organização uma subordinação dos fins aos meios?
- As atribuições são bem definidas? Os níveis hierárquicos são corretos?
- A estrutura existente é a que melhor corresponde aos objetivos?
- Os recursos existentes são suficientes e otimizados?

Hoje em dia, o conceito de administração está em transição. A ideia do executivo generalista, capaz de utilizar princípios e práticas, em qualquer que seja o lugar, está caindo por terra. A diversificação das atividades empresariais está fora de moda, e a concentração disciplinada num determinado setor é o que conta. Assim, surgem modelos paradoxais como: especialista generalizador e generalista especializado.

Tornou-se, cada vez mais, possuir educação superior apropriada à profissão. As habilidades conceituais, humanas e técnicas permanecem no topo de contratação de mão de obra. A distinção entre administração e liderança é preocupante, porque coloca a liderança acima de tudo, em detrimento da boa administração. Há o mito de que é mais importante ser líder do que administrador. Pensamento que tem levado muita empresa para o buraco.

Durante o Século XX, fomos inundados por uma onda de informações em crescimento contínuo. Mas só recentemente uma configuração total da informação, propriamente dita, transformou a economia como um todo. As organizações estão engajadas em um grande programa para aumentar, ampliar, intensificar e estender as relações entre todos os seres e os objetos.

Os feitos da tecnologia causaram modificações no desempenho industrial e comercial das empresas, principalmente, no mercado, tornando-se extremamente difícil conservar a coordenação de todas as etapas administrativas da organização.

Mas, não teria sido a moderna tecnologia possível sem a cooperação de todos. A tecnologia em larga escala requer uma correspondente habilidade de integrar os recursos humanos e técnicos para tornar as organizações eficientes, eficazes e efetivas.

O futuro será cada vez mais desafiador para as empresas. As novas práticas de gestão empresarial têm enfatizado os recursos em modelos participativos de administração. Como consequência, as empresas não têm outra alternativa para a sobrevivência, senão através de estratégias que lhes permitam atingir níveis elevados de produtividade, competitividade e excelência. A questão fundamental é que tais empresas começam a perceber que já não é possível ser competitivo atuando isoladamente, isto é, verticalizando todas as etapas de operação do negócio.

A competitividade e a sobrevivência das empresas dependerão cada vez mais da sua capacidade em estabelecer e manter relações de parceria com outras empresas que complementem as suas atividades ou com as quais compartilhem investimentos em tecnologia, infraestrutura de produção e/ou de distribuição, ou em outras operações conjuntas relacionadas ao âmbito do negócio de ambas as parcerias.

O comportamento organizado deve ser encarado em termos de um sistema social que transcende as exigências funcionais da tecnologia. O bem-estar futuro da civilização depende da habilidade de viver e trabalhar em harmonia com as pessoas. As aptidões são tão importantes quanto desenvolver habilidades técnicas. Deve-se observar a importância de se compreender a organização e o papel que o administrador desempenha; estimular a confiança e a franqueza. O líder que criar uma atmosfera onde as opiniões diferentes sejam bem-vindas produzirá mudanças.

A característica talvez mais notável entre os que tiveram êxito em passar da estrutura burocrática à organização de resultados é, sem dúvida alguma, a capacidade gerencial. Somos de opinião que a filosofia gerencial, desde que aplicada com critério e honestidade de propósito, pode trazer surpreendentes resultados positivos no longo prazo, notadamente no que tange à motivação, criatividade, produtividade, desenvolvimento pessoal e profissional, com sensíveis benefícios para as pessoas e para as organizações.

A capacidade gerencial reside na absorção dos objetivos de qualquer empreendimento, bem como atingir tais objetivos por meio das funções administrativas. A administração da empresa é sempre uma excelente oportunidade para demonstrar que o papel da gerência não é complicar e muito menos sofisticar os processos de gestão. Ao contrário, o que se espera de um gerente é que ele obtenha resultados positivos, através de uma adequada e objetiva utilização dos recursos da empresa.

Os dirigentes do Brasil precisam começar a dar valor à Administração para o país poder voltar a crescer a níveis compatíveis com os de sua classe. Um país não vive somente de Política e Economia. Outros segmentos do conhecimento humano são importantes para ajudar a sociedade a progredir. Portanto, trate de saber o que é Administração, suas teorias, funções, práticas, técnicas, princípios, premissas e aplicações, porque é por meio desta que você aprenderá a gerir seus negócios e sua vida.

Devemos observar que as grandes obras da civilização humana não teriam sido possível, se não houvesse um grupo de pessoas capacitadas a gerenciar projetos. Sem administração, como seria possível atingir objetivos colossais, alimentar e vestir milhões, organizar e otimizar recursos? Manter ordem e disciplina? Como tudo isso seria possível sem o conhecimento administrativo?

Portanto, a Administração é uma arte muito antiga, que somente foi valorizada, estudada e aplicada, a partir do Século XX.

Capítulo 1

Introdução à Administração

"O progresso tecnológico, ao expandir e diversificar as linhas de produção e distribuição, exige uma ação complementar eficiente da empresa, mormente no que diz respeito ao conhecimento administrativo."
Harold Koontz

Objetivos do Capítulo

- Mostrar que a administração se aplica não só às organizações, mas, também, a nossa própria vida.
- Capacitar o leitor a um melhor entendimento de todo o processo administrativo.
- Mostrar as principais características das escolas administrativas.
- Mostrar os princípios de administração que mais se notabilizaram ao longo dos anos.

1.1 Conceito de Administração

A administração se apresenta como um conjunto de conceitos, princípios, regras, métodos, funções e técnicas isoladas, cujo conhecimento auxilia o dirigente, no alcance dos objetivos da organização, utilizando recursos próprios ou adquiridos. A palavra administração vem do latim *ad* (direção para, tendência para) e *minister* (subordinação ou obediência) e significa aquele que realiza uma função abaixo do comando de alguém, isto é, aquele que presta um serviço a outro. Administração significa subordinação e serviço.

Hoje, a administração é considerada como uma arte, que evolui com a prática. Na verdade, ainda não se tem uma ciência da administração, principalmente, porque não conseguimos uma teoria geral cujo maior obstáculo é o comportamento humano. Oliver Sheldon observou que "até onde a administração se refere a coisas, seus métodos podem ser estabelecidos em termos de princípios científicos".

O que distingue o trabalho de administração dos outros tipos de atividades, executadas no seio de uma organização, é o fato de o mesmo concentrar-se em manter a organização, facilitando atingir seus fins.

Portanto, administrar uma organização é tirar o melhor partido das circunstâncias (externas e internas), de modo a utilizar o mais eficientemente possível os recursos que dispõe para sua sobrevivência. O objeto de estudo da administração é a organização como um sistema composto de subsistemas que interagem entre si e com o ambiente. Um dos traços mais característicos da nossa moderna sociedade é a preponderância do esforço grupal organizado. Dificilmente a consecução de vários objetivos é buscada através de esforços individuais.

Os bens e serviços que satisfazem às nossas necessidades econômicas, por exemplo, são produzidos e distribuídos por unidades empresariais compostas por mais de uma pessoa.

Um grande contingente de estudiosos das áreas de economia, engenharia, sociologia, psicologia, estatística, matemática e eletrônica invadiu o campo da administração com novas teorias e técnicas. A literatura dedicada à administração se acha, hoje, repleta de referências à programação matemática, à teoria da decisão, à teoria da comunicação, à cibernética, à informática, à teoria da interação, à teoria da motivação, à teoria de sistemas, à tecnologia da informação e à Internet. Esse desenvolvimento originou um enorme acúmulo de conhecimento útil para os que exercem ou pretendem exercer funções administrativas.

O sucesso e o fracasso de uma organização não é um jogo estatístico. A boa administração é o fator determinante da sobrevivência e sucesso do empreendimento. A má administração, e não a economia, a concorrência, o fluxo de consumidores ou o azar, é o fator que determina o fracasso. Nem todos acham que precisamos de administração. Preferem falar de "esforço de equipe". Naturalmente não compreendem, que mesmo na forma mais rudimentar de atividade em grupo, os participantes têm objetivos, às vezes, diferentes dos objetivos do grupo.

Realmente, refletir o processo básico e os princípios da administração diz respeito a todo o grupo, cuja finalidade é obter os melhores resultados possíveis. Isto só se consegue por meio de uma cooperação organizada.

A administração é necessária em todas as organizações modernas. De fato, logo percebemos que ela é até mais necessária em organizações que não são empresas privadas, sejam não lucrativas ou não governamentais. Essas organizações precisam até mais de administração, porque não dispõem da disciplina do resultado financeiro sob a qual a empresa opera. Hoje, a administração é aceita em todos os países, como um importante apêndice da sociedade do conhecimento.

1.2 Considerações sobre Administração

Algumas considerações ajudarão a fundamentar o conceito de Administração:

Campo da Administração – No campo da administração é necessário fazer distinção entre: instrumentos (ferramentas) de trabalho, habilidades conceituais (conhecimentos) e limites (fronteiras) de atuação. Os teóricos da administração, segundo Thomas Peter, dos primeiros sessenta anos do Século XX, não se preocupavam com ambiente, concorrência, qualidade, conhecimento, informação e mercado, por exemplo. A concepção era a do sistema fechado, isto é, a preocupação só se dava no interior da organização.

Escopo da Administração – A administração, tanto na teoria quanto na prática, trata das entidades legais dos empreendimentos individuais e coletivos, como: corporações financeiras, indústrias, comércios, hospitais, escolas, empresas de serviço. Portanto, o escopo da administração possui um aspecto econômico.

Domínio da Administração – O ambiente interno da organização é o domínio da administração. Isso explica a distinção entre administração e empreendimento, que, sem a primeira, seria totalmente incompreensível. Na prática, essa distinção não tem, absolutamente, nenhum sentido. Um empreendimento só sobreviverá se tiver o suporte da administração. Assim, deve ser óbvio que administração e espírito empreendedor são duas faces da mesma moeda. Um empreendedor, que não aprenda a administrar, não vai durar muito tempo. É até compreensível que a administração tenha começado, voltando-se, em primeiro lugar, para o interior da organização, e que, hoje, se intensificou com a tecnologia da informação. Esta volta às origens da administração, caracterizado pelo estudo de seu interior, ainda não foi suficientemente avaliada.

Conhecimento Administrativo – Este conhecimento é produzido pelos administradores, por meio de: experiências, observações, análises, avaliações, demonstrações, práticas, técnicas, métodos, princípios, regras, ensaios e erros. O conhecimento está sempre incorporado em uma pessoa, é levado com ela, criado, aumentado e aprimorado. É aplicado, ensinado, transmitido, usado, empregado, mudado. Ao se fazer isso, novos desafios, questões e precedentes surgem à pessoa instruída. Entender e fazer são duas faces do mesmo ato de conhecer.

Teoria e prática, ação e reflexão são elementos indissociáveis de um todo, que só didaticamente podem ser distinguidos. É a partir da capacidade de reflexão crítica a respeito dos problemas que o administrador procura interpretar e descobrir as suas causas e efeitos. O fracasso na resolução de um problema vai revelar quais pontos se acham as dificuldades e as condições mínimas que uma solução deve satisfazer. Assim, na ciência, não é tão importante resolver os problemas como descobri-los e bem formulá-los.

Desenvolvimento da Administração – Segundo Drucker, no limiar da Primeira Guerra Mundial, alguns poucos pensadores já estavam se conscientizando da existência da administração. Mas poucas pessoas, mesmo nos países mais adiantados, tinham algo a ver com este conhecimento. Hoje, o maior contingente de mão de obra possui alguma formação em Administração. Pela primeira vez na história da humanidade, as pessoas desempenham suas atividades com a consciência de bem conduzir seus negócios. Nenhuma sociedade anterior a esta conseguiu fazer isso, porque, até pouco tempo, ninguém sabia como reunir pessoas com diferentes habilidades para alcançar objetivos comuns, isto é, como gerenciar uma equipe multidisciplinar.

Problemas de Administração – Os problemas reais de administração são grandemente complicados pelo fato de os elementos, com que o executivo deve lutar, variam constantemente. Ele não pode supor que se mantenham fixos: a demanda pelo consumidor, a tecnologia, a produtividade, o custo dos fatores de produção, o preço dos produtos. Uma mudança em qualquer um desses valores pode exigir ajustamentos importantes da atividade da empresa.

O problema torna-se mais complicado ainda pelo fato de que alguns destes ajustes precisam de um lapso de tempo para ter lugar. Um aumento da demanda, por exemplo, pode requerer um suplemento adicional de máquinas, equipamentos, ferramental e pessoal. Por essa razão, o executivo deve prever as variações futuras.

Fato Administrativo – O fato é um acontecimento passível de ser observado empiricamente, sendo expresso por meio de uma afirmativa, que tem validade geral e que não pode ser contrariada. Assim, aquele que pretende solucionar um problema terá de considerar seriamente os fatos, porque estes podem: iniciar, reformular, redefinir, esclarecer ou rejeitar uma solução. Já o fato administrativo é um complexo de elementos e de suas relações entre si, resultante e condicionante da ação de diferentes pessoas, escalonadas em diferentes níveis de decisão, no desempenho de funções que limitam e orientam atividades humanas associadas, tendo em vista objetivos predeterminados.

A debilidade em se construir uma ciência da administração repousa na dificuldade do que seja um fato administrativo.

Administração e Sociedade – A administração tornou-se importante na condução da sociedade, porque ela deixa marcas na vida das pessoas, à medida que lhes ensina como executar as funções administrativas e conhecer as funções organizacionais.

Importância da Administração – O despontar da administração como uma instituição é um evento crítico na história da humanidade. Talvez a administração permaneça ainda por muitos anos, pois ela conseguiu fundamentar o sistema industrial e estabelecer as crenças básicas da sociedade de negócios, tais como: possibilidade de organizar a existência humana; As transformações administrativas podem ser o catalizador do desenvolvimento humano e da justiça social.

Vale lembrar Jonathan Swift que disse, há duzentos e cinquenta anos: "Quem quer que faça crescer duas folhas de capim onde antes crescia apenas uma, merece mais louvores da humanidade do que qualquer filósofo especulativo ou criador de sistemas metafísicos". Assim, a administração é a ferramenta encarregada de transformar os recursos em bens e serviços. Talvez isso explique o porquê de sua grande aceitação.

1.3 Papel da Administração

Tem-se, hoje, à disposição, os conhecimentos e as experiências necessárias à administração bem-sucedida. O administrador é o elemento dinâmico e vital de toda e qualquer organização. Sem a sua liderança, os recursos de produção permanecem recursos e nunca se tornam produtos. Numa economia competitiva é a qualidade da atuação dos administradores que determina o sucesso ou, mesmo, a sobrevivência de uma empresa.

O governo Eisenhower, de 1952, nos EUA, foi o primeiro governo, que se tem notícia da história, que se estruturou intencionalmente como um órgão administrativo.

A administração é a expressão da crença básica da subsistência do homem através de organizações. O que é, então, administração? O que faz? Há duas respostas populares a esta pergunta. Uma afirma que a administração é o pessoal lá de cima, o termo sendo um mero eufemismo para patrão. A outra define o administrador como alguém que dirige o trabalho de outros ou, conforme o clichê: "*alguém cujo trabalho consiste em fazer os outros trabalharem*".

A organização só pode decidir, agir e funcionar na pessoa de seus administradores, por si só a empresa não tem existência real. E, por outro lado, qualquer empresa, não importa sua estrutura, precisa de uma administração para adquirir vida e poder funcionar. Sob este aspecto, não há nenhuma diferença entre empresa privada, pública, ministério, cooperativa ou sindicato. Em cada decisão e medida que tomar, a administração só pode justificar sua existência e sua autoridade mediante os resultados positivos que produzir. Mesmo que não haja grandes resultados econômicos, a administração fracassará se não houver obtido algum lucro (econômico ou social). Terá fracassado se não fornecer os bens, serviços e ideias desejados pelos consumidores (usuários, pacientes, colaboradores) a um preço que estes estejam dispostos a pagar.

É verdade que o trabalho de um administrador pode ser sistematicamente analisado e classificado. Em outras palavras, existem características profissionais distintas e um aspecto científico na administração. É verdade também que a administração de uma empresa não é uma questão de intuição ou de capacidade nata. Os elementos e requisitos de tal atividade podem ser transmitidos a qualquer pessoa com dotes intelectuais humanos normais.

A administração não pode ignorar os interesses dos consumidores, sócios, empregados, fornecedores de recursos, concorrentes, outras empresas e a sociedade. Seus poderes discricionários não são, de forma alguma, absolutos. Ela é obrigada a se adaptar, inteligentemente, às forças ambientais, de acordo com a situação presente, mas também é ameaçada por restrições potenciais politicamente impostas. Porém, este campo do conhecimento vai além da reação passiva e da adaptação.

Administrar implica tentar moldar o cenário e planejar mudanças. Como é difícil dominar o cenário, sua tarefa básica é transformar o desejável no possível e o possível no efetivo. Segundo Idalberto Chiavenato, "a administração tornou-se importante na condução da sociedade moderna. Ela não é um fim em si mesmo, mas um meio de fazer com que as coisas sejam realizadas da melhor forma, com o menor custo e com a maior eficiência e eficácia". Para Peter Drucker a maior invenção do Século XX não foi o *Chip*, mas, sim, a Administração.

1.4 Responsabilidade da Administração

Responsabilidade refere-se à obrigação que uma pessoa (física, jurídica) tem de fazer alguma coisa para outrem. Portanto, esta pessoa deve prestar contas àquela. Mas, diante de quem a administração é responsável? De acordo com a lei, a administração deve administrar no melhor interesse dos sócios (cotistas, acionistas). Aqueles que se opõem acham que a administração deve ter responsabilidade para com a sociedade, isto é, os consumidores, os empregados, os fornecedores e os governos.

Muitos executivos defendem que a administração deve ser responsável para com a empresa e todos os grupos interessados. Para os economistas, o mercado é o grande responsável, porque contra as forças de mercado não há responsabilidade que resista.

A responsabilidade da administração em nossa sociedade é decisiva não só para a própria empresa, mas também para o prestígio, sucesso e posição do administrador, para o futuro de nosso sistema econômico e social, e para a sobrevivência da empresa como uma instituição autônoma. A responsabilidade pública da administração deve, portanto, estar subjacente a tudo que fizer. Basicamente, constitui a fonte da ética da administração. A administração tem de ser responsável pelo desempenho da organização, e o fato de se questionar sobre tal desempenho (interno e externo) já é, em si, uma medida do sucesso e da importância da administração.

A tarefa da administração é interpretar os objetivos propostos pela organização e transformá-los em ação, atendendo a situação existente. A administração revela-se nos dias de hoje como uma das áreas do conhecimento humano mais impregnada de complexidades e de desafios. O profissional que utiliza a administração como meio de vida pode trabalhar nos mais variados níveis de uma organização.

Há muitas tarefas que são essenciais à vida administrativa, como: atingir a finalidade e a missão específicas da instituição; tornar o trabalho produtivo; administrar os impactos sociais com responsabilidade; definir que resultado espera conseguir; trabalhar com os recursos mais atualizados possíveis; buscar inovação de produtos e processos que sejam viáveis e lucrativos; manter boas relações com a clientela; buscar qualidade em tudo e em todos.

É na base da tarefa administrativa que se encontram os conceitos de papel e de responsabilidade.

É reconhecido que as administrações podem influenciar as necessidades do consumidor através da propaganda. Presumivelmente, podem levar os consumidores a pagar por bens e serviços, que eles não necessitam realmente, ou que não comprariam se não tivessem sido tão influenciados.

1.5 Filosofia da Administração

A filosofia é a orientação que fundamenta a ação de uma pessoa na resolução dos problemas que a vida impõe, porque ela é um modo de se posicionar diante do mundo. Ela tem por finalidade estabelecer uma forma de compreensão e transmissão da realidade comum. Por isso, os agrupamentos humanos sobrevivem, se tiverem alguma orientação filosófica. Através da filosofia, o ser humano toma consciência de si, do sentido da sua história, do significado do seu projeto de vida, decorrendo uma forma de agir. Tal linha de pensamento nos leva à premissa: *As estrelas guiam os viajantes, como as pesquisas os estudiosos.*

Talvez o aspecto mais importante da administração seja a filosofia sobre a qual se assentam todas as suas atividades e por se referir ao pensamento básico que orienta as ações de um administrador. A filosofia tem a utilidade de orientar e explicar atos e fatos do cotidiano da organização. Antes de 1880, a filosofia da administração era caracterizada pela preocupação com as compensações financeiras. Cada vez mais o administrador, que pensa, indaga de si mesmo: Qual a maneira que sua empresa deve enquadrar-se e contribuir para o bem-estar geral da sociedade?

A palavra filosofia é, hoje, utilizada sem restrições ou escrúpulos nos círculos administrativos. Está fundamentada nas necessidades específicas do pessoal da administração e dos obstáculos que irão encontrar, sob o foco do comportamento humano. Ela se aplica a todos os níveis da estrutura organizacional.

Muitos dirigentes colocam os interesses dos clientes (consumidores, fornecedores, funcionários, parceiros, pacientes, usuários, colaboradores e agentes do governo) acima dos sócios.

Estas concepções representam a principal mudança da filosofia administrativa. Elas refletem uma evolução histórica no sentido do profissionalismo do administrador. Os interesses dos consumidores podem ser mais bem atendidos por meio de preços mais baixos, mas uma redução de preços não se justifica, se tem como consequência o prejuízo.

Esta lógica também determina um nível mais baixo de lucros, mesmo que salários mais elevados resultem em um melhor padrão de desempenho. Sustentar que os interesses do consumidor serão violados é um argumento válido, apenas na medida em que estes estejam relacionados com a sobrevivência da empresa.

1.6 Evolução da Administração

A administração constitui a resultante histórica de diversas contribuições dadas por filósofos, políticos, militares, economistas, engenheiros, industriais, professores, cientistas, sociólogos, psicólogos, governantes, dirigentes empresariais que, no decorrer do tempo, foram acrescentando conhecimentos. Por tal, a administração se utiliza de teorias das ciências exatas, humanas, físicas e estatísticas, por exemplo. A prática administrativa é tão velha quanto a sociedade humana.

A história do homem está repleta de evidências de atividade organizada. As enormes paredes da velha Babilônia, as pirâmides do Egito, a grande muralha da China, os templos astecas rivalizam os feitos da moderna civilização industrial. A travessia, no ano 218 a.C., dos Alpes por Aníbal com tropas e equipamentos, foi um notável feito de organização. A glória do Império Romano, em grande parte, se deve as suas habilidades administrativas e seus meios de comunicação e distribuição.

Muitas antigas civilizações da América e da Ásia não poderiam ter existido sem que tivessem conhecimento administrativo.

A Igreja Católica resolveu, com sucesso, problemas organizacionais de grande vulto, muito antes que os gigantes empresariais de hoje existissem. Muitas das ideias que, mais tarde, foram desenvolvidas pelos pioneiros da administração já eram utilizadas no Arsenal de Veneza, que era dividido em vários departamentos funcionais, cada um sob a direção de um mestre.

Na organização fabril observou-se, com mais nitidez, as diferenças entre as funções da organização. A fábrica destacou elementos que mudaram as relações entre as pessoas. Homens, matérias-primas, insumos, máquinas e equipamentos são concentrados, hoje, num parque industrial. O controle passou a ser centralizado e houve uma clara distinção entre empregado e empregador.

A história da administração mostrou que as variáveis: tarefa, estrutura, comportamento, pessoa, objetivo, ambiente, informação e tecnologia, por exemplo, tiveram, cada uma no seu tempo, preponderância na avaliação da administração como ciência (arte ou prática). Apesar de sempre ter existido o trabalho na história da humanidade, a história das organizações e sua administração são um capítulo que teve o seu início no começo do Século XX. As influências mais marcantes na administração, nos Séculos XVIII e XIX, foram da Igreja Católica, da Organização Militar e da Revolução Industrial (1ª e 2ª Fases).

Hoje, os administradores contam com inúmeras técnicas e ferramentas de trabalho para suas práticas diárias. A bibliografia do campo da administração é bastante diversificada e crescente. As pesquisas realizadas pelos dirigentes de empresa são, muitas vezes, feitas em seus gabinetes, tendo em vista a crescente utilização de tecnologia digital da informação. A necessidade de sair em campo foi diminuída, mas não eliminada. A acuidade do administrador de observar desvios faz com que a evolução da administração seja cada vez maior e melhor.

À medida que a administração teve de enfrentar novas situações, que se desenvolveram com o decorrer do tempo, as doutrinas e teorias foram se adaptando e se modificando, a fim de continuarem úteis e aplicáveis.

1.7 Linha do Tempo da Administração

A linha do tempo da administração apresenta eventos importantes da história da administração e das organizações, bem como ideias que deles surgiram e os influenciaram. Segundo o professor Antônio Cezar A. Maximiano é a seguinte, a linha do tempo:

1. 3000 a.C. Mesopotâmia (civilização suméria): Escriturações comerciais.
2. 2600 a.C. Egito: Construção da grande pirâmide de Quéops.
3. 2400 a.C. China: Imperador Yao descentraliza seu governo.
4. 1600 a.C. Egito: Uso da logística.
5. 800 a.C. Roma: Embrião das instituições administrativas.
6. 500 a.C. China: Mêncio sistematiza princípios de administração.
7. 400 a.C. China: Sun Tzu prescreve estratégias de guerra.
8. 300 a.C. Roma: Exército romano é modelo de organização.
9. 1494. Gênova: Luca Pacioli inventa o sistema de partidas dobradas da contabilidade.

10. Século XVI. Veneza: Arsenal de Veneza usa contabilidade de custos.
11. Século XVI. Florença: Maquiavel publica *O Príncipe*.
12. 1776. Inglaterra: Adam Smith publica *A Riqueza das Nações*.
13. Século XVIII. Europa: Produção padronizada.
14. 1800. Inglaterra: James Watt passa a fabricar locomotiva a vapor, introduzindo muitas inovações administrativas, inclusive com previsões de vendas.
15. 1800. França: Primeiros sistemas de participação nos resultados para os trabalhadores.
16. 1881. Estados Unidos: Joseph Wharton funda a primeira faculdade de administração.
17. Início do Século XX. Estados Unidos: Movimento da Administração Científica.
18. 1914. Estados Unidos: Ford adota a linha de montagem.
19. 1916. Alemanha: Max Weber desenvolve estudos sobre burocracia.
20. 1916. França: Fayol publica *Administração Industrial e Geral*.
21. Década de 1920. Estados Unidos: Experimento Hawthorne. Surge a escola das Relações Humanas.
22. 1946. Inglaterra: Emery e Trist desenvolvem a ideia dos sistemas sociotécnicos.
23. 1950. Estados Unidos: Feigenbaum propõe a idéia do departamento de controle da qualidade.
24. 1950. Japão: Especialistas americanos são enviados ao Japão para implantação de métodos de administração e controle de qualidade.
25. Décadas de 1950 e de 1960. Estados Unidos: A administração de projetos consolida-se como disciplina.
26. 1967. Estados Unidos: Lawrence e Lorsck desenvolvem os conceitos de diferenciação e integração.
27. Década de 1960 e 1970: Começa a aplicação dos computadores para o tratamento de problemas administrativos.
28. Década de 1970: Dissemina-se o modelo da administração japonesa.
29. Década de 1980: Aplicação em larga escala dos microcomputadores.
30. Início do Século XXI: Acelera-se o uso da tecnologia digital da informação; globalização; internet; economia de rede; privatizações; terceirização; preservação ambiental; empreendedorismo individual; reivindicações de maior qualidade de vida; recrudescimento do Terceiro Setor; sustentabilidade; concentração de renda; fusões e aquisições.

1.8 Experiências Notáveis da Administração

Bethlehem Company: Em 1898, os pátios da Bethlehem Steel Company recebiam grande quantidade de homens para o manejo com pás do minério de ferro e de carvão triturado. A experiência com as pás foi iniciada por um estudo sistemático desse manejo. Qual seria a melhor carga para a pá, em função do tipo de material? Quando Frederick W.Taylor foi para a Bethlehem, cada trabalhador trazia sua própria pá. Um trabalhador removia 1,75 kg do carvão com a pá e usava a mesma pá para o minério de ferro, o que envolvia uma carga de 19 kg. Taylor selecionou vários trabalhadores e deu-lhes uma gratificação extra para seguirem suas instruções.

Um grande depósito foi construído para armazenar as pás de diferentes tamanhos, projetadas para receber uma carga de 10 kg para os vários tipos de material. No depósito de ferramentas também estavam armazenados outros implementos, tais como: picaretas e alavancas, projetadas e padronizadas para determinados trabalhos. Um detalhado sistema de trabalho foi desenvolvido. Eram colocados no escaninho de cada operário duas fichas de papel. Uma indicava os implementos que teria de usar e onde deveria trabalhar naquele dia e a outra continha a produção do dia anterior e quanto ganhara. Quando a produção estava abaixo da marca, o operário recebia uma ficha amarela que lhe servia de advertência para melhorar e não conseguindo atingir o padrão estabelecido significava transferência para outros tipos de trabalho, se fosse de interesse da companhia.

O trabalho era planejado com antecedência e os operários eram encaminhados de um lugar para outro por funcionário do setor de planejamento. Para tal, foram utilizados mapas, gráficos e diagramas e instalou-se um serviço de comunicação (telefones e mensageiros). Foram também realizados estudos para determinar a melhor maneira de manipulação das pás, relativos a movimento, peso, ângulo de inclinação. Os trabalhadores foram treinados para novos métodos de trabalho, sendo monitorados periodicamente.

Como os pioneiros da administração científica realçassem a importância das técnicas científicas na maximização da capacidade produtiva das máquinas e dos homens, suas suposições sobre o ser humano estavam baseadas na hipótese do comportamento de massa e no conceito do homem econômico. O Quadro, a seguir, mostra a performance conseguida por Taylor.

Evento	Antes	Depois	Performance
Manipulação de lingotes por dia	12,5 t	47,5 t	280%
Salários	$ 1,15	$ 1,85	60%
Manejo de minério de ferro e carvão	16 t	59 t	270%
Custo (centavos de dólar)	7,20	3,30	- 54%
Funcionários	500	140	- 72%
Descanso	Não	Sim	

Quadro 1.1: Resultados de Performance de Taylor.

Esta experiência faz parte da História da Administração, como um grande feito no final do Século XIX. Portanto, regras de combate e racionalização do desperdício é coisa antiga.

Experimento Hawthorne: Na vida diária, o administrador precisa, cada vez mais, ser capaz de avaliar a pesquisa, a fim de tomar decisões inteligentes. A pesquisa será avaliada por: amostragem, possibilidade de erro, existência de limitações, ajuda na tomada de decisão, racionalização do método utilizado, relatório com informações pertinentes. Como o trabalho de pesquisa é, geralmente, baseado em amostra, há a possibilidade de erros. Se o método de pesquisa é usado com cuidado, com plena compreensão das possibilidades e limitações, pode se constituir em valiosa ajuda. A pesquisa pode dar sua maior contribuição, quando a análise é feita com objetividade, de maneira imparcial, trabalhando com informações pertinentes.

Uma das mais notáveis pesquisas da História da Administração ficou conhecida como "Experimento Hawthorne". Esta experiência foi coordenada por Elton Mayo, durou de 1927 a 1932, e proporcionou conclusões que deram origem à Teoria das Relações Humanas. A experiência de Hawthorne foi feita na Western Electric Company, bairro de Hawthorne, na cidade de Chicago, e tinha como objetivo estudar os efeitos do ambiente na produtividade, a relação entre incentivo, desempenho, fadiga e descanso.

Os métodos principais de pesquisa foram observação e entrevista. Para poder comparar os efeitos de mudança foram estudados grupos, assim chamados:

Grupo Experimental – É um grupo selecionado para participar de uma pesquisa e sujeito às mudanças nas condições ambientais de trabalho.

Grupo de Controle – É o grupo que trabalha nas mesmas condições anteriores, servindo como referencial para comparar resultados.

Grupo de Referência – Serve para avaliar o comportamento do indivíduo diante do grupo.

Os pesquisadores também experimentaram períodos de descanso e dias menores de trabalho. Começaram a compreender que não estavam estudando uma situação comum de oficina, mas um fenômeno social. Nas palavras de Dickson: "A experiência que eles haviam planejado realizar, era muito diferente da que eles haviam realmente feito".

Milhares de entrevistas foram conduzidas para determinar pontos de vista dos empregados sobre uma grande variedade de assuntos. As primeiras procuravam determinar os pontos de vista do operário sobre a empresa, a supervisão, os planos de seguro, as promoções e os salários. Logo, se observou que este método resultava em comentários sobre assuntos considerados mais importantes pelo entrevistador do que pelo empregado. O método de entrevista foi modificado para uma aproximação indireta, assumindo o entrevistador um papel passivo.

Apesar do programa de entrevistas ter dado uma valiosa visão da natureza do comportamento humano numa organização, não foi completamente satisfatório. A situação social, que havia desempenhado um importante papel nas respostas dos empregados, precisava exigir uma maior atenção. Um estudo detalhado foi iniciado para desenvolver novos métodos de pesquisa e descobrir alguma coisa sobre o comportamento das pessoas em pequenos grupos.

As observações mais notáveis foram as seguintes:

a. Mesmo cortando privilégios, a produção do grupo, sob observação, não caiu.
b. Os operadores, frequentemente, paravam de trabalhar antes do tempo oficial, quando atingiam o padrão do grupo.
c. Um operário montador de fios era capaz de dizer a hora, com um erro máximo de dois minutos, computando a quantidade de fios elétricos que ele havia montado naquela manhã.
d. Operários que tentavam exceder a norma de produção eram, geralmente, malvistos e eram exercidas pressões contra eles pelo grupo.
e. Os três montadores de fios mais vagarosos conseguiram melhores pontos no teste de destreza do que os três mais rápidos.
f. O homem que produzia menos conseguiu o primeiro lugar no teste de inteligência e o terceiro no teste de destreza.
g. Um líder informal, que era popular no grupo, recebia a maior parte da colaboração, embora não o precisasse realmente.
h. Um dos mais rápidos montadores, que mostrava grande vontade de ser um líder, ajudava ao máximo, mas sua ajuda raramente era retribuída.

A experiência de Hawthorne mostrou as seguintes conclusões: havia uma liderança que ditava as normas do grupo, através de um canal informal de comunicação; todo o grupo era regido por estas normas, que não observadas, faziam o membro do grupo cair em desgraça; os indivíduos mostravam-se mais preocupados com o grupo do que consigo mesmo.

Depois de Hawthorne, a Administração nunca mais foi a mesma com relação ao ser humano, porque passou a considerar este recurso como preponderante na organização.

1.9 Administração como Ciência

As limitações de nossa mente exigem a fragmentação do real para que se possa atingir um de seus segmentos, resultando, desse fato, a pluralidade das ciências. Em ciência, as proposições e enunciados podem caminhar do particular para o geral (método indutivo) e do geral para o particular (método dedutivo).

A ciência objetiva distinguir a característica comum, ou as leis gerais, que regem determinados eventos. As ciências têm um determinado objeto de estudo. Para que um determinado campo de conhecimento seja considerado ciência, é necessário que tenha um objeto próprio de estudo. A administração sempre teve como objeto de estudo a ação organizacional, utilizando todos os instrumentos possíveis e pertinentes a esta ação.

A Administração Científica ou Movimento da Administração Científica é uma corrente iniciada por Taylor, através da publicação de *Princípios de Administração Científica*. Este movimento enfatiza as tarefas, a racionalidade do trabalho, a padronização e o estabelecimento de princípios. A administração científica tratou dos conflitos: ciência × empirismo; harmonia × discórdia; cooperação × individualismo; rendimento máximo × rotina de trabalho; otimização do recurso × utilização do recurso. Com a Administração Científica, a padronização passou a ser uma preocupação constante na obtenção da eficiência.

A administração é uma ciência ou uma arte? Na realidade, a prática da administração como todas as outras artes se utiliza de conhecimento organizado. Assim, a prática deve projetar uma solução que será alcançada pelo trabalho, isto é, atingir resultados desejados. Aqueles que administram por fórmulas e modelos negligenciarão as realidades práticas. Portanto, com exceção da própria ciência, a arte é a mais criativa das atividades humanas.

A arte é sempre baseada num conhecimento da ciência em que ela se fundamenta. Ciência e arte não são excludentes, mas complementares. O administrador, sem uma teoria, terá de confiar na sorte, na intuição ou o que fez no passado.

Já aquele que possui conhecimento, terá condições de ler melhor o cenário e buscar uma solução inteligente para uma situação inusitada. Mas, mesmo assim, não basta ter conhecimento e sim saber bem utilizá-lo. Também não existe uma ciência onde tudo é conhecido. É preciso saber dosar teoria e prática para ter sucesso. E esta capacidade é a essência da arte. C. P. Snow argumenta que a administração não se encaixa nem na classificação de humanista e nem na de científica. Ela trata de ação e aplicação. Seu teste são os próprios resultados.

Embora as ciências gerenciais sejam um conglomerado de interesses e conhecimentos, elas se valem da necessidade da aplicação de uma metodologia científica. A abordagem sistemática na procura de soluções, construção de modelos e utilização das funções administrativas corroboram tal necessidade.

A aplicação de métodos quantitativos, mudanças na estrutura e nos processos, uso intensivo de tecnologia da informação, inovações nos produtos e na produção, otimização dos recursos e análise de decisões estratégicas ajudam na solução de problemas.

1.10 Escolas da Administração

A expressão Escola de Administração está sendo usada para considerar um grupo de cientistas e autores que trataram a Administração sob certos enfoques e teorias. São as seguintes, as mais notáveis Escolas da Administração:

1.10.1 Escola Econômica da Administração

O estudo a ser mostrado, a seguir, leva o nome daqueles que iniciaram a História da Administração, desde o Século XVIII. O desenvolvimento da indústria e a crescente separação entre propriedade e administração levaram ao aparecimento do administrador profissional. Este passou a refletir, começando a elaborar um pensamento administrativo. Adam Smith, criador da Escola Clássica da Economia, já em 1776, mencionava o princípio da especialização dos operários numa manufatura de agulhas para salientar a necessidade de racionalização da produção. Sugeriu alguns conceitos de controle e de remuneração. Ele considerava que o bom administrador devia cultivar a ordem, a economia e a atenção.

John Stuart Mill acrescentou mais duas qualidades importantes: a fidelidade e o zelo. Alfred Marshal sugeriu autoconfiança e prontidão. Um outro economista clássico, Samuel P. Newman, escreveu, em 1835, que um bom administrador deve possuir uma incomum quantidade de previsão e cálculo, para que seus planos sejam bem fundamentados. Deve mostrar perseverança e constância de propósitos ao levar planos para a execução, afirmou ainda.

Nós pensamos que o Estudo dos Tempos e Movimentos seja uma inovação de Taylor e Gilbreth, quando na realidade, já em 1776, Adam Smith lhe devotou o primeiro capítulo de seu livro *Riqueza das Nações*, sua obra clássica. O planejamento para a maioria dos economistas clássicos foi considerado a função mais importante. O treinamento também recebeu boa acolhida. A função administrativa organização foi concebida em termos mais abrangentes e o princípio da unidade de comando também recebeu atenção. O conceito de controle evoluiu para controle de desperdício.

A contribuição dos economistas para o pensamento da administração não foi certamente muito técnica, específica e duradoura, tendo em vista o que viria a ser descoberto durante o Século XIX. Mas eles, certamente, contribuíram para valorizar a Administração, seja porque a mencionaram dando-lhe o *status* de um novo campo de conhecimento ou por estimularem os pensadores e autores que vieram depois.

O general prussiano Carl Von Clausewitz, ao escrever sobre a guerra e sobre a administração dos exércitos não podia imaginar que estaria se antecipando à Escola Clássica da Administração. A estratégia militar seria adaptada à estratégia de negócios, uns 150 anos depois. Este general considerou que administrar uma grande organização requereria planejamento cuidadoso e que todas as decisões devem ser baseadas na probabilidade e não na necessidade lógica. Talvez a maior contribuição de Clausewitz para a Administração, seja o fato de que o administrador deve aceitar a incerteza e planejar de modo a minimizar a mesma.

Os pensadores do início do Século XIX trataram de modo amplo sobre os temas fundamentais da Administração. Eles contribuíram para tornar essa nova "ciência" conhecida e respeitada. O importante não é tanto o que disseram, mas o que começaram. Eles ajudaram a reforçar a importância da administração sistemática para a direção dos negócios e encorajaram outros a levar adiante tal estudo.

Na primeira metade do Século XIX, o engenheiro ferroviário Henry Varnum Poor destacou-se como um dos primeiros elaboradores da Teoria Administrativa. Numa época em que não havia uma teoria desse tipo, nem escolas de administração e nem administradores profissionais, esse engenheiro, cinquenta anos antes de Taylor, antecipou com incrível profundidade e realismo a análise dos problemas enfrentados, hoje, pela grande empresa. Outro aspecto a ressaltar na obra de Varnum foi a necessidade da publicação de informações financeiras sobre as organizações. Esta batalha levou anos para ser entendida pelos investidores como algo salutar para a imagem da empresa.

A contribuição do pesquisador Charles Babbage foi muito além de ser considerado o pioneiro no desenvolvimento do computador, pois recomendou a utilização de dados, a fixação de tempo padrão, a divisão do trabalho, a determinação de custos, a fixação de bonificação proporcional a eficiência do trabalhador. Mais que tudo isso, Babbage inaugurou a Pesquisa & Desenvolvimento.

Eli Whitney foi o pioneiro da implantação prática da produção em massa, no final dos anos de 1790. Suas maiores contribuições para a administração foram: inovou métodos de fabricação; implementou técnicas de produção em massa; experimentou diferentes métodos de controle; utilizou amplamente o conceito de análise para buscar maior eficiência.

1.10.2 Escola Pragmática da Administração

Alfred Sloan Jr. foi presidente da empresa General Motors durante muitos anos, tornando-se uma das figuras mais inovadoras do empresariado da época. Ele ofereceu um dos melhores exemplos dos problemas que enfrenta o sucessor de um presidente carismático, como Willian Durant. Lutou para tirar essa firma de uma bancarrota certa e a transformou no gigante industrial e líder de inovações organizacionais. Em 1920, preparou um manual que se baseava em dois princípios: A responsabilidade do dirigente de cada empresa não deve ser limitada; Algumas funções organizacionais precisam ser centralizadas e outras descentralizadas.

Daí, ele definiu quatro objetivos básicos: Determinar o funcionamento de cada divisão, suas relações com as outras e com a alta administração; Montar a estrutura organizacional; Centralizar o controle de todas as funções gerenciais na pessoa do presidente; Limitar o número dos executivos que se reportam ao presidente a um número prático e essencial.

A filosofia de Sloan dá ênfase ao planejamento, valoriza a comunicação, entre superiores e subordinados, dá mérito aos conselheiros e baseia sua administração num conjunto de premissas, leis e princípios transmitidos pela tradição oral. Empregou muito o método comparativo para: políticas, estruturas, estratégias, planos, programas e procedimentos. Utilizou o conceito de estado-maior tirado da experiência militar.

Peter Drucker foi escritor de numerosas obras, consultor e professor de Administração. Escreveu para as melhores revistas de negócios do mundo. Foi membro da Associação para o Progresso da Ciência, da Academia Internacional de Administração e da Academia Americana de Administração. Durante a Segunda Guerra Mundial, realizou um estudo na General Motors, onde descrevia o processo de descentralização multidivisional e onde aparecem os primeiros traços da Administração por Objetivos.

Em 1954, surge um dos livros mais importantes de Drucker, *Prática da Administração de Empresa*. A principal contribuição do livro foi o seu senso de finalidade prática dos negócios, que tomou corpo na forma da Administração por Objetivos. O administrador tem de saber e entender o que as metas da empresa esperam dele em termos de desempenho, e o seu superior deve saber que contribuição pode exigir e esperar dele, devendo julgá-lo de conformidade com a mesma.

Drucker considera que o desempenho gerencial não é, automaticamente, dirigido para um objetivo comum, a menos que se tenha plena consciência dele. Para isso, a empresa deve estabelecer um conjunto de objetivos claramente definidos, específicos, concretos e mensuráveis, originados nos objetivos centrais do negócio, dando ênfase ao resultado.

Peter F. Drucker, a maior influência na formação de uma mentalidade administrativa dos últimos anos, considera que nenhum negócio vive de um objetivo único, mas sim de um conjunto de objetivos que estabeleça um equilíbrio entre: posição no mercado, inovação, produtividade, otimização de recursos, rentabilidade, desenvolvimento e treinamento de mão de obra, eficiência, eficácia e responsabilidade social, por exemplo.

1.10.3 Escola Clássica da Administração

A abordagem clássica da administração foi a primeira tentativa com êxito de análise das organizações com a utilização de métodos e fundamentos científicos. Seu surgimento aconteceu por volta do início do Século XX, tendo como principais objetivos a eficiência, a produtividade, a redução de desperdícios, o controle das tarefas, a ordem social nas fábricas e a otimização do lucro. Esta escola reinou absoluta durante quase trinta anos.

Frederick W. Taylor está ainda hoje, apesar do tempo e das inovações, entre as figuras que mais se destacaram na História do Pensamento Administrativo, devido à sua contribuição para o Movimento da Administração Científica. Taylor declarou que o principal objetivo deste movimento consistia em assegurar a máxima prosperidade para o empregador e empregado. Para o empreendedor isto significava lucros a curto e longo prazos e para o empregado remuneração gradualmente maior e pleno desenvolvimento de suas capacidades. Naturalmente, que este movimento supunha a ausência de conflitos.

Na época, era comum dizer que a causa do antagonismo entre operários e patrões estava fundamentada na seguinte razão: A eficiência no trabalho iria reduzir o número de empregos. Aliás, tal afirmativa continua até os dias de hoje, em função do avanço tecnológico da informática, telemática e robótica. A influência de Taylor foi de tal monta que muitos dos pesquisadores se engajaram no Movimento da Administração Científica.

Seguidores como Gantt e Gilbreth aprofundaram os estudos sobre: Tempos e Movimentos; Engenharia Industrial; Organização e Métodos e Administração de Recursos Humanos. Os princípios de Taylor, apesar de duramente criticados, ainda hoje servem como "critérios" para treinamento de supervisores. Nas décadas seguintes, a Escola de Relações Humanas iria produzir uma revisão completa da maneira de encarar o trabalho na fábrica.

Os engenheiros atacaram os problemas da administração, partindo da unidade fundamental da qual se originam todas as organizações humanas, a função e seu ocupante, e dela prosseguiram na construção da estrutura organizacional. Seus principais métodos dizem respeito à análise do trabalho a ser feito, à tarefa a ser executada e seus elementos constitutivos, aos movimentos decorrentes de cada um deles e ao tempo despendido na execução dos mesmos. A máxima era: *Dividir e subdividir as organizações, mantendo-se o trabalho em movimento.* É na realidade o método cartesiano encarado de forma dinâmica.

Em sua busca por maior produtividade, foi Taylor que primeiro fez uma análise completa dos cargos e funções dos níveis hierárquicos da estrutura empresarial. Ele chegou aos movimentos necessários a cada operação, os quais, em seguida, cronometrou, estabelecendo padrões de execução do trabalho. Seu Princípio de Exceção diz que o dirigente deve receber relatórios condensados, resumidos, relevantes e sempre comparativos, devendo se preocupar com os desvios.

A anatomia da organização concebida pelos engenheiros se preocupava com a forma, a disposição e as inter-relações das partes. Deve-se muito da literatura sobre organizações a esta Escola, que dá ênfase à análise dos problemas de cima para baixo. Neste pensamento viajou Fayol que definiu a função administrativa organização como a construção da dupla estrutura, material e humana, do empreendimento.

Para se criar uma organização útil não basta agrupar pessoas e distribuir deveres. Deve haver um conhecimento de como adaptar o todo às necessidades, bem como encontrar o elemento humano essencial e colocar cada um no devido lugar. Para os engenheiros, a organização é o agrupamento de atividades que se processa sempre em dois sentidos diferentes: um, em que as linhas divisórias são verticais, indica tipos ou variedades de atividades; outro, no qual as linhas delimitadoras são horizontais, indica níveis de autoridade.

As principais contribuições desta escola são as seguintes:

- Foi a primeira tentativa de analisar a administração como ciência.
- Apresentou considerações importantes sobre o estudo das variáveis.
- Tornou o administrador um profissional em substituição aos donos das fábricas.
- Definiu as funções administrativas.
- Propôs uma organização racional, baseada em princípios, regras e premissas.
- Buscou a tomada de decisão e a solução de problemas, em bases científicas.

1.10.4 Escola das Relações Humanas da Administração

George Elton Mayo é considerado o fundador do Movimento das Relações Humanas e da Sociologia Industrial. As relações humanas só tiveram popularidade nos Estados Unidos, a partir de 1940. No Brasil, só a partir de 1950, devido a grande quantidade de cursos e livros sobre o assunto. Mayo salienta a importância de se estudar os grupos e seus métodos, quer seja uma organização, formal ou informalmente, constituída.

Um dos pontos característicos desta corrente de pensamento é não ter tentado estabelecer princípios de organização. Sua teoria é mais descritiva do que prescritiva. Ele em seu primeiro extenso relatório sobre pesquisa industrial estabeleceu novas bases para os métodos de estudo para os meios de se obter de cada trabalhador melhor compreensão de suas tarefas e aumentar a sensação de bem-estar do trabalho.

Segundo Mayo, "Na indústria e em outras situações, o administrador lida com grupos humanos bem entrelaçados e não com uma horda de indivíduos". O desejo que tem o homem de ser constantemente associado, em seu trabalho, a seus companheiros, é uma forte, senão a mais forte, característica humana. Cada indivíduo, em organizações distintas, faz inúmeras escolhas de comportamento no que diz respeito à autoridade. Daí, ser a principal função da autoridade permitir uma grande flexibilidade na decisão.

Mas, o erro dessa escola foi estudar a fábrica como um antropólogo estudaria uma ilha isolada, isto é, não a compreendendo dentro de um sistema e ambiente maior, de que ela é uma parcela. Esse movimento trouxe inegavelmente muitos melhoramentos nas condições de trabalho, treinamento dos empregados, bem como desenvolveu estudos sobre dinâmica de grupo e relações industriais.

Mary Parker Follet começou a se interessar pelos problemas da administração industrial, desde a década de 1920. Ela continuou a tradição da Escola Clássica, porém acrescentou uma abordagem psicológica, antecipando-se a Escola das Relações Humanas. Ela observou que o papel da psicologia na administração era o de reconciliar os empregados com a organização, como também afirmava que o objetivo da ação administrativa é conseguir a integração das pessoas e a coordenação de suas atividades.

1.10.5 Escola Sociológica da Administração

Enquanto o Movimento da Administração ia difundindo seus princípios e prescrições, na América, um professor universitário, na Alemanha, iria criar um dos mais fecundos movimentos de ideias, o estudo da organização burocrática.

A burocracia apareceu no campo da Administração, a partir da década de 1940, em função da fragilidade das teorias de administração existentes, tendo em vista posições contraditórias e sem possibilidades de uma abordagem global da organização. Por outro lado, havia a necessidade de um modelo organizacional racional capaz de envolver todas as variáveis que dariam solução aos problemas da época. Também o crescimento da complexidade exigia maior certeza nas decisões e modelos mais bem definidos.

Então, alguns cientistas foram buscar na obra de Max Weber (1909), economista e sociólogo, a inspiração para a criação da Teoria da Burocracia, cujo modelo foi encarado como uma forma de conter o ser humano, no seu comportamento instável.

Segundo Weber, burocracia significa um sistema social organizado por normas escritas, visando uma racionalidade e igualdade no tratamento dos clientes (consumidores, usuários, pacientes, funcionários, fornecedores, agentes do governo, intermediários). Weber dividiu a sociedade em: tradicional (autoridade acontece por direito divino), carismática (autoridade acontece por influência pessoal) e burocrática (autoridade acontece por conhecimento técnico, mérito ou por aplicação de regras, procedimentos e políticas).

Os principais aspectos dessa escola são: ênfase na estrutura; enfoque formal e racional do problema; abordagem da organização como um sistema social com prescrições e normas; incentivos materiais e pecuniários; homem inteiramente dedicado à organização; não há conflito perceptível; a decisão é baseada em políticas preestabelecidas; comportamento individual muda, em função do cargo ocupado; os objetivos da organização são mais importantes do que os do indivíduo; eficiência para obter resultados positivos.

Weber entendia que a burocracia era a única forma para uma administração eficaz de massa. Caso contrário, a organização penderia para o diletantismo.

Os ingredientes formais do modelo burocrático são: Hierarquia, Estrutura, Especificação, Disciplina, Delegação, Norma, Regulamento, Procedimento, Diretriz, Política, Formulário, Documentação e Arquivo. Entretanto, a burocracia não acompanhou a evolução da sociedade nem a das organizações, tornando-se um obstáculo ao pleno desenvolvimento e progresso atuais. Emergiu, destarte, uma outra perspectiva popular, emocional e imprecisa, em que a burocracia é considerada como um tipo de organização caracterizada pela paixão à rotina e à não criatividade.

Pode-se dizer que a origem da burocracia está ligada ao desenvolvimento do capitalismo, pois a divisão do trabalho exige muita coordenação das funções, também devido às grandes transformações que acontecem no novo sistema econômico. A burocracia se torna um modelo de racionalidade que permite a permanência de uma estrutura organizacional bem ajustada às normas e regulamentos, onde contam direitos e deveres dos funcionários. A administração burocrática significa o exercício do controle baseado no conhecimento.

1.10.6 Escola Comportamental da Administração

Psicólogos e sociólogos deram valor às relações entre indivíduos e seus efeitos no comportamento grupal. Os psicólogos estudaram a organização como um sistema de controle baseado no reconhecimento das motivações dos indivíduos. Preocuparam-se com o processamento e não com seus aspectos estruturais. Estudaram a administração sob os seguintes enfoques: organização constitui o resultado de uma série de transigências; organização é uma força viva, móvel e fluida; organização são pessoas que reagem a estímulos.

Kurt Lewin foi o psicólogo que deixou a herança mais importante para o Movimento Comportamental, pois é considerado o elo entre o estudo das relações humanas e a psicologia industrial, isto é, tentou estabelecer uma ligação entre a teoria social e a ação social. Ele conduziu experimentos de grupo para medir a atmosfera de liderança. Já Douglas McGregor produziu um terremoto na teoria clássica da motivação humana, trazendo para dentro da administração uma abordagem mais humanística e não diretiva que lembra Carl Rogers (Psicologia Humanista).

McGregor observa que os antigos estudos sobre liderança eram orientados para identificar características universais de chefia, de modo que os líderes fossem encontrados mais facilmente. Para ele a liderança é uma relação, função da situação. Assim, a relação entre o chefe e a situação é circular, uma vez que se assenta em uma política de liderança que busca um padrão que seja o mais conveniente.

Rensis Likert coordenou inúmeras pesquisas realizadas pelos behavioristas dentro de empresas, pois foi diretor de uma das maiores instituições de pesquisa social nos EUA. As pesquisas mostraram que os departamentos de baixa eficiência tendem a ser chefiados por supervisores orientados para o trabalho. Estes supervisores tendem a concentrar os seus subordinados em ocupações, de maneira padronizada e em ritmos de trabalho baseados em padrões elaborados em laboratórios.

O objeto de estudo dessa escola são as pessoas. Entretanto, a diferença, com a abordagem das relações humanas, é que a análise do comportamento e da atitude da pessoa é ampliada e inserida no contexto da organização.

A Escola Comportamental (Behaviorista) identificou-se, portanto, com o que chamamos de organização informal, pois suas soluções voltaram-se mais para as necessidades do homem, procurando melhor ajustá-lo ao trabalho. Suas doutrinas básicas eram: Quando se sobe na hierarquia da organização, mais se faz política e menos administração; Administração é, ao mesmo tempo, arte e prática, que utiliza métodos científicos.

1.10.7 Escola Ideológica da Administração

Em 1941, era anunciado um livro com os seguintes dizeres: "A nova classe dirigente do mundo são os administradores. Os capitalistas estão ultrapassados". Há muitos anos se diz que o capitalismo está em agonia mortal, embora ele continue firme. James Burnham formulou a tese de que nem o capitalismo e nem o socialismo iriam constituir o sistema do futuro, mas sim o gerencialismo. Uma sociedade dirigida por administradores profissionais não seria um acontecimento rápido, porém, gradual e demorado.

Segundo Burnham, o capitalismo estaria no fim, devido à sua incapacidade de resolver os grandes problemas da humanidade, como desemprego, fome, corrupção, depressão econômica, endividamento dos países. As empresas seriam socializadas no mais puro interesse de seus empregados.

Esta escola propôs substituir o individual pelo coletivo, o dinheiro pelo trabalho, a livre iniciativa pelo planejamento governamental, os direitos naturais pelas responsabilidades. Tudo que Burnham disse no passado, o que parecia um grande absurdo, para a época, está voltando aos dias atuais.

1.10.8 Escola Neoclássica da Administração

A escola neoclássica surge na década de 1950, como uma espécie da volta às origens da escola clássica. Seu maior guru foi Peter Drucker. Nesta abordagem houve o resgate dos princípios e ideias da Administração Clássica, devido, por exemplo, às novas necessidades das organizações, às crises do mundo capitalista, à grande competitividade e á complexidade, cada vez maior, fugindo de controle.

A abordagem neoclássica fundamenta sua análise organizacional nas seguintes premissas:

- Administração é um processo operacional.
- A experiência aumenta a visão administrativa.
- O campo de atuação do administrador é, cada vez mais, abrangente, holístico e sistêmico.

1.10.9 Escola Estruturalista da Administração

A evolução da especialização trouxe pressões para modificar as funções hierárquicas, pois, se elas eram estritamente disciplinadas, nem sempre detinham a competência para tomar decisões acertadas. Thompson apontou as deficiências da hierarquia, tais como:

- As relações hierárquicas dão excessivo destaque ao direito de veto e pouco destaque à aprovação da inovação.
- A hierarquia tem o direto de esperar obediência e lealdade dos subordinados, o que dificulta a busca da criatividade.
- A hierarquia dá ao chefe o direito de monopolizar as comunicações, bloqueando as informações.
- A hierarquia torna os superiores pouco sensíveis às necessidades dos subordinados, não podendo haver

amizade que é incompatível com o cargo.

- A hierarquia permite que dirigentes inescrupulosos desviem recursos em seu próprio benefício.
- A hierarquia, geralmente, confunde a posição do cargo com o poder de manipular as pessoas.

Esta escola observou que a aceitação do conflito entre a autoridade hierárquica e a autoridade do conhecimento do especialista daria à organização um caráter pluralista, o que permitiria a interdependência das funções e construiria uma verdadeira cooperação entre as partes da organização. Ainda, segundo Thompson, a reforma da organização deve ajudar as pessoas a terem menos supervisão e mais liberdade para pensar, bem como abolir as dependências dos especialistas, descentralizar as decisões, em função dos objetivos e da missão da empresa.

Um dos aspectos mais positivos do estruturalismo é sua colocação de que a visão tradicionalista não impacta com a visão comportamental da organização, isto é, o conflito que há entre aquilo que é formal e o que é informal.

1.10.10 Escola Satírica da Administração

Muitas foram as sátiras à organização. Mas, foi Victor Thompson, aquele que, primeiro, estudou o papel da sátira na organização, que tentou analisar as causas do comportamento dramático das pessoas. Ele observou que estamos envolvidos neste tipo de comportamento, porque somos levados a proteger a aparência de nossa personalidade, para manter nossa posição na empresa.

A dramaturgia dos especialistas está relacionada com o problema da reputação pessoal. O estetoscópio pendurado no pescoço do médico, a calculadora sempre à mão do engenheiro, o manejo dos óculos pelo professor, o ar de respeitabilidade do analista de sistema diante do computador e as fotografias do prefeito visitando obras são símbolos de poder e de valor. Por isso, precisam ser exibidos.

Na organização, a percepção, o conhecimento, o comando, a criatividade, a liderança e a riqueza são formas de aparecer. Mas, por que isso acontece? As pessoas, infelizmente, veneram aqueles cujos símbolos externos de poder sejam grandes. O talento dramático tem-se tornado cada vez mais essencial e a competência técnica cada vez menos importante.

É crença geral, que os ocupantes de destaque numa organização são os mais capacitados, os mais trabalhadores, os mais indisponíveis, os mais leais, os mais fidedignos, os mais autocontrolados, os mais cônscios de sua responsabilidade profissional, o que vale dizer, os mais honestos, justos e imparciais. O sistema é mantido por características tais como: manter-se ocupado, pois a atividade sugere indisponibilidade; cercar-se de símbolos de distinção e prestígio; não travar intimidade com subordinados.

O jovem administrador que pretenda subir na organização precisa revelar disciplina dramática. Ele não pode desmoralizar a companhia teatral da qual faz parte. C. Northcote Parkinson e Laurence J. Peter, entre outros, alinham-se numa campanha de desmistificação. Eles acreditavam no progresso da Administração, sabiam que a Teoria da Administração é também ideológica no sentido de servir para defender posições já conseguidas.

Apesar das duras críticas às organizações, algumas delas foram verdadeiros "achados" para solucionar problemas administrativos. Todos os livros, que criticaram a organização de maneira jocosa, se tornaram *Best-Sellers*.

1.10.11 Escola Sistêmica da Administração

A abordagem sistêmica da administração surgiu no início da década de 1950, com o desenvolvimento de uma teoria interdisciplinar denominada Teoria Geral dos Sistemas, proposta pelo biólogo alemão Ludwing Von Bertalanffy. Tal proposta é uma nova visão da realidade que transcende os problemas tecnológicos, exigindo uma reorientação das ciências, indo das físicas até as sociais. Esta abordagem propõe uma radical inversão nos princípios básicos até então aceitos, o reducionismo transformou-se em expansionismo, o pensamento analítico cedeu lugar ao pensamento sintético e o mecanicismo foi substituído pela teleologia (a causa é uma condição necessária, mas nem sempre suficiente para que surja o efeito).

A teoria de sistemas veio enriquecer a teoria da organização com noções importantes para explicar o funcionamento da empresa. Noções como: totalidade, crescimento, diferenciação, controle, integração, informação, feedback, entropia, sistema, equifinalidade, homeostase, competição, teleologia, interação, sinergia, competição, automação, são exemplos. Os cientistas dessa escola tentaram compreender como os sistemas eram estruturados e como as práticas administrativas podiam ser aperfeiçoadas.

1.10.12 Escola Contingencial da Administração

A palavra contingência significa algo incerto ou eventual, que pode suceder ou não, dependendo das circunstâncias. Refere-se a uma proposição, cuja verdade ou falsidade somente pode ser conhecida pela experiência e pela evidência, e não pela razão, isto é, não há um único caminho para a eficácia da organização, mesmo dentro de um ambiente fechado.

Estudos realizados no final do Século XX levaram a uma nova perspectiva teórica sobre o funcionamento da organização, porque dependem da interface com o ambiente. Então, diferentes ambientes requerem diferentes desenhos de organização. Tal desenho depende do ambiente onde a organização atuará, como também diferentes tecnologias levam a diferentes desenhos organizacionais.

O ponto de partida da abordagem contingencial foi à procura, por parte de diversos estudiosos, de um enfoque organizacional que pudesse ir além da teoria da organização, ainda muitíssimo utilizada pelos administradores e estudiosos, de modo geral, e que, na realidade, é uma mistura da teoria clássica com a teoria behaviorista. A escola contingencial, ou situacional, portanto, é uma perspectiva que ajuda o analista a compreender como recursos, tarefas, leis, princípios e ambientes, se encaixam neste mosaico.

1.10.13 Escola da Qualidade da Administração

A consciência da qualidade está em ascensão? O interesse pela qualidade está crescendo em todo mundo. Consumidores, pacientes, colaboradores, usuários e parceiros estão se tornando cada vez mais exigentes. As pesquisas confirmam que a maioria dos consumidores não reclama da qualidade inferior, eles simplesmente mudam de fornecedores, de distribuidores ou de intermediários. Um número crescente de empresas reconhece, hoje, que o investimento em qualidade é um dos mais lucrativos que elas podem fazer. Não fazer nada custa muito mais caro.

Então, é necessária uma revolução pela qualidade? Os peritos em marketing conseguiram convencer a maior parte das empresas de que é o consumidor quem determina qual deve ser o nível de qualidade do produto. Esta revolução na consciência de cada um é, antes de qualquer coisa, uma nova forma de pensar a respeito de bens e serviços. Não se trata mais de uma questão de produzir para satisfazer às expectativas dos clientes, mas também de inspirar as pessoas que os produzem, para que façam da melhor maneira possível. Portanto, a essência da qualidade está nas pessoas, isto é, aqueles que fazem os produtos, prestam serviços e desenvolvem ideias.

A consciência da qualidade estende-se através de todos os atos gerenciais. A maneira como o pessoal da gerência fala sobre qualidade é ponto importante. Quando a palavra qualidade passa a integrar o vocabulário da organização é que começa a exercer efeito. Mas lembre-se de que, se a palavra qualidade não for lembrada a todo instante, ela pode ser esquecida. Qualidade é um conceito que faz parte do dia a dia das pessoas e das organizações. Para que isso ocorra, contudo, é preciso que se adote uma visão estratégica da qualidade.

Segundo Kotler, uma administração de qualidade é uma abordagem organizacional ampla para a melhoria contínua da qualidade de todos os seus processos, bens, ideias e serviços. O esforço para a produção de bens que sejam superiores no mercado global tem levado alguns países a criar prêmios para agraciar as empresas que adotam as melhores práticas de excelência para produtos.

Qualquer problema a ser solucionado levará em consideração a variável qualitativa que é caracterizada pelos seus atributos e relaciona aspectos não somente mensuráveis, mas também definidos descritivamente. Uma variável qualitativa é fundamentada num sistema de valores. Assim, qualquer propriedade pode ser objeto de quantificação e qualificação.

1.11 Administração Profissional

O profissionalismo administrativo foi estudado, em primeiro lugar, por Taylor, em 1882. O estudo de tempos e movimentos se tornou Administração Científica, em 1911. O método científico passou a ser aplicado ao trabalho manual e, aos poucos, à própria administração. À medida que os livros foram adquiridos, tornou-se mais fácil organizar cursos de administração.

Os livros sobre administração multiplicaram-se depois de 1960, e foram estes e uma centena de autores e professores que ajudaram as Escolas de Administração a se aperfeiçoarem.

Por que os administradores alcançaram um melhor status na sociedade? Devido à falência das administrações familiares das empresas e, principalmente, porque é exigido, cada vez mais, um alto nível de habilidade conceitual para se dirigir uma organização. Um outro aspecto a ressaltar, é o aumento da ética entre os profissionais da administração. Se os futuros líderes empresariais serão graduados das escolas de administração de empresas é uma questão de difícil resposta. As empresas de mais rápido crescimento são aquelas que têm a sua frente um administrador graduado, que é dono de uma parte substancial do capital social.

O número de administradores profissionais que atuam na empresa cresceu muito devido aos seguintes fatores: falta de criatividade para inovações, falta de estratégias para criar novos mercados, esgotamento do modelo familiar, crescimento explosivo sem suporte de gestão, aumento da vulnerabilidade, baixo desempenho da empresa familiar e prejuízos.

Algumas ações fizeram com que as empresas mudassem o modelo familiar para o modelo profissional, tendo em vista que recorreram, algumas vezes, a profissionais de administração, equacionaram a situação jurídica da sucessão, preparando os herdeiros. Também contrataram executivos no mercado, informatizaram operações e controles gerenciais, introduziram o planejamento estratégico, definiram com clareza os cargos de diretores, gerentes, supervisores e subordinados.

Ao profissional de administração cabe como tarefas mais importantes, as seguintes:

- Criar suporte tecnológico para um crescimento sustentável.
- Garantir a perenidade da organização.
- Equilibrar os interesses dos sócios com os interesses dos controladores.
- Profissionalizar e modernizar a estrutura organizacional.

A profissionalização implica fixação dos objetivos da empresa pelo grupo controlador, que delega aos executivos a elaboração de: estratégias, táticas, políticas, programas, planos, projetos e procedimentos, por exemplo, para atingir os resultados pretendidos. Não se pode duvidar de que se a administração profissional deu solução a alguns problemas, ela também criou outros. Como, geralmente, é muito difícil fazer a distinção entre administrar e executar. O Quadro, a seguir, mostra alguns exemplos de execução e de administração.

Administrar	**Executar**
Visitar um dos seus subordinados para ajudá-lo na solução de um problema técnico.	Assinar um cheque para aprovar uma despesa.
Fazer a entrevista inicial de seleção de um candidato a empregado.	Dar a um de seus empregados experientes sua solução para um problema, sem lhe pedir opinião.
Realizar uma reunião para explicar um novo método de trabalho.	Dar solução a um problema rotineiro.
Explicar a um subordinado porque ele está sendo aumentado de salário.	Preencher um formulário.
Decidir se deve acrescentar um cargo à estrutura da empresa.	Revisar os relatórios de rotinas.
Transferir um encargo de um empregado para outro, porque aquele não rendeu o esperado.	Relatar ao superior os resultados alcançados.
Fazer um novo arranjo físico para o departamento.	Acompanhar um visitante pela fábrica.
Discutir com seu pessoal a melhor maneira de otimizar recursos.	Comparecer a uma reunião.
Discutir qual será o orçamento de despesas para sua área de responsabilidade.	Fazer uma palestra para um grupo que esteja visitando a empresa.

Quadro 1.2: Administrar x Executar.

Para a maioria das pessoas, a palavra administração significa administração de empresa, que é um erro muito comum. Mas, felizmente, este erro já está sendo sanado. E isto é facilmente observado quando se fala Escolas de Administração e não Escolas de Administração de Empresas. O número crescente de universidades que colocam em suas grades curriculares disciplinas sem fins lucrativos é cada vez maior. O leitor precisa entender que nem tudo é "negócio".

1.12 Processo Administrativo

Processo é um conjunto de etapas (passos) sequenciais que apresenta mudança ao longo do tempo, tendo certa continuidade. É dinâmico, cíclico e sistêmico (cada etapa afeta as demais). É o detalhamento de como fazer. Praticamente, todo e qualquer trabalho é visto como um processo. Mesmo que se faça uma atividade de diferentes maneiras, é básico que se siga um processo já estabelecido anteriormente ou que seja fruto de um ato empírico, constituindo-se, em ambos os casos, num padrão momentâneo.

O passo é a parte elementar do processo. Dificilmente, se encontra trabalho de apenas um passo. Heráclito destacou a importância do conceito de processo ao declarar: "um homem não cruza, mais de uma vez, um mesmo rio utilizando determinado processo". O processo administrativo está voltado para a ação empresarial para atingir objetivos (resultados).

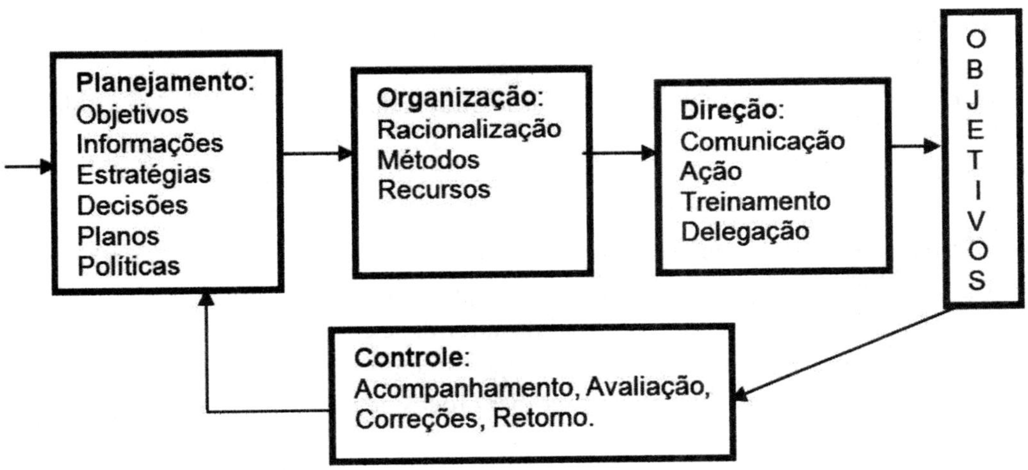

Figura 1.1: Processo Administrativo.

A finalidade do processo administrativo é garantir a realização de objetivos por meio da aplicação de recursos. Assim, o leitor precisa pensar em como otimizar os recursos que possui para produzir bens e serviços, com lucro.

1.13 Princípios de Administração

Princípio é uma verdade genérica, que serve de base às normas (regras). Regras são verdades específicas ou restritas, possuindo, geralmente, exceções. Princípios de administração são, portanto, regras básicas para o trabalho e conduta do administrador.

Os princípios de administração, bem como os princípios de qualquer outro ramo de atividade, necessitam ser adaptados a casos concretos para adquirirem utilidade prática. Esse ajustamento e essa adaptação a uma ideia geral de uma situação específica são de grande importância na arte de administrar. Os princípios de administração mais destacados na literatura administrativa são:

Princípios de Taylor:

- Planejamento – Substituir a improvisação pelo método científico.
- Preparação – Selecionar os funcionários de acordo com suas aptidões, prepará-los e treiná-los para produzirem mais e melhor.
- Controle – Controlar o trabalho para se certificar de que o mesmo está sendo executado, segundo o plano previsto.
- Execução – Distribuir distintamente as atribuições e as responsabilidades para que a execução do trabalho seja mais bem disciplinada.
- Exceção – Salientar as exceções (desvios) sobre os padrões e não o desempenho normal.
- Especialização – A eficiência administrativa aumenta com a especialização do trabalho.

Princípios de Ford:

- Velocidade – Diminuir o tempo de produção e alocar rapidamente o produto no mercado.
- Economia – Reduzir ao mínimo o volume de estoque.
- Produtividade – Aumentar a capacidade de produção através da especialização e da tecnologia.

Princípios de Fayol:

- Divisão do Trabalho – Especialização das tarefas e das pessoas para aumentar a eficiência.
- Autoridade – É o direito de dar ordens e o poder de esperar obediência.
- Responsabilidade – É uma consequência natural da autoridade e significa o dever de prestar contas.
- Disciplina – Depende da obediência, aplicação, comportamento e respeito à autoridade.
- Unidade de Comando – O subordinado deve receber ordens de apenas um superior (princípio da autoridade única).
- Unidade de Direção – Uma cabeça e um plano para atividades que tenham o mesmo objetivo.
- Interesses – Os interesses gerais da organização devem sobrepor-se aos interesses particulares das pessoas.
- Remuneração – Deve haver justa e garantida satisfação para os empregados em termos de remuneração e para a organização em termos de retribuição.
- Centralização – A decisão final cabe à alta administração.
- Cadeia Escalar – É a linha de autoridade que vai do escalão mais alto ao mais baixo, em função do princípio da unidade de comando.
- Ordem – Um lugar para cada coisa e cada coisa em seu lugar.
- Equidade – Amabilidade e justiça para alcançar a lealdade do pessoal.
- Estabilidade – A rotatividade do pessoal é prejudicial para a eficiência da organização. Quanto mais tempo uma pessoa permanecer no cargo, tanto melhor para a empresa.
- Iniciativa – A capacidade de visualizar um plano e assegurar pessoalmente o seu sucesso.
- Espírito de Equipe – A harmonia e a união entre as pessoas são grandes forças para a organização.

Princípios de Weber:

- Formalização – Todas as atividades (rotinas, procedimentos) da organização são definidas por escrito.
- Divisão do Trabalho – Cada participante tem um cargo, ou posição definida, com esfera específica de competência.
- Hierarquia – Cada funcionário é submetido a ordens impessoais que guiam suas ações de modo a assegurar sua obediência.
- Impessoalidade – O funcionário ideal desempenha com impessoalidade o relacionamento com outros ocupantes de cargos.
- Competência Técnica – Seleção e escolha dos participantes são baseadas na competência técnica e na qualificação profissional dos candidatos a um pretendido cargo.
- Separação entre Propriedade e Administração – A administração está separada da propriedade dos meios de produção, pois o dirigente, ou administrador, não precisa ser, necessariamente, o dono da organização.

Princípios de Drucker:

- Pessoa – Uma empresa é criada e dirigida por pessoas e não por forças.
- Lucro – O lucro não é a causa e sim o resultado de um negócio.
- Propósito – O propósito de qualquer negócio é criar consumidores.
- Mudança – As pessoas, em geral, não gostam de fazer a mesma coisa sempre e desejam mudar.
- Empreendedor – O administrador é também um empreendedor. Ele deve deixar o ontem e criar o amanhã.
- Estrutura – A estrutura mais simples é a melhor.
- Performance – O que determina a boa saúde de uma organização é a performance do seu pessoal.
- Recursos – É preciso aprender a encarar os funcionários mais como fonte de recursos do que como custo ou problema.
- Habilidade – É preciso aprender a liderar mais do que administrar, a dirigir mais do que controlar.
- Problema – Um dos maiores problemas da organização é a reunião da informação com a comunicação.
- Desafio – A necessidade de inovações é o maior desafio para a administração de uma organização.
- Tempo – O administrador deve saber bem usar o seu tempo.
- Resultado – O administrador deve concentrar esforços nos resultados, mais do que nas atividades. O resultado de uma empresa é um cliente satisfeito. O resultado de um hospital é um paciente curado. O resultado de uma escola é um aluno preparado para a vida.
- Qualidade – O administrador deve basear-se nas qualidades pessoais mais fortes, quando designar alguém para uma tarefa.
- Tarefa – O administrador deve capacitar pessoas a funcionar em conjunto, efetivar suas forças, tornar irrelevantes suas fraquezas e concentrar o trabalho nas tarefas-chaves.
- Cultura – A administração está inserida na cultura, porque ela trata da integração das pessoas em um empreendimento comum.
- Compromisso – Toda organização requer compromisso com metas comuns e valores compartilhados. Sem esse compromisso não há organização.
- Desenvolvimento – A administração deve também capacitar a empresa e cada um de seus componentes a crescer e se desenvolver à medida que mudem as necessidades e oportunidades. Toda organização é uma instituição de aprendizagem e de ensino.
- Conhecimento – Toda empresa é composta de pessoas com diferentes capacidades e conhecimentos, que desempenham muitos tipos diferentes de trabalho. Deve estar ancorada na comunicação e na responsabilidade individual. Todos os componentes devem pensar sobre o que pretendem alcançar.

- Mercado – Posição no mercado, inovação, produtividade, desenvolvimento do pessoal, qualidade, resultados financeiros, todos são cruciais ao desempenho de uma organização e à sua sobrevivência.

Princípios de Deming:

- Missão – O administrador não pode esquecer a missão da empresa.
- Longo Prazo – O administrador corre riscos, se agir com imediatismo em detrimento do crescimento no longo prazo.
- Avaliação – Sistema de avaliação por mérito é injusto e arbitrário, desmoralizando o empregado e incentivando o imediatismo.
- Habilidades Conceituais – A falta de habilidades conceituais pode ser fatal para os dirigentes das empresas.
- Visão Estratégica – A falta de uma visão estratégica pode ser a causa do fracasso de muitas empresas.

Como os autores, acima apreciados, são antigos, pois a maioria já morreu, os "espertinhos" acham que estes princípios já estão ultrapassados. Ledo engano. As "verdades" reveladas nos livros sagrados perduram, até hoje, entre nós. Por quê?

1.14 Padrões de Atuação Administrativa

É comum em palestras, aulas ou seminários ouvir a seguinte narrativa: Na saída da sala de cirurgias, conversam dois médicos. O primeiro diz: – A operação foi um sucesso, assepsia, instrumentadores e tempo recorde. Imagine extrair aquele rim avariado em somente 12 minutos! O segundo médico suspira e responde descontrolado: – É verdade, só que tiramos o rim errado. É a velha briga entre eficiência e eficácia. Os administradores conhecem muito bem. Eficiência é fazer tudo certinho. Eficácia é obter resultados compensadores até sem muita eficiência. Anos de experiência acabaram por mostrar a existência de um potencial de recursos humanos subutilizado, em qualidade e quantidade, a partir da excessiva centralização das decisões, comunicação deficiente e de processos mal estruturados.

A confusão entre fazer as coisas certas e fazer as coisas de maneira certa é basicamente o problema central numa organização. Não existe nada mais inútil do que fazer com grande eficiência as tarefas que não precisam ser feitas. A eficiência e a eficácia de uma empresa se fundamentam no funcionamento acurado e preciso dos sistemas operacionais, baseados num bom planejamento estratégico.

Contudo, nossas ferramentas administrativas e conceitos diversos, bem como mecanismos e instrumentos de trabalho, focalizam a eficiência. Precisamos é de uma maneira de identificar as coisas certas, aquelas que possivelmente darão resultado significativo, isto é, que tenham eficiência e eficácia, e, assim, descobrir um método para nos concentrarmos nelas.

1.14.1 Eficiência

O que é eficiência? Recorremos à Física e lá encontramos: Eficiência é ação, força, virtude de produzir efeito, razão entre a energia útil proveniente de um sistema e a energia que lhe foi fornecida, durante o mesmo processo ou num dado período de operação. Já em termos de Administração, a eficiência pode ser a habilidade de produzir o desejado com o mínimo de esforço, ou a melhor maneira como as coisas devem ser feitas, a fim de que os recursos sejam aplicados de forma mais racional possível. É o melhor uso de meios e processos, podendo ser medida de diversas maneiras.

Frederick Winslow Taylor, em seu livro *Princípios de Administração Científica* (1911), observou que o presidente Roosevelt dirigindo-se aos governantes, na Casa Branca, disse profeticamente: "A conservação de nossos recursos naturais é apenas a fase preliminar do problema de uma ampla eficiência nacional. Será exigida maior eficiência tanto dos empregados como dos empregadores".

Norbert L. Enrick, em seu livro *Planejamento da Administração* (1972), observou: "A segurança e o sucesso de uma missão espacial, a dependência de um míssil balístico, a durabilidade de um carro, a vida útil de uma máquina dependem da eficiência dos componentes e de seus construtores". Observou, ainda, que os objetivos serão mais bem atingidos pela maximização da eficiência. Quando a eficiência do sistema torna-se relativamente difícil de ser avaliada, o projeto apresenta inúmeros problemas.

Idalberto Chiavenato, em seu livro *Introdução à Teoria Geral da Administração*, diz: "Um conceito muito importante para a Administração Científica é o conceito de eficiência. A eficiência significa a correta utilização dos recursos disponíveis. O Experimento Hawthorne mostrou que os métodos de trabalho tendiam todos para a eficiência e não para a cooperação entre os indivíduos de um grupo de trabalho".

A eficiência e a especialização são um ponto polêmico, pois Taylor afirmou que a eficiência administrativa aumenta com a especialização do trabalho. Porém, Herbert Simon, em contraposição, disse: "qualquer aumento na especialização não redunda necessariamente num aumento da eficiência, pois especialização em si não diz nada e seu conhecimento não nos ajuda a decidir qual o melhor processo de solução de um problema".

Observa-se uma clara dicotomia entre qualidade e eficiência, isto é, ter qualidade é ser eficiente, e vice-versa. Porém, para aumentar a eficiência é preciso criar custos adicionais, que não são, certamente, tolerados. Daí surgiu a ligação eficiência e minimização de custos, pois também, passa a ser eficiente aquele que diminuir custos de qualquer processo produtivo.

A eficiência não é só utilizada para as pessoas, como também para máquinas. Deve ficar claro que a consequência direta da eficiência é a produtividade, porque quanto maior a eficiência maior é a produtividade.

A seguir, um exemplo de eficiência:
A eficiência de venda é dada pela fórmula:
Eficiência de Venda = Receita com Vendas / Despesas de Venda

Exemplo:
Receita com Vendas = R$ 500.000,00
Despesas de Venda = R$ 5.000,00
Eficiência de Venda = 500.000 / 5.000 = 100

Análise:

No exemplo acima, para cada real gasto com venda, a empresa fatura cem reais. Porém, todo esforço para aumentar a receita com vendas pode acabar, se as despesas também aumentarem.

1.14.2 Eficácia:

Cada vez mais, a maioria das pessoas de uma organização aprende a usar conhecimentos, teorias e conceitos em lugar da força física ou do trabalho manual. Será eficaz, no sentido de que pode oferecer uma contribuição à organização. Assim, trabalhar nas coisas certas é que torna o trabalho eficaz. Então a eficácia pode ser a qualidade daquilo que dá um bom resultado ou o poder de reproduzir um resultado esperado, isto é, atingir objetivo. Porém, nem sempre a eficácia e a eficiência andam de mãos dadas. Uma empresa, ou uma pessoa, pode ser eficaz e não ser eficiente, e vice-versa.

Eficácia é uma medida normativa do alcance de resultados (objetivos), isto é, refere-se à capacidade de satisfazer uma necessidade da sociedade através do suprimento de bens, serviços e ideias. Eficácia relaciona-se com os fins almejados. A pessoa que quer se tornar eficaz questiona: A eficácia pode ser aprendida? Em que ela consiste? O que é preciso aprender? De que tipo é a aprendizagem? É um conhecimento que se aprende de forma sistemática e por meio de conceitos? É a eficácia uma habilidade adquirida?

No livro *O Gerente Eficaz*, Peter F. Drucker diz: "Logo aprendi que não há personalidade eficaz. As pessoas eficazes que conheço diferem amplamente em seus temperamentos e capacidades, no que fazem e como o fazem. A maioria das pessoas tende para fazer as coisas certas".

Da mesma maneira que a eficiência, a eficácia pode ser aplicada a diversas ações administrativas, deve ficar bem claro que devemos perseguir a eficiência para se chegar à eficácia. Para isso é preciso tentar e descobrir a ferramenta (metodologia) certa. Chiavenato deixa claro que o nível organizacional de atuação da eficiência e da eficácia é o seguinte: "O nível operacional está voltado predominantemente para a busca da eficiência, e esta constitui a sua preocupação fundamental. O nível institucional está voltado predominantemente para a busca da eficácia, por adequação ao ambiente. O nível intermediário existe para dar equilíbrio aos outros dois, pois trabalha o conflito entre eficácia ´ eficiência":

A seguir, dois exemplos de eficácia:

Eficácia em Vendas: Colocamos, a seguir, um exemplo de como proceder a tal estudo, tomando por base um simples demonstrativo de resultado da empresa, fazendo uma análise horizontal.

Contas	A	B	C	Total
1 – Receita com Vendas	50.000 (50%)	30.000 (30%)	20.000 (20%)	100.000(100%)
2 – Custos	20.000 (50%)	12.000 (30%)	8.000 (20%)	40.000 (100%)
3 – Lucro Bruto (1 - 2)	30.000 (50%)	18.000 (30%)	12.000 (20%)	60.000 (100%)
Despesas com Vendas:				
4 – Salários	4.000 (30%)	3.000 (40%)	5.000 (42%)	12.000 (100%)
5 – Comissões	7.500 (50%)	4.500 (30%)	3.000 (20%)	15.000 (100%)
6 – Viagens	1.500 (25%)	1.800 (30%)	2.700 (45%)	6.000 (100%)
7 – Outras	6.000 (33%)	6.000 (33%)	6.000 (33%)	18.000 (100%)
8 – Total (4 + 5 + 6 + 7)	19.000 (37%)	15.300 (30%)	16.700 (33%)	51.000 (100%)
9 – Lucro Líquido (3 - 8)	11.000 (122%)	2.700 (30%)	- 4.700 (-52%)	9.000 (100%)

Quadro 1.3: Análise da Eficácia em Vendas.

Análise:
O cliente C precisa ser descontinuado, devido ao prejuízo, e o cliente B merece uma análise sobre as despesas.

Eficácia da Propaganda: Como é difícil saber quão eficaz é a propaganda, a não ser nos casos mais óbvios e tendo em vista a dificuldade de se fazer uma boa coleta de dados, a seguir, um exemplo:

Anos	Gastos Propaganda	Valor Relativo	Fatia do Mercado	Eficácia da Propaganda
1	3.000,00	43%	40%	0,93
2	2.000,00	28%	20%	0,71
3	1.500,00	21%	25%	1,19
4	500,00	8%	15%	1,87
Totais	7.000,00	100%	100%	

Quadro 1.4: Eficácia da Propaganda.

Resposta – Há uma convenção internacional que considera:

Taxa abaixo de 1,00 significa que a propaganda é ineficaz.
Taxa acima de 1,00 significa que a propaganda é eficaz.

No caso acima, temos:

Ano 1: Relativamente ineficaz (40% / 43% = 0,93).
Ano 2: Ineficaz (20% / 28% = 0,71).
Ano 3: Relativamente eficaz (25% / 21% = 1,19).
Ano 4: Muito eficaz (15% / 8% = 1,87).

Análise:
A eficácia da propaganda será maior quando: O conhecimento do comprador for mínimo; As vendas da indústria, como um todo, crescerem; A propaganda apresente aspectos do produto, normalmente, não observados pelo comprador; As oportunidades de diferenciação ficarem bem claras; As rendas discriminatórias dos consumidores forem altas.

1.14.3 Efetividade:

A expressão efetividade aparece, pela primeira vez, no livro *O Gerente Eficaz*, quando se lê que o gerente eficaz deve tomar decisões efetivas. Ora, se pensarmos bem, falta a variável tempo, porque se fazer bem é eficiência e fazer a coisa certa é eficácia, fazer tudo isso no tempo certo passou a se chamar efetividade. Efetividade é o somatório da eficiência mais a eficácia, visando buscar a satisfação da pessoa dentro de um período de tempo, o mais curto possível. A efetividade está relacionada à velocidade de resposta que o consumidor, por exemplo, dá aos produtos que compra.

A eficiência administrativa não é um aspecto da personalidade do administrador, mas que pode ser conseguida se este estiver preparado para a situação. No cotidiano, encontramos pessoas sendo eficazes por pura intuição. Uma empresa não é um fenômeno da natureza e sim da sociedade. No mercado, por exemplo, uma minoria de clientes, dentre milhares, é que faz a maioria dos pedidos. Uns poucos produtos, dentre centenas de linhas de produção, geram a maior parte do volume de vendas. São alguns poucos vendedores, dentre várias centenas, os que sempre produzem dois terços ou mais de novos negócios. O que foi dito é válido nas fábricas, nas lojas, nas universidades, nos laboratórios e demais lugares. Isto é a Lei de Pareto.

Para finalizar tal estudo, observamos:

Administrador Eficiente – Faz as coisas de maneira certa, dando ênfase aos meios; resolve problemas; diz como as coisas são executadas; cuida dos recursos; preocupa-se com o controle; cumpre com suas obrigações; reduz custos em processos de produção; treina os subordinados.

Administrador Eficaz – Faz as coisas certas, dando ênfase aos resultados; elabora alternativas e diz quais resultados pode trazer; otimiza a utilização dos recursos; distingue quais problemas devem ser tratados e porquê da prioridade de abordagem; aumenta lucro e receita com vendas; desenvolve recursos humanos, explicando os objetivos.

Administrador Efetivo – Sabe onde gastar o próprio tempo; concentra esforços em resultados mais do que em atividades; baseia-se nas qualidades pessoais mais fortes de cada um; concentra-se nas tarefas-chaves; toma decisões que otimizam resultados; atua como agente de mudança; avalia estratégias e táticas.

1.15 Funções Administrativas

Função é o esforço disciplinado de um órgão, no sentido de realizar uma atividade útil à vida e ao desenvolvimento do organismo. O conceito de função transmite a ideia de ação e de dinâmica. Impõe a existência de um componente ou de uma base estrutural que sirva de suporte para o aprimoramento da gestão de recursos. Em administração, este componente se chama cargo.

Cargo é o conjunto de funções executadas de maneira cíclica ou repetitiva. Cada cargo tem um ou mais ocupantes (pessoas) que executam determinados trabalhos específicos. A primeira tentativa de se definir e estabelecer racionalmente os cargos a serem desempenhados pelas pessoas numa organização aconteceu com a Administração Científica de Taylor. Para que exista um cargo deve, obrigatoriamente, existir uma função que o justifique. A função é o conteúdo do cargo. É importante lembrar, todavia, que, na prática, muitas vezes existe cargo sem função e, outras vezes, existe função sem cargo.

Qualquer um que se propõe a usar efetivamente o tempo na solução de problemas empresariais terá de conhecer as funções administrativas. Tais funções são exercidas por pessoas que trabalham os recursos organizacionais para atingir objetivos predeterminados. Mas, como elas exercerão estas funções, ficará por conta da ação administrativa que, por sua vez se fará por conta de métodos, princípios, teorias, técnicas, modelos e recursos. Como muitas são as funções administrativas, abordaremos as de maior destaque:

Planejar – Função administrativa que capacita a empresa a decidir qual é o melhor uso de seus recursos para atingir objetivos propostos. Se os recursos empresariais são insuficientes, cabe ao gerente planejador apontar as necessidades. O planejamento é a primeira e a mais importante função administrativa por ser ela a base para as demais funções.

Dirigir – Função administrativa que faz cumprir aquilo que foi planejado, isto é, implementa os planos empresariais, orientando e conduzindo recursos para alcançar (ou superar) os objetivos da organização. A função direção dinamiza a ação gerencial, sendo considerada como um processo de relacionamento (comunicação e liderança) com subordinados, pares e superiores.

Controlar – Função administrativa que verifica e compara os resultados alcançados com aquilo que foi estabelecido no planejamento. O controle é necessário, porque constantemente surgem distúrbios (desvios) tirando o sistema do curso traçado. Os desvios, por definição, estão fora do controle gerencial.

Organizar – Função administrativa que emprega eficientemente todos os recursos disponíveis, a fim de alcançar determinados objetivos. No sentido mais simples, organizar é preparar uma empresa (organização) para funcionar.

Comandar – Função administrativa relacionada com aquele que planeja e depois dirige a execução daquilo que foi planejado. É uma função muito comum nas forças armadas que, hoje, vem fazendo parte do conjunto de habilidades do gerente, tendo em vista que o mercado é considerado um campo de batalha.

Delegar – Função administrativa de atribuir competência, autoridade e/ou poder a um subordinado para a execução de um determinado trabalho, criando a correspondente responsabilidade pela execução da tarefa delegada.

Coordenar – Função administrativa que visa cuidar da integração das funções administrativas para que aconteça o mínimo de conflito e as relações se desenvolvam com suavidade e aceitação. Segundo Fayol, "a coordenação é a reunião, unificação e harmonização de esforços para a efetividade das atividades organizacionais". Muitos gerentes não consideram a coordenação como parte separada e distinta de sua responsabilidade administrativa.

Pesquisar – Função administrativa voltada ao desenvolvimento de uma busca reflexiva, sistemática, controlada e crítica que permite descobrir causas, novos fatos (ou dados), relações, leis, regras, princípios e procedimentos para adequar a organização e/ou a pessoa a uma mudança de estado. Como a mudança é constante, a necessidade de pesquisar é eterna.

Analisar – Função administrativa voltada a dividir aquilo que se deseja conhecer, em tantas partes quanto for possível, de modo que permita um bom conhecimento de cada uma delas, e, com isso, um conhecimento completo e detalhado do todo.

Prever – Função administrativa para dimensionar uma situação futura (para um determinado período), a partir de dados, informações e recursos presentes e existentes. Toda previsão é, por definição, errada, porque não há um grau de certeza absoluto.

Decidir – Função administrativa voltada a fazer uma apreciação sobre uma linha de conduta a ser adotada (escolhida). A tomada de decisão está intimamente relacionada à solução do problema.

Comunicar – Função administrativa cuja ação é a de informar, educar, instruir, persuadir, divertir, influenciar, entre duas ou mais pessoas, através de fatos, ideias, símbolos, sentidos, palavras, opiniões e emoções.

Padronizar – Função administrativa que estabelece padrões (resultados desejados). Os padrões podem ser expressos em tempo, dinheiro, qualidade, custo, quantidade, índice, indicador. Podem ser tangíveis, intangíveis, vagos, específicos, explícitos e implícitos.

Avaliar – Função administrativa voltada a comparar, por meio de um controle, os resultados obtidos com os padrões propostos anteriormente. Uma avaliação deve ter, de preferência, um relato escrito. Segundo Koontz, "Avaliar significa fazer uma apreciação ou estimativa". A avaliação tem sido utilizada pelos homens e animais, bem como pelas organizações.

Treinar – Função administrativa que visa ajudar o subordinado a organizar suas ideias e aptidões de modo a poder usá-las com vantagem em suas relações. O objetivo do treinamento é capacitar o indivíduo a alcançar altos padrões de desempenho para cumprir seus deveres e responsabilidades.

Recrutar – Função administrativa que determina quais os candidatos que estão qualificados a ocupar um determinado cargo.

Selecionar – Função administrativa que complementa o recrutamento, pois ajuda a escolher a pessoa certa para o lugar certo.

Solucionar – Função administrativa que encontra um meio ou processo de superar um problema. Nem sempre a solução apresentada permite a resolução total do problema, pois a mesma tem de ser conclusiva e demonstrável, como recomenda a ciência.

Negociar – Função administrativa em que as partes envolvidas se deslocam de suas posições originais, inicialmente divergentes, para um ponto no qual a convergência possa ser realizada. As pessoas discutem negócios diariamente e chegam a acordos sem negociar. Discussão, comunicação, reunião e entrevista não representam o mesmo que negociação. O processo de negociação é um tipo de interação humana em que as partes buscam resolver diferenças através da obtenção de um acordo, troca, partilha, barganha, doação.

Negociação não é recente. Ela tem sido empregada por milhares de anos como modo não violento e, socialmente, aceitável de alcançar e conciliar as diferenças e os conflitos.

Observação: Ao longo deste livro abordaremos outras funções administrativas, tais como: estruturar, implementar, motivar, implantar, adaptar, relatar, acompanhar, falar, ouvir, mudar, estudar, desenvolver, projetar.

1.16 Diagrama das Funções Administrativas

A seguir, está sendo colocado um diagrama relativo às funções administrativas e como são interligadas e quais suas dependências de informações para sua execução. Algumas funções dão suporte a outras, como são também derivadas.

Figura 1.2: Diagrama das Funções Administrativas.

1.17 Leis Aplicadas à Administração

Lei é uma constatação empírica de uma realidade. Ela permite prever acontecimentos e resumir uma grande quantidade de fatos. Os fatos ou fenômenos são apreendidos por meio de suas manifestações. Duas são as principais funções de uma lei específica: resumir grande quantidade de fatos e permitir prever novos fatos. Pois, se um fenômeno se enquadra em uma lei, ele se comportará conforme o estabelecido pela lei.

A seguir, estão relacionadas às principais leis aplicadas à administração:

Leis da Mudança de Murphy:

1. Antes de modificar qualquer coisa é preciso conhecer tudo sobre ela.
2. Antes de modificar qualquer coisa deve-se ignorar ao máximo tudo o que se refere a ela.
3. Uma mudança perturba a regularidade atual, de cuja eficácia depende o futuro.
4. Uma mudança, cuja expectativa é negativa, acaba dando errado.

Leis da Mudança de W. Bennis:

1. É falso o pressuposto de que para serem feitas grandes mudanças operacionais há também necessidade de grandes mudanças organizacionais.
2. A mudança requer uma preparação cuidadosa.
3. Políticas rígidas ou repressivas podem fomentar passividade ou atitudes de ressentimentos entre os empregados.

4. Escalões excessivos de administração e cadeias de comando e comunicação, exageradamente estruturados, podem causar sentimentos de isolamento, impotência ou despersonalização.
5. Os sentimentos das pessoas é parte fundamental da dinâmica de qualquer processo de trabalho em grupo.
6. Em algumas organizações, especialmente aquelas que necessitam de alta criatividade, a livre expressão de emoções pode encorajar a livre expressão de outros processos criativos, mas, também pode exacerbar conflitos.

Leis do Resultado de Pareto:

1. 20% dos eventos/acontecimentos/recursos respondem por 80% dos resultados.
2. 20% dos consumidores/vendedores respondem por 80% da receita da empresa.
3. 15% do tempo dos funcionários nas organizações são dedicados aos seus próprios interesses.
4. Num evento social, 20% dos fatos são críticos para 80% dos resultados. Se você tem esses fatos, é absurdo esperar por mais.

Leis da Probabilidade:

1. Todo gerente sabe que, quando ocorre uma vaga acima de seu cargo, há a probabilidade de dois para um contra a sua possibilidade de ser indicado.
2. O projeto mais seguro é o fracassado, porque dura mais tempo.
3. É menos provável que cortem um empregado se houver incerteza quanto às suas funções.
4. Se algo pode dar errado, dará errado.
5. Quando deixamos a si mesmas, as coisas sempre vão de mal a pior.
6. A natureza sempre está do lado da falha oculta.
7. A probabilidade de uma dimensão ser omitida num conjunto de instruções é diretamente proporcional à sua importância.
8. A probabilidade de fracasso é diretamente proporcional ao número e importância das pessoas que observam o ensaio.
9. A probabilidade de uma coisa acontecer é inversamente proporcional à sua desejabilidade.
10. Se você precisa de cálculos sofisticados para justificar uma ação, provavelmente ela está errada.
11. Faça qualquer plano ambicioso e esteja certo de que o inesperado, ou o trivial, irá destruí-lo.

Leis da Organização de Victor Thompson:

1. Uma comissão não é uma estrutura, mas uma planta que cresce, floresce, murcha e morre, espalhando as sementes que farão nascer outras comissões.
2. A perfeição da estrutura planejada só é alcançada quando a instituição está no ponto de colapso.
3. Quanto mais complexa for a organização, mais cedo morre.
4. A preocupação principal da administração é a sobrevivência.
5. Num dado tempo, qualquer organização perde a sua capacidade de sobreviver.
6. Comitê é uma reunião de pessoas erradas, escolhidas por incompetentes, entre as que não querem, para fazer o que não é necessário.
7. Comitê é um grupo de pessoas que, individualmente, não podem fazer nada, mas que, coletivamente, podem decidir que nada pode ser feito.
8. Comitê é um grupo que consegue fazer alguma coisa apenas quando ele consiste de três membros, um dos quais está doente e o outro ausente.

9. Se houver muitas reuniões num certo período de tempo, as mesmas se tornam mais importantes do que o problema que elas deviam resolver.
10. As empresas consomem, em geral, 40% a mais do tempo administrativo que seria necessário, tornando-se, portanto, mais lentas e menos competitivas, em decorrência dos elevados custos e da morosidade no processo decisório.
11. Os mecanismos burocráticos cresceram de uma forma descontrolada, passando a representar uma ameaça à eficácia das empresas.

Leis do Chefe de Anthony Jay:

1. O chefe deve lembrar-se de que sua habilidade como profissional não é um certificado para sua defesa, mas uma barreira para seu avanço.
2. O chefe deve buscar sempre a evidência inquietadora.
3. O chefe deve permanecer, durante a maior parte do tempo, junto ao mais poderoso grupo da organização.
4. O chefe deve conseguir a adesão dos opositores ou, pelo menos, levá-los à neutralidade.
5. O chefe deve lembrar-se de que a reflexão é o prelúdio da ação e não uma alternativa.
6. O chefe deve procurar com um telescópio, e não com um microscópio, os problemas de que se ocupará.
7. O chefe deve ligar para o seu próprio escritório para ver como funciona o sistema de comunicação da organização.
8. Se o chefe da organização não é dos melhores, tratará de se cercar de empregados que sejam ainda piores, haverá logo uma verdadeira competição de estupidez, em que as pessoas fingem ser ainda mais estúpidas do que realmente são.
9. Cuidado com o chefe que seja bom demais para manejar as crises, porque ele procurará garantir que você viva num estado de caos perpétuo.

Leis do Trabalho de Parkinson:

1. O trabalho aumenta a fim de preencher o tempo disponível para sua execução.
2. O tempo despendido na discussão de cada item de uma agenda de trabalho está na razão inversa da soma discutida.
3. A quantidade de informação que um gerente precisa varia inversamente com a sua posição na organização.
4. Um trabalho é tão bem-sucedido quanto os meios para medi-lo.
5. Quando um trabalho é trapaceado, tudo o que é feito para melhorá-lo só o torna pior.
6. A estrutura organizacional só chega a um nível ótimo, quando está próxima do colapso.
7. Quando uma questão é urgente, ela exigirá uma solução, que custa acontecer, porque estará em função da pessoa de quem a hipótese de solução se originou.

Leis da Competência de Lawrence J. Peter:

1. Numa hierarquia todo empregado tende a subir até o seu nível de incompetência.
2. Todo cargo tende a ser ocupado por um funcionário que é incompetente para cumprir seus deveres.
3. O trabalho é feito por aqueles funcionários que ainda não atingiram o seu nível de incompetência.
4. As organizações parecem presas irreparáveis da mediocridade e da incompetência.
5. Aquele que passar mais de cinco anos no mesmo cargo, desempenhando as mesmas funções, é um incompetente.
6. A generalização da incompetência é diretamente proporcional à altura da posição hierárquica.

Leis do Comportamento de Rensis Likert:

1. O comportamento humano, em geral, revela uma busca de justificativa para o desempenho ineficiente.
2. Ao considerar nossos subordinados, devemos lembrar as suas boas qualidades e notar que os seus defeitos só provam que eles são humanos.
3. Um grama de imagem é mais do que um quilo de desempenho.
4. A seleção natural encorajou a existência de mecanismos sociais que só existem para produzir antagonismo, conflito e excitação.
5. Verifique a resposta que você preparou uma vez mais, antes de transmiti-la aos outros.
6. O homem que pode sorrir, quando as coisas vão mal, está pensando em alguém a quem culpar.

Leis do Conhecimento de Katz e Kahn:

1. Quanto mais alto for o seu conhecimento, menores possibilidades de emprego existem.
2. A experiência é diretamente proporcional ao volume de projetos fracassados.
3. O tempo necessário para um sábio influenciar um ignorante é inversamente proporcional ao hiato no seu conhecimento.
4. A criatividade varia inversamente com o número de participantes do projeto.
5. Abençoado aquele que atingiu o ponto de não retorno e sabe disso, porque ele pode gozar a vida.
6. Abençoado aquele que não espera gratidão, porque ele não será desapontado.

Leis do Menor Esforço:

1. Nós trabalhamos, porque temos uma série de necessidades a satisfazer.
2. É importante lembrar que uma coisa para ser considerada um bem deve exigir de nós interesse e esforço.
3. O maior ou menor esforço depende da escassez ou da abundância daquilo de que necessitamos.
4. Procuramos sempre obter o máximo de tudo com o mínimo de esforço, dinheiro e tempo.
5. Buscamos um equilíbrio entre as nossas necessidades e os bens que conseguimos com o nosso trabalho.
6. Pelo mau uso dos recursos uma grande parte do que conseguimos, além de exigir maiores gastos do que seriam necessários, ainda não é na quantidade e na qualidade requerida.
7. É verdade que, às vezes, precisamos fazer um pouco mais de esforço e renunciar algumas coisas, porque as circunstâncias assim podem exigir.

Leis da Situação de Mary Parker Follet:

1. O papel da psicologia administrativa deve ser o de reconciliar os indivíduos com a organização.
2. O objetivo da ação administrativa é conseguir integrar pessoas.
3. Uma pessoa não deve dar ordens a outra pessoa, mas ambas devem concordar em receber ordens da situação.
4. A situação deve ser tal que as pessoas cooperem para buscar objetivos comuns.
5. Se a autoridade e a responsabilidade derivam da função, pouco tem a ver com a hierarquia da posição.

Leis da Economia:

1. O preço de um produto varia conforme a demanda e a oferta do mesmo. Assim, se a demanda é alta e a oferta baixa, o preço tende a aumentar, e vice-versa.
2. Aumentar a produção não significa maior produtividade necessariamente.
3. Ao procurarmos obter as coisas, todos nós desejamos consegui-las com o mínimo de esforço.
4. Toda a equipe deve unir-se para cortar pela raiz qualquer sugestão que prometa uma melhoria além do custo marginal.
5. A oferta cria a sua própria procura.
6. A quantidade procurada de determinado produto varia inversamente com relação a seu preço.
7. Se a renda dos consumidores aumenta, a demanda por produtos aumenta.
8. A oferta de um bem é afetada pelos custos dos fatores de produção, por alterações tecnológicas e pelo aumento do número de empresas no mercado.
9. A oferta mostra uma correlação direta entre quantidade ofertada e nível de preços.
10. Não adianta aumentar a produção indefinidamente para que o custo do produto atinja um patamar que ajude a solapar a concorrência, pois existe um limite para isso (Lei dos Rendimentos Decrescentes).

1.18 Revoluções Industriais

Você imagina quantas indústrias são acionadas toda vez que se abre uma torneira de água? E, ao tomar o café da manhã, você calcula o vasto universo de máquinas que está por trás dos alimentos e utensílios que vão para a mesa? Alguns cientistas argumentam que a maioria das mudanças da História se deu em função da tecnologia.

Os séculos são marcados por invenções, tais como: roda, foice, roldana, alavanca, martelo, espada, bússola, luneta, caldeira, motor, aço, computador.

Na última década aconteceram avanços notáveis na disponibilidade de informações, na velocidade das comunicações, nos novos materiais, na biotecnologia e nas maravilhas da eletrônica. Seja de que classe for, qualquer pessoa atestará a expansão interminável de novos produtos.

É sabido que a chamada Revolução Industrial trouxe como principais transformações do mundo econômico e social a concentração da capacidade produtiva do homem, conseguindo mais recursos através do domínio da energia.

Esse esforço baseou-se no aperfeiçoamento das técnicas de produtividade. Como tudo tem um limite, de repente, começou-se a perceber que o tamanho da produção dependia de outras coisas e não apenas de máquinas, equipamentos e tecnologia. No bojo da Revolução Industrial vieram muitas outras revoluções.

Chama-se Revolução Industrial ao conjunto de transformações tecnológicas, econômicas e sociais que influenciam as organizações e as sociedades em todo o mundo. A partir de 1776, com a invenção da máquina a vapor por James Watt e a sua posterior aplicação à produção, uma nova concepção de trabalho veio modificar completamente a estrutura social, política, econômica e comercial da época.

Na fábrica, perceberam-se com mais nitidez as diferenças entre as funções da organização. O sistema fabril, quando aplicou os avanços científico e tecnológico à produção, rompeu as estruturas corporativas da época, ampliou os mercados existentes, descobrindo novos nichos para novos produtos. O poder do patrão passou a ser maior, cerceando liberdades individuais. Tudo em nome do progresso do desenvolvimento econômico das organizações produtivas de bens e manufaturas.

O sistema fabril exige maior planejamento e controle do que as unidades menores de produção de simples artesanato. A divisão do trabalho tornou-se mais importante e complexa.

Tudo isso levou à Revolução da Produtividade, que converteu parte do proletariado em uma classe de burgueses, derrotando o conflito de classes. Após a Segunda Guerra Mundial, surge a Revolução do Conhecimento, que passou a ter mais importância do que capital, terra e mão de obra, os chamados fatores de produção. As invenções da Revolução Industrial, no entanto, foram imediatamente aplicadas em todas as indústrias e manufaturas e passaram a ser encaradas como avanços tecnológicos.

A revolução Industrial também teve um grande impacto na família. A família nuclear foi, durante muito tempo, a unidade de produção. Na fazenda e na oficina todos da família trabalhavam nas mesmas atividades. De fato, a crise da família não começou no Século XX, mas sim no começo da Revolução Industrial.

Segundo Galbraith: "A Revolução Industrial, que chegou à Inglaterra nos últimos trinta anos do Século XVIII, atraiu para as fábricas e para as cidades os trabalhadores que, anteriormente, produziam bens em suas próprias casas, ou alimentos em suas fazendas. E trouxe outros que, praticamente, não produziam nada".

O capital que os mercadores antes investiam nas matérias-primas que eram enviadas aos vilarejos para serem transformadas em bens, ou que servira para comprar a mão de obra de artesãos independentes, estava agora para ser investido em fábricas e máquinas, ou nos salários miseráveis que mantinham os empregados vivos. A figura dominante passou a ser a Indústria.

Os historiadores têm debatido o que causou estes acontecimentos. Teria sido a invenção da máquina a vapor, que ajudou a propulsionar outras máquinas? A roupa, a comida e a habitação determinavam o padrão de vida da população. Teria sido a Primeira Revolução Industrial fruto de empreendedores inovadores? Quaisquer que tenham sido as causas desta revolução, ela moldou a economia da época. E foi neste contexto que surgiram Adam Smith e Karl Marx.

Contudo, pouco do que veio a ser chamado de Revolução Industrial chegou a ser visto por Smith. O que atraiu sua atenção não foram as máquinas, mas a maneira como as tarefas estavam sendo conduzidas. Smith começou a escrever *A Riqueza das Nações*, na França, e continuou trabalhando na obra por dez anos, após retorno à Inglaterra, em 1766. O sucesso deste livro foi instantâneo. Mas, é muito comum se encontrar nos questionamentos eruditos a citação da obra de Karl Marx, *O Capital*, assim como trechos da Bíblia. De Adam Smith pouco se fala, a não ser para os interessados em Economia.

A Revolução Industrial marcou a mais radical transformação da vida humana que se tenha notícia na História.

1.19 Fases da Revolução Industrial

A revolução industrial teve início na Inglaterra e se espalhou pelo resto do mundo. Didaticamente podemos dividir esta revolução nas seguintes fases:

A **Primeira Revolução Industrial** (revolução do carvão e do ferro) caracterizou-se pela mecanização da indústria e da agricultura, aplicação da força motriz à indústria, desenvolvimento do sistema fabril e espetacular aceleração dos transportes e das comunicações. Também conhecida como a revolução inglesa, esse período foi impulsionado pela indústria têxtil, a mecanização da agricultura, a aplicação da força motriz e a aceleração dos transportes e das comunicações.

A **Segunda Revolução Industrial** (revolução do aço e da eletricidade) foi provocada por três acontecimentos: desenvolvimento de novo processo na fabricação do aço, aperfeiçoamento do dínamo e invenção do motor de combustão interna. As principais características da Segunda Revolução Industrial são as seguintes: a substituição do ferro pelo aço como material industrial básico, a substituição do vapor pela eletricidade e pelo petróleo, o desenvolvimento da automação, alto grau de especialização do trabalho, crescente domínio da indústria pela ciência, transformação radical nos meios de transporte e de comunicação, desenvolvimento de novas formas de organização capitalista, a expansão da industrialização, o desenvolvimento de produtos químicos e a utilização dos derivados do petróleo.

A **Terceira Revolução Industrial** (revolução da informação) não surgiu por acaso, mas sim fruto de uma série de invenções, estudos e teorias que aconteceram no passado. Cada momento da história das tecnologias tem uma imagem (símbolo), uma espécie de ícone padrão que ultrapassa sempre seu poder de ilustração para se transformar em símbolo de trabalho. A história do mundo é a história da tecnologia e da informação. Ambas são o centro da organização social e de todas as estruturas ideológicas, políticas, econômicas e administrativas. Não há progresso humano sem tecnologia e informação.

A **Quarta Revolução Industrial** (revolução da inteligência artificial) está acontecendo nos dias de hoje, com o avanço dos estudos cibernéticos, biotecnologia e robótica. Já é comum, em feiras e exposições, encontrarmos robôs sendo utilizados como atendentes serviçais. O futuro é incerto quanto ao domínio das máquinas sobre os seres humanos comuns. Fato que deixa muita apreensão na Era da Nanotecnologia.

1.20 Revolução Digital

Hoje, os investimentos em equipamentos e serviços de telecomunicações são encarados como atividades importantes para o sucesso da empresa. A digitalização das telecomunicações colocou à disposição das empresas, equipamentos computadorizados, forçando a integração entre telecomunicação e informática, que passou a ser chamada de telemática, acelerando a globalização ou, como querem alguns: economia globalizada, economia de rede, economia global.

A Revolução Digital, que se intensificou a partir da década de 1990 com a adoção generalizada de telefones celulares e computadores cada vez mais portáteis, aumentou sensivelmente a produtividade das empresas, o que não deixa de ser um paradoxo. Quando os futurólogos do Século XX falavam de maior tempo de lazer e aproveitamento da vida, por que tanto trabalho em detrimento de uma melhor qualidade de vida? Por que trabalhamos tanto? Por que não temos mais horários livres? Colocar o trabalho, acima de tudo, tornou-se uma necessidade para quem pretende atingir o topo da carreira.

Mas, como chegar ao topo de alguma coisa, se não se tem tempo para pensar?

A telemática transformará os negócios, porque afetará pessoas, processos produtivos, consumidores e parceiros. Sua essência está na conectividade dos sistemas do conhecimento, da educação, da agricultura, da indústria, do comércio e do governo. A capacidade de gerar impactos profundos na estruturação social e econômica e de permitir a criação de novas riquezas, a partir da inovação, é fruto do uso pioneiro de novas tecnologias.

Softwares são vendidos online desde os primórdios da Internet pública, mas só recentemente é que a banda larga tem sido capaz de transportar o enorme número de bits necessários para sofisticados programas comerciais, pessoais, educacionais ou de entretenimento. Nos anos que vêm por aí, à medida que mais pessoas ganharem acesso às linhas de alta velocidade e de baixo custo, a Internet vai se tornar a principal maneira pela qual o software será distribuído, atualizado, mantido e até mesmo administrado.

Produtos digitais custam menos do que seus equivalentes materiais. E basta fabricar uma vez. O custo do inventário de materiais também vai cair graças ao aumento da eficiência e da possibilidade de criar uma rede de distribuição virtual.

A publicação eletrônica, por exemplo, oferece um modelo econômico incrivelmente eficiente, praticamente isento de custos de manufatura, embalagem ou distribuição. As variações são infinitas assim como as oportunidades. Esses avanços serão igualmente bem-vindos em empresas grandes e pequenas. A Internet aumentou as possibilidades das pequenas empresas de vender seus produtos no mercado global.

Apesar das inúmeras vantagens apresentadas pela tecnologia digital da informação, a produtividade aumentou muito pouco em relação ao investimento realizado. Apenas os setores de varejo, atacado, mercado financeiro, telecomunicações, computadores, semicondutores e segurança, num universo de sessenta setores da economia, tiveram um grande impacto na produtividade.

1.21 Perspectivas da Administração

Muito embora a Administração, como objeto de estudo, seja relativamente nova, o seu desenvolvimento foi muito rápido. A própria história do pensamento administrativo proporciona uma perspectiva das contribuições e dos problemas e situações com que se defrontou no correr deste último século. Como outros, Peter Drucker afirma, com justo motivo, que os alicerces do desenvolvimento de um país, de uma região, de uma empresa são: a educação e a informação e não mais o dinheiro. A competência e o conhecimento, daí decorrentes, são, portanto, os recursos fundamentais da sociedade.

Sabe-se que a capacidade de obter, selecionar, processar e avaliar, com extrema velocidade, a informação, de um lado, e o mercado competitivo, de outro, se nutrem mutuamente. O ensino de Administração na graduação e na pós-graduação, contudo, precisa adotar o conceito de melhoria contínua a que os japoneses chamam de *Kaizen*, para acompanhar e antecipar as mudanças tecnológicas, políticas e sociais. Isso significa que administradores têm de se valer de um vasto conhecimento para alcançar com efetividade os objetivos organizacionais e facilitar os objetivos individuais das pessoas nas organizações.

Nos próximos anos, os desafios da Administração serão:

- O crescimento, cada vez maior, do número de organizações e negócios com uma concorrência mais aguda e predatória.

- A sofisticação crescente da tecnologia trará mudanças ambíguas e incertas.
- A internacionalização dos negócios fará com que uma visão cada vez mais abrangente e prospectiva deverá ter o administrador.
- As empresas terão de se adaptar, contínua e rapidamente, aos novos ambientes.
- O mercado será visto como um campo de batalha (concorrentes em pé de guerra).
- Distúrbios políticos e religiosos, acompanhados de recessão econômica, inflação e deflação, cobrarão, cada vez mais, responsabilidade social da empresa.
- Necessidade da empresa de ter recursos humanos, baseados no conhecimento.
- O surgimento de mercados emergentes em informação, comunicação, ambiente, segurança e biotecnologia.
- A inflação exigirá maior eficiência na administração da empresa.
- As empresas terão de ser mais ágeis, para se adaptarem às contínuas mudanças.
- As novas ferramentas tecnológicas causarão impacto sobre a estrutura da organização.

A visibilidade da empresa estará em função de como ela lida com o ambiente. Se seus produtos são de má qualidade, logo sua imagem será abalada. Também se ela demitir muitos empregados, logo será notada pela imprensa, pelos sindicatos e pelos governos.

O fato é que a Administração jamais será ignorada. Cada vez mais, as avaliações do feedback classificarão a atuação da administração da empresa. Os administradores serão selecionados pelas suas qualidades gerenciais e não apenas por suas formações.

Teste de Aferição de Conhecimento

01 – Executar é o mesmo que administrar?
( ) Sim
( ) Não
( ) Depende da situação

02 – Qual é o papel da administração de uma empresa?
( ) Dar lucro aos donos da empresa
( ) É ser responsável
( ) Desenvolver tarefas administrativas com eficiência
( ) Não ignorar os interesses de todas as entidades que lidam com a empresa

03 – A administração é:
( ) Uma filosofia
( ) Uma ciência
( ) Uma arte
( ) Uma prática

04 – Administração é uma invenção do Século XX?
( ) Não, a administração é coisa antiga
( ) Embora antiga, somente no Século XX é que foi levada a sério
( ) É uma descoberta muito recente

05 – Que experimento modificou a visão que a administração tinha das pessoas?
( ) Arsenal de Veneza
( ) Companhia Bethlehem
( ) Experimento Hawthorne

06 – Você acredita que surgirá mais uma escola de administração, no Século XXI?
( ) É possível
( ) Sim, com certeza
( ) Não

07 – Por que o número de administradores profissionais aumenta dia a dia?
( ) Incapacidade dos donos da empresa gerir seu próprio negócio
( ) Devida a grande complexidade
( ) Pela necessidade de flexibilização

08 – Os Princípios de Administração apresentados ainda valem?
( ) Sim
( ) Não
( ) Já estão ultrapassados

09 – Um empreendedor precisa ter algum conhecimento de Administração para poder iniciar um negócio, com sucesso?
( ) Sim
( ) Não
( ) Não sabe dizer

10 – Faça a correspondência:

(A) Eficácia	( ) Trabalhar de forma correta
(B) Eficiência	( ) Atingir objetivos
(C) Efetividade	( ) Responder de maneira eficaz e veloz

Capítulo 2

Teorias da Administração

"Nada é mais prático do que uma boa teoria."
Kurt Lewin

Objetivos do Capítulo

- Mostrar o esforço que os cientistas da administração fazem no sentido de chegar a uma Teoria Geral da Administração.
- Mostrar os principais aspectos de cada teoria.
- Mostrar os diversos tipos de Teorias da Administração.
- Mostrar diversas teorias que dão suporte à arte de administrar.

2.1 Conceito de Teoria

Teoria é um conjunto de princípios fundamentais que se constituem em instrumento científico apropriado na procura e, principalmente, na explicação dos fatos. O teórico se interessa em observar e analisar os fenômenos, a fim de descobrir generalizações, princípios e regras. Nota-se uma busca constante para o desenvolvimento de regras de ação ampla, que culminam numa nova teoria. Quanto ao papel da teoria em relação aos fatos, podemos dizer que a teoria tem como principais funções:

- Orientar os objetos de estudo, sob dois aspectos: restringir a amplitude dos fatos a serem estudados em cada campo do conhecimento e definir os principais fatos de uma investigação, precisando, portanto, de dados abstraídos da realidade, como objetos de análise.
- Oferecer um sistema de conceitos que representa os fatos, emitindo sua verdadeira concepção, fornecendo um universo vocabular científico, próprio de cada ciência.
- Facilitar a compreensão dos fatos e a comunicação entre os pesquisadores e analistas.
- Classificar e sistematizar os fatos, acontecimentos, fenômenos e objetos da realidade.
- Resumir a explicação dos fatos, expressando sua concepção e correlação.
- Resumir o conhecimento, porque serve para sintetizar o que já se sabe sobre o objeto de estudo, através de generalizações empíricas.
- Prever fatos, porque a teoria se baseia na relação dos fatos já conhecidos com os que estão sendo descobertos.
- Indicar lacunas do conhecimento, porque serve para mostrar os fatos e as relações que ainda não estão, satisfatoriamente, explicados.
- Explicar acontecimentos e fenômenos, relacionando observações.
- Prever a ocorrência de determinados fatos ainda não observados.
- Comprovar hipóteses, anteriormente, formuladas.

Como teoria sem prática constitui especulação inútil, a prática sem a teoria é intransmissível. O homem de negócios que não possui uma base científica poderá, dentro de certos limites, ser um praticante mais hábil do que um cientista, mas terá de pagar, algum dia, o preço da estagnação. Mas, por que são tão poucas as pessoas que se interessam pela teoria? Um dos motivos é que a prática (execução) mostra, geralmente, resultados imediatos.

Embora, para cada princípio quase sempre se possa estabelecer, em contra posição, um outro igualmente aceitável, há uma busca constante do administrador para o desenvolvimento de regras de ação ampla, como também descobrir generalizações, leis, procedimentos, diretrizes e ferramentas.

A teoria orienta os objetos de estudo, oferece um sistema de conceitos, resume o conhecimento, prevê fatos, indica lacunas do conhecimento. Porém, é o fato, como já vimos, que inicia, reformula, rejeita, redefine e esclarece uma teoria. A teoria da administração estuda o funcionamento das organizações. A teoria das organizações estuda as organizações de uma maneira geral e interdisciplinar.

2.2 Considerações sobre Teoria

Leis e teorias surgem da necessidade que se tem de encontrar explicações para a realidade. Ter uma teoria à mão é importante, porque é possível se chegar a deduções sobre o que ocorrerá, sob condições específicas, em diversas situações. Ela apresenta um guia importante para a orientação da pesquisa, pois indica áreas que tendem a ser produtivas, isto é, em que há probabilidade de encontrar relações significativas.

A teoria aumenta a eficiência da pesquisa, pois apresenta indicações significativas para esta, ligando resultados aparentemente isolados através de processos semelhantes. Assim, pode indicar áreas em que a pesquisa tende a ser produtiva, pode sumariar os resultados de vários estudos específicos e pode dar uma base para explicação e predição.

Teoria e fato não são diametralmente opostos, mas interrelacionados, consistindo em elementos de um mesmo objeto de estudo. Não existe teoria sem ser baseada em fatos. Por sua vez, a compilação de fatos ao acaso, sem um princípio de classificação (teoria), não produz ciência. Teríamos um amontoado de fatos dispersos, impossíveis de serem interligados e explicados.

A teoria se distingue da hipótese, porquanto esta é verificável experimentalmente, enquanto aquela não. Todas as proposições da teoria se integram no mundo do conhecimento, enquanto a hipótese comprova a sua validade. A teoria é interpretativa, enquanto a hipótese resulta em explicação através das leis naturais. A teoria formula hipóteses, ao passo que estas subsistem independentemente da teoria. A seguir, os principais elementos que dão suporte ao estudo da teoria:

Fato – Assunto já abordado.

Fenômeno – É uma observação percebida pelos sentidos, ou pela consciência. Geralmente, é raro e surpreendente, cujo aparecimento contrasta com a realidade do observador.

Ideia – A ideia também chamada de noção, ou conceito, é a simples representação intelectual de um objeto, porque se constitui num ato cognitivo. Não se confunde com a imagem que é a representação apenas sensível do objeto.

Juízo – Francis Bacon admite a inferência do juízo do indivíduo na avaliação de um determinado problema, isto é, vale a pena se dedicar a resolver tal problema ou este não tem tanta importância assim? Juízo é considerado um ato pelo qual o raciocínio afirma ou nega alguma coisa em função de outra. É o vetor fundamental do pensamento reflexivo, sendo que a expressão lógica do juízo é o raciocínio. Assim, um homem comum não se envolverá em problemas complexos. Primeiro, por achar que pessoas mais capacitadas se importarão. Segundo, a solução está além do seu raciocínio.

Raciocínio – É a operação pela qual o indivíduo de uma relação, ou de várias relações conhecidas, extrai uma outra. Como estas relações se exprimem por juízos, pode-se dizer que raciocinar é encadear juízos com o fim de concluir alguma coisa. Há duas espécies de raciocínio. Um que vai do particular para o geral, chamado indutivo e outro que vai do geral para o particular, chamado dedutivo. Os instrumentos da indução são: observação, experimentação, analogia, comparação. Os instrumentos da dedução são: decomposição, análise, regressão, demonstração.

Lei – Assunto já abordado.

Opinião – É a afirmação de qualquer coisa apoiada em razões pessoais. É um modo de ver que não se baseia, muitas vezes, na fundamentação certa. É subjetiva e nem sempre merecedora de crédito. Caracteriza-se por uma convicção provisória, sujeita a erro. Portanto, toda vez que perceber que suas afirmações são meras opiniões, procure juntar a elas fatos que as transformem em argumentos lógicos.

Intuição – A intuição é vista como um "impulso" para a ação, onde não há raciocínio lógico. Segundo Motta, "a intuição deverá merecer explicações mais apuradas no futuro, porque parece que o nível de intuição da pessoa aumenta, em função das experiências, pesquisas, estudos e conhecimentos acumulados, que não foram ainda adicionados ao consciente do indivíduo". A origem da intuição é desconhecida. A verdade é que muitas pessoas resolvem problemas na base da intuição.

2.3 Administração como Teoria

A análise contemporânea da Teoria da Administração constitui uma tarefa mais complexa do que sua análise histórica. A perspectiva passada facilita a compreensão da validade ou relevância da mesma, pois, muitas vezes, é só com sua aplicação prática que se delimitam seus aspectos positivos ou negativos. A dúvida sobre resultados concretos permanece em função da impossibilidade de considerar variáveis que equacionem o problema e que só a prática revela.

Segundo Gunnar Myrdall, "o efeito da transferência se deve ao fato de a ação, a pesquisa e a teoria estarem num circuito fechado, onde a ação tende a se deteriorar por falta de bases científicas. A pesquisa é deficiente por falta de fundamentação teórica. A teoria dá margem a diversas interpretações por falta de comprovação científica".

A Teoria Geral da Administração, tanto buscada, pode ser considerada como um conjunto integrado de teorias, processos, princípios, leis, conceitos e ideias para se considerar a Administração como uma ciência ou arte. Não existe, até agora, uma visão universal da administração. Tal teoria talvez seja impossível de ser concebida. O mínimo que se pode induzir é de que não existem modelos de soluções para resolver novos e complexos problemas administrativos.

É impossível estabelecer atualmente uma teoria que incorpore a totalidade das forças que agem sobre uma situação organizacional, mesmo que simples. Estudos e pesquisas ajudam a criar um certo grau de certeza num mundo que é caracterizado pela incerteza. Mas, é bom que se diga que muitos dos princípios e premissas referentes à administração influenciaram o comportamento humano, e vice-versa. Ainda resta a pergunta: É possível se chegar a uma Teoria Geral da Administração? Existem conceitos pouco aceitos universalmente. Falta uma terminologia própria e há uma forte tendência à normalização.

As experiências válidas para determinadas empresas não surtiram efeito em outras empresas. Pode-se ensinar ao administrador o que deve fazer, mas isto não o capacitará, efetivamente, a fazê-lo em todas as organizações.

Algumas expressões usadas no desenvolvimento das teorias da administração foram retiradas da organização militar, tais como: estrutura organizacional linear, princípio da unidade de comando, estrutura hierarquizada, centralização do controle, descentralização da execução, estado-maior (assessoria) e princípio de direção (explicação do objetivo da ordem). O administrador deve aceitar a incerteza e planejar de modo a minimizá-la.

2.4 Teorias da Administração

A história da Teoria da Administração é recente e tem seu início no começo do Século XX. Pode ser resumida em cinco fases bem distintas e que se superpõem. Cada uma dessas realça e enfatiza um aspecto importante da administração, tais como: Tarefa, Estrutura, Pessoa, Ambiente e Tecnologia. As principais teorias da administração serão tratadas, a seguir:

2.4.1 Teoria da Administração Científica

A Teoria da Administração Científica foi a primeira tentativa de teorização, mais conhecida como Movimento da Administração Científica, que começou com a análise do trabalho de operários. A obra de Frederic W. Taylor iniciou o Movimento da Administração Científica e criou os chamados princípios da administração aplicáveis a todas as situações da empresa. A organização racional do trabalho fundamentou-se no estudo dos tempos e movimentos na realização de determinada tarefa.

Os estudos de Taylor e de seus seguidores buscavam a eliminação do desperdício, da ociosidade e da redução dos custos de produção. A única maneira, na ocasião, vista para motivar o trabalhador era através de incentivos salariais. Com a padronização do trabalho, aliando condições ambientais favoráveis, Taylor pretendia assegurar a eficiência máxima.

O nome administração científica é devido à tentativa de aplicação dos métodos científicos aos problemas da administração, a fim de alcançar elevada eficiência industrial. Os principais métodos, na época, eram: observação e mensuração.

2.4.2 Teoria Clássica

Corrente predominante na primeira metade do Século XX, onde era dada ênfase na estrutura organizacional e no estabelecimento de princípios a fim de que a organização fosse eficiente.

Enquanto a administração científica preconizava a eficiência do indivíduo, a teoria clássica buscava a eficiência da organização como um todo. Desenvolvida por Henri Fayol, faz uma abordagem anatômica e estrutural da empresa. Para ele a capacidade técnica domina a base da estrutura organizacional, enquanto a capacidade administrativa domina o topo.

Deve-se a Fayol, a introdução dos conceitos de funções organizacionais (técnica, comercial, financeira, contábil, segurança e administração) e mais de perto as funções administrativas (prever, organizar, comandar, coordenar e controlar). A pesquisa deste engenheiro formulou uma teoria da organização, tendo por base a administração como uma ciência e uma estrutura organizacional de aspecto formal. Seu estudo foi racional, com base na divisão do trabalho, na especialização e na assessoria.

Como engenheiro, Fayol acostumou-se a trabalhar baseado em princípios e técnicas. Ele levou esse hábito de trabalho para o seu cargo de gerente e depois para o de diretor, formulando um conjunto de Princípios de Administração Geral que ele considerava útil para toda situação administrativa, qualquer que fosse o tipo ou ramo da empresa.

Na Teoria Clássica, a microabordagem no nível individual de cada operário com relação à tarefa é enormemente ampliada no nível da organização como um todo, em relação a sua estrutura organizacional. A preocupação com a estrutura da organização constitui, sem dúvida, uma substancial ampliação do objeto de estudo da administração. Essa teoria partiu de uma abordagem global da organização, indo para uma abordagem anatômica e estrutural que rapidamente suplantou a abordagem analítica e concreta de Taylor.

Os antecedentes históricos da Teoria Clássica da Administração estão fundamentados nos meios capitalistas de produção.

2.4.3 Teoria das Relações Humanas

Teoria administrativa iniciada com a experiência de Hawthorne e que enfatiza as pessoas, os grupos e a organização informal em contraposição aos pressupostos formais da teoria clássica. Entende-se por relações humanas a interação entre pessoas e grupos sociais, através de ações e atitudes. Esta teoria critica, sobremaneira, a civilização industrial, só preocupada com eficiência operacional e lucro, fazendo apologia da cooperação humana.

O estudo das relações entre pessoas teve um incremento muito grande a partir de Hawthorne, experiência chefiada por George E. Mayo, que foi realmente o marco inicial de tudo isso e que trouxe à tona a integração e o comportamento social dos empregados, o estudo dos grupos informais, os aspectos emocionais e as relações entre as pessoas e como contornar problemas e conflitos.

A Teoria das Relações Humanas teve sua origem na necessidade de se humanizar e democratizar a administração, libertando-a dos conceitos rígidos e mecanicistas da Teoria Clássica. Também o desenvolvimento da psicologia e sociologia aplicadas a indústria veio demonstrar a inadequabilidade dos princípios da Teoria Clássica. No caso específico do Brasil, a popularidade da Teoria das Relações Humanas ocorreu a partir da década de 1950 com a proliferação de cursos e livros sobre o tema. Lodi, assim se expressou sobre esta teoria: "Esse movimento trouxe inegavelmente muitos melhoramentos nas condições de trabalho, no treinamento dos supervisores, no desenvolvimento de estudos sobre dinâmica de grupo e relações de trabalho. Ele preparou o terreno para o movimento do Behaviorismo."

2.4.4 Teoria Neoclássica

É uma corrente que trouxe uma nova visão da Teoria Clássica, pois atualizou conceitos, mostrou a necessidade de o administrador ser uma pessoa eclética (conhecimentos diversos) e pragmática, que da ênfase aos resultados e objetivos. Peter F. Drucker, criador da Administração por Objetivos, teorizou sobre o modelo do gerente eficaz, dizendo que o mesmo tem as seguintes características:

- Sabe onde gastar o próprio tempo.
- Concentra esforços e recursos para atingir resultados satisfatórios.
- Não perde tempo com atividades triviais.
- Fundamenta a delegação para pessoas que apresentem qualidades apropriadas.
- Concentra-se em tarefas chaves.
- Toma decisões efetivas, em consenso com sua equipe.
- Define objetivos, em função da missão da empresa.
- Verifica e altera as estratégias e táticas que não dão certo.

Segundo Chiavenato, o termo neoclássico é na realidade um tanto quanto exagerado. Os autores dessa teoria, muito embora não apresentem pontos de vista divergentes também não se preocupam em se alinhar dentro de uma organização comum. Em resumo, os autores neoclássicos não formam propriamente uma escola bem definida, mas um movimento relativamente heterogêneo.

As principais características da Teoria Neoclássica são: ênfase na prática; reafirmação dos postulados clássicos; volta às origens dos princípios gerais da administração; ênfase nos objetivos (resultados); conhecimento eclético. É básico para a Teoria Neoclássica que a organização deve procurar conciliar suas necessidades e objetivos aos de seus colaboradores, buscando com que estes trabalhem na mesma direção da empresa.

2.4.5 Teoria da Burocracia

A burocracia é uma forma de organização humana que se baseia na racionalidade, isto é, na adequação dos meios aos objetivos (fins) para garantir a máxima eficiência possível. Entretanto, a burocracia não acompanhou a evolução da sociedade nem a das organizações, tornando-se um obstáculo ao pleno desenvolvimento e progresso atuais. Emergiu, destarte, uma outra perspectiva, popular, emocional, imprecisa, em que a burocracia é considerada como um tipo de organização caracterizada pela paixão à rotina e à não criatividade.

A Teoria da Burocracia é uma corrente fundamentada nos trabalhos de Max Weber, cujo modelo burocrático foi encarado por este sociólogo como mais uma forma de dominação do ser humano, como visto no Capítulo 1. Tal teoria surgiu da necessidade de se possuir uma abordagem que não fosse mecanicista, como na teoria clássica, e nem tivesse a ingenuidade da teoria das relações humanas.

2.4.6 Teoria Estruturalista

Teoria que tem como base a sociologia organizacional, onde os autores procuram ver as organizações como subconjuntos da sociedade. Daí a abordagem múltipla, tanto da organização formal quanto da informal. Levou em conta que as organizações são diversas e diferentes, criando um estudo que se chamou tipologia das organizações. Considerou também que dentro das mesmas existem dilemas e conflitos que devem ser trabalhados. Seus autores são, na sua maioria, críticos e satíricos, que, sem se aperceberem, contribuíram imensamente para a Teoria de Sistemas.

Tal teoria surgiu como um desdobramento da Teoria da Burocracia, onde seus criadores integraram a Teoria Clássica com a Teoria das Relações Humanas. O objeto de estudo da Teoria Estruturalista desloca-se das pessoas para a estrutura organizacional.

Com o estruturalismo ocorreu a preocupação exclusiva com a estrutura, em prejuízo da função ou de outros modos de compreender a realidade. Estruturalismo é um método analítico e comparativo que estuda os elementos ou fenômenos com relação a uma totalidade, salientando o seu valor de posição. A estrutura estuda os elementos internos e suas relações. A totalidade, a interdependência das partes e o fato de que o todo é maior que a simples soma das partes são as características básicas do estruturalismo.

A partir dos anos de 1950, alguns estudiosos da Escola Behaviorista passaram a fazer uma aproximação entre os aspectos formais e informais da organização. Essa convergência, para muitos, passou a ser a base da análise comparativa das organizações, segundo Etzioni. Essa teoria passou a considerar o conflito como nem sempre indesejado.

2.4.7 Teoria Comportamental

A Teoria Comportamental ou Teoria Behaviorista da Administração trouxe uma nova direção e um enfoque dentro da teoria administrativa, pois buscou posições mais explicativas e descritivas, não abandonando a ênfase nas pessoas. Esta teoria, na linha imaginária do tempo, é a Teoria das Relações Humanas com determinadas mudanças, para atender a um novo horizonte organizacional.

A Teoria Comportamental surgiu dos estudos da psicologia organizacional, do comportamento humano nas organizações e de seus instrumentos de motivação. Essa teoria se fundamentou nas contribuições de McGregor, Maslow, Herzberg e Ouchi, que atualizaram os estudos da teoria das relações humanas. Nesta teoria, todo indivíduo é um tomador de decisões, baseado no sistema de informações que o envolve. Assim, a organização é vista por estes cientistas como um sistema de decisões, daí ser encarado o indivíduo como um homem administrativo, onde a solução ótima é a melhor possível.

Quaisquer que sejam, entretanto, as deficiências e limitações desta teoria, não fossem as obras de Chester Barnard e Herbert Simon provavelmente ainda estaríamos discutindo como fazer amigos e evitar problemas.

As pessoas nem sempre se mostram conscientes dos motivos que acarretam as respostas de comportamento. Há uma busca constante para, por meio de várias técnicas, se determinar a natureza dos motivos interiores das pessoas, as suas fantasias e motivações inconscientes. Mesmo que não tenha oferecido respostas de aplicação universal, a psicologia demonstrou que a causa e o efeito do comportamento humano tem muitos e, frequentemente, indeterminados estágios intermediários. As razões para o comportamento individual e social nem sempre são o que parece ser.

Algumas suposições motivacionais são amplamente aceitas como totalmente válidas, embora respondam somente a parte do problema. Douglas McGregor classificou estas suposições como Teoria X e Teoria Y. A Teoria X supõe que as metas pessoais dos empregados são incompatíveis com os objetivos da empresa. Ela confia mais na utilização da autoridade como um instrumento de comando e controle. A Teoria Y afirma que as pessoas têm muito a oferecer a uma empresa, se puderem ser persuadidas a aceitar seus objetivos. Ela tenta aproveitar o máximo de cada um. Supõe-se que o emprego da autoridade impede o desenvolvimento deste potencial, embora a autoridade seja necessária no caso das pessoas não cooperarem.

Na Teoria X o ser humano médio possui uma aversão inerente pelo trabalho e o evitará sempre que possível. Tal aversão significa que a maioria das pessoas deve ser ameaçada por sanções a fim de desempenhar o esforço necessário para a obtenção dos objetivos organizacionais. Tal teoria conclui que as pessoas, em geral, preferem ser dirigidas, tentam evitar as responsabilidades, possuem, relativamente, pouca ambição e desejam a segurança acima de tudo.

Assim, é evidente que as ideias da Teoria X se adaptaram ao estilo gerencial que predominou na fase áurea da Escola Tradicionalista, derivando de seu princípio central de que a organização deve ser dirigida mediante o exercício da autoridade.

Os postulados dessa teoria são congruentes com a necessidade de integração que o ser humano tem. McGregor ressalta que este enfoque reconhece que as pessoas desejam realizar trabalhos relevantes e que, se lhes forem dadas oportunidade, atuarão com responsabilidade, maturidade e criatividade, tornando significativo seu desempenho na organização. A diferença básica entre as duas teorias é que a Teoria Y possibilita a utilização das técnicas motivacionais que são obstadas pelas restrições psicossociais impostas pela Teoria X.

A Teoria Y sustenta as seguintes hipóteses:

- Gastar esforço físico e mental no trabalho é tão natural quanto brincar ou descansar.
- O trabalho pode ser uma fonte de satisfação.
- O homem exercerá autodireção e autocontrole na busca dos objetivos com os quais está comprometido.
- O compromisso com objetivos é importante na satisfação do ego e na necessidade da autorrealização.
- O homem aprende, em condições adequadas, não só a aceitar como a procurar a responsabilidade.
- Evitar as responsabilidades, não ter ambição e enfatizar a segurança são, em geral, consequências e não características humanas inatas.
- A capacidade para utilizar um grau relativamente alto de imaginação, talento e criatividade na solução de problemas não é tão rara de se encontrar nas pessoas como se imagina.
- Na sociedade industrial, as potencialidades intelectuais do ser humano são parcialmente utilizadas.

Enquanto os gerentes, que se alinham com a Teoria X, são partidários da direção e controle a partir do alto, os gerentes da Teoria Y pensam em buscar mais participações, porque estão mais aptos a entenderem a realidade da organização, deixando que os subordinados exerçam seu trabalho com certa liberdade, sempre que a situação permitir.

A Teoria Z, de Willian G. Ouchi procura apresentar a razão do sucesso das empresas japonesas a partir da aplicação de uma filosofia que privilegia valores como:

- O processo decisório é consensual (colegiado).
- A produtividade é aumentada pela participação ativa de todos na empresa.
- Objetivos bem definidos e incentivos induzem à cooperação.
- O espírito de equipe é desenvolvido através de lideranças.
- A organização possui uma filosofia igualitária numa relação holística.
- A confiança é fator fundamental no sistema empresa.
- Os sentimentos de autonomia e liberdade fazem com que os empregados trabalhem com muito entusiasmo.

2.4.8 Teoria de Sistemas

É uma corrente que visualiza as organizações como sistemas abertos e em constantes trocas com o ambiente, a fim de sobreviverem. É um ramo da Teoria Geral de Sistemas voltado para a análise do todo organizacional. A Teoria Geral de Sistemas (1951) sucedeu às Teorias Behaviorista e Estruturalista da organização, como um alívio às diversas limitações destas teorias.

Esta teoria adveio dos estudos de organismos vivos, realizados pelo biólogo Ludwing Von Bertalanffy e fundamenta-se em três premissas básicas, a saber: os sistemas existem dentro de sistemas, os sistemas são abertos e as funções de um sistema dependem de suas estruturas e estratégias. A despeito de um longo estudo dos organismos e o pensamento holístico dos gregos, a Teoria de Sistemas é relativamente recente.

A Teoria de Sistemas não surgiu do esforço realizado na última grande guerra, mas remonta a tempos muito anteriores e tem raízes inteiramente diferentes dos equipamentos militares e realizações tecnológicas afins. Esta teoria não busca solucionar problemas ou tentar soluções práticas, mas sim produzir hipóteses e formulações capazes de interligar universos particulares da ciência.

Em 1961, William G. Scott descreveu, em seus estudos, os pontos em comum entre a Teoria de Sistemas e a Teoria da Organização. O ponto principal é que a organização passou a ser vista como um organismo vivo

A Teoria de Sistemas é também, frequentemente, identificada com a Cibernética e a Teoria do Controle, o que é totalmente errado.

2.4.9 Teoria da Contingência

A Teoria da Contingência enfatiza que não há nada de absoluto nas organizações ou na teoria administrativa. Esta teoria é uma corrente que mostra a administração de uma empresa como um processo de princípios relativos, isto é, dependerá da situação, do momento, do ambiente e, principalmente, dos recursos tecnológicos que a organização poderá dispor. Segundo esta teoria, a organização terá de se ajustar ao imperativo tecnológico e à situação ambiental.

Até o surgimento da Teoria da Contingência, o que se tinha no campo administrativo era insuficiente para explicar os ajustamentos das organizações aos seus ambientes onde atuavam. Assim, o conhecimento do ambiente passou a ser vital para a compreensão dos mecanismos organizacionais e para a utilização de tecnologias adequadas para o enfrentamento de situações desfavoráveis.

A Teoria da Contingência surgiu para explicar o modo como as organizações funcionam sob determinadas condições ambientais. Embora alguns autores vejam a Teoria da Contingência mais como uma filosofia, o certo é que as contingências determinam atitudes, estratégias, comportamentos, estruturas, funções, processos, procedimentos, ações, decisões, soluções, planos, políticas, programas, projetos.

A Teoria Contingencial da Administração considerou que a tecnologia pode ser apreciada como uma variável ambiental (quando importa tecnologia de outras empresas) e como uma variável organizacional (quando a tecnologia faz parte do composto mercadológico do produto). Segundo Chiavenato, a Teoria de Sistemas desenvolveu uma ampla visão do funcionamento organizacional, mas demasiadamente abstrata para resolver problemas específicos.

Somente a Teoria da Contingência é que demonstrou o inter-relacionamento entre as variáveis organizacionais, porque o estudo da situação (ambiente) é o passo preliminar do planejamento estratégico.

2.4.10 Teoria do Desenvolvimento Organizacional

A Teoria do Desenvolvimento Organizacional aparece no meio acadêmico e empresarial para analisar e compreender o comportamento das pessoas e o desempenho das mesmas nas organizações, porque seu objeto de estudo são as pessoas. Esta teoria nasceu, na década de 1960, para instrumentalizar as teorias comportamental e estruturalista. Gradualmente, o desenvolvimento organizacional ampliou a sua área de atuação numa abordagem sistêmica da organização.

Os elementos mais marcantes desta teoria são: o estudo da cultura organizacional; as alterações estruturais e as comportamentais; a capacidade de confronto e adaptação ao ambiente externo; a capacidade de buscar soluções para problemas organizacionais que envolvam pessoas. O desenvolvimento organizacional relaciona-se com os conceitos de mudança e de adaptação.

No sentido restrito, o Desenvolvimento Organizacional (DO) é um desdobramento prático e operacional da Teoria Comportamental em direção à abordagem sistêmica. Não se trata de uma teoria administrativa propriamente dita, mas de um movimento congregando vários objetos de estudo, no sentido de aplicar as ciências do comportamento.

2.5 Aspectos das Teorias da Administração

Todas as teorias administrativas apresentadas são válidas, embora cada qual valorize apenas uma ou algumas das variáveis básicas. Na realidade, cada teoria administrativa surgiu como uma resposta aos problemas empresariais mais relevantes de sua época. E, neste aspecto, todas elas foram bem-sucedidas ao apresentarem soluções específicas para os problemas.

De certo modo, todas as teorias administrativas são aplicáveis às situações de hoje. Assim, o administrador precisa bem conhecê-las. Os principais aspectos das teorias da administração serão considerados, a seguir, mostrando a evolução da Administração, através das suas principais teorias:

Aspectos do Movimento da Administração Científica:

- Ênfase: Tarefas.
- Enfoque: Racionalização do trabalho no nível operacional.
- Abordagem da organização: Organização formal.
- Conceito de organização: Estrutura de cargos e tarefas.
- Sistema de incentivos: Materiais e salariais.
- Concepção do homem: Homem econômico.
- Ótica do trabalho: Engenharia da produção.
- Principais representantes: Taylor, Gilbreth e Gantt.
- Conflito: Conflito não perceptível.
- Tomada de decisão: Decisão seletiva.
- Cronologia: 1903
- Comportamento individual: Ser isolado.
- Relação entre objetivos: Identidade de interesses.
- Resultado: Máxima eficiência.

Aspectos da Teoria Clássica:

- Ênfase: Tarefas e estruturas.
- Enfoque: Princípios, normas, prescrições e funções.
- Abordagem da organização: Organização formal.
- Conceito de organização: Estrutura de órgãos, cargos e tarefas.
- Sistema de incentivos: Materiais e salariais.
- Concepção do homem: Homem econômico.
- Ótica do trabalho: Engenharia da produção.
- Principais representantes: Fayol, Gulick, Urwick, Mooney e Emerson.
- Conflito: Conflito não perceptível.
- Tomada de decisão: Decisão seletiva.
- Cronologia: 1916
- Comportamento individual: Atua como indivíduo isolado.
- Relação entre objetivos: Interesses comuns.
- Resultado: Máxima eficiência.

Aspectos da Teoria das Relações Humanas:

- Ênfase: Nas pessoas.
- Enfoque: Motivação, liderança, comunicação, dinâmica de grupo.
- Abordagem da organização: Organização informal.
- Conceito de organização: Sistema social onde cada um representa seu papel no tempo certo.
- Sistema de incentivos: Sociais e simbólicos.
- Concepção do homem: Homem social.
- Ótica do trabalho: Ciência social aplicada.
- Principais representantes: Mayo, Follet, Tannenbaum e Lewin.
- Conflito: Conflito indesejável.

- Tomada de decisão: Decisão participativa.
- Cronologia: 1932
- Comportamento individual: Ser social coeso com o grupo a que pertence.
- Relação entre objetivos: Identidade de interesses.
- Resultado: Satisfação do funcionário.

Aspectos da Teoria Neoclássica:

- Ênfase: Estrutura e pessoas.
- Enfoque: Funções, prescrições e resultados.
- Abordagem da organização: Organização formal e informal.
- Conceito de organização: Sistema social com objetivos a alcançar.
- Sistema de incentivos: Materiais e sociais.
- Concepção do homem: Homem organizacional, administrativo e objetivo.
- Ótica do trabalho: Administração por objetivos.
- Principais representantes: Drucker, Koontz, Newman, Dale e Jucius.
- Conflito: Conflito evitável pela integração dos objetivos do indivíduo e da organização.
- Tomada de decisão: Decisão em função de meios e fins.
- Cronologia: 1954
- Comportamento individual: Ser racional e social.
- Relação entre objetivos: Integração entre objetivos individuais e organizacionais.
- Resultado: Máxima eficiência.

Aspectos da Teoria da Burocracia:

- Ênfase: Na estrutura.
- Enfoque: Formalismo e racionalismo.
- Abordagem da organização: Organização formal.
- Conceito de organização: Sistema social com prescrições e normas.
- Sistema de incentivos: Materiais e salariais.
- Concepção do homem: Homem organizacional.
- Ótica do trabalho: Sociologia da burocracia.
- Principais representantes: Weber, Merton, Selznick e Goudner.
- Conflito: Não há conflito perceptível.
- Tomada de decisão: Decisão baseada em políticas preestabelecidas.
- Cronologia: 1949
- Comportamento individual: Ser isolado cujo comportamento muda em função do cargo que ocupa.
- Relação entre objetivos: Prevalecem os objetivos da organização.
- Resultado: Máxima eficiência.

Aspectos da Teoria Estruturalista:

- Ênfase: Estrutura e ambiente.
- Enfoque: Análise organizacional.
- Abordagem da organização: Organização formal e informal.
- Conceito de organização: Sistema social deliberadamente construído.

- Sistema de incentivos: Incentivos mistos e possibilidade de promoção.
- Concepção do homem: Homem organizacional.
- Ótica do trabalho: Sociedade de organizações.
- Principais representantes: Etzioni, Thompson, Blau e Scott.
- Conflito: Conflito inevitável e desejável.
- Tomada de decisão: Decisão por análise.
- Cronologia: 1961
- Comportamento individual: Ser social que vive numa organização.
- Relação entre objetivos: Objetivos próprios.
- Resultado: Máxima eficiência.

Aspectos da Teoria Comportamental:

- Ênfase: Nas pessoas.
- Enfoque: Estilos adaptativos de administração.
- Abordagem da organização: Organização formal e informal.
- Conceito de organização: Sistema social cooperativo e racional.
- Sistema de incentivos: Incentivos mistos e maior habilidade de relacionamento.
- Concepção do homem: Homem administrativo.
- Ótica do trabalho: Ciência comportamental aplicada.
- Principais representantes: Simon, McGregor, Argyris, Likert, Bennis, Lawrence, Lorsch e March.
- Conflito: Conflito possível e negociável.
- Tomada de decisão: Decisão como um processo.
- Cronologia: 1957
- Comportamento individual: Ser racional tomador de decisões.
- Relação entre objetivos: Integração dos objetivos.
- Resultado: Eficiência satisfatória.

Aspectos da Teoria de Sistemas:

- Ênfase: No ambiente e na informação.
- Enfoque: Análise da organização em seu ambiente.
- Abordagem da organização: Organização como um sistema aberto.
- Conceito de organização: Sistema aberto.
- Sistema de incentivos: Incentivos mistos e aumento da percepção
- Concepção do homem: Homem funcional.
- Ótica do trabalho: Administração sistêmica.
- Principais representantes: Katz, Kahn, Churchuman, Burns e Trist.
- Conflito: Conflito de papéis.
- Tomada de decisão: Decisão em função de imperativos.
- Cronologia: 1951
- Comportamento individual: Ser interdisciplinar.
- Relação entre objetivos: Integração de objetivos.
- Resultado: Eficiência e eficácia.

Aspectos da Teoria do Desenvolvimento Organizacional:

- Ênfase: Nas pessoas.
- Enfoque: Mudança organizacional planejada.
- Abordagem da organização: Organização como um sistema aberto.
- Conceito de organização: Sistema aberto e mutável.
- Sistema de incentivos: Incentivos mistos e maior qualidade de vida.
- Concepção do homem: Agente de mudança.
- Ótica do trabalho: Administração planejada.
- Principais representantes: Bennis, Blake, Rogers, Schein, Lawrence e Lorch.
- Conflito: Conflito de papéis.
- Tomada de decisão: Decisão em função da necessidade de mudança.
- Cronologia: 1962
- Comportamento individual: Ser sensível à mudança.
- Relação entre objetivos: Interação de objetivos.
- Resultado: Eficiência, eficácia e efetividade.

Aspectos da Teoria da Contingência:

- Ênfase: No ambiente e na tecnologia.
- Enfoque: Análise da interação ambiente e tecnologia.
- Abordagem da organização: Organização dependente do ambiente e da tecnologia.
- Conceito de organização: Sistema aberto e sistema fechado.
- Sistema de incentivos: Incentivos mistos e descoberta de oportunidades.
- Concepção do homem: Homem complexo.
- Ótica do trabalho: Administração prospectiva.
- Principais representantes: Woodward, Burns, Stacker, Chandler, Emery, Trist, Lawrence e Lorsch.
- Conflito: Conflito de papéis.
- Tomada de decisão: Decisão para adaptar a organização ao cenário.
- Cronologia: 1974
- Comportamento individual: Ser adaptável.
- Relação entre objetivos: Objetivos próprios.
- Resultados: Efetividade com velocidade de resposta.

2.6 Críticas às Teorias da Administração

Movimento da Administração Científica: A abordagem mecanicista do homem em relação ao trabalho; a busca da eficiência através da divisão do trabalho; a concepção econômica do homem; a utilização de métodos empíricos; a rejeição do aspecto informal que existe dentro da organização; a visão apenas produtiva da organização; as soluções enlatadas aos problemas organizacionais e a consideração da organização como um sistema fechado.

Teoria Clássica: A visão simplista da organização; a mudança de orientação do trabalho é feita em função da organização; a eficiência se atém a aspectos técnicos e econômicos; a consideração da organização como um sistema fechado; a rejeição do conflito e da decisão participativa.

Teoria das Relações Humanas: A organização é considerada como sistema fechado; a visão inadequada para problemas industriais; concepção "ingênua e bisonha" de um trabalhador feliz e produtivo.

Teoria Neoclássica: A simplificação extremada dos processos; a tendência de desprezar os objetivos de longo prazo; a visão imediatista para se conseguir resultados no curto prazo; a não consideração dos objetivos individuais; a condição exacerbada de colocar os objetivos da organização acima de tudo.

Teoria da Burocracia: A despersonalização do relacionamento; a interiorização das diretrizes; a tomada de decisão não é feita nos níveis inferiores da estrutura organizacional; a exigência de um rígido comportamento humano; o apego a regras e regulamentos; a dificuldade de relações efetivas com consumidores; o sacrifício da flexibilidade à regra; a desconfiança entre os pares; a demora na tomada de decisões e a recusa sistemática de enveredar pela senda do experimento, da criatividade, da descentralização, da inovação; medo de reação da chefia e descrença nos processos.

Teoria Estruturalista: A limitação quanto à aplicação prática, pois se fundamenta no fato de que os tipos de organização se baseiam em uma única variável (estrutura, pessoa, ambiente); a preocupação em apontar patologias da organização.

Teoria Comportamental: Esta teoria não levou em consideração as diferenças individuais de personalidade das pessoas; considerou que os aspectos subjetivos, em geral, não deveriam ser considerados.

Teoria do Desenvolvimento Organizacional: Considerar-se uma novidade para promover a mudança; ser o único método para aumentar a eficácia; considerar os métodos de pesquisa, anteriormente usados, como ultrapassados; dar ênfase exagerada ao treinamento, esquecendo-se da formação eclética que deve ter o administrador.

Teoria de Sistemas: Não existem críticas negativas à teoria de sistemas. Algumas deficiências são dos próprios sistemas, tais como: limites de atuação e adaptações ao ambiente e ao usuário.

Teoria da Contingência: Alguns autores consideram esta teoria mais uma filosofia para fazer uma leitura do cenário, como propriamente uma teoria da administração.

2.7 Teorias de Suporte da Administração

A seguir, abordaremos as principais teorias que dão suporte às teorias administrativas:

Teoria Matemática – É a teoria que utiliza a matemática para análise e solução de problemas. Muitas decisões administrativas são tomadas com base em soluções contidas em sistemas de equações matemáticas que simulam situações reais, que obedecem a leis, estudos de séries e teoremas. É muito comum que os administradores chamem pesquisa operacional de teoria matemática aplicada aos problemas gerenciais. Esta teoria ajuda a tratar o processo decisório de modo lógico e racional, por meio de uma abordagem quantitativa e determinística.

Na Teoria Matemática, todas as situações devem ser reduzidas a números ou expressões matemáticas, o que, nem sempre, é possível. Esta teoria fundamenta-se, praticamente, na pesquisa operacional, que é uma ferramenta de trabalho do tomador de decisão. O maior obstáculo ao uso da matemática não está, como crê a maioria, na solução de formidáveis problemas (equações), mas na formulação das questões em termos matemáticos.

Teoria Dinâmica da Personalidade – A Teoria Dinâmica da Personalidade buscou uma ponte entre a teoria social e a ação social, através das experiências com mudanças de hábito, liderança e comunicação. Para Kurt Lewin, o estudo de grupos menores poderia identificar as características e necessidades humanas de grupos maiores. Lewin é o criador da técnica chamada Dinâmica de Grupo.

Teoria da Informação – É um ramo da matemática aplicada que utiliza o cálculo da probabilidade e surgiu em definitivo com as pesquisas de Claude E. Shannon e Warren Weaver. Esta teoria estabeleceu um importante fator de ligação entre os sistemas físicos e os sistemas de gestão. Toda empresa manipula vários fluxos de informação que afetam a sua administração. Administrar bem um negócio é administrar seu futuro. E administrar seu futuro é administrar informações.

Portanto, pesquisar para a obtenção de dados é fundamental para sobreviver diante de tanta concorrência, em mercados saturados. A necessidade da informação atualizada é uma constante, porque as mudanças são muito velozes. A economia está sendo globalizada, os consumidores cada vez mais diferem entre si e é muito difícil estabelecer um equilíbrio entre custo, preço, atendimento, qualidade, quantidade e lucro.

Teoria do Equilíbrio Organizacional – É a corrente que afirma que o equilíbrio organizacional só será alcançado quando a remuneração, o incentivo e a motivação aos participantes derem um retorno igual ou maior à organização da qual fazem parte.

Teoria da Decisão – A Teoria da Decisão afirma que as pessoas tomam decisões, em função do seu nível de percepção. É muito comum o administrador basear sua tomada de decisão em modelos, inferências estatísticas, estudos de amostras e cálculo de probabilidade. As amostras devem ser escolhidas de modo a serem representativas do universo pesquisado.

A tomada de decisão é algo que surge de um processo social contínuo e composto de numerosas pequenas ações, executado por pessoas diferentes, em momentos diversos. Uma equipe de planejamento pode ser muito útil, mas somente se for integrada por dirigentes ativos, de forma que haja livre comunicação e interação. As decisões são efetivamente tomadas por pessoas que depois serão responsabilizadas pelos resultados alcançados.

Teoria da Complexidade – A Teoria da Complexidade tem como princípios: a incerteza e a indeterminação. Esta teoria diz que o homem é, por natureza, subjetivo e que, portanto, poderá ser objetivo por forças das circunstâncias, mas no fundo é subjetivo, até por uma questão existencial. Para esta teoria não existe conhecimento completo. Segundo Motta, "a complexidade (referência à diferenciação e integração ambiental) exige uma capacidade, que ultrapassa os limites das associações simplistas, típicas do senso comum".

Teoria da Probabilidade – A Teoria da Probabilidade desenvolvida por matemáticos e estatísticos tem sido útil na solução de alguns problemas de decisão. Baseia-se no pressuposto de que um grande número de acontecimentos passados pode ser usado para predizer acontecimentos semelhantes no futuro. Mas esta teoria não pode determinar qual a casa que será destruída pelo incêndio ou quem irá morrer.

As técnicas estatísticas fornecem uma base para previsão de ocorrências, tais como: o número de avarias de máquinas, desvios no controle de qualidade, substituição de empregados, devoluções de mercadorias. A probabilidade de um evento é um número compreendido entre 0 e 1. Se o evento não pode ocorrer, sua probabilidade é zero. Mas, se sua ocorrência é certa, sua probabilidade é um.

Teoria da Amostragem – A Teoria da Amostragem nos diz que os resultados oferecidos por um número muito grande de amostras se encaixam num modelo padrão chamado de distribuição normal. É verdadeiro que quantidades de população de muitos milhões podem ser avaliadas a partir de apenas 500 pessoas, se a amostra for adequadamente selecionada.

Esta teoria é um estudo das relações existentes entre a população pesquisada e as amostras utilizadas, tanto em quantidade (tamanho), como em qualidade (confiança, precisão). Mas, nem sempre o tamanho da amostra é diretamente proporcional a sua precisão, porque é preciso considerar os critérios de seleção das amostras.

A amostra é o conjunto dos elementos de uma população, que é o conjunto de indivíduos da mesma espécie, localizado num determinado espaço de tempo, contendo certos atributos de um universo. O universo é o conjunto de fenômenos com características comuns. Ele utiliza dados representativos, em vez de toda a população.

A amostra deve ser representativa do universo para produzir valor estatístico. A amostra possui as seguintes vantagens: economiza mão de obra, tempo e dinheiro; possibilita rapidez na obtenção de resultados; pode colher dados mais precisos; pode ser a única opção quando o estudo implicar destruição ou contaminação dos elementos pesquisados.

Teoria da Departamentalização – A Teoria da Departamentalização é derivada da Teoria da Organização de Luther Gulik, onde defende suas ideias e explica que: "A situação ideal é reunir na mesma unidade todos os elementos que estiverem executando o mesmo trabalho, pelo mesmo processo, para a mesma clientela, no mesmo lugar". No estabelecimento da melhor departamentalização deve-se levar em conta os seguintes princípios de Koontz e O'Donnel:

Princípio do Maior Uso – O departamento que mais uso fizer de uma atividade deve ter a mesma sob seu controle.

Princípio do Maior Interesse – O departamento que mais interesse tiver por uma atividade deve ter o poder de sua supervisão.

Princípio da Separação do Controle – As atividades de controle devem ser autônomas, independentes e separadas das atividades que estão sendo controladas.

Princípio da Supressão da Concorrência – Estabelece a necessidade de eliminar a concorrência entre departamentos, agrupando atividades correlatas em um único departamento.

Teoria da Amplitude de Comando – A amplitude de comando, também denominada amplitude de controle, refere-se ao número de subordinados que um chefe pode supervisionar pessoalmente, de maneira efetiva e adequada. De acordo com o conceito de unidade de comando, cada subordinado reporta-se apenas a um superior. É um conceito simples, mas nem sempre fácil de ser seguido na prática.

Um gerente de vendas, um contabilista, um gerente de produção precisam trabalhar juntos para obter resultados positivos, mesmo se reportando a chefias diferentes. Por outro lado, gerentes de lojas de uma cadeia, localizados em cidades diferentes, não têm de trabalhar juntos e, por isso, qualquer número deles, teoricamente, é possível para se reportarem a um vice-presidente regional.

Não há dúvidas de que quanto maior for o número de pessoas que tenham de trabalhar juntas, tanto maior será o tempo gasto com interação do que em trabalho real.

Em toda organização é importante decidir quantos subordinados um dirigente pode comandar. Mas, a questão é: Qual o número ideal de subordinados? As opiniões a respeito do número ótimo de subordinados que deve ficar sob as ordens de um mesmo chefe variam segundo os autores, podendo esse número ir de três até sete. Há uma diferença considerável entre amplitude de controle sobre empregados ao nível de operação que aos níveis intermediário e estratégico.

Quando os contatos interpessoais ocorrem ao nível operativo, normalmente eles não requerem coordenação frequente por um supervisor, pois são, geralmente, transformados em rotinas. As atividades administrativas dos gerentes acima do primeiro nível de supervisão são mais complexas. A amplitude eficaz tende a limitar-se a um número menor de subordinados. A complexidade dos deveres tende a aumentar à medida que uma pessoa sobe na organização.

A Teoria da Amplitude de Comando (Esfera de Controle) de Alan Graicunas declara que: "À medida que o número de subordinados cresce numa progressão aritmética, as relações resultantes tendem a aumentar geometricamente". Um dos elementos de maior importância que entra no estudo da amplitude (esfera) de comando (controle) é a comunicação entre o dirigente e o subordinado.

A esfera de controle é inversamente proporcional ao número de níveis hierárquicos da organização. Assim, para um grande número de níveis hierárquicos, menor será a esfera de controle, e vice-versa. Graicunas (1933) considerou que as relações chefe-subordinado são: relações individuais diretas, relações diretas de grupos e relações cruzadas. O exemplo, a seguir, ilustrará a teoria. Sendo: n = número de relações e N = número de subordinados e se N = 5, então:

Relações Individuais Diretas: $n = N$ $n = 5$

Relações Diretas de Grupos:

$n = N (2^N/2 - 1)$ $n = 5 (2^5/2 - 1) = 5 (32/2 - 1) = 5 (16 - 1)$
$n = 5 \times 15 = 75$

Relações Cruzadas:

$n = N (2^N/2 + N - 1)$ $n = 5 (32/2 + 5 - 1) = 5 (16 + 5 - 1) = 100$

Dá para perceber como é difícil comandar muitas pessoas. Haja disposição e racionalização do tempo.

Teoria da Fixação de Objetivos – A Teoria da Fixação de Objetivos, de Locke, afirma que a realimentação, ou conhecimento dos resultados, afetará a motivação e o desempenho somente no grau em que ela influi sobre a fixação de objetivos e na sua orientação. A realimentação pode levar a um objetivo mais elevado após atingir o anterior.

Teoria da Expectativa – A expectativa é a combinação de crença, chance, probabilidade e sorte que alguém tem em atingir determinado resultado (objetivo ou desempenho). Uma das variáveis mais importantes da motivação é a expectativa (Modelo de Vroom). A Teoria da Expectativa considera que pode ser necessário haver uma sequência de eventos interligados para que um resultado desejado se realize. Esta teoria procura explicar a relação entre causa e efeito e todo esforço para conseguir o resultado final.

Se as expectativas de um dirigente são elevadas, o provável é que a produtividade seja excelente. Se suas expectativas são restritivas, a produtividade será provavelmente baixa. É como se existisse uma lei que fizesse o desempenho de um subordinado subir ou descer para acompanhar as expectativas de seu superior.

Teoria do Lugar Certo – Esta Teoria deriva das pesquisas de Reilly e HUff que estudaram os movimentos migratórios dos conjuntos dentro de mercados. Assim, pequenos varejos são encontrados em toda a parte. Grandes varejos só em grandes aglomerações de humanos ou às margens de grandes rodovias.

Teoria do Preço – Uma das principais tarefas da Teoria Econômica é explicar porque os bens têm preços e por que alguns deles são caros e outros baratos. Por que é que bens, serviços, ideias e fatores (recursos) de produção têm preços? É porque eles são úteis e escassos em relação aos usos a que se destinam. A carne, por exemplo, jamais alcançaria preço numa economia composta inteiramente de vegetarianos, fossem muitos ou poucos os bois e carneiros ali existentes. Mas a utilidade e a escassez são apenas as forças subjacentes que causam a existência dos preços.

Quando se forma no mercado o preço de qualquer bem, é porque a utilidade e a escassez se exprimem concretamente na procura por parte dos compradores, de um lado, e na oferta por parte dos vendedores, de outro. O preço se forma pela interação de duas ordens de influências: a da procura e a da oferta. Um dos propósitos dessa teoria é explicar o equilíbrio do mercado.

Teoria da Hierarquia – A Teoria da Hierarquia diz que, qualquer que for o sistema, há sempre uma hierarquia entre os subsistemas e um deles comandará os demais. Tal comando se distribui entre os diversos níveis de: autoridade, poder e conhecimento. É fácil entender esta teoria, porque entre duas pessoas, uma sempre estará no comando, podendo até ser de forma temporária.

Teoria da Aprendizagem – A maioria do comportamento humano é apreendida. Esta teoria parte do fato de que a aprendizagem implica o desenvolvimento das relações entre estímulo e resposta. Assim, uma pessoa aprenderá se for estimulada. Se não for, permanecerá na escuridão. Como a aprendizagem está intimamente ligada à percepção, podemos dizer que ela se processa, em função das mudanças comportamentais que resultam de nossas experiências, novos conhecimentos, habilidades, capacitações e práticas. É uma mudança na relação estável entre um estímulo que o organismo individual percebe e a resposta que formula.

O processo de aprendizagem envolve a existência do estímulo de alguma coisa que o organismo seja capaz de sentir. Este precisa realmente sentir o objeto e percebê-lo de fato.

Teoria da Satisfação – Esta teoria, de Frederick Herzberg, tem exercido grande influência sobre o pensamento administrativo, no que se refere à satisfação das pessoas no trabalho, como também: reconhecimento, realização, responsabilidade, crescimento, progresso, por exemplo. Herzberg deu o nome de fatores higiênicos às fontes de satisfação. Os fatores higiênicos, quando ótimos, apenas evitam a insatisfação, pois não conseguem elevar a satisfação e, ainda quando elevam, não conseguem manter a posição por muito tempo. Porém, quando precários, os fatores higiênicos provocam insatisfação. É como o remédio que evita que a doença se propague, mas não dá mais saúde ao individuo.

Teoria do Valor do Bem – Esta teoria considera que o valor de um bem surge não só pela oferta desse bem, como também da relação social entre as pessoas, sendo o custo de produção de menos importância.

Teoria da Equidade – O ponto central dessa teoria, também conhecida como Teoria do Equilíbrio, é a crença de que as recompensas devem ser proporcionais ao esforço e igual para as partes. Há nesta teoria a ideia de igualdade para um mesmo esforço, o que é tremendamente subjetivo, porque dependerá de um avaliador que é humano. Por outro lado, as pessoas vivem se comparando.

Teoria das Necessidades Humanas – As necessidades humanas são forças conscientes ou inconscientes que levam uma pessoa a um determinado comportamento com a finalidade de satisfazê-las. Estas forças (motivos) podem ser fisiológicas, psicológicas ou sociais. Abraham Maslow tentou explicar porque as pessoas são dirigidas por certas necessidades em ocasiões específicas. Ele considera que as necessidades humanas são hierarquizadas, partindo das mais urgentes às mais sofisticadas. As necessidades são classificadas em: fisiológicas, de segurança, sociais, de estima e de autorrealização.

Teoria da Escolha Individual – Formulada por Adam Smith, é fundamentada no pressuposto de que o bem-estar da sociedade é o resultado da convergência entre quem vende e quem compra, numa transação voluntária e competitiva. Esta teoria apresenta quatro princípios:

- As pessoas buscam experiências que valham ser consideradas.
- A escolha individual determina o que vale a pena ser trabalhado.
- Por meio da troca, os objetivos individuais serão realizados.
- As pessoas são responsáveis e soberanas por suas ações.

Cada teoria administrativa surgiu como uma resposta aos problemas organizacionais mais relevantes de sua época. De certo modo, todas as teorias administrativas são aplicáveis às situações de hoje e o seu conhecimento oferece um naipe de alternativas ao administrador.

Teste de Aferição de Conhecimento

01 – Existe teoria sem fato?
( ) Sim
( ) Não
( ) Os fatos fundamentam a teoria.

02 – Existe uma teoria geral de administração?
( ) Sim
( ) Não
( ) Dentro de alguns anos teremos uma teoria geral da administração.

03 – Faça a comparação:

(A) Teoria X	( ) Espírito de equipe
(B) Teoria Y	( ) Ser humano não gosta de trabalhar
(C) Teoria Z	( ) Integração humana

04 – A teoria contingencial tem como principais argumentos:
( ) Ambiente
( ) Tecnologia
( ) Conhecimento
( ) Trabalho

05 – Todas as teorias da administração são válidas até hoje?
( ) Sim
( ) Não
( ) Algumas

06 – Coloque em ordem de suporte da administração as seguintes teorias:
( ) Teoria da Decisão
( ) Teoria Matemática
( ) Teoria da Informação
( ) Teoria da Probabilidade

07 – A teoria da aprendizagem é baseada no:
( ) Motivação
( ) Estímulo
( ) Feedback
( ) Valor

08 – O que é mais importante?
( ) Teoria
( ) Prática
( ) Prática sustentando a teoria
( ) Teoria sustentando a prática

Capítulo 3

Administrador

"A coisa mais importante a ser considerada por um administrador não é a formalidade nem a informalidade de uma organização, mas sim sua capacidade de decidir sobre o trabalho a ser feito."
Peter F. Drucker.

Objetivos do Capítulo

- Mostrar que o administrador só será bem-sucedido se mostrar certos conhecimentos e habilidades.
- Mostrar que características próprias do administrador influirão na tomada de decisão e no destino da organização.
- Mostrar que a profissão de administrador, tanto público quanto privado, vem ganhando relevância cada vez maior.
- Mostrar as características básicas do administrador executivo.

3.1 Conceito de Administrador

Como já abordamos, o administrador é o elemento dinâmico e vital de qualquer empresa, pois a qualidade e o desempenho de seus administradores são as únicas vantagens efetivas que uma empresa pode ter, dentro de uma economia competitiva. O administrador é aquele que não só dá solução aos problemas da organização (empresa), como também os descobre. Na qualidade de dirigente, empresário, diretor ou gerente, o administrador tem a responsabilidade de atingir objetivos através de sua equipe.

A figura do administrador é imprescindível para a existência, sobrevivência e sucesso das organizações, pois, geralmente, baseia seu trabalho (suas atividades) em função de regras e procedimentos já desenvolvidos e estabelecidos. Quanto aos problemas, o administrador precisa identificar aqueles que merecem sua atenção e os que precisam ser delegados. A chave do administrador é delegar tarefas a outras pessoas para que lhe sobre mais tempo para poder pensar.

Como principais características, o administrador deve: ter conhecimento das funções administrativas; ser perito em lidar com as pessoas; ter uma formação eclética (ampla e variada); conhecer a vida passada da organização em que trabalha; ter visão estratégica (longo prazo); saber ler o cenário (ambiente) onde está inserida a sua organização; ter uma capacidade de fazer previsões; ter comportamento generalista, sendo forte em alguma especialização; agir como condutor de mudanças (novos objetivos, produtos, projetos, processos, recursos) e transformações em sua organização.

Segundo Idalberto Chiavenato, "um administrador pode marcar a vida de seus funcionários, à medida que muda seus destinos e à medida que influi no comportamento dos consumidores, fornecedores de recursos, organizações concorrentes e instituições governamentais".

Hoje, o dirigente não pode mais coagir e sim co-agir com o empregado ou subalterno para que eles melhorem seus desempenhos. O objetivo real de todos os administradores deve ser, criar um ambiente de trabalho em que os indivíduos possam contribuir para os objetivos do grupo com o mínimo custo, seja em dinheiro, tempo e esforço.

O administrador é chamado: Na política de: presidente, governador, prefeito; Na religião de papa, cardeal, bispo, pastor, rabino, padre; Na recreação de: técnico, diretor, professor; Na educação de: reitor, diretor, coordenador, professor, mestre; Na empresa de: presidente, superintendente, diretor, gerente, supervisor, chefe, mestre; Nos negócios de: empresário, empreendedor, gestor.

Em favor da motivação e da formação de bons administradores devemos levar em consideração:

Atitude favorável em relação à autoridade – Administradores devem comportar-se de maneira que não provoquem reações negativas em seus superiores.

Desejo de competir – Existe, pelo menos, entre pessoas do mesmo nível, um forte elemento competitivo no trabalho administrativo.

Motivação para autoafirmação – Existe acentuado paralelo entre a figura do pai e a do administrador.

Desejo de exercer poder – Um administrador precisa exercer poder sobre seus comandados e dirigir o comportamento deles de maneira compatível com os objetivos organizacionais e, presumivelmente, com os seus próprios.

Desejo de posição – O cargo administrativo exige que a pessoa se comporte de maneira diferente daquela como seus subordinados se comportam.

Noção de responsabilidade – O serviço administrativo exige que a pessoa execute o trabalho e esteja à altura das exigências do mesmo.

O aluno que deixa a faculdade de administração, terá um longo caminho a percorrer até ser executivo. Mudará de área de atuação e de empresa, provavelmente, adquirindo, com isso, experiência e versatilidade. Os executivos têm uma bagagem múltipla, um toque de ambição e um alto grau de integração. Todos eles utilizam o tratamento na primeira pessoa do plural.

3.2 Considerações sobre Administradores

O administrador trabalha com gente. Trata-se de um recurso *sui gereris*, que exige determinadas qualidades de quem tente trabalhar com ele. Trabalhar com gente significa sempre ensinar e aprender. O fato de ele dedicar-se corretamente a aprimorar seus subordinados, ajudando-os a se desenvolverem, determinará sua competência administrativa.

Os administradores compõem um recurso fundamental da empresa, sendo o mais caro e que rapidamente se deprecia, tendo de ser reposto. Muitos anos são necessários para montar uma equipe. Nos últimos anos, os administradores, para uma melhor formação, se sujeitaram a uma série de reuniões que objetivavam uma maior performance nas suas atuações.

Que critérios devem ser usados para determinar se alguém já ficou tempo demais na mesma empresa? Obviamente que a maioria das pessoas não possui esta realidade. Muitas vezes, um sentimento de angustia vai se instalando dentro da pessoa até consumi-la totalmente. Já foi o tempo de carreiras duradouras. Hoje, não é raro ouvirmos falar de brilhantes carreiras que se consolidaram por meio da passagem em várias organizações. A questão é quando saber a hora que tem de seguir em frente.

Basicamente é o seguinte questionamento: Você acha relevante para a organização o que faz? Você continua aprendendo? Você está crescendo profissionalmente? Você gosta do ambiente de trabalho? Seus colegas formam um time? Seu emprego ajuda a você realizar seus desejos e necessidades pessoais? Como você se vê no longo prazo, na empresa?

As pessoas não devem abandonar seu emprego ao sinal do primeiro descontentamento. No entanto, não devem permanecer descontentes por pura inércia.

3.3 Ação Administrativa

A ação administrativa (ou ação do administrador) é pragmática, porque faz acontecer aquilo que foi preestabelecido, visando atingir resultados concretos e positivos, através de métodos, princípios, teorias, técnicas, modelos e recursos. A ação administrativa para ser efetiva, envolverá as funções administrativas, sob a forma de um processo. É comum confundir administrador com aquela pessoa capaz de organizar e executar diversas atividades na organização, o que não é verdadeiro, pois cabe ao administrador, como tarefa principal, pensar e planejar a ação administrativa. Os fatores básicos a orientar a ação administrativa são:

Fator	Conceito
Missão	É a finalidade pela qual a organização foi criada.
Filosofia	É a orientação que fundamenta a ação administrativa.
Objetivos	São os fins, metas e resultados que devem ser atingidos.
Decisão	É fazer uma apreciação sobre uma linha de conduta a ser adotada.
Políticas	São condutas preestabelecidas para tratar de problemas semelhantes.
Ambiente	É o espaço externo que envolve a organização.
Recursos	São meios auxiliares que permitem a organização alcançar os objetivos preestabelecidos. Os recursos podem ser: físicos, materiais, humanos, financeiros, administrativos, tecnológicos, mercadológicos, sistêmicos...
Estratégia	É um conjunto de instruções e premissas coordenadas para alcançar um determinado objetivo.

Fator	Conceito
Estrutura	É o desenho organizacional que reúne cargos e funções que a organização terá de desenvolver, através dos recursos disponíveis. A estrutura diz quem é quem na organização.
Função	É o conjunto de técnicas, processos e práticas que ajudam o administrador a fazer acontecer os objetivos pretendidos.
Tática	É a atividade utilizada para corrigir desvios da estratégia implantada.
Tarefa	É o detalhamento do que fazer.
Processo	É o detalhamento de como fazer.

Quadro 3.1: Fatores da Ação Administrativa.

3.4 Conhecimento do Administrador

Como entendimento do mundo, o conhecimento não é, pois, um enfeite ou uma ilustração da mente e da memória, mas um mecanismo fundamental para tornar a vida mais desejável e mais plenamente realizada, pois só tem seu sentido pleno na sua relação com a realidade. Charles Darwin disse: "Feliz é o homem que encontra a sabedoria e a concede".

Pode-se ensinar o que um administrador deve fazer, mas isto não o capacitará, efetivamente, a administrar toda e qualquer empresa. Atualmente, não é mais possível enumerar as empresas que se dedicam ao aperfeiçoamento de seus funcionários.

O administrador precisa ter uma atitude proativa em relação ao conhecimento, à informação, à educação, ao estudo e à pesquisa. Deve se sentir constantemente desafiado; deve adquirir, hoje, habilidades que lhe farão falta no futuro. Precisa ter a oportunidade para pensar e projetar o seu futuro. Administradores que se dedicam inteiramente ao trabalho, achando que com isso terão uma maior performance naquilo que fazem, estão redondamente enganados, pois é muito importante pensar e teorizar para melhorar a prática.

À medida que o comércio e a indústria mundiais foram se desenvolvendo, o volume de dados cresceu em função exponencial, atingindo, presentemente, uma situação que, a se manterem os métodos tradicionais, tornaria impossível ao administrador desempenhar satisfatoriamente suas tarefas. Com o aumento vertiginoso do custo da burocracia e devido à crescente oferta de computadores ao mercado, a preços cada vez mais baixos, mais e mais administradores começaram a dar valor aos sistemas de informação.

Sem informação, nem um simples negócio pode sobreviver. A informação é a ferramenta de trabalho do administrador. É comum ouvirmos a seguinte expressão: Uma boa decisão depende de 90% de informação e 10% de inspiração. Pequena ou grande, uma empresa terá necessidade de um sistema de informação, que será tanto mais sofisticado quanto mais complexas forem as suas operações.

Gerentes, sejam de onde forem, enfrentam problemas para os quais existe premente necessidade de conhecimentos para poderem: delinear e entender corretamente a questão; gerar caminhos alternativos; avaliar recursos e impactos decorrentes de tais soluções; gerar um plano realista e factível.

Se você é um homem de negócios, existe uma boa possibilidade de que se envolva em alguma atividade de análise de sistemas. Como administrador, terá de interagir com pessoas ligadas ao processamento de dados e à informática. Assim, quanto mais você souber sobre o que essas pessoas fazem e o que elas esperam de você, melhor será.

3.5 Deveres e Responsabilidades do Administrador

Acima de tudo, o administrador precisa saber qual é o resultado mínimo esperado do seu negócio, como precisa explicar suas decisões. Ele tem a obrigação de preservar a capacidade de desempenho da instituição que está sob seu comando. Colocá-la em risco, não importando quão nobre seja a causa, é irresponsabilidade. Uma organização é patrimônio da sociedade e não de seus donos. Uma sociedade vai bem quando suas organizações vão bem.

Assumir tarefas para as quais não está habilitado a fazer é irresponsabilidade, criando expectativas que não serão atingidas. Aptidões e conhecimentos podem ser adquiridos, mas não é fácil mudar personalidades. Também é certo que a responsabilidade social da empresa só será bem feita se houver competência para tal.

É muito comum se ouvir delegação de responsabilidade, fato que é totalmente equivocado, porque ninguém pode delegar responsabilidade e se subtrair desta. Quem delega continua responsável daquilo que foi delegado.

No nível de diretoria, a responsabilidade é aquela de definir os rumos gerais dos negócios da organização, definir a política geral, os níveis de retorno desejado nos investimentos, as áreas (mercados) onde irá atuar. É bastante comum, neste nível, a formação de comitês, onde os vários departamentos devem conjugar esforços no êxito do planejamento e da execução das atividades empresariais. Muitas são as responsabilidades de um diretor, mas, as principais são: saber "ler" o cenário (o ambiente, o mercado, o público-alvo, os produtos concorrentes e os novos recursos).

No nível de gerência, a responsabilidade é aquela de indicar as alterações de mercado. Os gerentes estarão envolvidos diretamente com as funções administrativas. Eles não devem impor responsabilidades que estejam além da capacidade individual de serem executadas, como também não devem aceitar responsabilidades para as quais não estejam habilitados. As mais comuns responsabilidades da gerência estão voltadas a dimensionar custos, alocar recursos, acompanhar resultados, propor mudanças e correções.

Os administradores não devem impor responsabilidades desnecessárias. Sempre, se possível, devem vincular responsabilidades com benefícios e recompensas. Todavia, alguns riscos que formam as responsabilidades não podem ser evitados. Às vezes, é necessário que um superior exonere um subordinado por não ter cumprido suas responsabilidades.

Alguns escritores argumentam que as atividades fora do horário de trabalho são da responsabilidade de cada um. Será? Uma conduta inadequada, mesmo fora da organização, pode ter implicações nas áreas de relações públicas, principalmente, quando recebe grande publicidade. Também é considerado uma irresponsabilidade, alguém não mostrar certa deferência a uma pessoa de cargo mais relevante que o seu.

A autoridade pode ser favoravelmente afetada por ações que reduzem o peso das atribuições organizacionais. Podemos entender que um subordinado só aceitará responsabilidades e imposições, se as mesmas lhe forem convenientes, pois não será um herói sem causa e nem trabalhará por puro diletantismo.

3.6 Qualidades do Administrador

Ao administrador são atribuídas qualidades necessárias para atuar na solução de diversos problemas. Para tal, terá de usar múltiplos fatores que, no momento, serão chamados de qualidades administrativas. A seguir, são listadas algumas qualidades ou características inerentes ao bom desempenho administrativo:

Objetividade – Entre as muitas qualidades dos administradores, há uma, a objetividade, que é utilíssima e muito rara. Esta capacidade que tem certas pessoas de não se perderem em meandros e ir ao âmago do assunto, de maneira concisa. Parece fácil, mas não é. Em geral, o ser humano dá mais valor às discussões do que chegar a um objetivo. A divagação é muito apreciada, porque abandonar preconceitos e opiniões formadas é penoso. Por outro lado, o homem objetivo, em geral, não é simpático, porque parece uma máquina, sendo uma pessoa capaz de ver as coisas como são, com todas as riquezas, deficiências, dificuldades e potencialidades, sem perder os pés do chão.

Senso Crítico – É indispensável que o administrador possua senso crítico e faça a sua própria avaliação (autocrítica). Para adquirir senso crítico deve questionar sobre: resultados melhores, frequentes emergências, controles excessivos, falta de objetivos numéricos (metas), arquivos de séries históricas (informações passadas), dificuldades em encontrar as pessoas certas, capacidade dos subordinados, conhecimento atualizado e falta de determinadas habilidades.

Senso Comum – O senso comum, muitas vezes confundido com bom senso, é uma característica inata ou adquirida na vida profissional de um administrador. Entretanto, a complexidade dos sistemas organizacionais atuais ultrapassa em muito as habilidades aprendidas pelo senso comum e pela experiência, no dia a dia. É necessário que o administrador tenha habilidades que o qualifiquem a enfrentar ameaças cada vez mais adversas.

Integridade – A integridade do administrador subentende muitas coisas, indo além da concepção de honestidade. Exige respeito ao superior, que sempre deve estar informado dos acontecimentos. Este administrador deve ter comportamento adequado aos padrões de civilidade da organização em que trabalha. É muito difícil avaliar a integridade de uma pessoa, mesmo dentro do ambiente de trabalho, que dirá fora do mesmo. É importante entender que nosso sistema social exige dos administradores, basicamente, duas coisas: Integridade e Confiança.

Transparência – Escândalos recentes deixaram milhares de investidores atônitos, mostraram que a transparência é uma atitude corporativa que pode ser decisiva não apenas para a imagem da empresa, mas para as suas vendas. Hoje, é fundamental, para a sobrevivência de um negócio, ter transparência.

Flexibilidade – É necessária não só em função das grandes transformações do mundo, mas, principalmente, porque essas mudanças se acentuarão em escopo, espaço, tempo, velocidade e complexidade. Segundo Motta: "ideias de se analisar e projetar a organização tem girado em torno de temas, às vezes, ambíguos e fluidos, como informação, decisão e criatividade, mas, por isso mesmo, capaz de retratar mais fielmente a verdadeira natureza da moderna organização".

A busca de novos modelos de flexibilidade organizacional significou vencer as barreiras impostas pelas concepções rígidas de estrutura que prevaleciam tanto na teoria quanto na prática administrativa. Uma estrutura organizacional flexível enfatiza: a comunicação horizontal; a descentralização das decisões; a delegação de autoridade; a utilização intensa da coordenação; poucas regras; políticas e procedimentos e, principalmente, economia de tempo.

Liderança – O administrador moderno se quiser sobreviver, terá de se transformar em um líder. A liderança pode ser definida em termos de uma pluralidade de funções desempenhadas pelos indivíduos ou grupo, como a capacidade (posição ou carisma) de alguém poder influenciar outra pessoa ou grupo no sentido de alcançar determinado objetivo proposto pelo líder.

É importante que seja dito que um indivíduo pode liderar um grupo por longo tempo, mas não por todo o tempo. Muitas das vezes, a situação configura um líder, fruto de um processo de comunicação que ajuda a mudar o comportamento das pessoas. O liderado tem fé e respeito pelo líder. Não é um simples subordinado que recebe ordens. Ele confia e tem orgulho do mesmo.

3.7 Visão do Administrador

A visão identifica os limites que os principais responsáveis pela empresa conseguem enxergar dentro de um período de tempo mais longo e uma abordagem mais ampla. O homem, dentro de suas limitações, decorrente da incapacidade de analisar e equacionar os fenômenos complexos, naturais ou artificiais, precisa isolar os elementos componentes para melhor entendê-los, analisando sua estrutura e conhecendo suas características, como recomenda a metodologia cartesiana, o que conduziu à especialização e a consequente perda de visão global.

A seguir, abordaremos alguns tipos de visão que um bom administrador deve ter:

Visão do Tempo – O tempo não é a mesma coisa para todo o mundo. Parece ter especial valor para aqueles que se sentem atraídos pela Administração. A visão do tempo conscientiza o administrador sobre o seu significado e utilização. O tempo é cada vez mais um recurso escasso, inelástico, não estocável, mas ele não é importante apenas como recurso. O efeito que seu uso provoca em nós também é fundamental. Pressa, ansiedade e frustração provocam má qualidade de produtos, relações e resultados.

De todos os recursos ao alcance de um indivíduo, o tempo é o mais pessoal e o mais comumente desperdiçado. Aquele que se propõe a usá-lo de forma efetiva e inteligente terá de conhecer, profundamente, as funções administrativas. Assim, podemos considerar que tempo é recurso, cujo significado é intrínseco a cada indivíduo.

Visão Inovadora – A visão inovadora não é produto da mente brilhante de um indivíduo. A inovação acontece quando olhamos para o mundo através de lentes ligeiramente diferentes, em que predominam algumas expectativas, tais como: encarar tudo como provisório; enxergar as necessidades, cada vez mais dinâmicas, da sociedade; associar a viabilização da inovação ao lucro e ao mercado. Uma inovação requer a concentração de energia em um esforço único. Também requer que as pessoas tenham um único foco, pois a inovação é ameaçada pela diversidade e pela fragmentação.

As oportunidades inovadoras, às vezes, exigem longos períodos de espera. Para inovar, como em qualquer outra atividade, é preciso ter talento, inventividade e predisposição. Mas isso não basta, porque a inovação requer trabalho dedicado, organizado, objetivo, exigindo bastante diligência, transpiração, persistência e compromisso. Se tudo isso faltar, o talento, a inventividade e o conhecimento, por maiores que sejam, serão inúteis. A inovação afeta a economia e a sociedade, acarreta uma mudança no comportamento das pessoas. Portanto, ela precisa estar sempre próxima do mercado.

Visão Financeira – A falta de foco no mercado é uma doença que acomete todo administrador incipiente, bem como a falta de conhecimento de políticas e planos financeiros. A falta da visão financeira leva o administrador a ter: insuficiência de caixa (falta de liquidez), incapacidade de levantar capital e perda de controle das despesas, dos estoques, das contas a receber e das contas a pagar.

Visão Generalista – A visão generalista é aquela em que o executivo tem conhecimento interdisciplinar para resolver problemas, tomar decisões e fazer análises.

Visão Holística – A visão holística dá ao administrador o conhecimento do todo circundante. Muitos gerentes não possuem visão holística da empresa e custam compreender o ambíguo, o contraditório, o ilógico e o inesperado, perdendo oportunidades por estarem envolvidos em rotinas de produtividade.

Visão Estratégica – A visão estratégica é tão importante quanto a própria estratégia. A falta desta visão agrava o resultado da empresa. O indivíduo que não tem visão de longo prazo pode até ter sorte no seu negócio ou na sua vida. A visão estratégica enfatiza o alcance de resultados, através de um processo contínuo de antecipar mudanças futuras, tirando vantagens das oportunidades que vão surgindo e corrigindo cursos de ação no longo prazo. Em outras palavras, ser estratégico exige a capacidade gerencial de fazer julgamentos subjetivos, sem fundamentos precisos, ou seja, de enfrentar e de conviver com a incerteza.

Visão do Cenário – Saber ler o cenário é fundamental, porque aquele dirigente que não observar as mudanças e tendências ambientais perderá tempo e recursos, até conseguir acompanhar o novo contexto. Ter visão do cenário significa não só ver o presente, mas também ter uma dose de previsão do futuro. O administrador precisa saber ler os cenários e buscar alternativas de enquadramento, através de novas estratégias. Quando uma organização não consegue mais ler os parâmetros de seu cenário é porque ela está em declínio.

Visão Sistêmica – Para ter uma visão sistêmica da organização, o administrador terá de ser suprido com informações relevantes, através de sistemas inteligentes de informação e de comunicação. Portanto, a visão sistêmica é dada àquele que encara a empresa como um sistema, que tem subsistemas de sustentação e preservação dos negócios (recursos, estratégias, funções, métodos, programas, planos, projetos, políticas, mudanças, regras, avaliações).

A falta de uma visão sistêmica não permite que o administrador faça um bom trabalho de coordenação, que precisa de todas as informações das partes envolvidas, quer seja de um projeto, de um grupo ou de uma empresa.

Visão Negocial – A visão factível de um negócio, qualquer que seja, descreve-o como um instrumento cujo propósito é criar e manter um cliente. Se não for capaz de criar e manter um cliente, um negócio não pode prosperar ou sobreviver. Não se deve supor que metas e estratégias cuidadosamente desenvolvidas e claramente definidas produzam, automaticamente, coerência e harmonia. Isto significa fazer aquelas coisas que levarão o consumidor a desejar continuar fazendo negócios conosco. É a capacidade de dominar e manusear informações e recursos relativos à situação e à missão da empresa. A falta dessa visão deixa o administrador incapacitado de planejar, de forma coerente todo o negócio.

3.8 Tipos de Administrador

Muitos são os tipos de administradores. A seguir, alguns exemplos:

Administrador Estratégico – O administrador estratégico tem a habilidade de perceber as tendências subjacentes que moldarão o futuro. Ele não tem qualquer capital emocional ou intelectual investido no passado ou no futuro. Portanto, o administrador estratégico não tem vínculo sentimental com "nossos mercados", "nossos produtos" e "nossos clientes", típico do executivo de marketing.

O administrador estratégico difere do administrador criativo em sua prontidão para reconhecer que o pensamento (ou ideia) de outra pessoa é legítimo e pode trazer uma contribuição importante para a empresa. Ele tem a habilidade de identificar aquelas pouco variáveis que são críticas para o sucesso, num negócio pouco conhecido e complexo.

Administrador Empreendedor – O administrador empreendedor é aquele que é inovador e criativo, aproximando-se do papel de empresário. Ele é capaz de vislumbrar novas oportunidades e iniciar novos negócios. O administrador empreendedor recebe da organização, recursos para colocar, na prática, suas ideias. Também inventa novos fatores de sucesso. O administrador estratégico só aposta quando está em jogo o interesse da empresa. O administrador empreendedor pode jogar pelo simples prazer da novidade. Ambos são jogadores.

Administrador Organizado – A chave para ser organizado não está nas anotações, mas na autodisciplina. Administradores desorganizados ficam atrasados, ou perdem negócios, porque deixam que o trabalho se avolume até o último minuto, sem planejar as interrupções. Existem emergências na maioria das empresas, mas a chave para continuar organizado é nunca se desviar por muito tempo do plano. A desorganização pessoal e a falta de autodisciplina são meios que as pessoas usam para se autossabotarem e não atingirem seus objetivos.

Todo o processo de administração do tempo apoia-se e inicia-se com a autodisciplina, isto é, o exercício do poder que cada um de nós tem sobre si mesmo. Evite fazer várias coisas ao mesmo tempo, pois isto estimula a dispersão, a baixa produtividade e a ineficiência, além de favorecer o esquecimento e a confusão que causam estresse e tensão.

Alguns especialistas afirmam que para se utilizar o tempo de forma produtiva é necessário escolher as coisas que se pretende fazer pelo grau de importância que estas têm para nós, estabelecendo uma escala de prioridades, em função de nossas necessidades e objetivos a alcançar. As prioridades são níveis de valores relativos, e estes só podem ser estabelecidos quando comparados com outros. Já que o tempo é, por definição, inelástico, cada indivíduo opta em empregar o seu tempo da maneira que melhor lhe convenha.

Habitue-se a fazer uma lista diária do que fazer e procure estendê-la para uma semana e depois um mês. Não se esqueça de deixar um tempo disponível para imprevistos. Respeite suas prioridades e observará que, com o tempo, o urgente diminuirá de proporção. Com isso, você ficará menos tenso e se sentirá menos oprimido e mais competente.

Administrador Financeiro – O administrador financeiro é o indivíduo que, numa empresa, desempenha a função principal no levantamento e planejamento das necessidades de fundos e aplicações efetivas dos mesmos. Ao conseguir recursos e distribuí-los, em função dos diferentes usos em uma empresa, funciona como elemento vital no fluxo de dinheiro. É como o sistema de preços atua na economia do país.

Para proteger-se contra as variações do fluxo de capitais, o administrador financeiro precisa conhecer o saldo de caixa diariamente, para pagar contas, bem como aplicar saldos inativos. É um profissional que sempre trabalha no "fio da navalha". Suas funções principais são: manter a liquidez da empresa; otimizar o lucro; levantar fundos; manobrar orçamentos; fazer investimentos, imobilizações e aplicações.

3.9 Habilidades do Administrador

O sucesso do administrador não está inteiramente correlacionado ao seu brilhantismo acadêmico. A autoridade executiva é o somatório do poder formal, poder informal, tradição, competência, inteligência, cultura, conhecimento e sabedoria. Assim, o administrador precisará de certas habilidades para que possa executar com presteza a ação administrativa. A seguir, serão dados os conceitos de certas habilidades (capacidades) que um bom administrador deve ter:

Habilidade Adaptativa – A habilidade adaptativa se traduz por meio de reações e respostas que se faça para atender as modificações do ambiente, em que está inserido, a fim de não prejudicar a consecução dos seus objetivos e os da organização. Adaptação envolve mudança, inovação e ruptura. A habilidade será maior ou menor, em função do conhecimento (percepção), intuição, intelectualidade, cultura, educação, interação, visão holística, visão estratégica e capacidade de planejar e controlar resultados.

Habilidade Perceptiva – A habilidade perceptiva está voltada para a leitura rápida que se faz das pessoas, das organizações, dos ambientes e dos mercados. Como a percepção de uma pessoa vem através dos sentidos, é possível que haja uma distorção da realidade comum aos demais, porque ela é intrínseca ao indivíduo. A percepção do ambiente está em função dos dados coletados. Tais dados serão interpretados, em função do nível do indivíduo (observador, analista ou pesquisador). É difícil, assim, dizer se esta interpretação é a melhor possível.

Habilidade Gerencial – A habilidade gerencial do administrador reside na absorção dos objetivos de qualquer empreendimento, bem como atingir tais objetivos através das funções administrativas. A gerência da empresa é sempre uma excelente oportunidade para demonstrar que seu papel não é complicar e muito menos sofisticar os processos de gestão. Muito ao contrário, o que se espera de um gerente é que ele obtenha resultados positivos, através de uma adequada e objetiva utilização dos recursos da empresa. O administrador precisa desenvolver a capacidade de interferir intencionalmente nos processos, nos objetivos e nos valores, que regem a filosofia e a política da empresa; alterar táticas de ação, aprender sobre si próprio, sobre sua função e sobre as condições operacionais da organização.

Habilidade Empreendedora – Esta habilidade está voltada para ver oportunidades no mercado. O termo oportunidade (do latim "op portus" – em frente ao porto) é usado com certa indefinição e amplitude. Tal tipo de habilidade inventa novos fatores de sucesso, detecta necessidades de mercado, provoca mudanças de processos, estruturas, comportamentos, modelos, políticas e procedimentos, por exemplo.

Habilidade de Comunicação – O administrador precisa ser dotado de meios e recursos de comunicação dos quais não se deve descuidar. Assim, ele deve ter: uma redação correta, objetiva, clara e concisa para expressar o pensamento em ordens, planos, programas, políticas, decisões, estratégias, táticas e relatórios; a palavra fluente, a dicção impostada, o estilo sem requintes para se expressar; a cortesia, a educação e a perspectiva na condução dos debates e negociações; a utilização de recursos audiovisuais e de outras naturezas que possam expressar melhor o seu pensamento.

Habilidade de Diagnosticar – É a capacidade que exige do administrador uma leitura do cenário, a mais próxima da realidade coletiva, a de atuação do seu setor (mercado), não só para si, mas também para aqueles que têm sob seu comando. Esta habilidade é adquirida ao longo do tempo em função do acurado poder de observação. Alguns administradores chegam rápido à diagnose do problema, ou seja, a verdadeira caracterização da problemática (conjunto de problemas relativos a um mesmo assunto). A capacidade para diagnosticar problemas é um pré-requisito da tomada de decisão. Algumas pessoas, porém, parecem viver nas nuvens, evitando o contato com a realidade coletiva e deixando de perceber os problemas ao seu redor.

Habilidade de Escrever – Muitos são os casos do executivo que arrasa durante uma reunião, defende e expõe com clareza as ideias, elabora projetos complicados, mas, na hora de colocar no papel, faz feio. A habilidade de escrever consiste na capacidade da pessoa construir relatórios claros, objetivos, concisos e relevantes. Para que o indivíduo saiba escrever é preciso que o faça com naturalidade, conheça a língua, saiba pensar, escreva para o leitor e não para si, demonstre acuidade para detalhes e possua capacidade de observação. Aquele que souber escrever bons relatórios se destacará na organização e não fará com que o leitor tenha dificuldade para entendê-lo, não perdendo tempo em decifrar aquilo que foi colocado no texto.

Habilidade de Falar – A fala é um dos mecanismos mais importantes para alguém se fazer entender. Como dar ordens a alguém, se você não se expressa com clareza, é confuso e cheio de vícios de linguagem? A habilidade de falar consiste na capacidade da pessoa falar em público, devendo prestar atenção para a postura, entonação da voz, gesticulação, correção no uso do microfone e preocupação com a câmera de TV.

Habilidade de Ler – A habilidade de ler do administrador consiste na capacidade de aprender a conhecer o mundo e suas manifestações. Para que se possa tomar conhecimento e usufruir riqueza histórica construída e transmitida pelos homens é fundamental a prática da leitura. Esta dará ao administrador, além de grande conhecimento, um bom vocabulário, o poder de organizar as ideias, a velocidade de entendimento do texto e a capacidade de reproduzir as informações apreendidas. A leitura é uma ferramenta poderosa de estudo, tanto no papel como na tela e no cenário. É através do estudo que conhecemos o ambiente e seus recursos.

Habilidade de Ouvir – A capacidade de ouvir é fundamental, uma vez que o ser humano passa a maior parte do trabalho se comunicando com outras pessoas. Um bom comunicador pressupõe um bom ouvinte e ouvir não é algo passivo, mas sim uma ação consciente para captar o que diz o outro. Bom ouvinte é todo aquele capaz de prestar atenção. A atenção é fruto da nossa vontade e dos fatores emocionais que a envolvem. Na atividade gerencial, entretanto, esta capacidade é fundamental. Se não souber ouvir, sua capacidade de comunicação ficará seriamente prejudicada. Portanto, é preciso ouvir opiniões contrárias às suas e poder pensar que talvez aquilo contrário às nossas ideias seja o correto e mais inteligente.

A habilidade de ouvir do administrador consiste na capacidade de focalizar um único estímulo durante certo período de tempo. Podem ser reclamações de consumidores, subordinados, superiores, colegas, fornecedores ou concorrentes. Ouvir além das palavras significa ajudar as pessoas a dar vazão aos seus sentimentos de uma forma construtiva, em vez de fechá-los através do negativismo e da crítica.

Para ouvir basta aprender a acompanhar e encorajar o outro a falar (habilidade de direção), aprender a manter a atenção em quem fala (habilidade de atenção) e aprender a responder ao assunto trazido para a discussão e não se desviar do tema em pauta (habilidade de reflexão).

A arte de ouvir é uma habilidade que pode ser desenvolvida, e, por paradoxal que pareça, é uma excelente técnica para influenciar pessoas.

Habilidade Técnica – A habilidade que o administrador deve ter, diz respeito ao conhecimento de: métodos, técnicas, racionalização de recursos, para o bom desempenho na organização. Tal habilidade será adquirida através da leitura, do estudo e da experimentação. Uma das funções mais importantes do administrador é a de fazer o interfaceamento dos assuntos das diversas áreas da empresa, no sentido de evitar sobreposições e omissões de tarefas.

Habilidade Tecnológica – A capacidade tecnológica envolve aspectos concretos (recursos físicos, tais como máquinas, equipamentos, imóveis, instalações) e abstratos (conceitos, ideias, conhecimentos, informações, políticas, procedimentos, regras, planos, programas, métodos). Tal capacidade se constitui numa vantagem competitiva que dá atualização nos processos de informação, comunicação e produção. Em resumo, pode-se dizer que a tecnologia tem a propriedade de determinar a natureza da estrutura e do comportamento organizacional das empresas.

Dentre a enorme variedade de coações e contingências que o ambiente impõe à empresa, a tecnologia aparece como a variável crucial, principalmente, quando inovações tecnológicas concorrentes fazem com que a empresa tenha que se adaptar à "nova onda".

Habilidade Analítica – A habilidade analítica consiste em saber a utilidade e a potencialidade das técnicas administrativas e adquirir mais realismo, profundidade e criatividade na solução de problemas. Aprender a decompor problemas, identificar variáveis fundamentais, estabelecer relações de causa e efeito, buscar novos caminhos, objetivos, prioridades e alternativas é a base da análise.

Habilidade Cognitiva – A habilidade cognitiva se traduz na capacidade de reflexão crítica a respeito dos problemas que o administrador procura interpretar e descobrir suas causas e seus efeitos. O fracasso na resolução de um problema vai revelar em que pontos se acham as dificuldades e as condições mínimas que uma solução deve satisfazer. Saber definir e categorizar (classificar) o problema é de extrema importância, bem como cruzar informações em busca de soluções. Aquele que define bem um problema, já tem 50% da solução, porque difícil mesmo é saber qual é o real problema.

Habilidade Conceitual – A habilidade conceitual do administrador consiste na capacidade de utilizar conhecimentos, ideias, conceitos, leis, princípios, teorias e abstrações no seu trabalho.

Habilidade de Programar – A habilidade de programar facilita muito o trabalho a ser executado, porque sendo o programa um conjunto de atividades sequenciais, limitadas no tempo, em ordem de prioridade, estabelecidas com a finalidade de atingir objetivos. A ordem de prioridade dos itens de um programa não precisa, *a priori*, estar rigorosamente em ordem cronológica, porque à medida que o programa avança, muitos itens são excluídos, mudam de posição e outros são inseridos. É comum descobrir nova ordem de prioridade.

Programas sofrem mudanças de acordo com as contingências a serem enfrentadas e das dificuldades com recursos apropriados. Aí, ele é novamente editado. Os programas serão grandes ou pequenos, gerais ou detalhados, curtos ou longos, tendo em vista, objetivos e recursos.

Habilidade de Projetar – O desenvolvimento de projetos facilita o trabalho executivo, porque ajuda a identificar e operacionalizar suas atividades e áreas envolvidas para alcançar objetivos enfocados no planejamento estratégico da empresa. Diferentemente das funções, que são, mais ou menos, permanentes, os projetos são sempre temporários, sendo montados em torno de uma ação específica de inovação.

Habilidade de Racionalizar – A racionalização pode ser encarada como o esforço que se faz no sentido de dar um tratamento científico, e por isso mesmo, racional, tanto aos métodos quanto aos processos, isto é, produzir cada vez mais e melhor com custos mínimos. A racionalização é o processo mental básico, presente em todas as fases da organização, constituindo o seu principal instrumento. A habilidade de racionalizar é dada a quem sabe aproveitar as suas energias físicas e mentais, a sua inteligência, o tempo, os materiais.

Saber otimizar os recursos que lhes estão ao alcance, e com isso se torna eficiente, produzindo muito e desperdiçando pouco. Infelizmente, porém, é maior o número das pessoas pouco eficientes, que gastam muito, ou desperdiçam muito, produzindo pouco. Otimizar, na linguagem gerencial, significa usar os recursos da melhor forma possível, em função das contingências do momento.

Habilidade Executiva – A habilidade executiva está voltada para o desenvolvimento de uma capacidade de interferir intencionalmente no sistema, mudar objetivos, valores e processos, alterar táticas de ação, aprender sobre si próprio, sobre sua função e sobre as condições operacionais da organização.

Habilidade executiva está relacionada em comprometer-se com a missão da organização em que o administrador trabalha. Ela é o somatório do poder formal, poder informal, tradição, competência, inteligência, cultura, conhecimento e sabedoria.

Habilidade de Relacionamento Humano – A habilidade de relacionamento humano do administrador consiste na capacidade de saber se relacionar com as pessoas, através de mecanismos de persuasão, motivação e liderança. Um administrador deve, naturalmente, compreender que ele não é perfeito, que as pessoas que trabalham para ele e com ele não são perfeitas e que sua empresa não é, e jamais será perfeita.

O bem-sucedido executivo é uma pessoa que mantém alta média de acertos na avaliação precisa das forças que determina qual deve ser seu comportamento mais apropriado em determinado momento e, efetivamente, ser capaz de comportar-se de acordo com a situação.

Habilidade Política – A habilidade política do administrador consiste na capacidade de usar estratagemas, às vezes maquiavélicos, para atingir seus objetivos. O administrador que quiser ser um profissional politicamente correto deve:

- Usar de cautela ao aceitar conselhos.
- Evitar relação superior-subordinado muito íntima, mantendo jogo de cintura.
- Usar resistência passiva quando necessária.
- Não hesitar em ser implacável quando conveniente.
- Limitar o que deve ser comunicado, reconhecendo que raramente os segredos são guardados.
- Aprender a não depender muito de um subordinado, a menos que veja nele lealdade.
- Estar disposto a transigir em pequenas coisas.
- Ser hábil em dramatização e ser um negociador persuasivo.
- Irradiar autoconfiança, dando demonstração de sucesso material.

- Evitar a rigidez burocrática.
- Lembrar de elogiar em público e censurar isoladamente.
- Ser compreensivo e receptivo em relação às opiniões que difiram das suas.

Habilidade Psicológica – A habilidade psicológica é uma característica em lidar com os erros das pessoas, tanto superiores quanto subordinados. Os erros são para servir de lição e de ponto de partida para novos rumos e não para serem rememorados. A eterna preocupação por causa de um erro é uma atitude estéril. Todo administrador precisa adquirir uma verdadeira tolerância para com suas próprias imperfeições e uma capacidade para utilizá-las de forma positiva.

Atribuir responsabilidades às pessoas e deixá-las cometer erros poderá ser a mais alta função da direção de uma empresa. A tolerância, no que diz respeito a erros, é tão importante quanto à flexibilidade no trato do problema original.

Habilidade de Negociação – A habilidade de negociação do gerente consiste na capacidade dele ser aquele que encontra meios para alterar ou dirigir o comportamento da outra parte. Para tal, será preciso persuadir, interessar, motivar, dissuadir, atemorizar e olhar nos olhos do outro.

3.10 Executivo

Executivo é o administrador situado no nível institucional (nível superior) da organização. Geralmente, é um diretor ou superintendente, podendo, em algumas empresas, ser um gerente. Também pode ser definido como aquele que recebe delegação superior de poderes dentro de uma empresa, ou todo e qualquer dirigente de nível institucional da empresa, ou, ainda, todo dirigente marcado pela ousadia, racionalidade e criatividade.

Segundo Drucker, "executivo é todo aquele que, em virtude de sua posição, precisa tomar decisões que influenciem no destino da empresa". O executivo pode ser um engenheiro, um economista, um administrador. Sempre será bom que, mesmo não tendo formação em administração, tenha conhecimentos desse campo.

A seguir, estão colocadas algumas premissas que ajudarão a consolidar o conceito de executivo:

- O executivo precisa entender que os fatores autoridade, influência, carisma e persuasão não carregam junto o conceito de subordinação.
- O executivo deve adotar as medidas que possam assegurar sua compatibilidade pessoal com os superiores.
- O executivo, ao assumir uma atribuição importante, deve obter de seus superiores uma clara, concisa e inequívoca declaração, por escrito, de seus deveres, responsabilidades, relações e âmbito de sua autoridade.
- O executivo deve ter excepcional cuidado para encontrar subordinados que combinem competência técnica com segurança, fidedignidade e lealdade.
- O executivo, em negócios como na diplomacia, além de ter estratégias de atuação, precisa estabelecer alianças.
- O executivo deve reconhecer o poder do bolso.
- O executivo deve compreender a importância crítica dos canais de comunicação, que devem ser claros e críveis, em todos os níveis, para cima e para baixo, da estrutura organizacional.

Um executivo é avaliado, em função das suas qualidades pessoais, tais como: coragem, julgamento, lealdade, iniciativa, inteligência, criatividade, conhecimento, confiança, maturidade, objetividade, vitalidade, adaptabilidade, persistência, integridade, tato, decisão. O desempenho esperado de um executivo leva-o a objetivos organizacionais com os melhores métodos de eficiência (perícia na execução), eficácia (resultados positivos) e efetividade (velocidade de resposta com eficiência e eficácia). Também são considerados os traços de caráter que refletem as maneiras pelas quais o executivo desempenha as funções administrativas.

3.11 Considerações sobre Executivos

Realidade do Executivo – O executivo trabalha sob certas realidades que não têm controle, tais como: Todos podem invadir o seu tempo, e todos fazem isso, parecendo que um executivo pode fazer muito pouco a respeito; O executivo precisa de critérios que lhes permitam trabalhar no que é realmente importante, ou seja, no que levará a resultados positivos, embora esses critérios não sejam encontrados no fluxo dos acontecimentos; O executivo é eficiente quando seus subordinados fazem uso de suas contribuições; O executivo, em geral, está voltado para o interior da organização e as informações que recebe, de fora, acontecem por relatórios.

Comportamento do Executivo – A eficiência de um administrador é condicionada por uma grande série de fatores. Infelizmente, não existe fórmula através da qual ele possa fazer confronto, a fim de saber a maneira como ele deve agir e reagir. Assim, é importante que o executivo tenha sempre presente o seguinte questionamento: De que modo está comandando empregados (subordinados), em suas relações interpessoais e dinâmicas? De que modo e até que ponto o seu comportamento pessoal afeta as reações individuais e de grupo? De que maneira deve administrar a si e poder comandar melhor os seus subordinados?

Parecem existir razões inequívocas porque os problemas mais sérios de uma organização exigem a atenção exclusiva do principal homem da empresa. Segundo Chester I. Barnard, "em toda a atividade humana cooperativa e organizada surgirá, de tempos em tempos, um conflito inevitável e iniludível entre os preceitos que determinam a conduta de indivíduos e grupos que se unem para consecução do objetivo comum".

Quais os tipos de conduta e quais as atividades, valores, habilidades e experiências características desses altos dirigentes que obtêm um sucesso relativamente maior do que seus colegas ao tratarem de questões conflitantes? Quanto os dirigentes, funcionários, subordinados, colegas, sócios ou acionistas esperam, isto é, têm expectativas, que os novos gerentes solucionem problemas, até o momento, insolúveis, porque estes foram selecionados por seus altos padrões de conduta, conhecimento e especialização?

Tempo Executivo – O tempo executivo é o tempo necessário para a alocação de recursos e espaços necessários e adequados para que uma atividade (tarefa, processo) possa ter continuidade com segurança. A seguir, algumas premissas do tempo executivo:

- Não se esqueça do futuro e quais são as tarefas prioritárias.
- Não se valha da memória, ponha as atividades a realizar no papel.
- Prepare-se para enfrentar surpresas desagradáveis.
- Utilize a agenda com racionalidade, definindo espaços de tempo congruentes com o assunto a ser trabalhado.
- Preveja folgas para interrupções.
- Não congestione a sua agenda de trabalho.
- Faça um estudo para saber aquilo que deu errado.
- Crie procedimentos, políticas e modelos para agir em casos semelhantes.

- Evite acúmulo de trabalho, delegue.
- Acredite na metodologia que você criou para controlar o tempo, só alterando se realmente você fracassar.
- Conheça as funções administrativas com profundidade, pois elas são a garantia de sucesso na administração do tempo.

Qualidades Executivas – O executivo para ter sucesso deverá ter as seguintes qualidades:

- Adotar um estilo de liderança, em função do clima e da cultura organizacional.
- Buscar a performance administrativa e tecnológica.
- Comprometer-se de maneira completa.
- Contornar qualquer ordem que objetive interromper seu sonho.
- Deixar de lado sentimentos e preconceitos no trato com as pessoas.
- Desempenhar qualquer função necessária à execução do seu projeto.
- Encontrar o pessoal capacitado a ajudá-lo.
- Estar seguro das metas, mas ser realista com relação aos meios para atingi-las.
- Fazer exceções quando extremamente necessário.
- Filtrar o que deve ser comunicado.
- Honrar as pessoas que lhe dão apoio.
- Ir ao trabalho cada dia preparado para ser demitido.
- Lembrar de elogiar, como censurar.
- Lembrar de que é mais fácil pedir desculpas do que permissão.
- Não esquecer que a maioria das pessoas tem forte necessidade de submissão.
- Não revelar segredos da organização.
- Não se iludir com a lealdade incondicional de um subordinado.
- Negociar o tempo todo com as pessoas.
- Nunca apostar numa corrida, a menos que esteja participando dela.
- Precisar não só saber como parecer que sabe.
- Resistir às pressões, sabendo vender suas ideias.
- Seguir a intuição sobre o pessoal que escolher e trabalhar somente com os melhores.
- Ser amistoso com seus subordinados, nunca ter intimidade com eles, somente em casos raros.
- Ser receptivo às opiniões discordantes, sendo um bom ouvinte.
- Trabalhar secretamente, tanto quanto puder, porque a publicidade dispara o mecanismo de imunização da corporação.
- Usar de cautela ao aceitar conselhos e opiniões de outros.
- Utilizar recursos suplementares para lidar com proprietários, superiores, colegas, subordinados e outros grupos da empresa.

3.12 Tipos Básicos de Executivo

Executivo Conservador	Executivo Empreendedor
Motivação – Persegue promoções e recompensas tradicionais. É motivado pelo poder.	Motivação – Quer liberdade. É orientado por metas. Autoconfiante e automotivado.

Tempo – Responde a cotas e orçamentos semanais, mensais, trimestrais, anuais. Trabalha no curto prazo, com base em planejamento anual.	Tempo – Horizonte mais amplo. Trabalha com metas de longo prazo.
Ação – Delega a ação. Supervisão e controle tomam a maior parte de seu tempo.	Ação – Põe a mão na massa. Mas, sabe delegar, se necessário.
Atenção – Voltado para dentro da organização.	Atenção – Voltado para a evolução de: produtos, mercados, recursos e consumidores.
Risco – Evita riscos, principalmente, se seu emprego ou promoção forem ameaçados.	Risco – Assume moderadamente. Investe pesado e espera sucesso. Não tem medo do fracasso.
Erro – Posterga o reconhecimento de falhas.	Erro – Procura fazer dos erros aprendizagem de experiência e segue em frente.
Sustentação – Apoia-se em sistemas, normas e regras.	Sustentação – Apoia-se em pessoas e em sua capacidade de liderança.
Controle – Mantém controle rigoroso. Quer acompanhar tudo.	Controle – Minimamente controlador, tende a acompanhar as coisas no atacado.
Decisão – Concorda com aqueles que têm poder. Adia decisões, até ter percepção daquilo que os chefes querem.	Decisão – Segue sua visão pessoal, tentando fazer os demais concordar com ele. Decidido, orientado para a ação.

Quadro 3.2: Executivo Conservador x Executivo Empreendedor.

3.13 Carreira do Administrador

Raramente, os recém-formados trabalham em estreita colaboração com dirigentes experimentados. Muitos começam sua carreira nas piores circunstâncias possíveis. Sabendo que suas aptidões não estão sendo desenvolvidas ou utilizadas, eles, muito naturalmente, logo assumem uma atitude negativa com respeito ao cargo, ao empregador e ao chefe. Esta situação, aliada às dificuldades crescentes de se conseguir emprego (trabalho) nesta nova economia, leva à seguinte afirmação: É pouco provável que o empregado desenvolva uma carreira para toda a vida numa mesma empresa.

Na avaliação de um emprego em potencial é bom ter os seguintes cuidados:

- Pesquisar a posição da empresa no mercado e descobrir sua maior vantagem competitiva.
- Conseguir uma definição clara das funções do cargo.
- Preparar uma carta de apresentação e um currículo.
- Preparar-se para as entrevistas.
- Procurar observar o clima organizacional da empresa.
- Procurar saber se a empresa tem políticas de desenvolvimento e treinamento de recursos humanos.

Alguns fatores são importantes na carreira de um administrador, tais como: sucesso, fracasso e doenças. O sucesso de um administrador na vida profissional não está inteiramente correlacionado com seu brilhantismo acadêmico. Os administradores sabem que enfrentarão mais fracassos do que sucessos e que definem suas responsabilidades como prioridades de vida.

Naisbitt afirma: "O testemunho mais comum entre os executivos bem-sucedidos no mundo dos negócios é que sua maior motivação provém do quadro mental sobre aquilo que estão construindo com seus esforços". A esses quadros mentais é que os mais renomados autores chamam de visão estratégica.

Os símbolos de sucesso do administrador estão associados ao seu poder aquisitivo. Assim sendo, sua preocupação é ostentar produtos ou representações características de quem começa a ser reconhecido muito mais pelo "ter" do que pela capacidade de "ser". Seu despreparo cultural, social, ético, intelectual, comportamental e até espiritual (filosófico), para entender e administrar as consequências do sucesso, leva-o a situações de profunda frustração.

3.14 Fracasso Profissional

O fracasso é provavelmente a experiência mais fatigante pela qual uma pessoa passa. Não há nada mais enervante do que não se conseguir uma coisa, sentir-se bloqueado, sem ir para frente. É um círculo vicioso. O cansaço torna mais difícil o trabalho, levando ao fracasso. Este desânimo é sentido como fadiga física e fadiga do trabalho. É comum adiar a tarefa pela urgência de fazê-la, ou porque é muito tediosa ou muito difícil. E quanto mais se adia, mais cansaço aparece.

Às vezes, a questão não está no próprio problema, mas na situação social. Parece que são os outros que impedem o nosso progresso, esquecendo o que Shakespeare nos disse: "Os erros não estão nos astros, mas em nós mesmos". O mais comum é que a armadilha que nos bloqueia seja puramente pessoal. Em raras oportunidades pode ser que a tarefa seja realmente difícil, que esteja acima da nossa capacidade. Sucesso significa nunca sentir cansaço, apesar dos fracassos que a vida impõe. Embora sem dados precisos, eis alguns sintomas característicos do fracasso profissional:

Alcoolismo – Consumido numa primeira fase apenas como uma exigência social, o consumo de bebidas alcoólicas vai aumentando na proporção direta das dificuldades em enfrentar as pressões do cargo ou das lutas pelo poder.

Droga – Pode ter causas semelhantes às do alcoolismo na primeira fase ou funcionar como desdobramento posterior do mesmo.

Fracasso Conjugal – A síndrome do sucesso de executivos casados se manifesta na descoberta de que sua esposa, ou marido, não o acompanhou. Esta falta de preparo, atribuída à outra parte, não elimina a responsabilidade do executivo, que muitas vezes poderá ter dificuldades para reconstruir uma relação duradoura com pessoa muito liberal.

Distúrbio Físico – Sem um devido preparo para enfrentar pressões do trabalho, dificuldades típicas da carreira, e administrar conflitos e lutas pelo poder, o executivo apresenta fortes distúrbios de caráter físico. Postura de cansaço, insônia, automedicação e dores de cabeça ou de coluna são alguns destes sintomas.

Distúrbio Emocional – Do ponto de vista emocional aparecem momentos de forte depressão, acompanhada de uma sensação de impotência. Comuns entre os executivos, as cobranças do dia a dia muitas vezes acabam produzindo um estresse violento, que, dependendo da pessoa, se transforma num quadro depressivo.

Estagnação – Tendo conseguido uma posição de destaque na organização, seria importante também que ela fosse acompanhada de um preparo cultural. Grande parte dos executivos continua dedicando-se apenas ao trabalho e à área de seu domínio. Assim, não desenvolve a capacidade de entender o que lhe acontece.

Isolamento – Com seu ego massageado em excesso, o dirigente se deixa empolgar pelo poder, aparente e temporário, e se isola. Este isolamento o levará à frustração, com consequências dolorosas.

Depressão – A depressão é uma doença com vários graus de complexidade, que precisa ser tratada por profissional. Tem sintomas constantes e diferenciados. Provoca dificuldades para desenvolver tarefas cotidianas. Faz com que seja difícil identificar o motivo do desânimo e da tristeza. A tristeza é uma doença e tende a desaparecer com o tempo, espontaneamente. É um estado emocional transitório. Não interfere na rotina da pessoa. Tem causas facilmente identificadas, como uma desilusão amorosa. O estresse pode levar à depressão, se prolongado. Pode aumentar com pressões do dia a dia, como violência, excesso de trabalho e problemas financeiros.

É bom esclarecer que há muita confusão entre depressão, tristeza e estresse. A tristeza é um dos vários sintomas da depressão, mas estar triste não é sinônimo de estar deprimido. Baixo astral não é uma doença, mas um sentimento normal em situação de perda, luto, frustração e insucesso. Outro equívoco comum é confundir depressão com estresse. Uma diferença importante é que o estresse pode ser eliminado com atividades relaxantes, enquanto na depressão elas não são suficientes. É preciso medicamentos.

3.15 Ascensão e Sobrevivência do Administrador

Chegar ao topo de uma empresa é dificílimo, mas alguns procedimentos podem facilitar essa escalada, tais como:

- Invista na empresa, com o tempo você terá chance de mostrar que é capaz e conquistar a confiança da direção.
- Respeite os valores, conhecer bem a cultura da empresa é imprescindível para saber como agir.
- Vista a camisa, operando com lealdade, defenda os interesses da empresa, não meça sacrifícios de ordem pessoal.
- Lute por resultados, assuma os projetos como se fossem seus.
- Defenda suas ideias, argumente, sem melindrar as pessoas, com firmeza a favor de suas propostas.
- Atualize-se, sofisticação acadêmica não faz mal a ninguém, pelo contrário, um mundo novo se abre diante de seus olhos.
- Cultive amigos, isto conta pontos na hora da promoção.
- Mostre ambição profissional, um executivo precisa ser ambicioso, sem parecer óbvio.
- Cultive a capacidade de disciplina para dar bom exemplo.
- Demonstre experiência profissional, alguém com conhecimentos diversificados vale mais.
- Não seja conivente com atos desonestos, a complacência com operações obscuras dentro da empresa encerra uma carreira.
- Evite pedir aumento de salário, um diretor que ameaça ir embora, se não aumentarem seu salário, selou seu fim na organização.

- Não se descontrole, porque ataques emocionais não se casam com a imagem de um comandante equilibrado.
- Fuja do pessimismo, um profissional que se deixa abater pelas dificuldades mostra fragilidade.
- Não recuse transferências, mudar de cidade ou de setor é uma oportunidade de deixar clara a sua dedicação pela empresa.
- Evite bajulação, aduladores têm vida curta na empresa.

Muitos administradores ainda teimam em acreditar que nunca se tornarão dispensáveis. Mas a experiência mostrou, repetidas vezes, que nem a idade, nem o tempo de empresa e nem mesmo a competência servem como proteção adequada na hora dos cortes. Assim, é bom saber algumas técnicas de sobrevivência:

Cuidado com os novos talentos – Os subordinados ambiciosos e inteligentes devem ser mantidos sob controle.
Evite confronto – Por mais limitado que o chefe seja, você não deve parecer mais inteligente do que ele.
Monte uma rede informal de comunicação – Para ficar sabendo com antecedência das mudanças que ocorrerão.
Contorne a mudança – Não resista à mudança abertamente, para não ser acusado de inflexível, de obsoleto e de não querer colaborar.
Crie uma imagem de amigo dos funcionários – O objetivo é aparecer como benfeitor dos funcionários, querido por todos, sem ser temido.

3.16 Poder do Administrador

Poder é a capacidade de agir e de produzir efeitos sobre indivíduos ou grupos. Portanto, não é um ser, mas uma relação que se estabelece pela comunicação. Quanto maior o poder (formal ou informal), maior a influência na comunicação. Mais ainda, é um conjunto de relações, por meio das quais os indivíduos e/ou grupos interferem nas atividades de outros. O poder pode ser definido como a capacidade de impor mudanças no comportamento de terceiros.

O poder que emana de um cargo administrativo é geralmente classificado como autoridade. Pessoas investidas de autoridade têm poder. Mas, o poder nem sempre corresponde à autoridade. Um subordinado pode não ter autoridade, mas possuir uma grande parcela de poder.

O administrador deve adotar todas as medidas que possam assegurar sua compatibilidade pessoal com os superiores. No caso do executivo chefe, isso significa compatibilidade com os donos e/ou seus representantes, como banqueiros, advogados e membros da família.

O fato é que, embora o administrador possa ter todas as aptidões, experiências e atributos pessoais que sua posição exige, se seus valores e objetivos não forem, razoavelmente, congruentes com aqueles das pessoas que detêm o poder, seu mandato, provavelmente, será curto. Ter poder até que não é muito difícil de adquirir, mas saber tratá-lo não é para qualquer um.

Antes que sejam apresentadas as recomendações para que o administrador adquira poder na organização, é importante conhecer algumas premissas básicas: Ter controle não significa necessariamente ter poder; Aumentar o desejo de prestígio é uma necessidade à medida que o poder diminui; Ter autoridade, influência, carisma ou persuasão (ferramentas de poder), facilita o exercício da função executiva.

Para testar o seu poder, faça o seguinte questionamento: Quantos novos projetos você tentou realizar? Quantos deles foram efetivamente implementados? Numa reunião, quando você apresenta uma ideia, ela é levada em consideração? Seus subordinados e colaboradores cumprem com prazer suas decisões? As intervenções numa reunião feitas por você têm receptividade? Você pode contar com colegas, superiores e subordinados? Quantos almoços de negócios você costuma patrocinar para conseguir viabilizar seus projetos? Seus subordinados o consultam com frequência sobre decisões a tomar? Quantas vezes você foi obrigado a enfraquecer o poder dos outros para fortalecer o seu?

3.17 Futuros Administradores

As exigências feitas à habilidade, conhecimento, desempenho, responsabilidade e integridade do administrador têm dobrado a cada geração nestes últimos anos. O administrador de amanhã terá que ser capaz de relacionar seu produto e seu setor com o cenário global, terá que descobrir o que apresenta de significativo e terá que levar em consideração em suas ações e decisões. E cada vez mais as perspectivas do administrador do futuro serão mais difíceis. Não será um homem melhor do que no passado, sob os aspectos emocionais.

A carreira do administrador dependerá muito de sua força de vontade. Saber liderar pessoas se tornará um dever sagrado. Embora as pessoas sejam difíceis de administrar, é através delas que a empresa atinge seus objetivos. Vale ressaltar algumas premissas (conselhos) importantes para aqueles que começam sua vida profissional como administrador:

- Não esqueça de estar com olhos e ouvidos bem abertos para o complemento profissional que faltou na escola.
- No trato com as pessoas, deve medir as suas palavras e jamais censurar alguém em público.
- Não se exima em admitir a culpa, caso necessário, e dizer que suas suposições eram infundadas.
- Esforce-se para atrair a simpatia do chefe, mediante zelo e dedicação às atribuições que lhes forem conferidas.
- Tenha reserva e medida na apreciação das coisas e das pessoas que o cercam.
- Tenha confiança em si mesmo, é preciso saber defender os pontos de vista com entusiasmo.
- Não deve deixar que o trabalho tome todo o seu tempo, será necessário um período para pensar.
- Trabalhe para aumentar o conhecimento profissional, mas não negligencie a educação.
- Convença-se de que há muito a aprender, o interesse pela coisa a faz interessante.
- Tome nota, faça programas, escreva planos e desenvolva projetos.
- Torne-se membro efetivo de associações profissionais e lá assista suas reuniões, seminários, palestras, cursos e congressos.
- Mantenha uma leitura atualizada, por meio de: jornais, revistas e sites especializados.
- Não esqueça que toda inteligência, todo esforço, todo conhecimento, todas as qualidades navegam, muitas das vezes, ao sabor das contingências.

Sun Tzu observou o seguinte: "Aquele que triunfa, numa primeira vez, pode ser simplesmente afortunado; se o êxito se repete, somos obrigados a admitir que seu valor pessoal é elemento principal do sucesso".

Teste de Aferição de Conhecimento

01 – O que o administrador é para uma organização?
( ) Imprescindível para seu sucesso ( ) Um planejador
( ) Aquele que trabalha numa empresa ( ) O executivo-chefe

02 – Que fatores levam um profissional a trabalhar no campo da administração?
( ) Motivacionais ( ) Financeiros ( ) De poder

03 – Qual o maior recurso de trabalho do administrador?
( ) Recursos físicos ( ) Recursos financeiros
( ) Recursos Humanos ( ) Recursos materiais

04 – A maior responsabilidade do administrador é:
( ) Fazer a organização funcionar ( ) Dar lucro aos sócios
( ) Contribuir para o bem-estar da sociedade ( ) Contribuir para o sucesso do governo

05 – Faça a correspondência:
(A) Objetividade ( ) Experiência
(B) Senso comum ( ) Pés no chão
(C) Transparência ( ) Ética nos negócios

06 – Qual a maior habilidade de um administrador?
( ) Adaptação ( ) Relacionamento humano
( ) Empreendimento ( ) Diagnosticar

07 – Um executivo é avaliado por:
( ) Qualidades pessoais ( ) Comportamento ético
( ) Resultados obtidos ( ) Administração do tempo

Capítulo 4

Tipos de Administração

"Não há dúvida de que a tendência do homem comum, em todos os atos de sua vida, é trabalhar devagar e comodamente e só depois de pensar e observar bem a esse respeito, ou como resultado de exemplo, consciência ou pressão exterior, ele adota um ritmo mais rápido".
Frederick W. Taylor

Objetivos do Capítulo

- Mostrar os mais variados tipos de administração, ao longo da história.
- Mostrar os mais importantes tipos de administração e suas implicações na gestão de uma organização.
- Mostrar as administrações que dão suporte às funções organizacionais.

4.1 Classificação das Administrações

A classificação é um ato ordenado e sistemático de fatos, fenômenos, teorias e objetos, por exemplo, que os agrupa, de acordo com suas especificações e propósitos. As administrações serão classificadas, segundo à época, utilização, aplicação, especificidade e função.

4.2 Administrações Primárias

4.2.1 Administração por Crise

Quando o executivo percebe um ponto falho, dirige todo o esforço da empresa para superá-lo, mas, quando consegue, já apareceram outros problemas. Esta administração é conhecida como "Administração Apaga Incêndio".

4.2.2 Administração por Impulso

Esta administração age por impulso, prática perniciosa de uma organização. Mas, mesmo assim, muitos administradores ainda não chegam à evidente conclusão de que os impulsos não são, absolutamente, a melhor maneira de se fazer as coisas. Na organização administrada por impulso, ou as pessoas negligenciam suas tarefas para poder acompanhar a onda, ou se organizam em silêncio para sabotar, coletivamente, o impulso e conseguir fazer o seu próprio trabalho.

A administração por impulso é um claro sinal de confusão. É uma admissão de incompetência. É um sinal de que a administração não sabe planejar. Mas acima de tudo, é um sinal de que a empresa não sabe o que esperar de seus funcionários, e que, não sabendo o que esperar deles, os dirige muito mal.

4.2.3 Administração Heróica

Os superiores ficam com toda a responsabilidade, retirando de seus subordinados toda a motivação para um trabalho sério. Isso é muito comum na presidência de um país.

4.2.4 Administração por Tarefa

Embora já tenhamos tido uma noção do que seja tarefa administrativa, é importante observar que, neste tipo de administração, as pessoas não têm consciência das necessidades e objetivos da organização, mas apenas a consciência individual do dever cumprido.

4.2.5 Administração por Agenda

A agenda é uma lista sumária, geralmente, com data e hora marcadas, em que são feitas anotações de compromissos, transmissão de informações, apontamentos pessoais, questões a serem debatidas, tarefas a serem cumpridas, ações e decisões a tomar, por exemplo. O tempo deve ser considerado um aliado e não um inimigo do homem.

Assim, qualquer uso mais efetivo do tempo tem de começar com um controle. Fazer uma lista do que é preciso fazer, priorizar os itens, ajuda o trabalho do administrador, mas nunca deve ficar refém de uma agenda de trabalho. Se perder a agenda, não mais administrará? Infelizmente, é uma prática muito comum para os neófitos em Administração.

4.2.6 Administração por Experiência

Um dos instrumentos mais importantes disponíveis para administradores é o aprendizado por imitação e a identificação com modelos existentes no mercado. Há uma ideia generalizada de que a solução de problemas administrativos gira em torno de "ensaio e erro". Conhecer modelos existentes e testados por outros é fundamental para desenvolver a nossa própria empresa.

Porém, tal conduta não é adotada neste tipo de administração. Se de um lado uma empresa leva tempo para se tornar uma das melhores empresas do país, por outro lado, geralmente, demora também a deixar de ser. Toda empresa terá de descobrir, por si só, a sua estratégia e sua estrutura.

Aproveitar as experiências do passado, tanto os erros quanto os acertos, para viver o presente e planejar o futuro, constitui os ingredientes básicos de uma vida de plenitude, crescimento pessoal e profissional e de autorrealização. Na experiência, predominam os fatos e não a genialidade do analista. A inteligência, a sagacidade, a criatividade e o conhecimento são as almas da hipótese de solução de um problema. A humildade, a objetividade e a aceitação da linguagem dos fatos são as almas da experimentação.

4.2.7 Administração por Telefone

Este tipo de administração é muito comum na administração de condomínio ou de construções, onde não há a necessidade física do síndico ou do construtor, respectivamente. Raras são as pessoas que conseguem se manter impassíveis diante do chamamento de um telefone, seja pela curiosidade, ansiedade ou temor de perder algo. O chamado telefone celular está no bolso de qualquer mortal para as alegrias e tristezas do cotidiano. A privacidade diminui, drasticamente, o tempo discricionário foi para o esgoto e a reflexão, alavancada pelo silêncio, desapareceu.

4.3 Administrações Tradicionais

4.3.1 Administração por Atividades

Nesta administração, os objetivos não levam em conta o longo prazo e as medidas que deverão modificar a estrutura da empresa não são programadas de forma metódica, lógica, científica e sequencial. Superior e subordinado confundem suas posições, debatendo sobre o trabalho a ser realizado. Assim, como as metas não são passadas para baixo, os resultados não são comunicados para cima. A empresa não possui mecanismos de correção dos desvios constatados e o ciclo mercadológico termina no fim do ano.

4.3.2 Administração Econômica

Denomina-se administração econômica o conjunto de operações praticadas por alguém com o objetivo de conservar e tornar produtiva determinada riqueza. Pode-se dizer que esta administração é o governo da riqueza com aquele duplo objetivo. Ao administrar determinada riqueza, apela-se para o crédito e, quando isto acontece, contraem-se dívidas, ou seja, assumem-se obrigações. Na administração econômica é devedor quem recebe e quem se compromete a entregar. É credor quem entrega e quem tem o direito de receber.

Um bem é tudo aquilo capaz de satisfazer uma necessidade humana. Ao conjunto de bens permutáveis denomina-se riqueza. O conceito de riqueza é, normalmente, confundido com abundância e fortuna, isto é, a antítese da pobreza. Mas, em economia, um conjunto de bens, desde que sejam permutáveis, constitui riqueza.

4.3.3 Administração do Tempo

Os princípios de uma boa administração do tempo são: reservar algum tempo para planejar adiantadamente o seu dia; delegar o trabalho que pode ser feito por outra pessoa qualificada; dar aos subordinados uma hora fixa para encontros; levar, em viagens, material para leitura; evitar tempos de espera sempre que possível; fazer reuniões somente quando necessárias e com as pessoas certas e usar efetivamente o tempo também para pensar.

Segundo Peter Drucker, "o administrador que utiliza bem seu tempo também se dedica a pensar bastante sobre os problemas e sobre o que pode fazer para que o mesmo tenha êxito em suas ações".

Para você ser um bom administrador do tempo basta observar as seguintes premissas:

- Não se esqueça do futuro e quais são as tarefas prioritárias.
- Não se valha da memória, ponha as atividades a realizar no papel.
- Prepare-se para enfrentar surpresas desagradáveis.
- Utilize a agenda com racionalidade, definindo espaços de tempos congruentes com o assunto a ser trabalhado.
- Preveja folgas para interrupções.
- Não congestione a sua agenda de trabalho.
- Faça um estudo para saber aquilo que deu errado.
- Crie procedimentos, políticas e modelos para agir em casos semelhantes.
- Evite acúmulo de trabalho, delegue.
- Acredite na metodologia que você criou para controlar o tempo, só alterando se realmente você fracassar.
- Dê crédito ao planejamento, porque sem ele você ficará perdido.

- Leia livros sobre administração do tempo.
- Conheça as funções administrativas.
- Evite se envolver com o desnecessário.

O uso do tempo melhora com a prática. Mas, somente esforços constantes podem impedir o desperdício de tempo.

4.3.4 Administração por Reunião

Uma reunião é um processo dinâmico de grupo que é fluido, inexato, mutável e impossível de se reduzir a um simples conjunto de sistemas e descrições. Para muitos, reuniões são encaradas como perda de tempo, para outros uma necessidade vital. Reuniões são necessárias desde que não virem fábricas de consenso. Segundo C. Northcote Parkinson, "as reuniões são, por definição, uma concessão à organização deficiente, pois uma pessoa ou se reúne ou trabalha, não pode fazer as duas coisas ao mesmo tempo".

Numa estrutura idealmente planejada não haverá reuniões. Cada um saberá aquilo que deve conhecer para fazer seu trabalho. Da mesma forma terá os recursos à sua disposição para a melhor execução possível.

Há reuniões, porque as pessoas que realizam trabalhos diferentes têm de cooperar para fazer um trabalho específico. Reunimo-nos, porque o conhecimento e a experiência necessários, para uma situação específica, não estão disponíveis numa única cabeça, têm de ser coletados, peça por peça, da experiência e da percepção de várias pessoas. O fato de reuniões serem necessárias e muito usadas não significam que sejam sempre eficazes. Muitas são mal organizadas e pobremente conduzidas e, portanto, totalmente inúteis.

As reuniões devem ter data e assunto predeterminado e, só em casos extremos, a empresa deve promover reuniões de última hora ou extraordinárias. Com isso, evitará o desgaste da seriedade que precisa ter este encontro, qualquer que seja. Um administrador indeciso usa a reunião para a tomada de decisão, eximindo-se, em parte, da responsabilidade da ação administrativa. Elas servem a muitos fins importantes, sendo basicamente um agrupamento de informações e julgamentos, a fim de alcançar um objetivo específico. O velho ditado de que duas cabeças pensam melhor do que uma, ainda se mantém.

Através das reuniões, chega-se a uma decisão, fixam-se diretrizes, políticas, estratégias e táticas, alteram-se normas, regras e procedimentos, confrontam-se ideias, modelos e resultados, trocam-se pareceres, solucionam-se conflitos e problemas, comunica-se uma previsão de vendas, um resultado ou um plano.

As reuniões podem ser classificadas quanto à: forma (geral e particular); finalidade (objetivos, estratégias, soluções, políticas) e periodicidade (programadas e extraordinárias). Os maiores problemas relativos à reunião estão no: excesso, planejamento, eficácia, condução, metodologia e ata da reunião.

Algumas empresas continuam a fazer reuniões mais por hábito do que por necessidade. Eis algumas premissas para você pensar antes de convocar uma reunião:

- Não convoque uma reunião, se o assunto puder ser resolvido de outra forma.
- Explique o motivo do encontro a todos que vão participar.
- Convide apenas as pessoas necessárias à reunião.
- Cancele a reunião se desaparecer o motivo de sua realização.

- Questione a relevância do encontro e se realmente os participantes têm as informações significativas que justifique o evento.

As reuniões, se forem dirigidas apropriadamente, podem dar aos participantes a oportunidade de relacionamento e desenvolver uma equipe eficaz. Elas proporcionam uma oportunidade de partilhar as experiências, os pontos de vista, os problemas e as boas soluções. Conduzidas com propriedade, as reuniões podem servir para vários objetivos de comunicação e administração a um só tempo.

4.4 Administrações Clássicas

4.4.1 Administração de Conflitos

As empresas não existem no vazio, mas inseridas em comunidades (sociedades). Conflito significa a existência de ideias, sentimentos, atitudes ou interesses antagônicos e colidentes. As fontes de conflitos numa empresa são internas e externas (ambiente, consumidor, distribuidor, concorrente, fornecedor, governo, comunidade). O estudo do conflito contribui grandemente para a compreensão dos processos de mudança. As mudanças precipitam conflitos e estes geram inovações que levam ao surgimento de novas práticas que ajudam a resolvê-los e reduzem temporariamente as tensões. Conflitos e mudanças andam juntos.

Conflito é uma situação em que uma pessoa se coloca contra uma outra ou contra um grupo. No passado, os conflitos eram reprimidos. Hoje, são desejáveis, pois trazem mudanças e inovações, desde que não sejam constantes e permanentes, pois, se assim o forem, não deixarão a organização prosseguir na sua luta diária para sobreviver. O conflito bem administrado não é uma perda de tempo, antes, pelo contrário, pode funcionar como ferramenta de esclarecimento e compreensão. Por questão semântica é importante observar que o conflito pode ser trabalhado e se chegar a um consenso, mas o dilema não deixa margem à negociação.

Os tipos de conflitos mais usuais são: Formal × Informal; Objetivos de Curto Prazo × Objetivos de Longo Prazo; Planejamento Tradicional × Planejamento Estratégico; Especialista × Generalista; Linha × Assessoria; Coordenação × Comunicação; Inovador × Conservador; Burocracia × Conhecimento; Consumidores × Empregados; Posição Hierárquica × Papel a Desempenhar.

4.4.2 Administração por Análise

Análise é a busca da melhor solução (resposta) para uma questão colocada em estudo ou dúvida. O estudo de um processo (sistema, projeto, método, atividade), em todos os seus detalhes recebe o nome de análise, que procura, sobretudo, apontar fraquezas, qualidades, oportunidades e restrições. Ora, a pergunta que surge é, naturalmente, aquela que exprime as seguintes dúvidas: Por que a análise? Qual o motivo de se analisar algo que esteja funcionando?

A análise, mesmo de acordo com uma metodologia científica, apresenta dificuldades, limitações, obstáculos, problemas e riscos, dos mais diversos, antes, durante e depois da análise. De um modo geral, cabe à administração da empresa determinar que um estudo seja feito, seu grau de profundidade, sua duração e seu custo. Para desenvolver uma administração por análise, a empresa precisa dispor de dados estatísticos atualizados e corretos, para dar suporte à tomada de decisão.

O profissional de análise deve combinar o que é atualmente possível nessa tecnologia galopante e o que vale a pena ser feito pela empresa, em relação à maneira como é administrada. Fazer esta combinação de maneira aceitável a todos os grupos e de modo a aguentar o teste de tempo é a parte mais difícil do esforço. Se a combinação for bem feita, então, não importará quão difícil seja o projeto. Isto significa que o analista não tem o direito de esperar dos usuários uma explanação lúcida dos requisitos necessários. Ele precisa ajudá-los a determinar suas necessidades.

4.4.3 Administração da Mudança

A mudança é a transição ou passagem de uma situação (estado) para outra diferente. Mudam as tecnologias, as estruturas, as estratégias, os ambientes, as necessidades, as pessoas, os recursos. A mudança passa a ser sempre mais valorizada, a estabilidade passa a ser vista com suspeita e se procura imaginar novos tipos de atitudes que atendam às necessidades de mudança. Ela é sempre feita com a intenção de melhorar, porque objetiva maior e melhor qualidade dos produtos, imagem da marca e da empresa, fatia de mercado, margem de lucro.

Mudanças acarretam uma série de perturbações sobre os indivíduos e as organizações. Ameaçam o equilíbrio psicossocial, causando frustração e desorientação. Afetam o equilíbrio das organizações, que não podem manter processos decisórios que tornam anacrônicas suas respostas às próprias necessidades de atualização. Os indivíduos, em sua maior parte, não gostam da mudança por si mesma. Eles simplesmente gostam, ou não, das consequências que julgam associadas à mesma.

Quando o esforço de administração da mudança fracassa, geralmente, é porque um pequeno grupo de pessoas decide mudar os padrões de comportamento de um outro grupo. Os defensores da mudança partem de alguma convicção. Se não for assim seu comportamento é inaceitável.

Aqueles que querem mudar acusam os que não querem de inflexíveis, teimosos, retrógrados, cegos e outros adjetivos. Mas, é bom lembrar William Blake: "Um homem forçado a mudar, ainda manterá sua opinião, durante algum tempo". Estratégias de mudança exigem muita flexibilidade, porque requer a aceitação, em função dos benefícios que pode causar e não dos benefícios dados ao agente de mudança.

4.4.4 Administração por Objetivos

Na administração por objetivos, a empresa se concentra nos resultados a serem alcançados e na maneira de fazer com que todos os setores da empresa tenham consciência desses objetivos; cada nível hierárquico e cada unidade da organização. O modelo clássico da administração por objetivos diz que todos os setores de uma empresa devem ter objetivos, e que eles são o pensamento global da empresa.

Neste modelo, os processos e meios, às vezes, são esquecidos, porque o que importa é o resultado. Neste tipo de administração, o desempenho esperado de um gerente deve ser o reflexo do que se deseja.

Portanto, é preciso que a empresa defina claramente qual é a real missão do seu negócio e onde pretende chegar. Os objetivos propostos devem ser fruto de uma equipe de trabalho, visando um resultado global e ajustado para curto e longo prazos. Desta maneira, a empresa os define e verifica quais os recursos e alterações são necessários para atingi-los. São as seguintes, as vantagens e desvantagens da administração por objetivos:

Vantagens: Disciplina do planejamento futuro; Integração entre curto e longo prazos; Maximização dos recursos em prol dos objetivos; Visão global da empresa; Ajustamento dos cargos, das funções, das estruturas, dos processos; Reconhecimento das nossas incapacidades e possibilidades; Interação com o ambiente externo; Uso apropriado dos recursos humanos; Motivação e maior participação; Possibilidade de melhoria do salário; Mudança gradativa do estilo autocrático de administrar.

Desvantagens: Entendimento errado pelos funcionários do que seja participação em equipe; Imposição dos objetivos por meios autoritários; Definição dos objetivos com participação de todos absorve tempo demasiado; Dificuldade de medir potenciais individuais; Abuso de ferramentas psicológicas.

A ideia de se administrar por objetivos constitui, teoricamente, paradoxo e redundância, pois sugere a existência de uma administração sem objetivos.

Não se pode ter metas sem pessoas para verificar se elas são atingidas. Por outro lado, como envolver e motivar pessoas sem que sejam apresentadas metas para serem cumpridas. Esta administração exige pessoas conscientes de seu dever profissional, porque tem como cenário, ambientes mutáveis e cambiantes. Quatro etapas básicas estão envolvidas na administração por objetivos:

a. A empresa estabelece metas para determinados períodos de tempo.
b. A empresa monitora o resultado, mostrando os desvios.
c. A empresa procura determinar as causas dos desvios.
d. A empresa adota táticas para corrigir a defasagem entre os resultados desejados e os resultados alcançados.

A administração por objetivos é, muitas vezes, confundida com administração por resultados. O resultado de uma empresa é ter consumidores satisfeitos; de um hospital é ter pacientes curados e de uma escola é ter alunos mais bem preparados para enfrentar a vida. O resultado leva o indivíduo (a organização) a avaliar se as decisões foram apropriadas, ou não, para continuar sobrevivendo e competindo no mercado.

4.5 Administrações Contemporâneas

4.5.1 Administração Colegiada

A administração colegiada pode ser chamada de comissão, grupo de trabalho, equipe, time, força-tarefa, colégio, pois é um grupo voltado a dar soluções a problemas emergentes na organização. Algumas comissões exercem funções administrativas, outras não. Algumas tomam decisões, outras meramente deliberam sobre problemas, sem autoridade para decidir. As comissões podem ser temporárias, permanentes, homogêneas, heterogêneas, decisórias ou aconselhadoras.

4.5.2 Administração Estratégica

Administração estratégica é um enfoque sistemático à determinação de mudanças a serem feitas nas estratégias e nas potencialidades internas da empresa para garantir êxito em seu ambiente futuro. É uma administração evolutiva, porque seus princípios se adaptam às constantes mudanças ambientais. É sistêmica, porque a estrutura da organização é um conjunto de partes interativas de um todo. É uma administração mais bem exercitada, quando o nível de competição existente no mercado é elevado, o que leva os dirigentes a serem mais criativos.

A administração estratégica deve ter a sustentação de um programa de qualidade total, cujo principal objetivo é promover um sistema de gestão voltado à melhoria permanente e ampla da qualidade dos bens, processos e serviços através da participação e integração de todos. Ela é uma administração que, de forma estruturada, sistêmica e intuitiva, consolida um conjunto de princípios, normas e funções para alavancar harmoniosamente o processo de planejamento da situação futura desejada da empresa. Nesta administração a empresa procura otimizar todos os processos e todos os recursos.

Segundo Chiavenato, a administração estratégica se implanta não por introdução de simples técnicas, mas por uma mudança significativa na prática gerencial. Trata-se de uma conquista organizacional que resulta em novas formas de comportamento. Segundo Ansoff, "a administração estratégica se tornará um esforço de equipe, exigindo vários administradores diferenciados para enfrentar a grande complexidade que se avizinha".

Tais administradores terão de ter habilidades, por exemplo, bastante confiança para assumir riscos; lealdade para com todos; rigor e controle com o dinheiro para que este gere mais dinheiro; vontade de simplificar; habilidade para diagnosticar problemas; capacidade de fazer as pessoas trabalharem sob seu comando; capacidade de admitir enganos e alta dose para prever mudanças de cenário; capacidade de trabalhar em uma estrutura matricial.

4.5.3 Administração Participativa

É baseada no consenso das pessoas e no seu envolvimento no processo de decisão. Ela trata das expectativas pessoais por meio de conquistas negociadas. Neste contexto, a estrutura organizacional considera os focos de liderança, as responsabilidades compartilhadas, as noções de conjunto e de diferença, bem como o processo integrativo para o alcance dos objetivos estabelecidos. A administração participativa leva em consideração as bases da organização, ouvindo, estudando, negociando e aproveitando iniciativas, inovações e ideias.

A administração participativa tem o outro lado da moeda, que é o comprometimento das pessoas. Muitas organizações afirmam usar administração participativa, mas, em momentos críticos, alguns dirigentes não assumem responsabilidade pelos resultados. Ela valoriza a participação das pessoas no processo de solução dos problemas, porque a participação traz motivação e confiança na equipe. No modelo participativo predominam a liderança, a disciplina e a autonomia.

4.5.4 Administração Prospectiva

Consiste em um processo de olhar o futuro, estabelecendo alternativas para a empresa, de forma a possibilitar a avaliação contínua dos cursos de ação e sua rápida e adequada alteração conforme novos obstáculos ou oportunidades. Hoje, existem dezenas de técnicas utilizadas para a análise prospectiva do futuro. Essas técnicas, normalmente, procuram criar cenários futuros, tanto da empresa como da ambiência, para definir objetivos mais adequados e os ajustes necessários à implementação. São técnicas que possuem limitações, porque dados precisos sobre o futuro não existem.

4.5.5 Administração Corporativa

A administração corporativa é, na realidade, um processo desenvolvido por um grupo de empresas que atuam em mercados comuns, desde que seus objetivos sejam os mesmos. A administração corporativa deve ter uma estrutura, devendo ser a mais enxuta possível, caso contrário, começa a preocupar-se com aspectos táticos e, pior ainda, com os aspectos operacionais. Tal administração só terá êxito se a alta administração da organização tiver uma visão estratégica do negócio.

4.5.6 Administração Competitiva

Na administração competitiva, a atividade mais importante é a obtenção de níveis de produção e produtividade cada vez maiores. É a administração da eficiência. Tal administração se preocupa com a estrutura organizacional e o desenvolvimento de recursos humanos, adequando-os às novas tecnologias. O administrador competitivo é um indivíduo que absorve mudanças, assume riscos com cautela, resolve problemas através de modelos e políticas conhecidas, é hábil na coordenação, no diagnóstico e no controle de atividades complexas. Não é um aventureiro.

Competitividade é a palavra-chave que define o sucesso, ou o fracasso, de qualquer negócio. É uma espécie de adequação do empreendimento ao seu microambiente, que consiste no bom atendimento das necessidades dos clientes, na diferenciação desse atendimento em relação aos concorrentes, no bom relacionamento com os fornecedores e também na existência de barreiras à entrada de novos concorrentes no setor.

O mundo dos negócios é, por natureza, competitivo. Desde sempre as empresas tentam prever os passos dos concorrentes e se antecipar às suas ações. O fato é que a maioria tende a enfatizar muito mais o paradigma da guerra do que o da cooperação. Todo negócio tem de ser rentável. Mas é preciso respeitar o tempo de maturação, ter paciência para colher os frutos e não comer tudo de uma só vez, lembrando que é preciso continuar plantando. O caminho é adotar a prática de avaliar causa e efeito, fazendo perguntas como: O consumidor está feliz? Por que ele compra meu produto? Onde estão problemas e desvios dos resultados esperados?

A competição se caracteriza pela disputa pelos mesmos recursos de dois ou mais elementos de um: sistema, mercado, setor da economia, processo, função organizacional, estrutura, organização, empresa, departamento, projeto. No mundo de hoje, o diferencial competitivo está nas pessoas. Portanto, não devemos ser tolos e confiantes naquilo que estamos fazendo, porque sempre existirá uma pessoa que estará realizando o mesmo do que nós, com mais qualidade.

Os cenários do varejo se apresentam cada vez mais desafiantes e incertos. Ver oportunidades é muito difícil, quando não se tem conhecimento, fruto da leitura, da pesquisa, da análise e do estudo continuado.

4.5.7 Administração Casuística

Situa-se entre o não planejado e o planejado. Uma característica que faz da administração casuística, uma alternativa importante para o planejamento abrangente, é seu prazo mais curto de reação. Isto não quer dizer que os administradores não planejem suas respostas. Ao contrário, os bons administradores consultam especialistas, encomendam estudos de rentabilidade, viabilidade e impacto ambiental. Formam grupos para solução de problemas e tomada de decisões.

4.5.8 Administração de Recursos

A administração de recursos demanda capacidades diversas e complexas, sobretudo num mundo em que a mudança e a incerteza são as duas únicas constantes. Como é cada vez mais comum que as limitações de recursos imponham restrições à empresa, deve-se, primeiro, determinar a disponibilidade de recursos e, depois, usá-los como guia (ou fator a ser considerado) da formulação de estratégias para produtos e mercados. A empresa para se tornar produtiva dependerá de recursos. Sem recursos adequados ela não conseguirá sobreviver.

Recursos são meios auxiliares que permitem a pessoa ou a organização atingir objetivos. Se você tem os recursos adequados dificilmente não será efetivo, isto é, não perderá tempo para atingir objetivos com eficiência e eficácia. A organização procura dispor de recursos de tal forma que o conjunto, assim empregado, seja capaz de realizar uma atividade econômica ou um trabalho, com um mínimo de risco, esforço e custo.

Uma empresa é uma organização de finalidade econômica. Utiliza e elabora recursos (meios, métodos ou instrumentos) para facilitar o seu desenvolvimento e o seu rendimento, assegurando-lhe as melhores condições operacionais. Os recursos podem ser contratados, comprados e incorporados à empresa ou adquiridos sob a forma de empréstimo, aluguel, arrendamento ou leasing.

De modo geral, os recursos empresariais podem ser classificados em:

- Recursos Naturais: água, luz, ventilação, umidade, vegetação, tipo de solo.
- Recursos de Apoio: serviços públicos, energia elétrica, telefonia, água encanada e potável, esgotamento sanitário, gás, hospital, escola, correio, banco, policiamento, transporte, segurança.
- Recursos Físicos: imóveis, máquinas, equipamentos, instalações.
- Recursos Financeiros: capital próprio, crédito, financiamento, receita com vendas, investimentos de terceiros, empréstimos.
- Recursos Humanos: mão de obra direta e indireta.
- Recursos Tecnológicos: tecnologia de produção, tecnologia da informação e tecnologia do conhecimento.
- Recursos Administrativos: funções administrativas, funções organizacionais, práticas, técnicas, procedimentos, rotinas, políticas, planos, programas, métodos, metodologias, documentos, manuais.
- Recursos Mercadológicos: perfil do consumidor, pesquisa de mercado, inovação, produto, marca, comunicação do produto, previsão de vendas, relação com consumidores, fornecedores e concorrentes, estratégias, táticas, negociação, distribuição.
- Recursos Sistêmicos: sistemas de informação, sistemas de comunicação, sistemas de suporte à decisão, sistemas simulatórios, sistema de banco de dados.
- Recursos Materiais: móveis, utensílios, matéria-prima.
- Recursos Instrucionais: livros, apostilas, manuais, filmes, regulamentos, simulações, estudos de caso, teleconferências, testes, palestras, modelos, esquemas, gráficos, exposição oral, quadros de esboço, slides, projeções, transparências, dramatizações, demonstrações, simulações, dinâmicas de grupo e outros.

Sem recursos atuais e modernos, a empresa se tornará lenta, cara e não competitiva, porque, hoje, existem máquinas, equipamentos e sistemas que facilitam o trabalho das pessoas, tendo em vista, apresentarem resultados rápidos, com qualidade suficiente para atender o desejo dos consumidores mais exigentes.

Não é importante a empresa ter muitos recursos, mas, sim, como faz uso deles.

4.6 Administrações Especializadas

4.6.1 Administração por Sistemas

É difícil encontrar qualquer coisa que não possa ser classificada como sistema. Os sistemas organizacionais são controlados por meio de informações. Em uma organização, pessoas e tarefas são interdependentes, tal como os sistemas do corpo humano. Uma mudança em um sistema afeta os outros. Tal como um organismo, uma organização é um sistema.

É evidente que, consistindo a administração num processo de conversão das informações em atividades, o seu êxito resultará, antes de tudo, das informações coletadas e do modo como a conversão é efetuada.

O conceito de administração por sistemas significa que a administração procurará estabelecer, onde for apropriado, um conjunto programado de regras de decisão para serem aplicadas num grande volume de tipos repetitivos de transações. As expressões S*istema de Informações e Sistema de Informações Gerenciais* são frequentemente empregadas para descrever redes baseadas em computador, que fornecem à administração dados relevantes, oportunos e precisos, para fins de tomada de decisão.

Segundo C. West Churchumann, "um sistema é um conjunto de partes coordenadas para realizar uma ou mais atividades". O termo sistema é de uso comum, pois existem: sistema educacional, sistema de computador, sistema solar, sistema nervoso e outros. À luz da etimologia, a palavra sistema originou-se do prefixo "*sun*" e do radical "*thema*", ambos gregos, isto é, um conjunto coerente de coisas que se interagem, se inter-relacionam e se integram.

A administração por sistemas capacita os homens e as instituições a terem um procedimento racional integrado a um conjunto organizado. A verdadeira importância do estudo dos sistemas é conscientizar o dirigente para a complexidade da organização e a necessidade de que a visão sistêmica seja sempre considerada. Os sistemas são controlados por meio de informações.

A empresa consiste de um conjunto de subsistemas em interação, os departamentos, cada qual exercendo uma função específica em proveito do sistema global, a empresa. Pode-se dizer que a empresa possui duas áreas funcionais: Área Funcional Fim (Marketing e Produção) e Área Funcional Meio (Finanças, Contabilidade, Pesquisa, Desenvolvimento, Recursos Humanos, Materiais, Patrimônio, Serviços, Sistemas de Informação, Sistemas de Comunicação, Tecnologia, Segurança).

4.6.2 Administração de Dados

A administração de dados procura identificar e modelar (estruturar) os dados que representam a empresa. A tarefa da empresa de conhecer os seus dados não pode ser responsabilidade única do pessoal de sistemas ou de processamento de dados. É de competência de todos, principalmente, dos usuários e administradores, pois a eles cabe entender sua importância e utilização. Esta administração deve desenvolver um trabalho de alto nível, através de atividades de planejamento e coordenação dos dados corporativos. O administrador é alguém que dá os dados necessários às áreas de negócio da empresa.

A administração de dados é que permite que as diferentes versões dos mesmos dados possam ser consolidadas, de modo que eles possam ser armazenados em um único lugar nos bancos de dados, ficando a disposição das áreas interessadas. Ao administrador de dados cabe:

- Identificar, descrever e estruturar os dados.
- Determinar as necessidades de informações da empresa.
- Criar e manter os modelos de dados empresariais, assegurando que eles fiquem tão estáveis quanto possível.
- Obter concordância entre usuários sobre a definição e formato de itens de dados.
- Assegurar que os analistas e programadores obedeçam aos modelos de dados, tanto quanto possível.
- Resolver os conflitos sobre incompatibilidade de representações de dados.

Dado é qualquer elemento identificado em sua forma bruta, que, por si só, não conduz a uma compreensão da situação. É um registro a respeito de um determinado evento, fenômeno, fato ou ocorrência. Um relatório revela uma série de dados que podem se transformar em informações quando, consistentemente elaborados, passarem a ter utilidade para a tomada de decisão.

Enquanto o dado é uma mensagem sem avaliação, a informação é um dado avaliado para uma situação específica e endereçada. Os dados fornecem a base de sustentação das informações necessárias para a sobrevivência da empresa.

Um banco de dados pode ser entendido como uma coleção de arquivos estruturados, não redundantes e inter-relacionados, que proporciona uma fonte única de dados para uma variedade de aplicações. O banco de dados armazena a informação usada em comum pelos diversos subsistemas de um projeto com base na moderna tecnologia de processamento, permitindo que ela possa arquivar e acessar dados sobre diversas operações com velocidade e precisão.

É indispensável que a implantação do banco de dados satisfaça às necessidades dos usuários e que cada subsistema utilize a mesma base de dados (conjunto de informações necessárias e relevantes que dão suporte à decisão ou à solução de um problema para suprir sua falta de informação, porque, caso contrário, o próprio objetivo do banco estará comprometido).

4.6.3 Administração de Informações

Informação é a noção, ideia ou mensagem contida num determinado meio. É sempre incorpórea. Por isso, que ela é definida como matéria-prima abstrata. É um dado trabalhado, registrado, classificado, organizado, relacionado ou interpretado dentro de um contexto, exprimindo significado que permite a alguém tomar uma decisão inteligente. Também pode ser considerada como um conjunto de dados com um significado que reduz a incerteza a respeito de algo ou aumenta seu conhecimento.

É através da informação que avaliamos desempenhos e desenvolvemos procedimentos adequados. Os pedidos recebidos num almoxarifado são dados. Notas fiscais e faturas são informações. A informação é útil quando permite apoiar e orientar uma ação com segurança, minimizando a margem de erro. Na comunicação, a parte principal é a informação. Se esta não for comunicada pode inviabilizar a tomada de decisão ou a solução de um problema.

A informação é vital para se viver o presente e planejar o futuro. A receita de sucesso é ter a informação adequada, relevante e colocada no tempo certo. À medida que a informação atravessa a hierarquia da organização, ela sofre um processo de abstração, absorção e distorção. Interesses pessoais e organizacionais, condições sociais, psicológicas e econômicas podem conferir à informação uma conotação que não é, verdadeiramente, aquilo que aparenta ser.

A necessidade da informação atualizada é uma constante, porque as mudanças são muito velozes. A economia está sendo globalizada, os consumidores cada vez mais diferem entre si e é muito difícil estabelecer um equilíbrio entre custo, preço, qualidade, quantidade e lucro.

A despeito de todos os cuidados com a estruturação das comunicações e interconexões, fluxo e filtragem da informação que transita na empresa, bem como a distribuição das atribuições e tarefas, começa a ser cada vez mais difícil administrar todo esse conjunto de informações. Acontece que, embora se faça filtragens e simplificações, o volume de informação, necessário à condução de nossos negócios, cresceu exageradamente.

Como já não é mais possível ver e acompanhar cada atividade diretamente, nós temos de confiar e apoiar-nos na informação, mesmo que ela nem sempre tenha a forma mais adequada para as nossas necessidades gerenciais. Não somente ela se apresenta defasada, como também muito desarrumada ou minuciosa. Sem falar nos erros normais de redação e de construção, porque um relatório, por exemplo, passa, às vezes, por diversos funcionários até chegar ao chefe imediato.

Na elaboração de um sistema de informações administrativas, Russel L. Ackoff observa:

- Administradores necessitam muito de informações relevantes.
- O problema de informação do administrador é a superabundância.
- Para um administrador saber que informação necessita, ele deve conhecer cada tipo de decisão que deverá tomar.
- É importante determinar a capacidade de os administradores utilizarem bem as informações necessárias. Se eles não as podem usar bem, devem receber regras de decisão ou feedback sobre seu desempenho, para poder identificar e aprender com seus erros.
- Administradores terão melhor desempenho se utilizarem a comunicação.
- A estrutura organizacional e medidas de desempenho devem ser aperfeiçoadas antes de se permitir o livre fluxo de informações.

4.6.4 Administração por Carteira

A administração por carteira divide a empresa em áreas estratégicas de negócios (ou grupos de negócios), cobrando resultados, conforme postulado pela alta administração. A administração central cobra uma performance constante dos resultados, especificando como a carteira deve evoluir com o tempo, quais as mudanças nas áreas de negócio e liquidações de posições.

A carteira de pedidos é um controle que dá uma visão clara se a empresa tem capacidade para atender o mercado, e, também, ajuda a observar como está sendo feito o atendimento dos pedidos de sua carteira. As vendas representam um elemento significativo para avaliação do êxito empresarial.

Mas não basta apenas vender, é necessário atender aos pedidos colocados em carteira pela Força de Vendas. Quando se compara, mês a mês, os pedidos: em execução, recebidos, entregues e pendentes, temos uma noção mais clara da utilização dos recursos. A seguir, um exemplo desse controle:

Pedidos	Jan	Fev	Mar	Abr	Mai	Jun	Jul	Ago	Set	Out	Nov	Dez
Em Execução	26	26	25	18	22	21	26	27	24	26	30	29
Recebidos	10	15	5	17	8	15	13	8	14	10	15	3
Entregues	10	16	12	13	9	10	12	11	12	6	16	5
Pendentes	26	25	18	22	21	26	27	24	26	30	29	27
Média de Entrega	10	13	13	13	12	12	10	12	12	11	12	10
Atraso em Meses	2,6	1,9	1,4	1,7	1,8	2,2	2,7	2,0	2,2	2,7	2,4	2,7
Atraso em Dias	78	57	42	51	54	66	81	60	66	81	72	81

Quadro 4.1: Controle da Carteira de Pedidos.

O atraso de pedidos é dado pela fórmula:
Atraso de Pedidos = Pedidos Pendentes / Média das Entregas do Período

Onde:
Pedidos Pendentes = Pedidos em Execução + Pedidos Recebidos - Pedidos Entregues
Média de Entregas do Período = Soma do Número de Entregas / Número de Meses

Para sedimentar este conhecimento, estamos tomando o mês de maio como exemplo:

Pedidos em Execução = 22
Pedidos Recebidos = 8
Pedidos Entregues = 9
Entregas Realizadas em 5 meses: 10; 16; 12; 13; 9
Pedidos Pendentes = 22 + 8 - 9 = 21
Média de Entregas do Período = (10 + 16 + 12 + 13 + 9) / 5 = 12
Atraso de Pedidos = 21 / 12 = 1,8 mês
Atraso em dias = 1,8 × 30 = 54 dias

Análise:
Medir o atraso de pedidos ajuda a ter uma noção clara da capacidade da empresa em atender o mercado e os motivos dos cancelamentos dos pedidos. Somente maiores detalhes podem ajudar a entender se 54 dias é um atraso grande ou pequeno.

4.6.5 Administração de Condomínio

Condomínio é o domínio de pessoas sobre um bem (ativo, propriedade), cujas despesas de manutenção e guarda são rateadas entre os condôminos (proprietários). A administração do condomínio terá como problemas: inadimplência, barulho, segurança patrimonial, manutenção e conservação, vigilância, regimento interno, falta de energia, escalas de porteiros, turnover de mão de obra, entre outros. A administração do condomínio está fundamentada nos seguintes elementos:

Síndico – Quanto ao síndico, esperamos que este faça a seleção de pessoal de maneira rigorosa, com pesquisa da vida pregressa dos candidatos, verificação criteriosa das fontes de referência. Sempre atualize procedimentos de segurança, porque métodos criminosos se sofisticam. Mesmo instalado um sistema de segurança, este não deve nunca se acomodar, lembrando sempre aos condôminos que a responsabilidade do condomínio para roubos em apartamentos só é responsabilidade do condomínio, se houver serviço de vigilância e for comprovada a negligência.

Os princípios que devem nortear a conduta do síndico são: orientar e treinar funcionários; cadastrar todos os condôminos, funcionários e prestadores habituais de serviços; estabelecer um sistema de identificação; acompanhar as obras; fazer reuniões periódicas com funcionários e condôminos; dar ou contratar treinamento aos funcionários sobre máquinas e equipamentos do condomínio; deixar as fitas do circuito fechado de TV em uma sala trancada.

É muito comum que o síndico tenha que administrar conflitos e idiossincrasias dos condôminos, tais como:

- Os moradores dos andares superiores se acham mais importantes que os moradores dos andares inferiores.
- Os moradores das coberturas são os mais exigentes, prepotentes e pouco colaborativos.
- Os moradores que mais reclamam são os que menos pagam (taxa condominial) e que menos ajudam a identificar problemas no condomínio.

Porteiros – Quanto aos porteiros, é primordial um treinamento adequado, pois a maior parte das invasões se dá pela portaria. Assim, ao atender estranhos, o porteiro deverá proceder da seguinte forma: o portão só deve ser aberto após avisar o morador e obter sua autorização; ao abrir a portaria, verificar se não há suspeitos por perto; identificar prestadores de serviços; no caso de encomendas, avisar o condômino e solicitar sua presença na portaria; jamais permita que o entregador leve pessoalmente a encomenda. Algumas observações de cautela podem ser acrescentadas:

- Nos horários de limpeza e recolhimento de lixo, as entradas do edifício devem manter-se fechadas.
- Não aceitar guardar chaves, nem permitir que outros o façam.
- Não comentar a vida dos condôminos com ninguém.
- Usar, sempre que possível, um telefone para contatar o corpo de bombeiros e a polícia; acionar, caso haja, um sistema silencioso de pânico para com os edifícios vizinhos.

Condôminos – Quanto aos condôminos, são fundamentais a compreensão, a colaboração e o comportamento. Portanto, observe as seguintes regras: elogiar os funcionários quanto ao trabalho de segurança; manter discrição quanto aos seus haveres em casa; observar movimentos estranhos quando chegar ao edifício, comunicando as anormalidades a quem de direito; não esperar pelo síndico para tomar as providências cabíveis, em função da situação; procurar manter a calma e não encarar o assaltante; quando estacionar na garagem não deixar nada dentro do carro e sempre com o alarme ligado; alertar a portaria para mudanças ou eventos; quando solicitado pela portaria, verificar sempre do que se trata, antes de descer; não comentar sobre viagens futuras; não deixar luzes acesas durante o dia, pois isto significa ausência do condômino; reforçar fechaduras e trancas.

Infraestrutura – Quanto à infraestrutura, vale as seguintes observações: a guarita deve ser recuada do portão principal, com grades altas ao redor do prédio; o portão da garagem deve ser controlado pela portaria; as entradas do edifício devem ser suficientemente iluminadas; a instalação de cercas eletrificadas deve disparar alarmes quando invadidas; na aquisição de equipamentos de segurança é necessário visitar a sede (fábrica) da empresa para ter certeza de sua idoneidade.

Segurança – Os porteiros e faxineiros do condomínio devem tomar cuidado com: funcionário de concessionária de serviço público, banhista, pessoa bem vestida, aquele que se diz conhecido de algum condômino, funcionário de instituição de caridade, corretor de imóvel e entregador de encomenda.

4.6.6 Administração de Projeto

Administrar um projeto significa aplicar as funções administrativas ao mesmo. Já é comum em grandes empresas a existência de um departamento com esse tipo de especialização, e muitas outras estão se estruturando por projetos. Administrar o trabalho de pessoas de diversas áreas, para o cumprimento de prazos, orçamento, lucratividade e especificações técnicas, pode ser mais trabalhoso, complexo e estressante do que o esperado.

Além de conseguir que as tarefas previstas sejam realizadas conforme planejado, atacando sempre os desvios e retardos, há que se fazer um constante exercício de antecipação de futuras possibilidades de falha, para minimizar os desvios.

Projeto é uma organização de recursos, sistemática, transitória e racionalmente ordenada, que compreende uma sequência de atividades dirigidas à geração de um produto singular, em um tempo dado, permitindo estimar os custos e os benefícios de tal geração. Um projeto pode servir de base para a avaliação de um outro que tenha os mesmos objetivos.

O termo projeto está, hoje, tão generalizado que passou a ter uma infinidade de significados. É utilizado como sinônimo de aspiração e de intenção. Quando aspiramos algo, por exemplo, quando pretendemos conseguir um bom emprego ou quando queremos aprender um idioma dizemos que temos um projeto. Outros usos da palavra são vagos ou genéricos. Referimo-nos ao nosso projeto de vida e chamamos de projeto a um documento que contenha um inventário de intenções.

Projeto é concebido como a ideia que se forma em executar ou realizar algo no futuro, seguindo determinado esquema. Ele é a ponte entre a análise de um problema e a resolução do mesmo. Assim, pode ser um documento analítico (desenho, esboço) de um empreendimento, relacionando recursos de forma que programas, planos e políticas possam ser efetivados com êxito.

Como documento que traduz um processo de planejamento, o projeto deve apresentar exequibilidade técnica, viabilidade econômica, conveniência social e aceitação política. Diferentemente das funções, que são, mais ou menos, permanentes, os projetos são sempre temporários, sendo montados em torno de uma ação específica de inovação.

Um projeto pode conter programas e planos, e vice-versa, mas não são sinônimos.

Neste tipo de administração, os objetivos são operacionalizados como se fossem projetos. Com delimitações físicas, temporais ou financeiras, por exemplo, é suficientemente independente para constituir um subsistema administrativo, subjugado à missão socioeconômica ou propósito final da organização.

4.6.7 Administração de Contrato

Contrato é um acordo (combinação, ajuste) tácito e/ou escrito entre duas ou mais pessoas para execução de determinada coisa, onde estão assinaladas cláusulas de: condições legais, responsabilidades, deveres, direitos, prazos e obrigações das partes envolvidas. Nem sempre um contrato precisa ser escrito, pois no Direito há a expressão – Contrato Verbal.

Mas, quando os acordos entre duas partes se tornam de vital interesse, para pelo menos uma delas, é bom assinar um contrato escrito, cobrindo os pontos principais do acordo. Há casos em que a lei determina que o contrato seja, necessariamente, feito por escrito e outros em que uma escritura pública é determinante.

Assim, há um contrato sempre que duas pessoas resolvem fazer algum tipo de negócio. É preciso não confundir o contrato com as folhas de papel onde o mesmo está transcrito, ainda que a essas se dê, vulgarmente, o nome de contrato. Tecnicamente, o papel onde estão transcritas as cláusulas, condições contratuais, o nome e a qualificação das partes se chama instrumento do contrato. O contrato, propriamente dito, é o acordo de vontades consubstanciado neste documento.

Entretanto, os contratos escritos raramente cobrem todas as relações entre as partes; são eles suplementados por costumes e subsequentes acordos informais com referência à interpretação. Os contratos de longo prazo, raramente, antecipam todos os problemas que surgirão, e necessitam, ainda, maior precaução para as renegociações, isto é, são necessários aditivos contratuais.

Administrar um contrato significa tratar desde a proposta inicial, para fornecer um bem ou um serviço, até o término do período de garantia (serviço pós-venda). Para implantação de projetos de longa duração, se impõe um contrato com suas cláusulas para que tudo atenda a um cronograma estabelecido entre as partes.

O grupo gestor do contrato é interdisciplinar (estrutura organizacional matricial), formado por diversos especialistas dos departamentos da empresa, sob a coordenação de um administrador de contratos que é o defensor do cliente no âmbito da empresa e o representante desta junto ao contratante, compatibilizando os justos interesses de ambos.

A empresa vendedora tem um administrador de contratos, bem como a empresa compradora. Tais elementos se esforçam para que o contrato seja cumprido, dando o apoio e a suplementação necessários, de modo que possa realizar as cláusulas estabelecidas no contrato. A estrutura de um contrato é apresentada sob diversas formas. Seus elementos básicos são:

Definição – Parte inicial que define quem é quem no contrato. O comprador (locatário) recebe o nome de parte contratante e o vendedor (locador) de parte contratada. Também são devidamente qualificados como pessoas (físicas ou jurídicas) e onde são estabelecidos seus domicílios e endereços.

Objeto do Contrato – Parte que explicita o serviço (transação) a ser prestado e o bem (especificações) a ser vendido, dentro de um determinado prazo. Lembrar que o objeto do contrato é o fato gerador das cláusulas contratuais.

Valor da Transação – Parte que estabelece o valor do contrato e seus pagamentos. Tais pagamentos estão amarrados a determinadas etapas (eventos) a serem cumpridas. Os valores são expressos em percentuais do valor total, sendo embutida uma fórmula de reajuste para pagamentos futuros, em função de um índice de inflação acordado.

Responsabilidades do Contratante e do Contratado – Parte que lista as respectivas responsabilidades.

Penalidades – São estabelecidas penalidades pelo não cumprimento de eventos e responsabilidades, segundo um acordo mútuo. O valor da penalidade é um percentual da parcela de pagamento pendente para um determinado valor que, geralmente, é cobrado diariamente e também corrigido monetariamente.

Pagamento – A forma de pagamento é própria de cada contrato.

Cronograma – É um gráfico anexo que estabelece prazos de execução (início e fim) das etapas do contrato. Permite estabelecer e controlar a execução dos trabalhos contratados, para um período determinado.

Registro – Prescreve a lei que um contrato deve ser registrado no município das partes contratantes e, quando residam estas em estados diferentes, far-se-á o registro em todos eles.

Foro – Local para dirimir dúvidas e conflitos legais que venham surgir no futuro.

4.6.8 Administração Pública

O estudo da administração pública nasceu com a tentativa de dicotomizar a administração e a política. Paralelamente ao movimento da ciência da administração, a reação quanto a esta dicotomia fez surgir uma grande corrente na administração pública, que veio a ser definida simplesmente como uma Teoria Política. A preocupação crescente da administração pública com o processo decisório e a formulação de políticas veio proporcionar a convergência dos caminhos anteriormente percorridos na busca de uma identidade disciplinar.

Essa convergência foi facilitada pela caracterização, cada vez mais interdisciplinar, das ciências sociais; pela retomada de princípios éticos, valores e aspectos normativos da teoria; pelo progresso das teorias organizacionais e gerenciais que, modernamente, passaram a enfatizar as dimensões da formulação de diretrizes e pela sua integração com os processos de implementação e sistemas de controle.

Hoje, cada vez mais, a administração pública está usando tecnologia digital da informação na operacionalização de suas atividades. É comum se ver órgãos do governo com comportamento empresarial, buscando e dando informações através de redes conectadas a banco de dados.

Hoje, a administração pública é confundida com políticas públicas, cujos modelos se assemelham, cada vez mais, aos modelos da administração privada.

4.6.9 Administração Ambiental

Atualmente, o ambiente é parte importante das responsabilidades de todo administrador. Não há quase nenhuma empresa, independentemente do setor a que ela pertença, que não esteja sob pressão ambiental. As regulamentações governamentais, as vantagens competitivas por meio da inovação e uma maior sensibilização por parte do consumidor ajudaram a fazer com que as questões ambientais passassem de assuntos de governo para os das empresas e das sociedades humanas.

Em geral, a preocupação de uma empresa para com seu ambiente é tida como um indicador útil da sua capacidade global para lidar com problemas como a mudança e a complexidade da administração e da sua facilidade de transformar desafios em oportunidades de negócios. Em termos de competitividade, o ambiente não pode continuar a ser encarado como um entrave. O desenvolvimento sustentável não se revelou uma revolução à parte de uma mudança estrutural que avança de forma lenta, mas firme, e não de forma precipitada. Hoje, a sustentabilidade ambiental faz parte da conversa de todos.

A administração ambiental não é uma atividade isolada. Passa por todos os setores da organização. Então, a questão é como uma empresa pode adotar critérios de respeito ao ambiente sem colocar em risco sua viabilidade e rentabilidade?

Muitas das decisões pouco eficazes em termos ambientais têm a sua origem no fato de que, mesmo hoje em dia, a maioria dos custos ambientais não figura na contabilidade gerencial da empresa. Também não é aplicada a processos e produtos. O indicador de desempenho ambiental permite que as empresas estabeleçam metas e prazos definidos, façam o benchmarking (plataforma de excelência) e comparem técnicas de administração com as melhores práticas dentro e fora da organização.

Tudo isso exigirá uma mudança fundamental de atitude por parte dos consumidores, dos empresários, dos governantes e das pessoas. Para se conseguir um desenvolvimento sustentável, é necessário reformular as atuais medidas regulamentadoras. Assim, é preciso criar e inovar nos métodos para que a administração do ambiente seja mais eficiente, eficaz e efetiva.

4.6.10 Administração de Cargos e Salários

A administração de cargos e salários é uma atividade para quem remunera mão de obra, de forma a auxiliar a organização a ser justa internamente e competitiva externamente. Esta administração tem como principais objetivos: desenvolver uma política salarial; buscar soluções para os problemas com o pessoal; desenvolver metodologias que garantam a justiça interna na valorização dos cargos; buscar informações confiáveis sobre o mercado de trabalho; manter atualizado o sistema de remuneração da organização; buscar a pronta e correta interpretação das leis e da regulamentação governamental para salários e convenções coletivas.

Suas principais funções estão voltadas para:

- Identificação, levantamento, descrição, análise e titulação dos cargos.
- Hierarquização dos cargos em classes ou níveis, mediante algum processo de avaliação.
- Levantamento dos salários, benefícios e políticas de remuneração praticadas pelo mercado.
- Análise e comparação com a situação da organização.

- Estabelecimento e atualização das faixas salariais e outros parâmetros de remuneração.
- Desenvolvimento, implementação, operacionalização e controle da política salarial da organização.
- Preparação de procedimentos de controle da movimentação salarial.
- Participação nas negociações com sindicatos, de forma direta ou subsidiando com informações.
- Interpretação da lei relativa a acordos coletivos.
- Análise e parecer para aumentos salariais e promoções.
- Participação nos problemas de turnover.
- Controle estatístico da movimentação de salários.

Administração de Cargos – Embora já se tenha visto o conceito de cargo, é preciso acrescentar que o cargo é uma posição definida na hierarquia de uma organização, configurada por um conjunto de atribuições, tarefas, responsabilidades e direitos (autoridade, privilégio). Segundo Drucker, "a propriedade essencial de um cargo não é definida pelo fato de ser especializado ou não, de ser de linha ou de staff, mas sim pela natureza das decisões que ele exige".

Um homem do campo pode trabalhar até a exaustão, mas ele não tem importantes decisões a tomar e seu emprego não pertence a uma categoria elevada. Outro pode não fazer esforço físico algum, mas seu trabalho é tido em alto conceito, porque as decisões que toma forçam sua capacidade mental e podem provocar muita tensão.

A criação de cargos deve ser guiada, em geral, pelos objetivos e estratégias da organização. A estrutura dos cargos, assim como a estrutura dos departamentos, deve adaptar-se do melhor modo possível. Colocar a pessoa certa no cargo certo dependerá das funções do cargo. Assim, o cargo pode exigir características, tais como: habilidades específicas, conhecimentos técnicos, autonomia de atuação, conhecimentos atualizados de tecnologia e de sistemas de informação, identificação das tarefas a desempenhar.

A abordagem mais recente sobre cargos tenta descrever de forma que os empregados sintam o trabalho como tendo um significado próprio, sintam responsabilidade pessoal pelos resultados do mesmo e recebam numa forma regular um voto de confiança sobre os resultados de suas atividades.

Uma ficha de descrição de cargo terá os elementos: nome da empresa (organização), cargo, data de elaboração, data de revisão, grupo salarial, departamento, divisão, seção, centro de custo, funções, objetivos do cargo, trabalhos a realizar, supervisão exercida, supervisão recebida, responsabilidades, requisitos mínimos (grau de instrução, educação, experiência e conhecimento específico). O cargo estará sempre relacionado com: atribuição, responsabilidade, autoridade, desempenho, poder, decisão. Assim, um cargo mal descrito poderá não só ser um tormento para o ocupante como uma perda de tempo, pois o executivo poderá estar atuando em dissonância com sua posição na estrutura hierárquica e organizacional da sua empresa. Para que exista um cargo deve, obrigatoriamente, existir uma função, pelo menos, que o justifique.

Administração de Salários – O salário tem sido o principal conflito de interesse entre empregados e empregadores, se acentuando em economias instáveis. Salário é a remuneração do fator de produção mão de obra. Em decorrência da sua complexidade, o salário pode ser considerado como um pagamento de um trabalho e uma medida de valor. O êxito da organização, muitas vezes, está ligado à forma de remuneração de seus integrantes, principalmente, como fator motivador para que haja eficiência, eficácia e efetividade. Normalmente a remuneração está ligada ao desempenho, mas isto nem sempre acontece.

A remuneração deve levar em consideração os seguintes fatores: qualidade da mão de obra, nível de especialização, questão pessoal, satisfação das necessidades, valores intangíveis (criatividade, por exemplo), padrões de mercado, avaliação do cargo, política salarial, plano de carreira, remuneração indireta. Assim, o salário médio pago pelo mercado para um determinado cargo serve de padrão para medir se há, ou não, uma super avaliação daquilo que está sendo gasto com uma pessoa.

A administração de salários de uma empresa é o conjunto dos princípios e regras que refletem a orientação e a filosofia da organização, no que tange aos assuntos de remuneração de seus empregados, em função dos cargos ocupados. Assim, deve abordar o seguinte:

Significado do Salário – Para muitas pessoas o salário significa a própria sobrevivência. Assim, para o empregado, o salário se traduz em retribuição, reconhecimento, sustento de si e da família, padrão de vida, poder de compra, motivação para o trabalho, nível social, status, poder. Para a empresa, o salário significa custo, produtividade, qualidade, clima organizacional, desempenho, desenvolvimento, educação, eficiência, eficácia, efetividade.

Faixa Salarial – A faixa (ou intervalo) salarial dependerá da empresa e do cargo. As observações mostram que a faixa salarial é inversamente proporcional ao nível hierárquico. Assim, é comum no nível da alta administração se encontrar uma faixa estreita e no nível operacional uma faixa mais elástica. Em geral, a situação é assim retratada: Nível Institucional: de dois a três níveis salariais; Nível Gerencial: de três a cinco níveis salariais; Nível Operacional: de quatro a sete níveis salariais.

Piso Salarial – O piso salarial, muitas vezes, é uma imposição de governo. Outras vezes, é determinado por meio de um acordo coletivo de trabalho, via sindicato da classe. O piso salarial atinge os menos favorecidos pela educação, intelectualidade, cultura, conhecimento e informação. Um trabalhador do campo, muitas vezes, nem piso salarial ganha. Reajustar salários não representa dar um aumento a pessoa e, sim, tentar manter um padrão de vida condizente com suas necessidades.

Objetivos – Os objetivos da administração de salários são os seguintes: remunerar cada empregado de acordo com o valor do cargo que ocupa; remunerar a pessoa pelo seu desempenho, dedicação e conhecimento; atrair e reter os melhores candidatos para os cargos, de acordo com os requisitos exigidos para seu adequado preenchimento; ampliar a flexibilidade da organização, dando-lhe os meios adequados à movimentação do pessoal, racionalizando as possibilidades de desenvolvimento; obter dos empregados a aceitação dos sistemas de remuneração adotados pela empresa; manter equilíbrio entre os interesses da organização e dos empregados; facilitar o processamento da folha de pagamento.

Promoção – A promoção acontece por tempo de permanência no cargo ou por merecimento. A promoção nem sempre significa aumento salarial, pois uma pessoa pode ser promovida de gerente a diretor e permanecer, por algum tempo, com o mesmo salário. Hoje, as empresas promovem as pessoas, em função de um sistema meritocrático, isto é, ganha mais quem sabe mais ou resolve problemas com rapidez.

Posição de Mercado – O mercado também dita as regras para o salário. É comum que o salário de contratação seja igual à média dos salários pagos pelo mercado a um determinado cargo. Um fator relevante é a competitividade entre as empresas, pois quanto maior a competição menor é o salário pago, porque para ser competitiva a empresa precisa enxugar custos, prioritariamente. Salários elevados são pagos pelas empresas para pessoas criativas, inovadoras e empreendedoras.

A recompensa nada mais é do que uma maneira de cobrir insatisfações salariais e valorizar os melhores profissionais. O descontentamento com o salário, algo até certo ponto previsível, aparece entre os principais motivos para a fuga de talentos.

A questão, porém, vai muito além dos valores pagos nos contracheques. Os funcionários reclamam a falta de oportunidades para o desenvolvimento profissional, da ausência de critérios claros de avaliação de desempenho e do não reconhecimento público dos resultados positivos.

Existem maneiras de recompensar os funcionários mais produtivos sem pensar em: salário, remuneração e promoção. A diferença entre incentivo e recompensa é muito sutil, pois o incentivo está mais ligado ao atingimento de metas e a recompensa à produtividade.

4.7 Administrações Funcionais

As administrações que se seguem, dizem respeito as mais importantes funções de uma organização. A abordagem será feita para as principais funções organizacionais.

4.7.1 Administração Financeira

A sobrevivência antecede o sucesso. A única precondição absoluta para a sobrevivência da sua empresa é a disponibilidade de dinheiro à mão, quando se precisar. Ficar sem capital de giro significa o fim de um negócio. Um desequilíbrio de caixa pode ser sintoma de um problema mais profundo. Em geral, não é simplesmente a consequência de uma falta de liquidez passageira, mas de uma administração financeira deficiente.

Para ter êxito, os administradores financeiros precisam se envolver com as mudanças que ocorrem constantemente, em ambiente de constante competitividade. Precisam estar atentos ao humor dos mercados.

Finanças são a aplicação de uma série de princípios econômicos e financeiros para maximizar a riqueza ou o valor total de um negócio. Atualmente, os administradores financeiros dispõem de muitas ferramentas sofisticadas para solucionar difíceis problemas empresariais. O horizonte das finanças recai sobre as formas de orçar com eficácia os escassos recursos e investir os capitais nos ativos, ou projetos, que apresentem o melhor balanceamento entre o risco e o retorno do investimento.

O conhecimento de finanças não deve se restringir aos tesoureiros, controladores e planejadores financeiros. Em qualquer empresa, contabilistas, estatísticos e profissionais de marketing, se possuírem uma avaliação e um entendimento dos princípios de finanças, poderão participar mais efetivamente do processo decisório.

Os problemas financeiros, basicamente, estão voltados para o fluxo de dinheiro que corre na empresa e se ela terá condições de saldar compromissos assumidos (liquidez). Assim, é preciso ter presente a noção de conta, que é o registro de uma transação que envolve valores, devendo ter um nome para caracterizar se a mesma é do ativo ou do passivo. O saldo, ou diferença, é o resultado do confronto entre os totais de débitos e de créditos, levados a uma conta corrente. Este saldo, como é óbvio, poderá ser nulo, positivo ou negativo. A conta corrente é o registro para mostrar a liquidez de uma transação.

Quais as origens dos problemas de finanças? Tais problemas podem ter, a princípio, sua origem: no sistema de informações; na obtenção do capital; no controle de caixa; no indicador de gestão utilizado; no planejamento financeiro, no ciclo financeiro e no orçamento. Entende-se por caixa o controle diário onde são registradas todas as transações, em dinheiro, da empresa. Pelo caixa passa todo o fluxo de valores monetários do sistema financeiro da empresa, como mostrado na figura, a seguir:

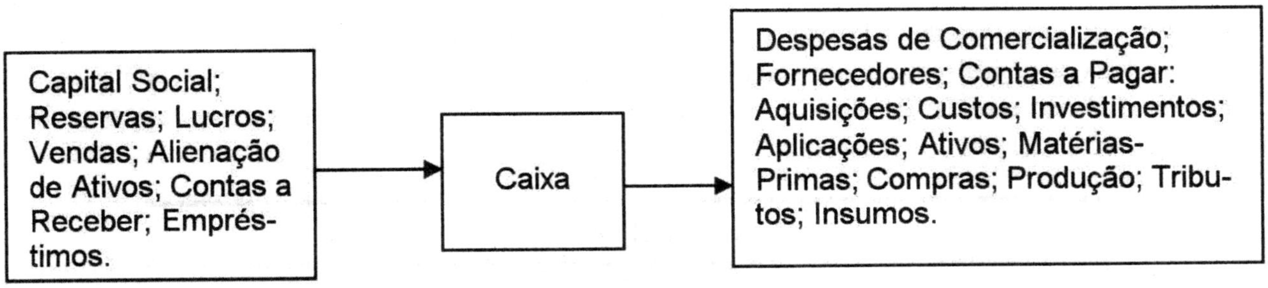

Figura 4.1: Modelo Simplificado de um Sistema de Caixa.

O conhecimento financeiro básico de todo futuro empreendedor passa pela elaboração e interpretação do fluxo de caixa, movimento que registra as entradas e saídas de dinheiro. Trata-se de uma ferramenta de avaliação e análise indispensável para o sucesso de um novo negócio.

Ao pôr no papel as projeções de receitas e despesas, o empresário estará antecipando, por tabela, as necessidades de captação de recursos e preparando-se para tomar decisões na hora certa. Tão logo a empresa comece a funcionar, o confronto entre as projeções e as operações, efetivamente realizadas, deve entrar para a rotina da contabilidade gerencial. É importante trabalhar com estimativas pessimistas.

Um sistema de informações em finanças se baseia no fluxo de dinheiro que corre através da empresa. Este sistema envolve uma quantidade muito grande de dados históricos para o planejamento financeiro da organização. O sistema financeiro é, provavelmente, o mais importante sistema de informação gerencial. Na maioria das empresas este sistema é o mais velho e mais bem desenvolvido de todos os outros sistemas, porque lida com dinheiro. Seus maiores problemas são: determinar um padrão para controle; determinar quando a ação é requerida; obter de forma rápida e atualizada as informações relevantes; prever variações e tendências.

O fluxo de caixa é o instrumento que permite ao administrador lidar com os recursos financeiros para um determinado período. Uma vez programadas as necessidades financeiras e determinadas as fontes de recursos que serão captados, resta ao administrador financeiro a tarefa de distribuí-los, de forma racional e adequada, pelos diversos itens do ativo.

A função principal da administração financeira é poder saldar, em tempo hábil, os compromissos assumidos com terceiros e maximizar os lucros. O fluxo de caixa tem como objetivo básico, a projeção das entradas e das saídas de recursos financeiros para determinado período, visando dar a maior liquidez possível à empresa. As decisões a serem tomadas em relação ao fluxo de caixa são:

Quando há superávit (sobra de caixa): aumentar estoques; aumentar prazos e condições de venda; melhorar as instalações e maquinários; aplicar o saldo em fundos de renda fixa; desenvolver novos empreendimentos; rever os recursos tecnológicos em uso; contratar pessoas.

Quando há déficit (falta de caixa): melhorar o processo de cobrança; reduzir os estoques; renegociar as contas a pagar; diminuir prazos de vendas; aumentar prazos de compra; promover vendas especiais; cortar custos e despesas dispensáveis; vender imobilizações ociosas; aumentar o capital próprio com injeção de recursos dos sócios atuais (novos); reduzir o nível das atividades; buscar financiamentos.

O controle do fluxo de caixa sempre foi de extrema importância. Muitos empreendimentos são inviabilizados pela falta de cuidado com o fluxo de caixa. Fazer controle diário do que entra e sai do caixa é fundamental, porque evita a falta de dinheiro para tocar o negócio; proporciona condições do que fazer com as sobras de caixa; adquire-se conhecimento da série histórica (entradas e saídas do passado); dá condições de se fazer projeções no curto prazo.

Controle do Fluxo de Caixa						
Contas	Início	15 dias	30 Dias	45 dias	60 Dias	90 Dias
Saldo de Caixa (1)	500	550	800	640	330	150
Entradas:						
Contas a Receber	200	400	300	200	200	300
Outros Créditos	100			50	100	100
Capital a Integralizar			100		100	100
Crédito de Aplicação						
Alienação de Ativos						
Total de Entradas (2)	300	400	400	250	400	500
Saídas:						
Fornecedores	200		500	400	400	500
Encargos Sociais	30		10	40	30	50
Empréstimos		100		100		
Impostos	20		50	20	50	30
Contas a Pagar		50			100	150
Total de Saídas (3)	250	150	560	560	580	730
Saldo Final (1 + 2 - 3)	550	800	640	330	150	(80)

Quadro 4.2: Controle do Fluxo de Caixa.

4.7.2 Administração da Distribuição

Ao desenvolver canais de distribuição, os produtores sempre tiveram de lutar entre o ideal e o disponível. Na prática, a escolha de mercados e a escolha de canais podem ser independentes. A empresa poderá descobrir que os mercados que deseja servir não poderão ser atendidos lucrativamente com os canais existentes.

Cada produtor ajusta seus objetivos específicos de canal a partir das restrições existentes em nível dos consumidores, dos produtos, dos intermediários, dos concorrentes, das políticas e dos ambientes. Depois de especificar os objetivos do canal, a empresa deve prosseguir analisando os elementos intermediários.

Uma alternativa de decisão de canal especifica: os tipos básicos de intermediários que estarão implicados na venda e distribuição; o número de intermediários que será utilizado na distribuição; as tarefas de marketing dos intermediários envolvidos; as condições e responsabilidades que devem assumir. Algumas premissas ajudarão o leitor a melhor administrar a distribuição:

- Quanto melhor a satisfação do consumidor com o produto, mais ele tenderá a exigir a reposição pelo distribuidor.
- A localização dos pontos de venda é primordial para tornar convenientes as compras dos consumidores.
- Quanto maior a importância da marca, maior a probabilidade do distribuidor manter o produto em estoque e participar das promoções.
- Quanto maior o vínculo do fabricante com o varejo, melhor será o desempenho de suas marcas e produtos.
- Quanto melhor a qualidade do atendimento, maior a possibilidade de ocorrer a fidelização do consumidor.
- Quanto melhor for o sistema de retaguarda logística, menores os custos, mais rápida será a reposição e maior a facilidade de gestão do sistema.

O desempenho esperado de um canal de distribuição é que: atenda as exigências de carga normal, mínima e máxima; apresente um tempo mínimo de transporte; atenda ao vendedor e comprador para custo mínimo e cuidado no manuseio das mercadorias; reduza os conflitos entre seus membros para um mínimo aceitável. Os canais de distribuição não ficam paralisados. Novos distribuidores surgem, como novos canais.

Periodicamente, o fabricante deve avaliar o desempenho dos intermediários em relação a padrões como: cumprimento das cotas de vendas, níveis médios de inventário, tempo de entrega aos consumidores, tratamento dado às mercadorias perdidas e danificadas, cooperação em programas promocionais e de treinamento.

Os fabricantes devem estabelecer descontos funcionais para beneficiar os intermediários conforme o desempenho e o nível de serviço prestado aos consumidores. Aqueles, cujos desempenhos estiverem abaixo de determinados padrões, precisam ser orientados, retreinados, remotivados ou removidos.

Muitos são os fatores que influem na formação da rede de distribuição (canais), tais como: hábitos de compra do consumidor; público-alvo; natureza e potencial do produto no mercado; necessidade de apoio da rede de distribuição para prestar serviços de assistência técnica; modo de operação da concorrência; grau de qualidade do canal de distribuição adotado.

O canal de distribuição para se tornar competitivo deverá agregar alguns serviços, como: transporte, entrega, seleção das mercadorias, controle das especificações, armazenagem, embalagem, rótulo, codificação, facilidade de pagamento, concessão de garantias, possibilidade de troca. Dados todos os canais de distribuição ao alcance dos fabricantes, como é que eles determinam qual ou quais usar?

As decisões de distribuição são tomadas, em função de: cobertura do mercado, controle do intermediário e custo operacional. Na avaliação das principais alternativas de canal, são levados em consideração os critérios: econômico, financeiro, de controle, de satisfação e de adaptação. Cada alternativa de canal produzirá um nível de vendas e custos diferentes.

Para desenvolver um canal, seus participantes devem assumir algum grau de compromisso entre si, por determinado período de tempo. Todavia, esse compromisso leva, invariavelmente, a uma redução das condições de o fabricante responder a um mercado em mudança. As motivações de escolha de um canal de distribuição são complexas, já que há razões, tanto para uma cooperação, como para um conflito entre o produtor e seus distribuidores.

4.7.3 Administração da Produção

Produção é o conjunto de atividades, procedimentos, operações e movimentos, usados para transformar a natureza em produtos; combinação da engenharia de desenvolvimento do produto com racionalização de espaço e custo. O principal objetivo da produção é transformar as entradas de um sistema em um conjunto específico de saídas. Como objetivos complementares:

- Atender a carteira de pedidos.
- Assegurar a plena utilização da capacidade instalada.
- Reduzir custos.
- Aumentar a movimentação de materiais e produtos.
- Desenvolver um banco de dados para aplicações futuras.
- Obter dados sobre os fatores de produção.
- Registrar e acompanhar as atividades executadas.
- Obter informações sobre: andamento da produção; quantidades produzidas; refugos e quebras; consumo de matérias-primas, insumos, materiais e energia; tempo de produção.
- Analisar tempos e movimentos.
- Medir a produtividade.
- Otimizar o arranjo físico (layout).

Erros comuns em produção são considerar custos baixos e alta eficiência como principais objetivos, não encarando que processos produtivos afetam a estratégia global da empresa. Tomar a produtividade como a coisa mais importante, sem considerar consumidores, novos mercados, mudanças de hábitos, modismos, novas tecnologias, risco de capital, remuneração do investimento, preços praticados pela concorrência, margens de lucro, economia de escala, terceirização, capacidade instalada, não deve ser o principal objetivo da produção.

O gerente de produção deve se indagar, todos os dias, sobre: Por que produzir? O que produzir? Como produzir? Quando produzir? Quanto produzir? Com que produzir? Onde produzir? A que custo produzir? Qual deve ser a capacidade instalada? O preço de venda do produto é competitivo?

A produção tem como principais funções:

Controle de Estoques – É a função através da qual a produção é abastecida de matérias-primas, insumos, acessórios, peças.

Delineamento – É a função de decidir que operações deverão ser executadas para fabricar uma peça, máquina, ferramenta, protótipo. Tal decisão diz respeito ao ato de comprar ou fabricar.
Planejamento – É a preparação do plano de produção e as providências para se ter, a tempo, todos os itens necessários à produção.
Programação – É o planejamento detalhado da fabricação de um produto.
Montagem – É através da montagem que se têm as informações do que realmente foi produzido.
Movimentação – Procurar manter as linhas suficientemente abastecidas.
Controle – É uma função importantíssima, pois permite fazer correções ao longo do programa.
Expedição – É a unidade que entrega a encomenda ao cliente, informando à contabilidade.
Recepção – Recebe materiais, verifica qualidade, especificações, confere notas fiscais, informando os setores de compras e de contabilidade.
Compras – Recebe informações do controle de estoque e do planejamento para que encomende determinado item a um determinado fornecedor. Depois de realizado o pedido informa a contabilidade e a recepção.

Segundo Chiavenato, os regimes de produção são:

Artesanato – Regime de produção individual ou grupal, com divisão do trabalho elementar, no qual o artesão executa todas as etapas da produção, em que o trabalhador é dono dos meios de produção (geralmente instrumentos rudimentares) e do produto do seu trabalho.

Célula de Produção – Constitui uma unidade autônoma e autossuficiente, contendo todas as ferramentas e operações requeridas para produzir um determinado produto. Constitui uma combinação de processo e arranjos de produtos, nos quais estão presentes as pessoas e equipamentos necessários.

Produção em Massa – É um tipo de produção, que utiliza, por meio de linhas de montagem e métodos padronizados, para fabricar grandes quantidades de bens. As responsabilidades da administração da produção incluem a reunião dos insumos em um plano de produção aceitável que realmente utilize os materiais, a capacidade e o conhecimento disponíveis nas instalações de produção.

Dada uma determinada demanda no sistema, o trabalho é programado e controlado para produzir os bens e serviços exigidos. Entretanto, deve ser exercido um controle sobre o estoque, a qualidade e o custo. Além disso, a própria instalação precisa ser mantida.

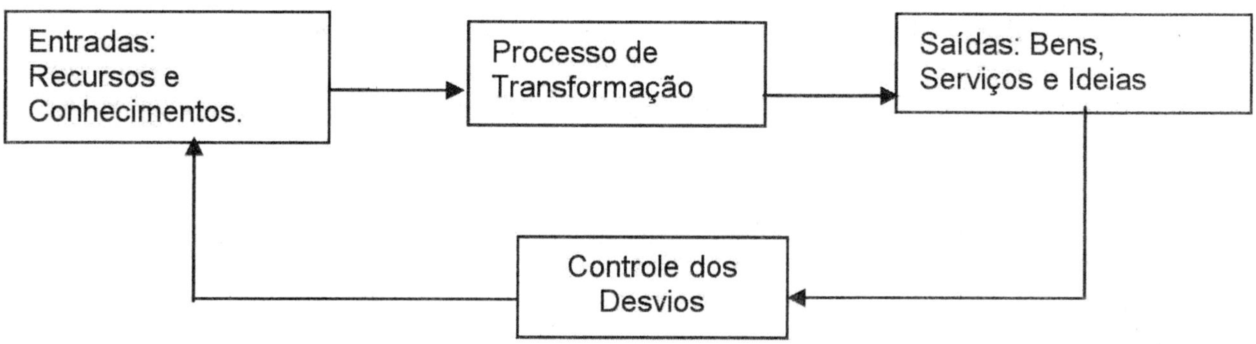

Figura 4.2: Sistema de Produção Simplificado.

A produção não é independente das outras funções organizacionais. O administrador da produção é responsável pela produção de bens, na qualidade exigida e a tempo de satisfazer as datas estipuladas para entrega. O produto fabricado será afetado pela natureza da linha de produção da empresa. As quantidades a serem fabricadas serão afetadas pela magnitude da demanda do produto.

Os prazos, nos quais devem ser fabricados os produtos, dependerão das exigências de entrega por parte dos elementos da empresa e modificados, se possível, apenas para fabricação em lotes de tamanho econômico e a um ritmo bastante uniforme. Geralmente, o Departamento de Produção planeja suas atividades antes do recebimento de pedidos. As razões são muitas: primeiro, é improvável que a data de entrega prometida seja cumprida, porque o tempo necessário, para operacionalizar tudo isso, excede de muito aquilo que é aceito como razoável; segundo, ainda que isso não aconteça, a empresa que só dá partida a produção, depois do pedido, pode ter problemas com os fornecedores de recursos, abalando sua imagem e acumulando custos excessivos.

Para ser um bom administrador da produção, você deve ser responsável: pela qualidade da produção; pelo planejamento e controle da produção; pela fabricação dos produtos da empresa nas quantidades exigidas, nos prazos estabelecidos e com a qualidade recomendada; pela escolha do método de produção, pois quase sempre um produto pode ser fabricado de várias maneiras; pelo arranjo físico da fábrica; pela movimentação de materiais; por determinar o lote econômico de fabricação; pela redução dos custos e pela otimização dos recursos disponíveis e aplicados à produção.

4.7.4 Administração de Vendas

As atribuições básicas da administração de vendas dizem respeito aos seguintes elementos:

Planejamento de Vendas – O planejamento de vendas responde, basicamente, as seguintes perguntas: O que, a quem, quanto, quando, como, por que, a que preço vender? Além dessas questões é bom que o planejador considere:

a. Que estratégias e táticas utilizar para adentrar um mercado consumidor?
b. Como selecionar informações relevantes do setor de pesquisa e desenvolvimento de produtos?
c. Que metas estabelecer em função da previsão de vendas?
d. Que recursos são necessários? Quais os disponíveis?
e. As decisões serão baseadas em políticas preestabelecidas? Ou não?
f. Quantos planos desenvolver?
g. A empresa possui capacidade de produção para oferecer produtos a preços competitivos?

Direção de Vendas – A direção de vendas é executada em nível intermediário, por gerentes e supervisores. Ela deve estar orientada para:

a. Supervisionar e treinar a força de vendas.
b. Desenvolver esforços para atingir metas de venda.
c. Repassar para os vendedores a cultura da organização.
d. Supervisionar atendimento da carteira de pedidos e avaliar resultados.
e. Analisar pedidos e selecionar lotes economicamente viáveis.
f. Conhecer níveis de estoque de cada produto.
g. Supervisionar políticas de crédito.

h. Fazer parte dos grupos de estudo de custo e de preço de venda.
i. Saber delegar, comunicar, motivar, liderar, selecionar e assessorar o vendedor.
j. Detectar necessidades de treinamento.
k. Avaliar desempenhos.
l. Administrar conflitos entre vendedores.
m. Auxiliar vendedores com relação a objeções.

Supervisão de Vendas – A seguir, algumas normas de supervisão em vendas:

a. Acompanhar o trabalho dos vendedores.
b. Distribuir cotas e rotas de venda.
c. Dimensionar custos de comercialização.
d. Alocar recursos e dar suporte de informações aos subordinados.
e. Ter conhecimento das estratégias, táticas e políticas da empresa.
f. Acompanhar o trabalho e esforços da gerência de vendas para criar e manter consumidores.
g. Trabalhar em prol da melhoria dos produtos, das marcas e da imagem da empresa.
h. Acompanhar, ocasionalmente, vendedores em suas visitas.
i. Verificar o preenchimento dos pedidos, qualquer que seja o meio de comunicação.
j. Ajudar o pessoal de pesquisa e desenvolvimento.
k. Treinar vendedores.
l. Acompanhar o atendimento da carteira de pedidos.
m. Ter conhecimento dos arquivos, rotinas, procedimentos, formulários e documentação pertinente.
n. Dar aval para crédito ao consumidor.
o. Verificar se os pedidos atendem aos prazos, condições de pagamento e lote econômico.
p. Procurar se atualizar sobre novas tecnologias do setor.
q. Informar, através de reuniões (relatórios), os problemas, as decisões, as mudanças e os conflitos.
r. Participar da equipe de determinação do preço de venda.

Faturamento – O controle do faturamento e seu desvio servem para acompanhar o desempenho da equipe de vendas e se a mesma está cumprindo as metas estabelecidas. Ele deve indicar o faturamento bruto diário e seu valor acumulado, num determinado período. Através deste controle pode-se verificar se as metas estão sendo atingidas. Este controle deve conter os seguintes elementos: período, data, venda executada, venda faturada, venda entregue, rentabilidade, cota.

Perfil do Consumidor – Este elemento é, na verdade, o cadastro geral dos consumidores (banco de dados), sendo atualizado diariamente. Ele deve conter: nome, endereço real, endereço virtual, telefones, identificação, qualificação, classificação do consumidor, média mensal de compras, limite de crédito.

Perfil do Vendedor – Este elemento ajuda a premiar aqueles que mais venderam. É comum, em empresas, encontrar o quadro "Campeão de Vendas", como motivação e incentivo à força de vendas. Tal controle deve conter: nome do vendedor, data, vendas efetuadas (valor e volume), vendas canceladas, vendas acumuladas, clientes visitados, novos clientes. O controle de vendas por vendedor mostra e compara o resultado mensal de cada vendedor com a média do grupo. Assim, fica claro, através do índice de performance, qual o vendedor que precisa de assistência da gerência de vendas.

Vendas por Produto – O controle de vendas por produto mostra que produto está vendendo mais e qual está vendendo menos. Este controle é o fato gerador para se intensificar todas as forças no produto campeão e, também, servir de modelo de decisão para qual produto deva ser descontinuado ou mais bem trabalhado.

Conta do Consumidor – Este controle ajuda a demonstrar a liquidez do consumidor e sua capacidade de compra. Contém os seguintes elementos: nome do consumidor, identificações, região, zona, data, nota fiscal, fatura, parcelamento, valor, quitação, saldo devedor, atraso, observações.

Preço do Produto – O preço de um produto pode estar baseado no custo, qualidade, mercado, competição, concorrência, área de venda e lucro. Quando da determinação do preço do produto, a empresa deve considerar o consumidor, porque este toma o preço como referencial de valor. É comum o consumidor fazer comparações de preço entre concorrentes.

Na maioria das vezes, o comprador está mais inclinado a comparar preços do que outras características do produto. Determinar o preço de um produto é localizar um ponto entre o custo e o valor subjetivo do produto para o consumidor. O custo, sem dúvida, é o ponto de partida, mas esta consideração tem a desvantagem de não considerar o consumidor e o mercado.

Determinação do Preço – A determinação do preço é problemática em quatro tipos de situação: quando uma empresa deve determinar o preço pela primeira vez; quando as circunstâncias levam a empresa a observar a possibilidade de uma alteração no preço; quando a concorrência inicia uma mudança de preço; quando a empresa produz diversos produtos que possuem demandas inter-relacionadas. Os modelos de determinação de preço utilizados na prática, na maioria das vezes, também tendem a se basear numa visão limitada do problema, enfatizando um dos fatores, tais como: custo, demanda e concorrência.

Política de Preço – A empresa tem que considerar muitos fatores ao definir sua política de preço, tais como: seleção do objetivo do preço; determinação da demanda; estimativa de custos; análise dos preços e das ofertas dos concorrentes; seleção de um método para determinar preços; seleção do preço final. Mas, a grande questão na política de preços é: Como reagir às alterações de preço?

Em algumas situações de mercado, a empresa não tem escolha, a não ser enfrentar a mudança de preço efetuada pelo seu concorrente. Isto é particularmente verdadeiro quando o preço é reduzido num mercado de produtos homogêneos. A não ser que a empresa não reduza o preço, a maioria dos consumidores comprará do concorrente de menor preço.

Aquele que trabalhar na definição de uma política de preço terá de estar atento às variações do mercado. Qualquer variação de preço terá como consequência uma variação nos lucros. Os indicadores que serão utilizados para a definição do preço de venda são, por exemplo: demanda de mercado, preço concorrente, preço de reposição de estoque, preço de valorização do estoque, preço que o mercado pode pagar, sobrevivência da empresa, maximização do lucro, liderança do mercado, crescimento das vendas, maximização do faturamento, custo de produção, orçamento da propaganda, custo do canal de distribuição.

Desconto – A política de preços não se relaciona apenas à lista de preços. As estratégias de concessão de descontos são partes integrantes da equação do preço. Elas são, particularmente, pertinentes se você estiver vendendo através de canais de distribuição, e ainda, mesmo que você esteja vendendo diretamente aos consumidores e usuários finais, os descontos por quantidades podem ser usados. Tais descontos podem estimular pedidos individuais maiores ou podem basear-se na quantidade total de negócios realizados em determinado tempo. Eles podem ser usados para estimular os consumidores a comprar só de sua empresa e não dividir os negócios com seus concorrentes.

Devolução de Mercadoria – Ação em que o comprador devolve ao vendedor as mercadorias que comprou, em função de defeitos, qualidade do produto, especificações fora do padrão contratado, prazos de entrega fora do estabelecido, valores não contratados, atendimento deficiente. Uma preocupação em vendas é com a devolução de mercadorias, porque retrata uma imagem ruim perante o mercado. Também abala o moral da empresa, propiciando um clima organizacional desfavorável à qualidade total, fato altamente desmotivante para o espírito de corpo dos funcionários.

Cancelamento de Pedido – Sempre haverá cancelamento de pedidos. Mas uma taxa de cancelamentos acima de 5% deve começar a preocupar a empresa. Procurar verificar se Vendas não está dando prazos incompatíveis com a capacidade de entrega da empresa.

Número de Vendedores – O número de vendedores a ser mantido na empresa estará em função do número de visitas e do turnover. Existem estudos e fórmulas a respeito.

O número de vendedores, em função das visitas, é dado pela fórmula:

$N = (T \times V) / P$

Onde:
N = Número de vendedores
T = Total de clientes
V = Número de visitas ao cliente por ano
P = Número de visitas por ano por vendedor

Exemplo:
Número de clientes = 1.000
Número de visitas anuais por cliente = 6
Número de visitas/ano por vendedor = 200
$N = (1.000 \times 6) / 200 = 30$

Análise:
A empresa deve manter uma média de 30 vendedores, durante o ano, para atingir seus objetivos de venda, levando em consideração o número de visitas traçado pela estratégia de relacionamento com o cliente. Não esquecer que um novo vendedor não trará, de antemão, mais vendas.

O número de vendedores em função do turnover é dado pela fórmula:

$N = (V / P) (1 + T)$

Onde:
N = Número de vendedores
V = Volume de vendas previsto

P = Média de vendas por vendedor
T = Taxa de turnover de vendedores

Exemplo:
Volume de Vendas Previsto = $ 1.000,00
Produtividade Média / Vendedor = $ 100,00
Taxa de Turnover = 40%
N = (1.000 ÷ 100) (1 + 0,40) = 10 × 1,40 = 14

Análise:
A taxa de turnover determinará a quantidade de vendedores para atender as metas de venda da empresa. Se a taxa de turnover de vendedores for elevada, será necessário reunir a equipe para saber se o problema está no: produto, estratégia, política, plano, preço, mercado, distribuidor, consumidor ou vendedor.

Previsão de Vendas – A previsão de vendas significa a provável receita da empresa para um determinado período e se constitui, portanto, no elemento básico da orientação gerencial. Ela deve ser encarada como uma variável dependente que é afetada, entre outras coisas, pela atividade planejada de marketing. As previsões de vendas mostram a demanda esperada de mercado e não a demanda de mercado mais elevada possível.

Comunicação do Produto – O conceito moderno de comunicação de um produto é aquele processo que gera resposta imediata do consumidor, porque é importante saber o que ele pensa e o que ele quer. Os avanços tecnológicos fornecem aos comunicadores os meios de mostrar às pessoas as inovações mercadológicas.

4.7.5 Administração de Marketing

Marketing é uma espécie de filosofia dirigida à ação administrativa da empresa que se inspira na pesquisa de mercado. Portanto, uma visão consolidada do processo empresarial inteiro. É a atividade humana dirigida para a satisfação das necessidades e dos desejos dos consumidores, através de processos de troca.

Um conceito ampliado de marketing pode ser considerado como uma orientação da direção da empresa, baseada no entendimento de que a tarefa primordial da organização é determinar: necessidades, desejos e valores de um mercado alvo de forma efetiva.

A administração de marketing é um conjunto de atribuições que envolve análise, planejamento, implementação e controle; que envolve bens, serviços e ideias; que se fundamenta na noção de troca; que a meta é produzir satisfação para as partes envolvidas. Ela tem a tarefa de influenciar o nível, o momento e a composição da demanda de maneira a ajudar a organização a atingir seus objetivos. A administração de marketing é, essencialmente, a administração da demanda. Esta administração se envolve com os seguintes mais importantes elementos:

Qualidade – Para que a qualidade seja percebida pelo consumidor, se faz necessário algumas respostas às seguintes perguntas: O consumidor vê qualidade refletida em tudo na empresa? Os funcionários se comprometem com a qualidade? A qualidade sofre avaliações permanentes? Para melhorar a qualidade, a empresa precisa adotar alta tecnologia? Para melhorar a qualidade é preciso aumentar o custo?

Processo – Para entender o processo de marketing, deve-se examinar como uma empresa define seu negócio. A visão tradicional é que a empresa fabrica algo para depois vender. Neste contexto, o marketing entra em ação na segunda metade do processo, isto é, na entrega de valor. Nesta visão, a empresa sabe o que fabrica e o mercado sabe o que compra. Mas a visão tradicional do processo de venda não funciona em economias competitivas, onde as pessoas possuem muita escolha. Contudo, a nova visão deste processo coloca o marketing no início, isto é, a empresa cria e entrega valor. Então, o processo de marketing consiste na análise de oportunidades, desenvolvimento de estratégias, planejamento de programas e administração de esforços.

Gerência – A gerência de marketing surgiu das dificuldades de concorrência de um mercado altamente competitivo. Tanto que o gerente de marketing é uma constante nos organogramas da empresa. Tal gerente pode dizer o que a empresa precisa saber sobre o design de um novo produto e o segmento de mercado em que deve ser posicionado. Também dizer o resultado da pesquisa de mercado e qual o significado do resultado. As decisões em marketing acontecem em dois mundos completamente diferentes: o mundo do ambiente competitivo de hoje e o mundo incerto e mutável de amanhã.

Planejamento – Planejamento de marketing implica idealizar meios para conseguir atrair e manter consumidores para os bens e serviços que a empresa produz. Ele precisa estar integrado ao planejamento global da empresa. A expressão planejamento estratégico de marketing caiu em desuso e foi substituída por estratégias de marketing. Quando do planejamento de marketing é preciso levar em consideração fatores específicos que afetam o ambiente de vendas que envolve a empresa. Tais fatores são fundamentais à medida que ela muda as características de seus produtos, lança novos produtos e adentra novos mercados.

4.7.6 Administração de Materiais

Administrar materiais significa, basicamente, se envolver com:

Materiais – Materiais são bens que entram na produção e/ou venda de um produto. São classificados em: matérias-primas, insumos, peças (componentes), produtos semiacabados e produtos acabados. O bom aproveitamento da máquina e da mão de obra exige que haja um abastecimento ininterrupto de materiais. A falta dos mesmos pode redundar em sérios prejuízos para a organização.

Compra – Comprar resume-se em trocar um ativo por outro. Em geral, o fator de troca é o dinheiro. A compra feita por consumidor é fácil de entender. Mas, quando a compra é feita por uma empresa, se torna mais difícil. Seus principais elementos estão baseados nos seguintes aspectos: o processo decisório de compra, a situação econômica e a modalidade da compra.

As principais figuras desse processo são: pessoa que sugere a ideia de comprar (iniciador da compra); pessoa que abaliza a decisão de comprar (influenciador da compra); pessoa que decide o quê, como, quanto e quando comprar (decisor da compra); pessoa que autoriza a compra (autorizador da compra); pessoa que realiza a compra (comprador); pessoa que vai dispor da compra (usuário, consumidor, paciente).

A modalidade de compra deve se fundamentar nas condições de negociação, como: preço, quantidade, desconto, prazo de recebimento, crédito (prazo e forma de pagamento), local de entrega. Hoje, é prática comum que microempresários se associem, através de centrais de compra, para a aquisição de recursos a preços bem mais baratos.

Recepção – É uma função muito importante, pois, uma vez recebido os materiais, os riscos correm por conta de quem os recebeu. Portanto, é necessário examinar: pedido, nota fiscal, fatura, nota de fornecimento, quantidade, qualidade, estado físico-químico, por exemplo. Qualquer queixa sobre as especificações devem ser relatadas. Esta seção de recebimento e conferência é um setor pertencente ao armazenamento.

Este setor deve ser estruturado de forma que os materiais não fiquem mofando em suas prateleiras. Assim, tão logo o material comprado chegue, devem ser tomadas as seguintes providências: baixa do pedido e respectiva comunicação ao Departamento de Compras; inspeção do produto; comunicação da chegada do produto à seção requisitante; aviso à Contabilidade.

Movimentação de Materiais – A movimentação de materiais é a técnica que permite a forma, a maneira ou os meios de utilização em fazer render, em sua plenitude, os materiais, isto é, sua otimização. A continuidade do abastecimento de materiais depende da estocagem no almoxarifado e da sua entrega. Essa operação de levar os materiais do almoxarifado aos postos de trabalho, de um ponto a outro e de levar ao depósito os produtos prontos, bem como remover as sobras e detritos surgidos durante a produção, dá-se o nome de movimentação de materiais.

Nenhuma empresa poderá melhorar o nível de sua produtividade, se não tiver perfeitamente organizada a sua movimentação de materiais, que tem como finalidade precípua, cuidar de todos os problemas que tenham relações com suprimentos, controlando para que sejam efetuados a tempo e a hora. Materiais, máquinas, equipamentos e instalações valem dinheiro e como tal precisam ser zelados. A movimentação de materiais sempre estará associada à outra atividade, visto que não pode, por si só, assumir a condição de uma atividade discreta, isolada e independente.

Transporte – Os meios de transporte constituem um importantíssimo serviço auxiliar da logística. Eles servem para deslocar recursos de um lado para outro, isto é, das fábricas para os distribuidores e destes para os consumidores e usuários. Também ajudam a transferir materiais de toda espécie entre: almoxarifados, depósitos, armazéns, fábricas, fornecedores, fazendas, minas. Sua classificação pode ser:

- Quanto ao tipo de via utilizada, em: terrestre, rodoviário, ferroviário, aquático, hidroviário, marítimo, aéreo, duto, esteira, pontes rolantes, correias transportadoras, calhas.
- Quanto ao espaço envolvido, em: urbano, municipal, intermunicipal, interestadual, internacional.
- Quanto ao conteúdo, em: pessoas e cargas.

O transporte interno pode causar prejuízos à empresa, quando os meios de movimentação são insuficientes, estão mal conservados, oferecendo perigo, são vagarosos ou inadequados. Para ser eficiente, o transporte interno deve possuir certas características, tais como:

- Oferecer rapidez, dando um fluxo contínuo ao abastecimento e à retirada de materiais. Essa rapidez, naturalmente, está condicionada ao ritmo de trabalho.
- Possuir capacidade de carga compatível com o volume a transportar, bem como com o peso, a distância que será percorrida e as vias que serão utilizadas.
- Oferecer segurança ao material que é transportado ao equipamento e ao pessoal.
- Flexibilizar a utilização, servindo a vários tipos de carga, no caso de grande diversidade dos materiais por transportar.

- Apresentar economia de operação e manutenção.

A maioria das empresas está, perfeitamente, equipada com modernos serviços de transportes que são organizados para atender a intensa demanda dos setores de produção e serviço. O êxito de uma empresa depende, em grande parte, dos meios rápidos que possui, não só para buscar a matéria-prima, como também para entrega dos produtos aos consumidores.

As escolhas de transporte afetarão o preço do produto, a pontualidade da entrega e as condições físicas dos bens que afetarão a satisfação do consumidor. Os responsáveis pelo transporte consideram velocidade, frequência, dependência, capacidade, disponibilidade e custo, como variáveis para dimensionar custo e qualidade no atendimento. O transporte rodoviário, em geral, atende simultaneamente a estas variáveis e, por tal, é o preferido.

Custo do Transporte – O custo do transporte é o somatório das despesas relativas à transferência de recursos, racionalização, de rotas das frotas, otimização de espaços de estocagem, através de estudos de modularização para cargas e fracionamento das mesmas, e de depósitos que venham a ser o lugar geométrico (ponto equidistante) de pequenos centros de distribuição.

O custo de transporte é função dos seguintes fatores básicos: distância (custos fixos variam de modal para modal); tarifas (determinadas diferentemente segundo as áreas de cobertura, peso, volume e especificações); acondicionamento (custos são discriminatórios segundo a natureza do bem transportado, perecibilidade, risco, perda, quebra, roubo). Outros fatores que incidem sobre os custos, considerados secundários, são: cargas, descargas, retornos, seguros, taxas, impostos, conveniências (velocidade, confiabilidade, garantia, flexibilidade).

Estoque – O estoque inclui todos os sortimentos de artigos e materiais que a empresa possui e utiliza. É o somatório de matérias-primas, insumos, produtos acabados e semiacabados. O valor do estoque é um valioso item (conta) do ativo circulante, porque mostra o giro de cada produto (material) e o quanto o produto participa no valor total do estoque.

O sistema de controle de estoque é uma necessidade que ajuda a decidir quais os níveis de bens que podem ser economicamente mantidos. Tal sistema é utilizado para registrar: inspeção, recebimento, movimentação, alienação, inventário, distribuição, armazenagem.

A política de estoque é encarada como um instrumento nos processos de criação e satisfação da demanda. Entretanto, não é realista do ponto de vista do custo que a empresa mantenha um estoque que, virtualmente, garanta a possibilidade de executar todos os pedidos imediatamente. Uma razão importante é que o custo de estoque aumenta a uma taxa crescente, à medida que o nível de serviço ao cliente se aproxima do ideal.

Controlar o movimento do estoque é uma das pedras de toque da administração de materiais. Tal sistema assegura o suprimento oportuno e conveniente, melhora o equilíbrio do capital de giro próprio, evita compras desnecessárias e facilita o ajuste da empresa às mudanças do ambiente e do mercado. O ideal é que o empresário saiba, dia a dia, qual é o valor imobilizado no estoque, que quantidades estão disponíveis, qual a movimentação, qual é o custo da inflação na compra e outros detalhes.

Os principais objetivos do controle de estoque são:

- Evitar custos financeiros por desvios e perdas, ocorridos por vencimento do prazo de validade, extravios, roubos e furtos.
- Acompanhar o investimento em estoque e verificar se ele é compatível com as necessidades operacionais.
- Identificar os itens que estão com baixa rotação e promover aumentos em seu giro.
- Conhecer as quantidades reais, tanto físicas quanto financeiras, dos estoques.
- Auxiliar no momento da compra, informando os dados reais sobre o giro dos produtos.
- Gerar dados para cálculo do custo e preço de venda dos produtos.
- Evitar perdas, em função de manuseio inadequado.

Armazenamento – O armazenamento é definido como uma função da distribuição e que envolve o tempo de espera e guarda, até que o produto seja movimentado para seu destino. A transferência de bens do produtor ao consumidor exige grande manuseio físico. Os produtos acabados (ou semiacabados) precisam ser armazenados, tanto no estabelecimento do produtor como no do distribuidor.

O sistema de armazéns pode pertencer ao fabricante, aos seus distribuidores ou a ambos. As empresas que abastecem uma grande variedade de distribuidores, de grandes redes de varejo a pequenas lojas, precisam ter muitos armazéns e uma frota diversificada. Todas as empresas querem ter estoques suficientes de produtos acabados disponíveis para satisfazer a procura dos consumidores, mas isso tem de ser contrabalançado pelo custo da manutenção de estoques.

Toda empresa precisa estocar seus bens acabados até que sejam vendidos. Uma instalação de estocagem é necessária, porque os ciclos de produção e consumo raramente coincidem. Muitos produtos agrícolas, cujo consumo é diário, são produzidos de forma sazonal. Então é preciso a estocagem para superar os conflitos entre quantidades demandadas e tempo de atendimento.

Os tipos de armazenamento podem ser listados em termos de propriedade, instalação, serviço e especialidade. Os armazéns podem ser: públicos, particulares, custodiais (carga sob garantia) e governamentais. Mesmo em armazéns particulares, o governo tem a obrigação de inspecionar higiene, qualidade de instalações, normas de segurança, limpeza, validade do produto, prazo de armazenagem.

Como não é possível, nem econômico, efetuar compras a todo o momento, a fábrica deve possuir um órgão que se encarregue de manter uma quantidade desejável de materiais, para ir suprindo o setor de produção, à medida que for sendo necessário. Portanto, é importante conceituar almoxarifado e depósito. Almoxarifado é o nome dado a um local onde estão guardadas utilidades, materiais, ferramentas, componentes, equipamentos que a empresa comprou para serem consumidos em suas operações. Depósito é o local onde estão guardados os produtos que se vai vender ou consumir na produção de outros produtos.

Logística – A logística é entendida como o controle do rápido movimento dos recursos organizacionais, que devem ser colocados nos tempos e locais ótimos. Na realidade, é um modelo que estabelece medidas de controle, por meio de esquemas que buscam custos mínimos de um sistema de distribuição física.

O movimento percorrido pelo produto do fabricante até o consumidor final chama-se distribuição física. Este serviço envolve um planejamento meticuloso, cujo fator principal é o custo do transporte dos intermediários. Este planejamento considera: a utilidade de lugar (em geral, os consumidores não gostam de ir longe ou de se esforçarem muito para obter produtos) e a utilidade de tempo (elemento que conta como se fosse "dinheiro").

Um sistema de distribuição física consiste de um conjunto de decisão sobre: o volume negociado, a localização do destinatário (consumidor), a armazenagem (tamanho e risco), o meio de transporte, a manutenção de estoque, a comunicação dentro da rede de distribuição, a maneira como o produto é embalado e as políticas (preço, frete, estoque). Um dos princípios da distribuição moderna exige que o fabricante não passe a ignorar seu produto tão logo este tenha passado de suas mãos para agentes, atacadistas e varejistas. A distribuição bem feita estimula a demanda.

Muitas empresas declaram que seu objetivo de distribuição é o de levar as mercadorias certas para os lugares certos, nos momentos certos e pelo menor custo. Mas, nenhum sistema de distribuição física pode, simultaneamente, maximizar o serviço ao consumidor e minimizar o custo de distribuição. A maximização do serviço de distribuição implica políticas de grandes estoques, transportes com custos adicionais e muitos armazéns, todos aumentando o custo operacional. A minimização dos custos de distribuição implica políticas de transporte rápido e barato, estoques baixos e poucos armazéns.

Expedição – Estreitamente ligada com a eficiência do depósito, os produtos solicitados devem ser despachados com presteza e rapidez para um destino específico.

Cadeia de Suprimentos – Recentemente, a distribuição física expandiu-se em um conceito mais amplo denominado Administração da Cadeia de Suprimentos, que se inicia antes da distribuição física, envolvendo compras, produção, produtos acabados e destinatários. Uma perspectiva ainda mais ampla envolve o estudo de como os próprios fornecedores da empresa obtêm seus "inputs" antes de serem transformados em matéria a ser utilizada. Este estudo pode dar condições para melhoria: da qualidade dos fornecedores, dos meios de redução de custos e do aumento da produtividade.

A cadeia de suprimentos inclui todas as atividades e processos necessários para fornecer um produto a um consumidor final. Por isso, ainda hoje não é errado definir logística como sendo sinônimo de administração da cadeia de suprimentos, de modo a abranger: suprimento físico de insumos, movimentação interna de materiais, distribuição física de produtos, técnicas de otimização de recursos.

Suprimentos, sob o aspecto contábil, são bens de curta duração que facilitam o desenvolvimento das atividades de operação e de manutenção.

Em geral, a cadeia de suprimentos visualiza os mercados apenas como ponto de destino. A empresa seria mais eficaz ao considerar, primeiro, as exigências de seu mercado-alvo e, depois, projetar a cadeia de suprimentos de trás para frente, considerando como se fosse uma cadeia de demanda.

Cadeia de Fornecedores – A administração da cadeia de fornecedores é um conceito que amplia a concepção de operações, de uma unidade de negócios isolada para toda a cadeia de fornecedores. Essencialmente é um conjunto de práticas destinadas a gerenciar e a coordenar toda a cadeia, desde os fornecedores de matérias-primas até o consumidor final. Seu objetivo principal é desenvolver sinergia ao longo de todo o sistema.

Just-in-Time – Até meados da década de 1980, as fábricas funcionavam segundo o modelo americano, dividido por seções fixas. Cada seção era um pequeno feudo que pouco se importava com as necessidades das outras áreas de produção. Nesse esquema era comum, por exemplo, que a usinagem produzisse um excesso de determinadas peças, quando, na verdade, a estamparia e a montagem precisavam de lotes de outro tipo. Resultado: Iam se formando grandes estoques ao lado de cada máquina, atulhando e sujando a fábrica.

Com este modelo, as fábricas não conseguiam atingir boa qualidade, custo baixo, efetiva distribuição, preço competitivo e lucro razoável. Isso é o mínimo com que uma empresa deve preocupar-se para sobreviver. No sistema antigo, a produção da fábrica era empurrada, uma seção produzia e mandava para frente.

Com o "just-in-time", cuja melhor tradução é produzir as quantidades certas na hora certa, a situação inverteu-se. A partir das necessidades da programação da linha de montagem, que é o último elo da cadeia de produção, as seções anteriores passaram a executar o seu trabalho no devido tempo. Assim, a linha de montagem seria o rio principal e as seções os seus afluentes.

As principais mudanças do "just-in-time" são as seguintes: as seções fixas desaparecem; as distâncias entre seções são menores; a montagem comanda a produção, dizendo suas necessidades; a comunicação é, principalmente, visual, tendo em vista o ruído industrial; o volume de estoques é mínimo.

Tal processo exige também: desenvolvimento da participação do empregado na definição e na obtenção das metas globais da empresa; elevado grau de interação e integração entre os setores e a linha de montagem; alto padrão de coordenação, precisão e qualidade das atividades; um sistema de informações como suporte; harmoniosa articulação entre os segmentos (unidades do mercado fornecedor e consumidores); um sistema para evitar perdas por excesso de produção, rejeição, espera de matéria-prima, movimentação inadequada.

As principais vantagens e desvantagens do sistema just-in-time são as seguintes:

Vantagens: Diminuição do tempo de ciclo das peças; baixo custo pela simplicidade do processo; diminuição do tempo não produtivo; otimização do arranjo físico; redução dos estoques, dos refugos e das perdas; controles mais eficientes; informações instantâneas para decidir; melhor balanceamento entre processos.

Desvantagens: Necessidade de reprogramação cria situações críticas; dependências dos operadores; treinamento dos fornecedores; situações anormais para a linha de produção; ciclos de produção muito curtos e repetitivos; exigências de uma produção estável, nem sempre conseguida; dificuldades de se trabalhar com grandes lotes; falta de flexibilidade.

A seguir, as principais premissas do just-in-time:

- O prazo de entrega é sagrado.
- O ciclo de fabricação deve ser encurtado continuamente.
- Ficam liberadas as horas extras, quando necessárias.
- É permitido ter pessoal parado na fábrica.
- É proibido adiantar o serviço, para não atrapalhar os demais.
- Não se aumenta produtividade com redução de mão de obra.
- O investimento em automação nem sempre resolve os problemas.
- Eliminar a inspeção na fábrica por qualidade assegurada.
- Tudo tem de ser produzido na hora certa.
- A fábrica deve funcionar, tendo em conta as necessidades do fim da cadeia de produção.
- O que puxa a produção é a linha de montagem.

Serviços Auxiliares – Estes serviços estão voltados para: conservação das instalações; higiene e limpeza; embelezamento; manutenção de máquinas e equipamentos; arranjo físico; preservação ambiental, por exemplo.

4.7.7 Administração da Qualidade

A ideia de qualidade foi discutida, primeiramente, pelos filósofos gregos, que pensaram no ideal da excelência, definida como a característica que distingue alguma coisa pela superioridade em relação aos semelhantes. Essa noção sempre esteve incluída no conceito de qualidade, até os dias de hoje. Assim, a qualidade significa a aplicação dos melhores talentos e esforços para produzir os resultados mais elevados.

A qualidade não admite uma segunda classe. A ideia contemporânea de fazer bem feito, da primeira vez, é sinônimo de excelência. A administração da qualidade é orientada para padrões superiores de desempenho.

No início de Século XX, as preocupações com a qualidade passaram a ser sistematizadas e a fazer parte das normas ou objetivos de uma unidade produtiva. A Segunda Guerra Mundial motivou as indústrias a produzir mais e com maior eficiência, buscando novas técnicas de controle da qualidade. A estatística entrou em cena e os conceitos de confiabilidade foram aprimorados.

A história da evolução que transformou o controle tradicional da qualidade na moderna administração da qualidade total tem épocas distintas, tais como: Era da Inspeção; Era do Controle Estatístico; Era da Qualidade Total; Era da Qualidade Assegurada.

À medida que as empresas industriais tornavam-se mais sofisticadas, a responsabilidade pela qualidade foi diluindo-se entre os diversos grupos da organização. A engenharia fazia as especificações de qualidade, o laboratório estabelecia padrões e fazia os testes, a produção fabricava e inspecionava. Como a indústria precisava atender a uma crescente necessidade de bens de consumo, a quantidade da produção ficou mais importante do que a qualidade do produto.

Existem dois pressupostos importantes para se entender a finalidade da qualidade:

- O primeiro, é que a qualidade tem que estar a serviço de um benefício. Qualidade sem essa finalidade vira adereço, é um luxo, é estéril, não serve para nada e a ninguém. Neste sentido, qualidade deve ser entendida como um atributo absolutamente relacional, que só passa a existir quando pensada e produzida em benefício de uma vinculação, seja ela comercial, funcional ou de qualquer outra natureza. A qualidade (nível) do produto é definida pelo consumidor. Em outras palavras, quem não administra essas relações não pode, e nem tem porque, produzir qualidade, a menos que a trate meramente como uma alegoria pela qual o consumidor final vai acabar pagando sem ter encomendado, até mesmo quando estiver disposto a pagar.

- O segundo, é que a qualidade não é um valor em si mesmo, mas o grau de conformidade atingido, tendo em vista um padrão preestabelecido. Portanto, esforçar-se muito para fazer algo bem feito ou fazer da melhor forma possível não significa, absolutamente, qualidade, a menos que o trabalho tenha sido direcionado para um padrão de atendimento ou de execução.

A partir desses dois pressupostos, começa-se a entender que qualidade tem um preço, e esse pode ser alto quando, por arrogância ou pretensão, decidimos fazer qualidade por conta própria, sem consultar nosso público-alvo sobre aquilo que lhes beneficia ou adiciona valor aos produtos que consomem. De nada adianta investir em recursos, treinar pessoas, mudar processos, se esse investimento não tornar nossos clientes mais bem conhecidos.

É ingênuo supor que qualidade é apenas uma questão de fazer melhor, cortar custos, corrigir defeitos ou se esforçar mais. Tudo isso pode resultar em nada sem um trabalho coordenado e dirigido para alcançar nossos clientes, em tudo que puder beneficiá-los.

Qualidade é uma opção racional de quem reconhece no cliente a importância da função e do negócio. Sem consumidores não haverá negócios. Negócio sem qualidade não consegue consumidores. Portanto, que cada um cuide dos seus clientes e comece a fazer aquilo que não é novo, não foi inventado e nem depende de programas de governo. É aquilo que o consumidor quer, ensinou Deming.

Também Juran preconiza o fazer certo desde a primeira vez. Porém, seu diferencial é a ênfase na chamada Administração da Qualidade, pois é tido como certo que os problemas são todos de gestão dos recursos. Por isso, não podem ser tratados aleatoriamente, devendo existir políticas de qualidade, construídas pela alta administração.

Poucos são aqueles conscientes da importância da qualidade, na definição do futuro das empresas, em função da existência de concorrentes e de uma consciência mais seletiva dos consumidores. Daí, a situação difícil em que se encontram gerentes e supervisores. De um lado, a necessidade de melhor qualidade em suas áreas. De outro lado, a falta de compromisso do grupo para com a qualidade e com os próprios objetivos da empresa.

4.7.8 Administração de Pessoas

Recursos humanos são as pessoas que integram uma organização. Eles estão distribuídos através dos níveis hierárquicos. Constituem o único recurso vivo e dinâmico das empresas. É aquele que decide o que fazer com os demais recursos. As pessoas trazem para as empresas habilidades, conhecimentos, atitudes, comportamentos, vícios e virtudes. Por serem diferentes entre si, passam a ser um recurso altamente diversificado.

As pessoas, dentre os recursos, são aquelas que precisam ser analisadas, sob os pontos de vista do: profissionalismo, comportamento e comprometimento. Por sua própria natureza também apresentam considerável grau de mutabilidade e influência na tomada de decisão. Dependendo de seus conhecimentos técnicos, habilidades e personalidades, associados ao atendimento de suas necessidades, as pessoas colaborarão em maior grau para a construção do sistema empresa.

Com as pessoas, surge a necessidade de organizar, estabelecer estruturas, definir relações, descrever cargos, estabelecer funções, dirigir, recrutar, selecionar, orientar, treinar, liderar, desenvolver, delegar, motivar, coordenar, mudar, por exemplo. Através do processo de liderança, as pessoas são influenciadas, levando as mesmas a atingir metas desejadas. Para lidar com pessoas, você precisa saber se comunicar para que seja assegurada a compreensão do que se quer e aonde se pretende chegar.

Assim, para lidar com pessoas é preciso observar as seguintes premissas:

- Treinamento não muda personalidade, muda atitudes, o comportamento das pessoas é muito difícil de ser mudado.
- As pessoas nem sempre têm atitudes e comportamentos desejados, é preciso entender um pouco mais das pessoas para se despertar interesse e motivação, reconhecendo e valorizando pessoas de alto desempenho.
- Organizações são agrupamentos de pessoas produzindo coisas que atendem as necessidades da sociedade, investir no homem é o mesmo que renovar seus conhecimentos.
- O ser humano é fator-chave de sucesso nos negócios.

A administração de recursos humanos é uma área interdisciplinar que envolve necessariamente conceitos de Psicologia Industrial; Sociologia Organizacional; Engenharia Industrial; Direito do Trabalho; Segurança no Trabalho; Medicina no Trabalho; Higiene e Limpeza, por exemplo. A abrangência de assuntos tratados nesta administração são muitos e variados.

O sistema de administração de recursos humanos necessita de padrões capazes de permitir uma contínua avaliação e um sistemático controle de seu funcionamento A administração de pessoas deve estar na base de todos os esforços para desenvolver competências, habilidades e conhecimentos.

A seguir, faremos pequenas abordagens dos principais aspectos da administração de pessoas:

Recrutamento – Os indivíduos e as organizações estão engajados em um contínuo processo de atrair uns aos outros. Da mesma forma como os indivíduos escolhem as organizações, estas procuram atrair e obter informações sobre as pessoas. Este processo não é nada simples. Recrutamento é um conjunto de procedimentos para determinar quais indivíduos estão qualificados a ocupar cargos na organização, isto é, a organização divulga e oferece, ao mercado de recursos humanos, oportunidades de emprego.

Para ser eficaz, o recrutamento deve atrair candidatos de maneira a suprir o setor de seleção a colocar, em seus bancos de dados, as pessoas, potencialmente, aptas a preencherem as necessidades de mão de obra da organização. Empresa que deseja um bom time deve começar a procurar elementos adequados.

Atrair bons candidatos a emprego não é coisa fácil e de pouca importância. Somente uma série de procedimentos administrativos, racionalmente orientados, poderá satisfazer a necessidade de recrutamento. A empresa deve checar tudo, mesmo aquilo que possa parecer irrelevante. Uma contratação ruim pode causar sérios danos à equipe. Deixar-se levar pela primeira impressão de um candidato, e acreditar em tudo aquilo que está escrito no papel é o maior pecado do entrevistador.

O recrutamento parte da análise das necessidades de recursos humanos da empresa. Necessidades presentes e futuras. Diagnosticadas as necessidades, realiza-se o levantamento das fontes, dos processos e das fórmulas capazes de fornecer à empresa o pessoal necessário para atingir determinados objetivos. Para desenvolver a atividade de recrutamento deve-se adotar alguns procedimentos essenciais, capazes de garantir o sucesso da operação, tais como:

Planejamento do Recrutamento – Planejamento do recrutamento consiste em estudar e analisar as necessidades de recursos humanos da empresa, presentes e futuras. A pessoa encarregada do recrutamento deve conhecer a classificação de cargos e funções da empresa (quadro de pessoal). Se tal quadro não existir, as dificuldades aumentarão. O planejamento utilizará para a sua consecução os seguintes elementos: plano estratégico; plano de expansão, para um determinado período; número de empregados com possibilidade de aposentadoria; taxa média de turnover; necessidades de pessoal sentidas pelos supervisores, gerentes e diretores.

Fontes de Recrutamento – Diagnosticadas as necessidades, realiza-se o levantamento das fontes, dos processos e das fórmulas capazes de fornecer, à empresa, as pessoas que a ajudarão a atingir os objetivos. Assim, o recrutamento passará a estudar o mercado de trabalho para conhecer o seu potencial, levando em consideração: a área de ação, níveis salariais, cargos, funções, pontos de concentração de mão de obra, concorrentes, universidades, agências de emprego.

São diversas as fontes de recrutamento que são utilizadas de acordo com a complexidade e o grau de urgência com que aparece a necessidade. O recrutamento pode ser feito, internamente, na empresa, ou através de associações patronais, universidades, agências de emprego (governo e particular), anúncios e indicações.

Um problema básico da organização é diagnosticar fontes supridoras de recursos humanos, localizadas no mercado, que lhe interessem especificamente.

Ademais, a identificação, a triagem e a manutenção das fontes de recrutamento constituem uma das maneiras pela qual a administração de recursos humanos pode: elevar o rendimento do processo de recrutamento; diminuir o tempo do recrutamento; reduzir os custos operacionais de recrutamento.

Análise do Cargo – A análise do cargo determinará a posição do lugar na estrutura organizacional, sua própria descrição, requisitos e características que deve ter o candidato. Esta análise abrange os aspectos qualitativos e quantitativos da mão de obra a ser contratada.

Análise da Tarefa – A análise descritiva da tarefa a ser desempenhada leva a definição daquilo que é imprescindível para a execução da tarefa. Assim, o pessoal de recrutamento de vendedores deve estar de posse de uma série de indicadores que propiciarão um bom recrutamento, a saber: linha de produto a ser vendida; mercado a ser atingido; tipo de trabalho de venda a ser realizado; características da região de atuação; política de remuneração; requisitos culturais necessários ao desempenho do trabalho; conhecimentos técnicos dos produtos; volume e peso do material do vendedor; relatórios e formulários a serem preenchidos; desejável conhecimento anterior do mercado; características da equipe em que será agregado; tempo médio de duração da visita; número de visitas por dia; sistema de comunicação; sistema de informações.

Processo de Recrutamento – O recrutamento envolve um processo que varia conforme a organização. O início do processo de recrutamento depende de decisão do órgão de linha, porque o setor de recrutamento é uma função de staff. Seu trabalho dependerá de uma requisição de empregado feita por um departamento ou seção de linha.

Tipos de Recrutamento – Praticamente existem dois tipos de recrutamento: interno e externo. O recrutamento é denominado externo, quando aborda candidatos: reais ou potenciais, disponíveis ou aplicados em outras empresas. Será interno, quando aproveita o seu próprio pessoal.

Divulgação do Recrutamento – A divulgação poderá ser feita de muitas maneiras, tais como: jornal, televisão, rádio, quadro de aviso, cartas às instituições governamentais encarregadas de alocação de mão de obra, universidades, sindicatos. Somente através de uma publicidade eficiente é que serão atraídos os melhores candidatos.

Um anúncio de emprego deve ser atrativo e seletivo. Assim, deve despertar o interesse de bons candidatos e desestimular os que não possuem condições que interessem à empresa. Um anúncio basicamente faz referência às vantagens e exigências da empresa, por exemplo:

Vantagens: salário acima do ofertado pelo mercado; ambiente confortável; bom clima organizacional; possibilidade de promoção e carreira; oportunidade de desenvolvimento; assistência médica, dentária e social; horário flexível.

Exigências: idade mínima; nível de escolaridade; especialização; experiência; apresentação pessoal; conhecimentos de línguas estrangeiras; habilidades gerenciais comprovadas através de testes; conhecimentos de microinformática.

O anúncio deve conter outros dados necessários à compreensão e orientação dos candidatos, como: nome da empresa, período de inscrição, local da inscrição, modos como pode ser feita a inscrição; documentos que devem ser apresentados; provas de seleção a que os candidatos serão submetidos; condições para a habilitação; aproveitamento dos candidatos.

Inscrição do Candidato – A inscrição, quando bem feita, já realiza uma pré-seleção, uma vez que afastará os candidatos que não satisfazem a determinados requisitos. O formulário da ficha do candidato deve conter: número da ficha; data; nome completo do candidato; endereço real; CEP; bairro; cidade; estado; telefones; fax; endereço virtual; CPF; RG; filiação; data de nascimento; peso; altura; nacionalidade; naturalidade; estado civil; sexo; nível de escolaridade; profissão; vida escolar (principais cursos); vida profissional (principais ocupações); atividades paralelas; faixa salarial pretendida; banco; agência; referências pessoais; gostos culturais; especialidade; cargo pretendido; vida recreativa.

Implementação do Recrutamento – O recrutamento deve ser feito por pessoa que esteja preparada para tal. Numa empresa grande, este serviço poderá não somente comportar a existência de um órgão destinado a esse fim, como esse órgão ainda poderá ser dividido em seções que se encarreguem da investigação do mercado de trabalho; das necessidades da empresa; da publicidade; da orientação dos candidatos; das inscrições. A implementação do recrutamento pode ser feita por: consulta geral, sem especificação, no mercado de trabalho; meio de ofertas individuais, pessoalmente ou escrita; consulta direta, específica, às fontes de preparação ou suplência de pessoal qualificado (escolas, sindicatos, clubes profissionais, agências de colocação, por exemplo).

Banco de Candidatos – Um candidato que vem oferecer hoje e que a empresa não esteja necessitando, poderá ser procurado amanhã, quando a empresa dele necessitar. Por isso, é bom que se tenha um bom Banco de Dados para candidatos em potencial, isto é, o recrutamento deve ser uma atividade permanente.

Seleção – A seleção é a atividade que vem em seguida ao recrutamento. Todo trabalho exige de quem o executa, certos conhecimentos e certas habilidades. Ao admitir um empregado para ocupar determinado cargo, a empresa precisa certificar-se de que ele possui as habilidades e os conhecimentos necessários ao desempenho das funções daquele cargo, ou, se não os possui, se tem condições de adquiri-los de forma satisfatória em tempo hábil.

Muitas vezes, a empresa nem deseja mesmo que os candidatos possuam os conhecimentos e habilidades, preferindo que apenas possuam as condições necessárias para adquiri-los, pois ela fará o treinamento conveniente, pois tem medo de importar vícios e desvios de conduta.

Admitir empregados sem seleção é agir de forma pouco inteligente; é jogar com a sorte. A seleção diminui as incertezas sobre o provável sucesso dos candidatos e, quando a vaga é disputada por vários candidatos, é a forma justa de decidir qual deverá ser o escolhido. A seleção de pessoal tem vários objetivos, como:

- Escolher para cada vaga o candidato que oferece os melhores requisitos para o cargo.
- Escolher a pessoa certa para o lugar certo.
- Medir as aptidões e habilidades do candidato.
- Avaliar o que de relevante o candidato fez, até o presente, e qual sua possível contribuição para a empresa.
- Avaliar o conhecimento do candidato sobre o mercado onde pretende trabalhar.
- Listar casos de sucesso em que o candidato coordenou ou simplesmente participou.
- Questionar se o candidato tem algum plano para a sua carreira.
- Avaliar se o candidato tem desenvoltura para falar de si mesmo.
- Medir se o candidato está preparado para mudanças.
- Avaliar a visão estratégica do candidato.
- Comparar a filosofia de vida do candidato com a da empresa.

Um bom trabalho de seleção de pessoal se fundamenta nas seguintes premissas: A seleção não visa saber simplesmente quem é o melhor, mas quem é o mais adequado para o cargo; Conhecimento do trabalho se obtém através de uma análise, enquanto o conhecimento do candidato se obtém através de entrevistas, testes e exames.

A seleção do candidato se faz através das seguintes etapas:

Pré-seleção:

a. Ficha de Inscrição – É um formulário que o candidato preenche com o objetivo de fornecer inúmeras informações básicas, como: vida escolar; vida profissional; gostos culturais; posição econômica; vida recreativa; atividades paralelas; experiências anteriores.
b. Curriculum vitae – Além dos dados pessoais, deve o currículo apresentar: vida escolar; vida profissional; principais atividades; experiência profissional e referências.
c. Análise da Ficha – O selecionador examinará e analisará a ficha de inscrição e o currículo, confrontando-os e sublinhando os pontos básicos sobre os quais repousará a entrevista.
d. Referências – O candidato deve indicar algumas fontes de referências, isto é, pessoas que possam ser consultadas sobre o seu comportamento pessoal e profissional. Estes dados são utilizados na contratação de pessoas de alto nível.
e. Entrevista Preliminar – A entrevista é o ponto mais explorado na seleção de pessoas. O propósito de uma entrevista preliminar é avaliar de modo seguro os seguintes pontos: formação, qualificação, personalidade, experiência, atendimento dos pré-requisitos exigidos, atitude, comportamento, pretensões e confronto de méritos.

Seleção:

O candidato deve ser submetido, nesta etapa, a algumas provas de habilitação, elaboradas de acordo com as exigências da empresa e com as necessidades do serviço. Esta parte da seleção pode envolver, pelo menos, os seguintes testes:

a. Testes de Conhecimentos Gerais – Versarão sobre: redação de um tema, exercícios numéricos, conhecimentos básicos de cidadania, interpretação de texto.
b. Testes Específicos – Versarão sobre: conhecimento técnico, conhecimento especializado, capacidade profissional, habilidade gerencial, habilidade motora.
c. Testes Psicológicos – Versarão sobre: inteligência, percepção, personalidade, adaptabilidade, interesse, motivação, interação, cooperação, liderança.
d. Exames Médicos – A seleção médica deve envolver uma série de pontos de acordo com o cargo a ocupar.
e. Entrevista Final – Última etapa do processo de seleção, a entrevista final precisa considerar o seguinte: o entrevistador deve ter preparo especializado; o entrevistado deve estar em condições de poder informar tudo o que lhe for perguntado; as condições, em que se deve realizar a entrevista, devem ser em local adequado, sem perturbações de qualquer ordem, evitando-se a presença de outras pessoas; a formulação das perguntas e o registro das respostas obedecem a uma técnica pedagógica própria e não podem ser planejados por quem desconhece o assunto.

Os procedimentos de seleção variam em sofisticação, de uma simples e informal entrevista a um teste altamente detalhado e demorado. Mesmo depois de selecionado, o candidato passa por um período de adaptação, onde são passadas as informações necessárias para o desenvolvimento de suas funções. Às vezes, se faz necessário treinamento. A seleção visa solucionar dois problemas básicos: adequação do homem ao cargo e rendimento do homem no cargo.

Treinamento – Quando o empregado não possui os conhecimentos e as habilidades necessárias, ao bom desempenho de suas funções, há uma porção de consequências indesejáveis, baixa produtividade, gastos excessivos de material, tempo, energia e acidentes. Quando os empregados não produzem satisfatoriamente, apesar de serem boas as instalações, máquinas, equipamentos, recursos, sistemas e ferramentas, possivelmente, a causa seja a falta de habilidade e conhecimento. A solução é o treinamento.

Há empresas que preferem que os empregados novos venham a aprender dentro delas, porque, assim, trabalharão do modo por elas desejado.

O treinamento é a ação (processo) que visa ajudar o subordinado a organizar suas ideias e aptidões de modo a poder usá-las com vantagem em suas relações. É o processo educacional, que aplicado de maneira sistemática e organizado, por meio do qual as pessoas adquirem: conhecimentos, atitudes, deveres, responsabilidades, altos padrões de desempenho e habilidades, em função de objetivos definidos.

O objetivo do treinamento é capacitar o indivíduo a alcançar altos níveis de performance para cumprir seus deveres e responsabilidades para com a organização a que pertence, bem como alcançar os objetivos da empresa, proporcionando oportunidades para que todos, em todos os níveis, obtenham conhecimentos, práticas e condutas requeridos em suas atividades.

Os principais objetivos de uma política de treinamento são: preparar o pessoal para execução imediata das diversas tarefas peculiares à organização; proporcionar oportunidades para o contínuo desenvolvimento pessoal, não apenas em seus cargos atuais, mas também para outras funções para as quais a pessoa pode ser considerada; mudar as atitudes das pessoas, com várias finalidades, entre as quais: criar um clima mais satisfatório entre empregados, aumentar a motivação e tornar os funcionários mais receptivos à supervisão e à gerência; capacitar o indivíduo a alcançar altos padrões de desenvolvimento humano; ensinar a prática e a conduta requeridas pelo cargo.

Tudo o que se gastar em treinamento, desde que este seja bem feito, redundará em benefícios altamente compensadores para a organização. Inversamente, tudo o que se deixar de gastar, quando há necessidade de treinamento, redundará em prejuízos para a empresa, pois ninguém nasce sabendo e nem pode tudo saber, a menos que alguém lhe ensine.

Sozinho também se aprende, mas custa muito mais. Por isso, toda administração inteligente procura treinar bem seu pessoal para evitar problemas futuros. É como nos disse Pitágoras: "Eduque os jovens para não ter problemas com os adultos".

A seguir, serão apresentados os principais elementos que ajudarão a fundamentar o conceito de treinamento:

Premissas do Treinamento – As mais importantes premissas do treinamento são:

- O aperfeiçoamento em administração inclui tanto o treinamento quanto a educação.
- O treinamento se refere à aquisição de perícia e conhecimento necessário para o desempenho de tarefas específicas num cargo.
- A educação se refere a desenvolver um indivíduo mental e moralmente, de maneira que ele adquira maior compreensão de seu ambiente e sua adaptabilidade a ele.
- O resultado esperado do treinamento deve ser o aperfeiçoamento e o desenvolvimento de conhecimentos, bem como técnicas e atitudes, que levem o funcionário a cumprir sua missão.

Processo de Treinamento – Este processo terá como fases básicas, as seguintes: diagnóstico da situação; levantamento das necessidades; decisão quanto à estratégia, programa e plano de treinamento; implementação do treinamento; execução do treinamento; sistema de controle; avaliação dos resultados; identificação dos resultados insatisfatórios; realimentação dos desvios para correção.

Execução do Treinamento – A execução do treinamento dependerá, principalmente, dos seguintes fatores: Adequação do conteúdo programático do curso de treinamento ao público-alvo; A qualidade do material de treinamento apresentado; A cooperação de todos os envolvidos; A qualidade e preparação dos instrutores; A qualidade dos alunos.

Avaliação do Treinamento – A avaliação do treinamento deve considerar dois aspectos principais:

- Determinar até que ponto o treinamento realmente produziu as modificações desejadas.
- Demonstrar se os resultados do treinamento apresentam relações com a consecução das metas da empresa.

A avaliação do treinamento terá êxito, quando se questionar o participante (aluno) sobre as seguintes perguntas:

- A administração do curso atuou a contento no atendimento ao aluno e na solução de eventuais dificuldades?
- O mobiliário e as instalações da sala de aula são satisfatórios?
- O horário e a duração das aulas atendem a eficácia do curso?
- Os temas abordados estão atualizados, contribuindo para os objetivos dos participantes?
- A ordem em que foram dadas as aulas formou uma sequência que facilitou a compreensão do assunto abordado?
- O uso de recursos didáticos ajudou no aprendizado?

- A parte prática contribuiu para o seu aprimoramento?
- O "coffe-breack" foi satisfatório?
- A carga horária foi suficiente e bem distribuída pelos assuntos?
- O material escrito apresentado tem uma linguagem didática, com informações relevantes?
- Os testes aplicados foram bem elaborados?
- O curso atingiu totalmente o objetivo a que se propôs?

Funções do Treinamento – O treinamento possui as seguintes funções básicas: Transmitir informações; Desenvolver habilidades; Modificar atitudes; Desenvolver conceitos.

Análise do Treinamento – A análise do treinamento será, principalmente, baseada nas seguintes questões: Qual a necessidade? Onde foi assinalada em primeiro lugar? Ocorre em outra área ou setor? Qual a sua causa? É parte de uma necessidade maior? Como resolvê-la? É preciso alguma providência inicial? A necessidade é imediata? Qual a sua prioridade? A necessidade é permanente ou temporária? Quantas pessoas e quantos serviços serão atingidos? Qual o tempo disponível para o treinamento? Qual o custo? Quem irá executar o treinamento?

Construção do Treinamento – O treinamento deve trabalhar as seguintes questões:

- O que deve ser ensinado? (Conteúdo Programático).
- Quem deve ser treinado? (Público-alvo).
- Quem vai treinar? (Instrutor).
- Onde treinar? (Local).
- Como treinar? (Métodos e Recursos).
- Quando treinar? (Época e Horário)
- Quanto treinar? (Duração e Intensidade).
- Para que treinar? (Objetivos e Resultados).
- Qual o custo? (Relação Custo/Benefício).
- Quais pontos são críticos? (Avaliação e Controle).

Recursos Instrucionais – Meios audiovisuais que ajudam no treinamento de um indivíduo e que concorrem para a sua motivação para aprender. Um instrutor que utiliza bons recursos instrucionais, com certeza, terá mais sucesso no seu trabalho de treinamento.

Política de Pessoal – As políticas de pessoal procuram condicionar o alcance dos objetivos e o desempenho das funções de pessoal. Servem para prover respostas às questões ou aos problemas que podem ocorrer com certa frequência, fazendo com que os subordinados procurem, desnecessariamente, seus supervisores para esclarecimento ou solução.

Cada organização desenvolve a política de pessoal mais adequada à sua filosofia e às suas necessidades.

Segurança do Trabalho – A segurança do trabalho é um conjunto de medidas técnicas, educacionais, instrucionais, médicas e psicológicas empregadas para prevenir acidentes, roubos e incêndios. As normas de segurança são colocadas na cabeça das pessoas através de treinamento (cursos, palestras, seminários). Os serviços de segurança têm a finalidade de estabelecer normas e procedimentos, pondo em prática os recursos possíveis para conseguir a prevenção de acidentes e controlar os resultados obtidos.

Do ponto de vista da administração de recursos humanos, a segurança dos empregados constitui uma das principais bases para a preservação da força de trabalho. Tal segurança tem três áreas principais de atividade, a saber: Prevenção de Acidentes; Prevenção de Roubos e Prevenção de Incêndios.

Acidentes de Trabalho – Uma política de prevenção de acidentes começa pela conscientização do que seja um acidente, seus efeitos e os problemas que causa. Acidente é um ato não premeditado do qual resulta dano considerável. As principais causas de acidentes são: máquina ou equipamento sem proteção; condições físicas ou mecânicas inseguras; instalações sem qualidade de uso; batidas, tombos, escorregões, choques; vestuário inadequado; serviço de manutenção irregular; conversa, distração, fumo e bebida; desconhecimento das normas e regras de segurança.

O acidente de trabalho pode provocar lesão corporal, perturbação funcional, perda ou redução dos movimentos e até mesmo morte. Excetuando-se os empregados domésticos, os demais trabalhadores com vínculo empregatício, avulsos, especiais e os médicos residentes são alcançados pelos benefícios relativos ao acidente de trabalho.

Acidentes de trabalho não se restringem apenas às ocorrências havidas no ambiente de trabalho, pois envolvem: imprudência, negligência ou imperícia de terceiros; casos fortuitos ou de força maior; doenças profissionais originadas por esforço repetitivo; contaminação; todas as situações em que o empregado estiver no exercício do trabalho.

Um acidente pode acontecer por uma questão de segundos ou de milímetros. Então a causa de um acidente sem importância pode ser, também, a causa de um acidente grave. Um acidente é função de um fato ou acontecimento, que teve uma ou algumas causas. Sendo um mal que atinge a pessoa, a organização, a família do acidentado e a sociedade, todo esforço deve ser feito para se prevenir acidentes.

É recomendado que a empresa faça treinamentos de prevenção de acidentes, pois, só assim, poderá ter a certeza do dever cumprido, quanto às regras de segurança.

Turnover – A taxa de turnover mostra a movimentação (entra e sai) de pessoal numa organização. Uma taxa de turnover elevada pode significar má administração da empresa ou um mercado de atuação desfavorável, onde os recursos humanos são difíceis e instáveis, como em mercados que exigem muita criatividade. Por outro lado, um dos motivos de um turnover elevado é a constante contratação de pessoal de fora da empresa, não dando chance à "prata da casa".

A taxa de turnover é dada pela fórmula:

$T = |Q1 - Q2| / Q1$

Onde:
Q1 = Quantidade inicial (momento do registro) de empregados.
Q2 = Quantidade final de empregados de Q1 que ainda estão trabalhando.
|Q1 - Q2| = Valor absoluto da diferença (Q1 - Q2).

Exemplo:
Q1 = 200

Q2 = 150
T = |200 - 150| / 200 = 50 / 200 = 0,25 = 25%

Análise:
Uma taxa de turnover de 25% é muito preocupante.

Teste de Aferição de Conhecimento

01 – Você acredita que os vários tipos de administração devem ser classificados por:
( ) Época
( ) Aplicação
( ) Função
( ) Utilidade
( ) Especificação

02 – Administração por objetivos é o mesmo que:
( ) Administração por resultados
( ) Administração por metas
( ) Desempenho esperado
( ) Monitorar desvios

03 – Qual o elemento de ligação entre dado e informação?
( ) Dado fornece a base de sustentação da informação
( ) Dado identifica a informação
( ) Dado e informação é a mesma coisa

04 – É possível separar o cargo do salário?
( ) Sim
( ) Não
( ) Só quando o cargo tem funções
( ) Só quando o salário é independente do cargo

05 – O fluxo de caixa possui importância para controlar:
( ) Liquidez da empresa
( ) Capital de giro
( ) Insolvência da empresa
( ) Aplicações de sobras de caixa

06 – Faça a correspondência:

(A) Almoxarifado	( ) Tempo de espera e guarda
(B) Depósito	( ) Guarda de materiais diversos
(C) Armazém	( ) Guarda de produtos acabados

07 – Administrar pessoas é uma área interdisciplinar por quê?
( ) Envolve muitos conhecimentos
( ) Envolve diversos padrões de comportamento
( ) Envolve políticas de pessoal
( ) Envolve acidentes de trabalho

Capítulo 5

Organização

"A velocidade com que uma organização se adapta ao ambiente é traduzida como vantagem competitiva."
Michael Porter

Objetivos do Capítulo

- Mostrar que nossa sociedade é composta de organizações.
- Mostrar os fatores que diferenciam as organizações.
- Mostrar que a empresa é uma organização social, cuja existência se deve à sociedade da qual ela faz parte.
- Mostrar que, quando não se tem um objetivo, qualquer resultado serve.

5.1 Conceito de Organização

Organização é um conjunto, intencional, interativo e cooperativo de: recursos, funções, políticas, procedimentos, atividades, tarefas e responsabilidades regidas por pessoas para alcançar objetivos predeterminados e congruentes com a missão para a qual a organização foi criada. O mundo de hoje é uma sociedade composta de organizações. As pessoas nascem, crescem, vivem, trabalham, recebem tratamento de saúde, estudam, se divertem e são enterradas em organizações, que exercem um papel, cada vez maior, na vida moderna.

Assim, como as pessoas, as organizações têm um caráter próprio que as distingue das demais, isto é, elas desenvolvem uma identidade. Este caráter desenvolve-se da mesma maneira pelo qual evolui o caráter dos indivíduos. Quanto maior o número de interações pessoais e grupais, mais acentuada é a personalidade da organização.

A seguir, alguns aspectos das organizações:

- As organizações existem para cumprir objetivos que os indivíduos isoladamente não podem alcançar, em face das suas limitações pessoais.
- Uma organização é um sistema composto de subsistemas.
- Uma organização divide o trabalho, de acordo com a funcionalidade, espaço e tempo.
- As organizações precisam agir de forma congruente com o ambiente onde habitam, porque correm um risco muito grande de entrar em dissonância com o mesmo, o que, em geral, é catastrófico para a empresa, isto é, a organização deve dançar conforme a música.

Uma das razões que explicam a enorme variedade e densidade de organizações no mundo atual é o fato de que a organização é o mais eficiente meio de satisfazer um grande número de necessidades humanas. Em geral, as organizações são compostas de duas ou mais pessoas que interagem e integram-se para atingir determinados objetivos comuns.

Segundo Chiavenato, existem razões que explicam a existência das organizações:

Razões Sociais – As pessoas são seres gregários que necessitam de relacionamento com outras pessoas para viver.

Razões Materiais – As pessoas se organizam para alcançar: maiores e melhores habilidades; uma utilização do tempo que seja a melhor possível; conhecimentos que sozinhas levariam mais tempo para conseguir; uma efetiva comunicação.

Razões Psicológicas – As pessoas apresentam um efeito multiplicador (sinergia), quando reunidas para trabalharem num mesmo projeto.

5.2 Classificação das Organizações

As organizações são heterogêneas e diversificadas. Daí, a necessidade de estabelecer uma classificação das organizações (tipologia), a fim de que o dirigente possa estabelecer o modelo de atuação e comparar com as demais. É possível que uma organização não esteja dando certo devido ao modelo adotado. Os critérios para classificar as organizações podem ser:

Quanto ao Tamanho – As organizações podem ser: micro, pequena, média, grande, conglomerado.

Quanto à Complexidade – As organizações podem ser: normativas, reguladoras, burocráticas.

Quanto às Funções Administrativas – As organizações podem ser voltadas para: planejamento, execução, organização, controle, pesquisa, análise.

Quanto às Estratégias – As organizações podem ser cooperativas, competitivas, funcionais.

Quanto à Atuação – As organizações podem ser industriais, comerciais, extrativas, sociais, militares, representativas, prestadoras de serviços, jurídicas, públicas.

Quanto às Funções Organizacionais – As organizações podem ser de: marketing, produção, vendas, finanças, contabilidade, logística, material, pessoal, sistemas de informação, informática, qualidade, processamento de dados, desenvolvimento organizacional, desenvolvimento humano, segurança, manutenção, tecnologia, por exemplo.

Quanto à Estrutura – As organizações podem ser: linear, funcional, mista (linha-assessoria), matricial.

Quanto à Decisão – As organizações podem ser: tradicionais, burocráticas, carismáticas e adhocráticas.

Quanto à Ação Administrativa – As organizações podem ser: estratégicas, táticas, operacionais, integrativas, programadas, não programadas, especializadas, não especializadas.

Quanto aos Recursos – As organizações podem ser: financeiras, agrícolas, produtoras de matéria-prima e insumos, construtoras de imóveis, prestadoras de serviços, produtoras de tecnologia.

Quanto ao Espaço de Operação – As organizações podem ser: reais ou virtuais.

Quanto ao Poder – As organizações podem ser: centralizadas, descentralizadas, coercitivas.

Quanto ao Retorno do Investimento – As organizações podem ser de retorno rápido, de retorno médio ou retorno de longo prazo.

Quanto ao Tempo de Duração – As organizações podem ser: de curta ou de longa existência.

Quanto à Filosofia Empreendedora – As organizações podem não só ter uma visão empreendedora quanto ao mercado, como também desenvolver em seus funcionários uma mesma filosofia no âmbito interno.

Quanto aos Sistemas de Informação – As organizações deste tipo tratam seus departamentos como sistemas de informação de um sistema maior, a empresa (organização).

Quanto ao Canal de Comunicação – As organizações podem ser: unidirecional ou multidirecional. Alguns autores admitem que a formalidade e a informalidade são uma questão de comunicação.

Quanto à Formalidade – As organizações formais seguem a seguinte "cartilha": obediência à estrutura (organograma), às regras, às políticas e aos padrões estabelecidos. Nestas organizações: as atividades são definidas por escrito (rotina e procedimento); cada participante tem um cargo, ou posição, definido com esfera específica de competência; cada funcionário é submetido a ordens impessoais que guiam suas ações de modo a assegurar sua obediência; o funcionário deve desempenhar com impessoalidade seu relacionamento com outros colegas de trabalho; a seleção e a escolha dos participantes são baseadas na competência técnica; a qualificação profissional dos candidatos é política organizacional.

Quanto à Informalidade – As organizações informais se pautam em função da cultura, dos usos e costumes, das tradições, dos ideais e das normas sociais. Sejam quais forem as diferenças de hierarquia impostas pela organização formal, a organização informal cria seus próprios papéis e posições. Algumas pessoas chegam a adquirir mais prestígio e influência do que sua posição formal lhes empresta.

Muitas vezes, os grupos inventam seus próprios métodos e práticas, ignorando aquilo que é oficialmente recomendado. Tais grupos se formam, espontaneamente, em todas as organizações, condicionando o comportamento dos outros. A organização informal surge para compensar as limitações do sistema formal.

5.3 Tipos de Organização

As organizações são denominadas pelas suas características, funções e operações. Seus dirigentes devem entender a estrutura de sua organização para garantir equilíbrio e funcionalidade. Assim, uma organização pode apresentar mais de uma configuração, ou, ainda, ter configurações diferentes em suas partes.

A seguir, alguns tipos de organizações:

Organização Empresarial – É uma organização que produz bens, serviços e ideias, só existindo por concessão da sociedade, tendo como objetivo principal sua sobrevivência, para remunerar o capital investido, bem como seus proprietários, dirigentes e funcionários.

Organização Sem Fins Lucrativos – É uma organização cuja missão principal é ajudar as pessoas socialmente. Não produzem bens, mas produzem serviços e ideias para mudar o comportamento do ser humano. Antigamente eram consideradas organizações humanitárias. Hoje, todas estão no chamado Terceiro Setor, isto é, organizações não governamentais (Ongs). Também estão nesse time: clubes, igrejas, partidos políticos, hospitais públicos, fundações, associações patronais, sindicatos.

Organização Militar – Esta organização recebe recursos conseguidos por impostos. Importa recursos humanos por meio de recrutamento de voluntários. São regidas por regulamentos internos e prestam contas ao governo de seus gastos. Sua missão principal é manter a ordem interna do país e sua soberania.

Organização Econômica – São as que se dedicam à criação de riqueza. Podem ser divididas em primárias (agricultura), secundárias (manufaturas) e terciárias (serviços). Elas estão voltadas a atender as necessidades dos serem humanos, bem como manter a ordem coletiva.

Organização de Manutenção da Ordem– São as organizações dedicadas à socialização das pessoas, como igrejas e escolas. Estas organizações derivaram da organização familiar.

Organização Democrática – Organização em que a fonte do poder é resultado da vontade da maioria. Mesmo assim, as pessoas obedecem aos estatutos e regulamentos. Este modelo de organização tem seu foco na distribuição do poder.

Organização Hierárquica – Organização baseada numa estrutura de níveis de poder.

Organização Societária – Esta organização será abordada no item Sociedade.

Organização Familiar – Esta organização empresarial é o tipo mais simples de organização, fortemente centralizada na figura do executivo principal ou de um empreendedor que fundou e a dirige. A equipe de especialistas funcionais é mínima, assim como a hierarquia. A organização desse tipo tem pouca atividade de planejamento ou treinamento. Certas pessoas gostam de trabalhar nestas organizações, porque têm acesso direto ao patrão e encarnam como missão de vida a própria missão da organização.

Organização Fabril – Organização voltada a produzir bens de consumo.

Organização Profissional – A organização profissional baseia-se na gestão do conhecimento e sua principal parte é a operação. Assim, num hospital são os médicos e os enfermeiros, como na escola são os professores e na indústria os operadores de máquinas e equipamentos, os profissionais que tocam a organização. Nesta organização o conhecimento técnico dá o poder aos seus dirigentes. Em geral, há um clima de democracia que cessa quando é preciso responsabilizar alguém por um desvio ou erro.

5.4 Trabalho na Organização

Toda vez que fazemos um esforço para obter coisas que satisfazem as nossas necessidades, realizamos trabalho, que é a verdadeira medida do valor de troca de todas as coisas. O trabalho é toda atividade humana voltada para a transformação da natureza, no sentido de satisfazer uma necessidade. Para os economistas é um dos fatores de produção. O trabalho significa o esforço, exercício ou atividade para realizar alguma coisa. Este esforço pode ser físico, mental, voluntário ou forçado. É através do trabalho que o homem transforma o ambiente onde vive. Uma organização está dividida nos seguintes níveis de trabalho:

Nível 01: Objetivos e Estratégias.
Nível 02: Decisões, Políticas e Táticas.
Nível 03: Funções e Atribuições.
Nível 04: Atividades.
Nível 05: Operações
Nível 06: Tarefas.
Nível 07: Movimentos.

O leitor não deve confundir níveis de trabalho da organização com níveis hierárquicos, que dizem respeito à estrutura da organização. Um nível hierárquico pode abrigar mais de um nível de trabalho.

Atividade é um conjunto de operações reunidas segundo critérios complementares e similares e que servem para definir a finalidade do setor. Operação é uma tarefa específica, visando um objetivo imediato no curto prazo. Tarefa é um conjunto de passos (etapas) interligados segundo uma sequência lógica, cuja continuidade estará em função, principalmente, do tempo, produtividade e custo. Movimento constitui a menor unidade possível dentro da divisão do trabalho.

Hoje, é comum que organizações, através de parcerias, dividam funções, atribuições, atividades, operações e tarefas, com a finalidade de minimizar custo.

5.5 Trabalho em Equipe

Se uma pessoa está trabalhando numa equipe, ela é naturalmente motivada, porque há um compromisso entre as partes. E esta é a grande diferença num sistema tradicional em que os subordinados atendem seus chefes. A importância de se trabalhar em equipe é que cada membro é responsável também pelo resultado do grupo. Não basta apenas cumprir tarefas.

Equipe é uma dessas palavras, excessivamente, utilizadas no campo da administração. Sugere uma coesão e unidade que você raramente obtém e talvez não queira que, realmente, aconteça o tempo todo. O trabalho em equipe é a combinação de diferentes indivíduos, trabalhando ao longo de rotas independentes e colaborativas para objetivos comuns.

As equipes não podem ser formadas da noite para o dia. É necessário um longo período antes que possam funcionar. Elas são baseadas na confiança mútua e no entendimento recíproco, e isso leva anos para se conseguir.

O desenvolvimento de equipes é uma técnica comportamental muito utilizada pelas organizações. Grupos de empregados, de vários níveis e de especializações diversas, reúnem-se, procurando um ponto de convergência, para que se alcance a colaboração, eliminando as barreiras interpessoais de comunicação pelo esclarecimento e compreensão de suas causas.

A equipe passa a autoavaliar o seu comportamento por intermédio de determinadas variáveis, como: o grau de confiança entre os participantes, comunicação existente entre eles, grau de apoio recíproco, compreensão dos objetivos da equipe, tratamento dos conflitos dentro da equipe, utilização das habilidades dos participantes, métodos de controle.

5.6 Organização do Trabalho

A organização do trabalho é fundamentada nos seguintes elementos:

Simplificação do Trabalho – A simplificação do trabalho tem sido definida como a análise sistemática de todos os fatores que afetam ou afetarão o trabalho, a fim de economizar recursos. Procurar uma maneira mais simples de fazer o trabalho, tornando-o mais rápido, menos cansativo, menos dispendioso e, consequentemente, mais produtivo é o que se chama de simplificação do trabalho. Esta filosofia se fundamenta nas seguintes premissas:

- Há sempre uma maneira melhor de se executar uma tarefa.
- A melhor maneira jamais é conseguida, ela deve ser um desafio.
- A simplificação do trabalho pode ser aplicada, se houver interesse em economizar recursos.
- O trato sistemático e ordenado dos problemas de trabalho produzirá melhores resultados do que um tratamento casual ou impulsivo.

Divisão do Trabalho – A divisão do trabalho pode ser analisada sob dois aspectos: o individual e o coletivo. A divisão do trabalho será feita de acordo com a posição que cada participante ocupa na estrutura organizacional e as relações mantidas entre eles. Cada indivíduo ou grupo realiza um tipo de atividade.

Posto de Trabalho – A organização do posto de trabalho consiste em determinar um lugar para cada coisa, de modo mais eficiente.

Estudo do Trabalho – O estudo do trabalho desenvolve-se no sentido de melhor utilização (otimização) dos recursos à disposição da empresa. Os objetivos do estudo do trabalho, para o consequente aumento de produtividade, são: melhorar os métodos de trabalho, melhorar a distribuição das tarefas e determinar o rendimento do trabalho. Durante a crítica do método existente é necessário ter uma atitude interrogativa e imaginativa. O senso comum deve prevalecer, para efeito de economia e de operacionalidade.

Custo e Rendimento do Trabalho – Quando se elabora o novo método de trabalho, além da sua exequibilidade, é preciso fazer uma estimativa do custo da sua implementação e do rendimento a mais que ele dará, fazendo-se, inclusive, o cálculo da amortização dos gastos que serão necessários na implantação.

Análise do Trabalho – A análise de distribuição do trabalho tem por finalidade avaliar as tarefas de um grupo, eliminar as atividades supérfluas e distribuir as tarefas necessárias, de forma a conseguir maior efetividade. Tal análise segue as seguintes fases: Análise das tarefas individuais; Grupamento das tarefas em atividades; Elaboração do quadro de distribuição de tarefas; Análise do quadro de distribuição de tarefas.

Agenda de Trabalho – Assunto já abordado.

Tempo do Trabalho – O tempo deve ser considerado um aliado e não um inimigo do homem. Assim, qualquer uso mais efetivo do tempo tem de começar com um controle. Fazer uma lista do que é preciso fazer, priorizar os itens, ajuda o trabalho do administrador.

Automação do Trabalho – Automação significa a transferência de atividades de controle, regulagem e correção de processos feitos pelo ser humano para equipamentos cibernéticos. As máquinas automáticas são capazes de realizar uma sequência de operações até certo ponto semelhantes aos processos mentais humanos, podendo ainda corrigir erros que ocorram no curso de suas operações, seguindo critérios preestabelecidos.

5.7 Fatores Organizacionais

Como fator é aquilo que contribui para um resultado, a seguir, são mostrados alguns fatores que devem ser considerados, quando da construção ou desenvolvimento de uma organização:

Humano – Uma organização depende da qualidade, do valor e da integração das pessoas que nela trabalham. A ênfase central de Drucker é na realização do ser humano, porque ele só se realiza sendo produtivo. Organizações são importantes, porque são os instrumentos para que as pessoas sejam produtivas. A administração é que faz com que a organização cumpra o seu papel, isto é, a missão para qual foi criada.

Cultura – Uma organização deve levar em consideração o conhecimento de sua cultura organizacional, conceituada como um conjunto de crenças, hábitos, tradições, valores, normas e regulamentos predominantes, que caracterizam os processos interativos pessoais nas operações do dia a dia da organização. A definição de cultura organizacional procura explicar que a única maneira viável de mudar os sistemas, dentro dos quais as pessoas estão inseridas, é alterar sua cultura e o seu comportamento.

Clima – Uma organização deve cuidar do clima organizacional que retrata a qualidade (propriedade) do seu ambiente psicológico. Em decorrência do estado motivacional das pessoas, este clima pode ser positivo ou negativo, quando é favorável, receptivo e agradável ou quando é desfavorável, frio e desagradável. A organização começa a se desintegrar, geralmente, em função de um clima negativo.

A seguir, são colocadas, como exemplos, algumas ações desastrosas que afetam a organização, acarretando problemas: Não comunicar; Não escutar; Não liderar; Não interagir; Não agir; Não reconhecer; Não recompensar; Não comemorar.

Linguagem – A linguagem é uma instituição psicológica que somente surge e evolui na vida social. Na linguagem organizacional saber se comunicar com subordinados, superiores e pares é de fundamental importância. Nela é a inteligência verbal que resolve os problemas de conflitos e mal-entendidos. A inteligibilidade ou clareza de um texto, em geral, está relacionada com frases curtas e harmônicas, uso de verbos na voz ativa, utilização de vocabulário simples (não técnico), eliminação de palavras desnecessárias.

O objetivo da linguagem é oferecer o formalismo e a precisão para o bom entendimento entre as pessoas da organização. Portanto, todos os participantes devem utilizar-se de uma terminologia apropriada ao contexto organizacional.

5.8 Estrutura Organizacional

Etimologicamente falando, estrutura vem do termo "struere" que significa construir. A estrutura é o conjunto integrado de elementos suportes que formam o arcabouço sobre o qual repousam as demais partes componentes de um sistema e que se relacionam no tempo e no espaço. A estrutura é a forma de combinar partes, configurar um arranjo que represente uma composição. Ela representa a integração das unidades operantes e a forma pela qual a autoridade é exercida.

Conseguir a estrutura certa é um objetivo meio utópico, tendo em vista a dinâmica da reorganização para atender ambientes cada vez mais turbulentos. A estrutura (desenho da organização) é a forma que ela toma para integrar seus recursos e atender estratégias.

O primeiro requisito da organização humana com vistas ao seu pleno desempenho é a sua estruturação. A estruturação é, portanto, a elaboração da estrutura que irá constituir a base da organização. Os objetivos da estruturação são muitos. Porém, os mais importantes são os seguintes:

- Criar organizações racionais que tenham o dimensionamento adequado às estratégias e aos recursos.
- Permitir que se crie uma rede de comunicação eficiente.
- Repartir a carga de trabalho entre as diversas especializações.
- Definir níveis e linhas de autoridade e subordinação de forma harmoniosa.
- Ter um mínimo de dispêndio para o seu desempenho.
- Reduzir a quantidade de níveis hierárquicos e a proliferação de órgãos de assessoria e linha.

A estrutura é a ferramenta que um administrador pode usar para permitir que uma organização prossiga, com sucesso, na execução da sua estratégia. A estrutura organizacional é o desenho organizacional que reúne cargos e funções, com base nos recursos disponíveis. A estrutura diz quem é quem na organização. Ela é a rede que mostra as atividades administrativas fluindo para atingir objetivos, metas e desafios. As organizações jovens e em desenvolvimento estão especialmente sujeitas, muitas vezes, à reestruturação.

As estruturas podem ser de diversos tipos, mas as mais importantes são por: Função; Território; Produto; Cliente; Linha de Produção; Equipe; Rede de Comunicação; Projeto.

5.9 Organograma

O desenho organizacional retrata a configuração estrutural da organização (empresa) e o seu funcionamento. Este desenho recebe o nome de organograma, que é um modelo esquemático representativo da divisão do trabalho desenvolvido pela organização. É um arranjo de figuras e linhas que mostram as diversas conexões existentes. Em um organograma está representada a correlação de poder, seja de um projeto ou de uma empresa.

O organograma oferece uma visão verticalizada das atividades, à medida que desdobra funções em outras funções menores. É útil ter-se uma configuração clara da estrutura organizacional, para que se possam efetuar os frequentes ajustes que se fizerem necessários. Portanto, ao planejar o desenho deve-se levar em conta as especializações, as limitações da autoridade funcional, as vias hierárquicas existentes, as linhas de subordinação e vinculação, os problemas de comunicação, as decisões conjunturais, os recursos disponíveis, por exemplo.

A estrutura organizacional assemelha-se a um edifício, que, quanto mais complexa for, precisará de um plano muito bem feito para funcionar.

O fato de uma organização possuir organograma, não significa necessariamente que ela seja suficientemente organizada. O organograma não é um fim em si mesmo, mas um meio de ajudar o funcionário a visualizar o posicionamento e as relações existentes entre os subsistemas de um sistema maior. Os organogramas devem refletir, melhor possível, a realidade da organização. Se não o fizerem com toda fidelidade poderão distorcer a compreensão e gerar decisões errôneas por parte daqueles que confiam nos gráficos.

Quando o desenho organizacional não está adequado às necessidades da organização, são frequentes as reorganizações e reestruturações que causam desconforto e insegurança.

O organograma tem por objetivo representar a organização formal, configurada na estrutura, cuja origem, geralmente, vem da estratégia, da contingência e do recurso. É composto por órgãos de linha e por órgãos de assessoria. Na elaboração de um organograma são importantes: a precisão, a estética e o equilíbrio distributivo. A seguir, um exemplo de organograma funcional do Departamento de Marketing:

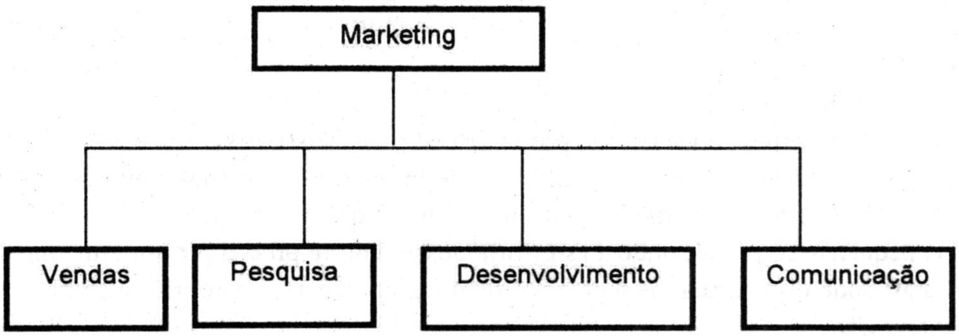

Figura 5.1: Organograma Funcional do Departamento de Marketing.

5.10 Hierarquia

Como já vimos, a Teoria da Hierarquia diz que, qualquer que for o sistema, há sempre uma hierarquia entre os subsistemas e um deles comandará os demais. Tal comando se distribui entre os diversos níveis de: autoridade, poder e conhecimento. É fácil entender esta teoria, porque entre duas pessoas, uma sempre estará no comando, podendo até ser de forma temporária. A organização, para atender seus objetivos, precisa de uma hierarquia que está fundamentada na autoridade de dar ordens. Esta hierarquia divide a organização nos níveis de autoridade chamados: institucional (estratégico), intermediário (gerencial) e operacional (técnico).

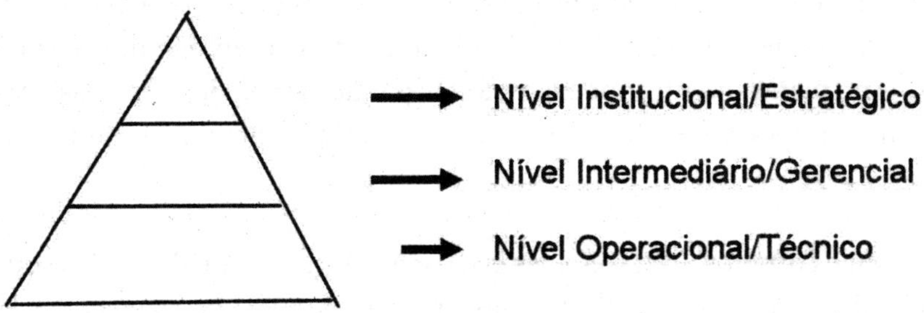

Figura 5.2: Níveis Hierárquicos.

O nível institucional é o nível da alta administração (presidência, diretorias). O nível intermediário é o nível que une o topo à base da organização (gerentes e supervisores). O nível operacional é o nível onde acontecem as atividades, operações, tarefas e movimentos. O Quadro, a seguir, mostra uma organização normal, relacionando nível hierárquico, órgão, cargo e desempenho.

Nível Hierárquico	Órgão	Cargo	Desempenho
Nível Institucional	Presidência	Presidente	Político
	Departamento	Diretor	Funções Organizacionais
Nível Intermediário	Divisão	Superintendente	Funções Organizacionais
	Setor	Gerente	Atribuições
Nível Operacional	Seção	Chefe	Atividades
	Subseção	Supervisor	Operações
	Turma	Encarregado	Tarefas
	Unidade	Funcionário	Movimentos

Quadro 5.1: Desempenho nos Níveis Hierárquicos.

5.11 Assessoria

O uso da assessoria (staff) que pode ser feita por intermédio de assistentes do executivo de linha ou de especialistas funcionais e permite aumentar a quantidade de informação que aquela posição na hierarquia pode processar. Existem duas restrições à utilização do staff como esquema integrativo. A primeira é o custo, principalmente, nas pequenas empresas, onde a assessoria quase sempre precisa ter um tamanho diminuto. A segunda é que o staff pode resolver alguns problemas de integração, mas ele próprio costuma criar um problema particular de integração.

A assessoria significa uma pessoa ou um grupo que dá conselhos, recomendações, sobre um assunto especializado a um órgão de linha. Um órgão de linha é caracterizado por ser uma unidade que tem a responsabilidade direta sobre as atividades que levarão a organização a atingir seus objetivos, isto é, cumprir a sua missão.

A natureza básica da assessoria como uma relação de aconselhamento caracteriza perfeitamente a ausência de autoridade da assessoria. A informação que fornece relatórios ou planos fluem para cima até seu superior, o qual decide se devem ser transformados em ação ou não. As atividades de assessoria incluem: provimento de informações pertinentes e relevantes; pesquisa e análise; estudos de previsão e avaliação de desempenho.

O trabalho dos assessores pode ser discutido com base nas funções administrativas que eles ajudam a desempenhar. Algumas unidades de assessoria devotam a maioria de seu tempo em seus esforços para uma função administrativa, tal como planejamento, por exemplo. A grande variedade de tarefas desempenhadas por assessores origina uma pergunta importante: De que modo a assessoria obtém e exerce autoridade para o desempenho de suas obrigações?

Quaisquer que sejam os direitos dos assessores estes são delegados por alguém superior. A assessoria está fora da estrutura básica de linha, da qual é auxiliar. Assessores são empregados para ajudar executivos a tomar decisões, por absoluta falta de tempo para fazer "tudo".

A diferença entre as funções de linha e de assessoria é que os executivos posicionados em linha têm prerrogativas de comando e o pessoal de assessoria não. A assessoria pode fazer qualquer coisa menos comandar, mas pode exercer uma grande influência. Ela torna possível a utilização de especialistas funcionais, sem violar a unidade de comando.

Pode-se afirmar que assessor é uma extensão do executivo em termos de tempo e de aspectos técnicos. Numa estrutura organizacional que tenha atividades de linha e assessoria podem surgir determinados conflitos.

As principais funções do staff estão relacionadas com atividades especializadas, como: contabilidade, compras, pessoal, pesquisa e desenvolvimento, processamento de dados, propaganda, assistência jurídica, métodos e processos, consultoria trabalhista, avaliação e acompanhamento de uma atividade, levantamento de dados, elaboração de relatórios, pesquisas de mercado, planejamento e controle financeiro, orçamento, processos de produção, manutenção de máquinas e equipamentos, controle de qualidade.

5.12 Arquivo

Arquivo é um conjunto de registros afins, colocados de forma ordenada e de fácil acesso. O meio de arquivar tais registros (dados, informações) pode ser: papel, acumulador, disco, fita, disquete, CD, filme. O ser humano pode guardar informações no cérebro por algum tempo, mas não por todo o tempo. Uma outra observação que se deve fazer é que todos os arquivos têm um caráter provisório (como tudo na vida) já que podem mudar de meio, isto é, serem construídos com tecnologia de última geração.

O registro de tudo que for julgado importante e útil deve ser feito em arquivos, para que possa ser acessado no futuro. O registro é a justaposição de dados selecionados a um mesmo fato, com a finalidade de permitir o processamento, tendo um significado completo e determinado. Assim, na movimentação de uma conta bancária, por exemplo, veríamos que o registro é constituído de, no mínimo, o número da conta e o valor representativo dessa movimentação.

Similarmente, numa movimentação de um estoque de materiais, o registro é composto de, no mínimo, um código e material movimentado em quantidade e valor monetário.

No processamento de dados, é comum a necessidade de se agrupar diversos conjuntos de informações a fim de facilitar e dar maior velocidade às operações efetuadas sobre esses dados. Surge, então, novos conceitos de registro: O Registro Físico e o Registro Lógico.

Um exemplo de registro físico é disco e um exemplo de registro lógico é valor. Quanto à maneira de arquivar, os dados podem ser por: ordem (alfabética, cronológica), clientela (consumidores, fornecedores, usuários, funcionários, colaboradores, parceiros, concorrentes), região, assunto, função organizacional.

É importante que todas as pessoas procurem entender que não é preciso começar do zero, pois, por mais difícil que possa parecer sobre fontes de consulta para um projeto, é importante que se diga que sempre existem estudos anteriores. É só procurar e ter paciência de pesquisar e guardar documentos que servirão no futuro (arquivos de gaveta, arquivos de computador).

Os elementos mais importantes em um arquivo são:

Endereço – É preciso saber onde acessar um arquivo e qual o meio utilizado.

Segurança – A fim de evitar que um arquivo sofra um acidente, destruição total ou alteração de seu conteúdo, tomam-se determinados cuidados, tais como: manter sempre cópias do arquivo em meios diferentes e sempre armazenar as alterações ocorridas no arquivo inicial.

Os principais dados a serem guardados estão nos seguintes tipos de arquivo:

Arquivos de Resultado: Atas de Reunião; Balancetes; Balanços Patrimoniais; Demonstrativos de Resultado; Entrevistas; Relatórios.

Arquivos de Divulgação: Cartas; E-mails; Convites; Filmes; Fotos; Encartes; Releases; Malas Diretas; Jornais; Folders; Cartazes; Prospectos; Portfólios; Catálogos; Desenhos.

Arquivos de Operações: Manuais; Planos; Listagens; Programas; Relação de Telefones; Mail Listing (endereços para postagem nos correios); Relação de Serviços Profissionais; Cadastros; Projetos; Políticas; Procedimentos; Modelos; Formulários; Planilhas; Ordens de Serviço; Carteiras de Pedidos; Orçamentos; Recibos; Cronogramas; Fluxogramas.

Arquivos de Custos: Custo do Produto; Custo Fixo; Custo Variável; Custo Total.

Arquivos de Preços: Tabela de Preço; Cálculo do Preço do Produto; Tabela de Desconto; Mark-ups; Margem de Lucro.

Arquivos de Negociação: Contratos Sociais; Contratos de Prestação de Serviços; Contratos de Locação; Propostas; Pautas de Discussão; Agendas.

Arquivos de Contas: Caixa; Bancos; Despesas de Instalação; Contas a Pagar; Contas a Receber; Disponível; Patrimônio; Conta Capital.

Arquivos de Controles Contábeis: Estoque; Faturamento; Inventário; Fluxo de Caixa; Vendas; Vendas por Vendedor; Vendas por Produto; Notas Fiscais; Faturas.

5.13 Correspondência

Correspondência é o meio de comunicação escrita trocada entre órgãos da empresa ou externos a ela, com o objetivo de informar, documentar e formalizar: uma providência, uma decisão ou uma solução de um determinado assunto, situação ou problema, respectivamente. Em sentido genérico, a correspondência significa ação relativa à pessoa que envia um apelo, pedido ou ato que lhe vem de outra pessoa, mesmo que esta esteja por trás de uma máquina. Por ampliação de sentido, passou a designar todo o conjunto de instrumentos da comunicação escrita.

O conceito de correspondência abrange maior quantidade de pormenores, tanto que na correspondência empresarial deve-se observar um conjunto de normas que orientam a elaboração e a circulação de papéis e documentos necessários ao comércio e à indústria. Esses papéis visam criar e manter relações de negócios.

As correspondências no mundo corporativo são:

Correspondência Administrativa – A correspondência administrativa utiliza a mesma construção da linguagem literária, embora observe certos preceitos que contribuem para sua caracterização de linguagem e consecução de objetivos. Tal correspondência é vista como uma comunicação escrita no âmbito da organização, isto é, intraorganizacional ou no ambiente de mercado, isto é, interorganizacional.

Correspondência Comercial – Numa economia existem dois grandes blocos voltados para os negócios. A produção cria bens, serviços e ideias e o comércio se ocupa da transferência, movimentação, distribuição, compra, venda e propriedade dos produtos. A maior importância da correspondência comercial reside no fato de que ela serve como instrumento para fechamento de negócios. Deve, por isso, propor negociações que levem a bom termo e criar uma imagem positiva das partes. Não deve, portanto, ser utilizada para assuntos irrelevantes ao setor em que a empresa atua.

A correspondência comercial serve ainda como: agente de relações públicas e canal de comunicação com consumidores e usuários, para produtos e marcas.

5.14 Documentação

A documentação pode ser considerada como um conjunto de informações relativas a um fato, um problema, uma situação, um plano, um resultado, uma política, uma previsão, uma decisão, uma estratégia, uma estrutura, um projeto, por exemplo. Não se deve jamais perder de vista o fato de que a documentação é a ponte entre os especialistas e os generalistas, e que, por isso, deve ter uma sólida e clara estrutura.

A simples acumulação de cartas, formulários, diagramas e relatórios, de modo algum, transmitirão a terceiros, o sentido e o funcionamento da empresa. Por isso, é necessário que os documentos sejam grupados em conjuntos lógicos e acessíveis àqueles que farão uso dos mesmos, isto é, arquivos. Uma empresa que não tenha uma documentação acessível e logicamente organizada terá imensas dificuldades para conhecer o passado e projetar o futuro. Muitas vezes, a documentação passa a ser um fator crítico de sucesso.

Embora a documentação atualizada seja fator primordial, em qualquer fase do desenvolvimento empresarial, ela passa a ser um fator competitivo, quando adentramos na operação e na manutenção de máquinas, equipamentos e sistemas.

Não traz resultados positivos para o estudo ouvir aulas, por mais brilhantes que sejam, nem adianta ler livros clássicos e célebres. Só tem algum valor a documentação que puder estar à disposição em qualquer momento. Portanto, a documentação de tudo o que for julgado relevante e útil, em função do estudo e do trabalho, deve ser arquivada (meios densos, papéis).

Do ponto de vista técnico e enquanto método pessoal de estudo, pode-se falar que a documentação pode ser classificada em:

- Documentação Temática – Visa coletar elementos relevantes para o estudo em geral ou para a realização de um trabalho em particular, sempre dentro de determinada área.
- Documentação Bibliográfica – Constitui um acervo de informações sobre livros, artigos e demais trabalhos

que existem sobre determinados assuntos.

- Documentação Geral – É aquela que organiza e guarda documentos úteis, retirados de fontes, tais como: jornais, revistas, textos.

5.15 Documento

Documento é o registro material de determinado conhecimento que se possa utilizar para consulta, estudo ou prova. Assim, só se pode avaliar, de forma solidamente estruturada, se temos uma documentação pertinente, quando a mesma ajudar na ação administrativa. Um documento pode ser considerado como qualquer informação, sob a forma de: textos, imagens, sons, sinais, gravações, pinturas, por exemplo, que fundamenta um determinado estudo.

Julgamos conveniente apresentar o conceito de documento, formulado pela Union Française des Organismes de Documentation, por nos parecer o mais preciso e completo: *Documento é toda base de conhecimento fixado materialmente e suscetível de ser utilizado para consulta, estudo ou prova.*

Como tudo na vida, os documentos têm suas vantagens e desvantagens:

Vantagens do Documento: O documento, por ser escrito, dá mais segurança e formaliza o ato, a ação, o objetivo, a missão, a filosofia, a decisão, a estratégia, a tática, a estrutura, o plano, a política, o procedimento, o projeto; O documento serve de guia para a dissipação de dúvidas, conflitos e restrições legais; O documento serve para registrar informações, conclusões, tendências, pesquisas, previsões, negociações; O documento serve de instrumento de poder sobre a propriedade de qualquer objeto; O documento determina quem é quem na organização, estabelecendo limites de atuação e de poder.

Desvantagens do Documento: O documento burocratiza a empresa, castrando o contato pessoal e a criatividade; O documento escraviza o ser humano a regulamentos, colocando de lado a figura do líder e exaltando a do chefe; O documento centraliza o poder de decidir; O documento pode tornar o usuário apenas um meio e não um fim; O documento traduzido enfoca um ambiente diferente, fazendo com que o administrador tenha os pés no país de origem e a cabeça no exterior.

Os documentos podem ser classificados em:

Documentos de Projeto: Planilhas, Quadros, Tabelas, Árvores de Decisão, Cronogramas, Fluxogramas, Matrizes, Formulários, Questionários, Gráficos, Diagramas, Modelos, Sinopses, Figuras, Ilustrações.

Documentos Operacionais: Agendas de Trabalho, Agendas de Reunião, Relatórios, Manuais, Projetos, Planos, Políticas, Programas.

Documentos Legais: Estatutos, Legislações, Regulamentos, Regimentos, Portarias, Regulamentações Governamentais.

Documentos Correntes: Duplicatas, Cheques, Promissórias, Boletos de Pagamento, Atas de Reunião, Propostas, Contratos.

5.16 Objetivo

Objetivo é o alvo (situação, resultado) que se pretende atingir, dentro de certo espaço de tempo. Ele determina a direção e o sentido para onde se deve concentrar esforços e recursos de toda a sorte. Os objetivos indicam a missão precípua da organização, isto é, aquilo para a qual foi criada, e constituem uma fonte de legitimidade que justifica suas atividades e, na verdade, até sua existência. Também servem como padrões, através dos quais os membros de uma organização podem avaliá-la.

Como é comum se fazer confusão entre objetivo, propósito, meta e desafio, a seguir os conceitos de:

Propósito: Objetivo mais esclarecedor, geralmente de aspecto setorial e de finalidade bem específica. O propósito é o elemento vital do objetivo, porque dá ao mesmo um significado e mostra a intenção.

Meta: Objetivo quantificado e/ou qualificado, sendo, em geral, de curto prazo com responsabilidades definidas. A ausência de metas conduz as pessoas da organização a uma atitude passiva (ou reativa). As metas ajudam a orientar, melhorar e motivar os recursos humanos.

Desafio: Objetivo perfeitamente quantificado e com prazo definido. Para realizar um desafio a organização terá de fazer um esforço extra, às vezes, com mudanças no seu comportamento, na estratégia e nos seus recursos.

Os objetivos são importantes, porque identificam os primeiros passos do planejamento. Se estes são vagos e indefinidos, como planejar? Objetivos mal definidos levam a organização ao fracasso. Em muitas empresas, se você pedir a alguns executivos que descrevam os seus principais objetivos, tem-se um número elevado de respostas confusas e conflitantes que podem criar uma série de problemas para a organização, como o desperdício de: dinheiro, horas de trabalho e recursos. Eles são a base para as principais atividades, isto é, são as fundações onde se assentam a estrutura da organização.

Não é suficiente definir objetivos, mas também os recursos e as ações necessárias para alcançá-los. Deve-se também definir as prioridades desses elementos, com clareza, sem ambiguidades.

Os objetivos de uma organização (empresa) são estabelecidos, principalmente, em função da missão e da visão estratégica que têm os seus dirigentes. Objetivos podem ser formulados, em termos amplos e abstratos, como: aumentar a participação no mercado consumidor, aumentar a produção com os mesmos recursos disponíveis, diminuir custos operacionais, manter os custos financeiros, elevar o índice de liquidez da empresa.

Aquele que for encarregado do estabelecimento de objetivos deve ter: objetividade, conhecimento, flexibilidade e senso comum.

O estabelecimento de objetivos deve ser pautado pelos seguintes princípios:

- Entender o estabelecimento de objetivos como um processo.
- Estabelecer consenso entre: proprietários, dirigentes e empregados.
- Considerar governos, mercados, ambientes e clientes.
- Construir os objetivos de maneira clara, explícita, específica e mensurável, sem subjetividades.
- Questionar: o quê, quanto, como e quando atingir?
- Representar esperanças factíveis de realização.

- Ser congruente com os recursos da organização.
- Atender atividades e não pessoas.
- Fazer parte de um programa, planejamento, plano ou projeto.
- Ser comunicado, com certa margem de manobra (risco e mudança).

Na prática, os objetivos são, frequentemente, estabelecidos num complicado jogo de poder, que inclui diversos indivíduos e grupos, dentro e fora da organização. Muitos fatores entram em choque, tais como interesses pessoais e personalidades. Um outro fator a considerar é o ambiente externo, sob o qual não temos controle algum.

5.17 Tipos de Objetivos

Como os objetivos são inúmeros, a seguir, são colocados alguns exemplos, com seus respectivos conceitos, dentro de uma determinada classificação:

A) Quanto ao Desempenho:

Objetivo Econômico – É o objetivo voltado para crescimento, rentabilidade, produtividade, desenvolvimento de produto, custo, aplicação de tecnologia, atendimento do mercado.

Objetivo Social – É o objetivo voltado para a qualidade de vida das pessoas da organização, amparo à comunidade onde a organização habita e qualidade do serviço prestado à sociedade.

Objetivo Administrativo – É o objetivo que dá vida e poder para que a organização funcione, além de justificar sua existência e sua autoridade, diante da sociedade, pelos resultados positivos que alcança.

Objetivo do Projeto – É o objetivo para atender as solicitações de consumidores e usuários.

Objetivo de Crescimento – É o objetivo que se caracteriza pela superação das dificuldades internas e externas. Pode ser difícil e oneroso para a organização na medida em que envolve investimentos e mudanças estruturais. Mas, por que será, então, que mesmo as organizações consideradas estáveis, desejam crescer?

Objetivo do Negócio – É o objetivo orientado a mostrar a empresa como uma organização, que cria e entrega bens, serviços e ideias; que deve satisfazer a clientela, para poder sobreviver no mercado.

Objetivo da Franquia – É o objetivo voltado a otimizar o canal de distribuição de produtos.

Objetivo da Inovação – É apresentar algo novo para o mercado.

Objetivo da Produtividade – É o objetivo que visa otimizar o uso do recurso.

Objetivo do Formulário – É o objetivo que estabelece quais os dados e informações devem ser registrados e processados na tarefa (atividade) considerada.

Objetivo do Gráfico – É o objetivo que visa apresentar dados numéricos em forma visualmente simples, legível e interessante.

Objetivo do Modelo – É o objetivo que visa representar uma situação numa linguagem simbólica.

Objetivo da Hipótese – É o objetivo que estabelece critérios para avaliar a qualidade da análise da situação (problema).

B) Quanto à Atuação:

Objetivo Estratégico – É o objetivo global e amplo da organização (nível institucional) com expectativa de longo prazo.

Objetivo Tático – É o objetivo relacionado às funções operacionais (nível departamental) com expectativa de médio prazo.

Objetivo Operacional – É o objetivo específico e imediato, relacionado às tarefas e operações com expectativa de curto prazo.

Objetivo Real – É o objetivo que concretamente se pretende chegar ou realizar.

Objetivo Proclamado – É o objetivo que se diz (escreve) nominalmente o que atingir, quando na realidade a intenção é outra. Prática muito comum entre governantes.

Objetivo Oficial – É o objetivo documentado e aceito pelos membros da organização.

Objetivo Derivado – O objetivo derivado, como o nome diz, é estabelecido em função de um outro, geralmente, superior. Assim, objetivos estratégicos de marketing implicam objetivos do Departamento de Vendas.

Objetivo Múltiplo – Objetivo múltiplo é objetivo que atende a várias empresas de um conglomerado ou, ainda, aquele de uma empresa, mas que vale para os seus diversos departamentos, isto é, se aplica em grupos diferentes, que têm propósitos comuns.

C) Quanto ao Tempo:

Objetivo de Curto Prazo – É o objetivo para ser atingido no máximo em um ano.

Objetivo de Longo Prazo – É o objetivo para ser atingido no mínimo em um ano.

D) Quanto às Funções Organizacionais:

Objetivo de Produção – É o objetivo do setor produtivo da organização, tendo como preocupação a otimização dos recursos.

Objetivo de Marketing – É o objetivo voltado para criar e manter consumidores.

Objetivo de Finanças – É o objetivo voltado para a liquidez da organização e retorno do investimento.

Objetivo do Treinamento – É preparar mão de obra para determinadas atividades.

Objetivo do Sistema de Informação – É o objetivo que visa fornecer informações adequadas e oportunas a fim de que cada um possa desempenhar suas funções.

Objetivo do Desenvolvimento Organizacional – É o objetivo que visa aplicar o conhecimento da ciência do comportamento à moldagem dos processos de formação de grupos e das relações intergrupais, a fim de assegurar a eficácia organizacional.

Objetivo das Relações Humanas – É o objetivo que visa, na empresa, a motivação e o interesse pelo trabalho, para que o mesmo seja o melhor possível.

Objetivo da Logística – É otimizar os recursos dos canais de distribuição, reduzindo custos sempre que possível.

Objetivo de Vendas – É buscar o máximo de faturamento, fidelizando a clientela.

Objetivo do Arranjo Físico – É o objetivo que visa atender ao fluxo ou rotina do trabalho, de modo que haja uma circulação normal, permitindo caminhos curtos e seguros, facilitando a movimentação dos recursos físicos e materiais.

E) Quanto às Funções Administrativas:

Objetivo do Controle – É o objetivo que visa identificar e localizar problemas, falhas, erros, desvios, distúrbios, desperdícios, promovendo ao mesmo tempo a uniformidade e a correção, ao registrarem-se as operações.

Objetivo da Decisão – Ser a mais inteligente possível.

Objetivo da Comunicação – O objetivo da comunicação é fazer com que as partes tenham a mesma linguagem, com entendimento.

Objetivo da Análise – Objetivo da análise visa apontar: falhas estruturais; métodos, técnicas e procedimentos mal definidos; desperdícios; controles insuficientes; carga de trabalho mal distribuída; inadequabilidade de meios e recursos; rotinas ineficientes; estratégias mal formuladas; falta de conhecimento adequado.

Objetivo da Pesquisa – O objetivo da pesquisa visa descobrir respostas para perguntas, por meio do emprego de questionários e formulários.

Objetivo da Direção – Executar aquilo que foi planejado.

Objetivo da Avaliação – comparar resultados obtidos com padrões desejados.

Objetivo do Planejamento – É o objetivo que visa ajudar a definir objetivos realizáveis, com prazos factíveis, por meio do conhecimento dos pontos fortes e fracos da organização.

F) Quanto à Entidade:

Objetivos Pessoais – São os objetivos que retratam as expectativas e necessidades dos que trabalham na organização.

Objetivos Organizacionais – São os objetivos que asseguram a sobrevivência da organização.

Objetivos Empresariais – Os objetivos empresariais satisfazem às necessidades da sociedade.

Objetivos Departamentais – Os objetivos departamentais ajudam a mostrar o melhor aproveitamento dos recursos existentes, também apontando quais recursos precisam se adquiridos.

5.18 Valores Organizacionais

O valor pode ser considerado como crença, qualidade ou mérito a respeito de algo importante, sendo um dos pilares que norteia a filosofia de uma organização ou de um indivíduo. Assim, é preciso compreender o valor sob a perspectiva do consumidor, pois o valor de um produto, muitas vezes, é dado por aquilo que o usuário percebe nele. O valor de uso está associado à utilidade que um bem tem para o consumidor. Já o valor de troca é dado pelo mercado.

A seguir, são listados alguns valores ligados ao produto:

Valor do Produto – Há uma preocupação da empresa em saber que valor o consumidor dá a um determinado produto, sendo muito comum se falar na relação custo/benefício.

Valor Agregado do Produto – O produto cresce em função de valores que se pode agregar ao mesmo, tais como: maior durabilidade, melhor serviço prestado, maior tempo de garantia, melhor utilização, melhor desempenho, melhor tecnologia de construção. Todo e qualquer valor que se agregue a um produto é traduzido por uma maior confiança do consumidor.

Valor Percebido do Produto – É muito comum usar-se de artifícios, que se chamam "*apelos*", para fazer com que o consumidor veja o produto de forma aumentada.

Valor Empresarial do Produto – A empresa vê o produto sob determinados enfoques, como: Econômico (oferta, demanda, custo); Financeiro (lucro, liquidez, retorno); Operacional (produção, produtividade, tecnologia); Mercado (consumidores, vendas, fatia de mercado).

Valor de Mercado do Produto – Valor dado em função do equilíbrio entre a oferta e a procura. Assim, os preços caem quando a oferta aumenta, e vice-versa. Da mesma forma, quando a procura aumenta os preços sobem, e vice-versa.

Valor Concorrente do Produto – Valor que se diferencia, em função do grau de concorrência. Teoricamente, são possíveis quatro graus de concorrência: Pura (perfeita); Monopólio; Imperfeita; Oligopólio.

Valor do Produto Entregue ao Consumidor – Este valor é dado pela fórmula:

Valor Entregue ao Consumidor = Preço de Mercado + Valores Agregados – (Preço Pago + Gastos de Aquisição).

Onde:
Preço de Mercado = Preço máximo que o mercado pode pagar
Valores Agregados = Valores adquiridos com a compra do produto, tais como imagem, benefícios, status.
Preço Pago = Valor de compra
Gastos de Aquisição = Gastos de Tempo + Gastos de Energias Física e Psíquica

5.19 Funções Organizacionais

O estudo das funções organizacionais é imprescindível, considerando que os órgãos e as instituições só devem existir, havendo funções que lhes justifiquem a existência e lhes discipline a ação. Mesmo estudando as funções isoladamente, é necessário considerar que elas agem e interagem de forma global, existindo, sempre, uma ação integradora que busca a sinergia funcional de todo o sistema.

O principal objetivo do estudo dessas funções é permitir a compatibilização e coordenação de esforços cooperativos e a eliminação de tudo aquilo que for desnecessário.

As funções organizacionais são classificadas em:

A) Funções Organizacionais Primárias – São funções essenciais à vida e ao desenvolvimento da organização. Englobam as funções e atividades envolvidas diretamente no ciclo de transformação de recursos em produtos e de sua colocação no mercado. Pertencem a esta categoria as funções:

Função Econômica – É a função de produzir bens e serviços e de manter o equilíbrio entre a organização e o ambiente.

Função Marketing – É a função relativa à identificação das necessidades de mercado, bem como a colocação de bens, serviços e ideias junto ao público, devendo, ainda, criar e manter consumidores.

Função Produção – É a função relativa à transformação das matérias-primas e insumos em produtos a serem colocados no mercado.

B) Funções Organizacionais Secundárias – São funções auxiliares e acessórias que proporcionam os meios para que os recursos sejam operacionalizados e controlados. Pertencem a esta categoria as funções:

Função Financeira – É a função relativa a planejamento, captação e gestão dos recursos financeiros, envolvendo também os registros contábeis das operações realizadas nas empresas e seus respectivos orçamentos.

Função Logística – É a função relativa ao suprimento de materiais (máquinas e equipamentos), armazenagem, movimentação e distribuição física de produtos.

Função Qualidade – É a função relativa a atender às exigências ou adequações dos clientes da organização.

É uma espécie de sistema voltado para conseguir, em primeiro lugar, a satisfação dos consumidores, tendo a participação de todas as áreas e indivíduos e, em segundo lugar, acompanhar as atividades da empresa desde o planejamento até o fim da vida útil do produto vendido.

Função Pessoal – É a função relativa ao atendimento dos funcionários, ao planejamento das necessidades de mão de obra, treinamento, política de benefícios e obrigações legais.

Função Serviço – É a função relativa ao transporte de pessoas, manutenção e limpeza dos escritórios, documentação, arquivos, patrimônio imobiliário da empresa, serviços jurídicos, segurança e alimentação.

Função Vendas – É a função que envolve persuadir uma pessoa a comprar determinado produto.

Função Sistemas – É a função do tratamento da informação (dado) e de sua comunicação, englobando a análise de sistemas, o processamento de dados e os bancos de dados.

Função Desenvolvimento – É a função voltada para a pesquisa, criação de novos produtos, aplicação de tecnologia e aquisição de conhecimento (capital intelectual).

C) Funções Organizacionais Terciárias – São as funções sociais que visam manter a satisfação dos participantes da organização, isto é, manter o equilíbrio interno (organização) e externo (sociedade). Pertencem a esta categoria as funções social e pública.

Além dessas funções organizacionais, ainda, podemos considerar as seguintes funções: comercial, contábil, custos, material, informática, segurança, manutenção, tecnologia, jurídica.

Teste de Aferição de Conhecimento

01 – Organização é:
( ) Reunião de pessoas
( ) Recursos reunidos para atingir objetivos
( ) O mesmo que empresa

02 – A organização é um sistema:
( ) Aberto ( ) Fechado ( ) Não é um sistema

03 – Por que uma organização tem de ser regida por princípios?
( ) Para sobreviver ( ) Para ter a melhor performance possível ( ) Não tem que ter

04 – O trabalho em equipe é fácil de se conseguir?
( ) Sim ( ) Não ( ) Muito fácil ( ) Impossível

05 – Dentre os fatores organizacionais qual é imprescindível?
( ) Humano ( ) Clima organizacional ( ) Cultura organizacional ( ) Estrutura

06 – Um objetivo perfeitamente quantificado e com prazo definido é:

( ) Propósito ( ) Meta ( ) Desafio

07 – A estrutura organizacional segue:
( ) A estratégia ( ) O ambiente ( ) A ocasião

08 – Para se manter viva a estrutura organizacional deverá:
( ) Se adaptar ao ambiente ( ) Ser congruente com as táticas da organização
( ) Atender os consumidores ( ) Atender aos interesses dos diretores

09 – Dentre os problemas da estrutura organizacional, qual o maior?
( ) Flexibilidade ( ) Comunicação ( ) Delegação ( ) Excesso de informação

10 – O desenho organizacional mostra:
( ) Correlação de poder ( ) Uma configuração estática
( ) Uma configuração dinâmica ( ) Um arranjo de figuras e linhas

Capítulo 6

Comportamento Humano

"A regra da igualdade não consiste senão em aquinhoar desigualdade a desiguais, à medida que se desigualam. Tratar com igualdade seria desigualdade injusta e flagrante, e não igualdade real e justa".
Ruy Barbosa

Objetivos do Capítulo

- Mostrar ao leitor que o comportamento humano em uma organização pode afetar o seu futuro.
- Mostrar fatores que estão presentes na dinâmica do comportamento organizacional.
- Mostrar aspectos que influenciam o comportamento do indivíduo diante do grupo, da organização e da sociedade.
- Mostrar como as necessidades humanas moldam o comportamento dos seres humanos.

6.1 Conceito de Comportamento

Comportamento pode ser traduzido como uma conduta, maneira de agir, uma reação, uma atitude diante de uma pessoa, organização ou ambiente. Se uma pessoa reage contra uma decisão organizacional, por exemplo, diz-se que ela tem um comportamento negativo. Mas, um comportamento negativo nem sempre é um problema, pode ser inovador. Os problemas comportamentais de um indivíduo podem advir da falta de atendimento das necessidades humanas (fisiológica, segurança, social, estima, independência, realização, poder, atuação, afiliação).

Ao tratar do problema da variável humana na organização, James D. Thompson discorre que: "o ator humano é um fenômeno multidimensional, sujeito às influências de variáveis". As organizações tratam pessoas como indivíduos (características, aspirações, valores, comportamentos, objetivos) e como recursos (habilidades, conhecimentos).

Kurt Lewin observou que "o comportamento de um indivíduo estará em função da própria pessoa e do ambiente que a cerca" (Teoria de Campo). Como o homem é um sistema complexo, é difícil prever seu comportamento que pode ser proativo, reativo, cooperativo, adaptativo, produtivo, político, avaliador, social, motivador, resolutivo, objetivo, construtivo. Seu comportamento será ditado pelas suas necessidades.

O estilo comportamental de um homem, no exercício da função administrativa direção, é em grande parte determinado por sua formação e personalidade. O engenheiro é mais preciso e formal do que um homem com formação no setor de vendas. O vendedor será agressivo e, por natureza, será também sensível às sugestões dos outros, pois aqueles que sabem persuadir podem ser persuadidos.

Quando se estudam os indivíduos e os grupos dentro de uma organização, estamos estudando o comportamento da organização, em função de um estilo administrativo, que, se mudado, pode alterar o futuro da organização.

Hoje, afetado pela tecnologia digital da informação, o comportamento humano na organização está sendo redefinido.

O comportamento organizacional surgiu, como objeto de estudo, na década de 1960, e se trata de um conjunto de teorias extraídas de: pesquisas, leis naturais e movimentos artísticos.

Dificilmente uma questão importante nas empresas deixa de apresentar implicações comportamentais. Todos nós já vivenciamos organizações sem estratégias, planos e projetos. Porém, ninguém viu uma organização sem comportamento.

O fracasso da organização não pode ser atribuído ao mercado. O insucesso da mesma é, com certeza, uma falha administrativa. Não se trata da falta de recursos ou de informações, mas é uma questão de comportamento apropriado ao ambiente de negócios.

Cada vez mais se exige das pessoas velocidade em suas atividades.

6.2 Elementos do Comportamento

A seguir, abordaremos alguns elementos, que ajudarão a entender o conceito de comportamento:

Leis do Comportamento – Aquele que lida diretamente com o público deve considerar os seguintes aspectos do comportamento:

- A experiência é diretamente proporcional ao volume de projetos fracassados.
- O tempo necessário para um sábio influenciar um ignorante é inversamente proporcional ao hiato do conhecimento mútuo.
- A criatividade varia inversamente com a quantidade de pessoas no grupo.
- Abençoado aquele que atingiu o ponto de não retorno e sabe disso, porque ele pode gozar a vida.
- Abençoado aquele que não espera gratidão, porque ele não será desapontado.

Determinantes do Comportamento – Segundo Newman, o indivíduo pratica um ato, porque a satisfação que obtém da sua realização é maior do que o desconforto e o sacrifício envolvidos. Isto não significa, necessariamente, que as pessoas se comportem de maneira racional, baseada em uma análise lógica, muito pelo contrário. Motivos que são hoje considerados fortes podem amanhã serem fracos. Os hábitos desempenham um forte papel. A decisão será mais provavelmente influenciada por um ou dois fatores do que por uma análise cuidadosa. Não obstante, os prós e contras são importantes e devem ser considerados.

Classe Social – O comportamento dos indivíduos que pertencem a uma mesma classe social é relativamente semelhante.

Problema Comportamental – Os problemas comportamentais derivam, principalmente, das seguintes variáveis: Estímulo; Interação; Integração; Sentimento; Interdependência; Cooperação; Absenteismo; Conflito; Assiduidade; Turnover; Satisfação; Frustração; Preconceito; Participação; Adaptação; Relacionamento; Expectativa; Motivação; Conflito; Mudança; Garra; Fadiga; Competição; Euforia; Clima Organizacional; Sucesso; Fracasso; Moral; Agravo; Insatisfação; Cultura Organizacional; Formação Escolar; Instrução; Diversidade.

Análise do Comportamento – A análise do comportamento objetiva buscar compreender as atitudes humanas, bem como achar paradigmas de comportamento que possam ser utilizados (copiados) nas organizações com sucesso.

6.3 Tipos de Comportamento

A) Quanto ao Estilo:

Comportamento Confiante – O comportamento confiante leva a um apoio social saudável e a relações seguras. Está relacionado a autocontrole (padrão interdependente de comportamento), sendo característico de indivíduos que administram bem o estresse.

Comportamento Independente – O comportamento independente limita a capacidade de estabelecer relações pessoais e interfere no sucesso em tarefas cooperativas.

Comportamento Dependente – O comportamento dependente interfere na capacidade do dirigente de usar seus pontos fortes e limita a capacidade de fazer sua parte em uma equipe (time).

Comportamento Ético – Há muitas definições de ética. Sua origem é grega e significa caráter. Mas, em geral, a palavra ética é tomada como sinônimo de moral. Assim, ética é a parte da filosofia que estuda a moralidade das ações humanas, isto é, se são boas ou más. Para que uma conduta possa ser considerada ética, é preciso levar em consideração a ação, a intenção e as circunstâncias, pois, se um desses elementos não for considerado no grupo em que o indivíduo está inserido, ele não tem um comportamento ético. Se alguém não tiver liberdade, ou estiver sob coação, não pode ter tal comportamento.

A prática da ética é uma das responsabilidades sociais dos homens de negócio. Este é problema universal. A cultura não ética recebe muita publicidade, sempre que descoberta, mas a maioria das práticas "sutis" permanece oculta dentro das estruturas organizacionais. Também é um problema muito difícil, porque não existe uma ciência da ética, baseada em princípios de aceitação geral.

Comportamento Habitual – Comportamento pautado, geralmente, em políticas, rotinas e procedimentos preestabelecidos.

Comportamento Conservador – O comportamento conservador é orientado para metas de curto prazo. Sua visão é voltada para dentro da organização. Evita riscos, postergando o reconhecimento de falhas. Seu comportamento é fundamentado em sistemas, normas, princípios e políticas, mantendo controle para tudo e todos.

Comportamento Empreendedor – O comportamento empreendedor é orientado para um horizonte mais amplo (metas de longo prazo). Sua visão é voltada para o mercado e seu controle é para acompanhar objetivos no atacado. É essencialmente orientado para a ação.

Comportamento Estratégico – É o comportamento do indivíduo, grupo ou organização, com uma visão de longo prazo.

Comportamento Defensivo – Devido à pressão psicológica sobre o dirigente para decidir a respeito do futuro da organização, é muito comum que o mesmo adote um comportamento defensivo, baseado nas seguintes explicações:

- Para se evitar o risco da incerteza, é que o ser humano se atém ao conhecimento já sedimentado.
- Fazer previsões é muito comum, desde que não conflitem com o senso comum.
- Em ambientes muito hostis, os atuais fatores precisam ser mais bem analisados e avaliados, devido às mudanças.
- Outra forma de não enfrentar o risco e a incerteza é definir objetivos organizacionais de forma ampla, ambígua e imprecisa, sem estabelecer um senso claro de direção futura e aceitando apenas o crescimento organizacional, naturalmente, concedido pelo ambiente.
- Estabelecer metas, para a organização, aquém de suas possibilidades, a fim de garantir aos dirigentes a segurança de que os resultados predeterminados serão realmente alcançados.

É da natureza humana resistir à mudança, isto é, querer ficar com o que você já possui, fazer mais e melhor aquilo que você já sabe fazer bem. Mas, isso apenas faz com que os gestores se recusem a admitir como definitivos os sistemas que utilizam. É responsabilidade do gerente começar a pensar a respeito e entender que trabalhar muito só poderá levá-lo a uma ignorância administrativa muito grande.

O mais importante no ser humano é pensar, para poder trabalhar com racionalidade e lógica.

B) Quanto à Função:

Comportamento do Executivo – Embora o comportamento executivo já tenha sido abordado, vale acrescentar que a grande diferença entre executivos e empresários é que os primeiros atuam num campo estritamente profissional, enquanto os segundos estão mais voltados para a macroeconomia. Justamente por isso, é difícil tirar deles posições convergentes. Todos concordam que é preciso ser generalista, ter jogo de cintura e, principalmente, muita informação.

Algumas observações são colocadas, a seguir, sobre o comportamento do empresário e o do executivo: o executivo arrisca mais, porque não é o seu patrimônio que está em jogo; na hora de decidir, o empresário precisa pensar mais e melhor do que o executivo; o executivo usa todo o seu instrumental técnico, mas, se der errado, os problemas dele serão menores do que os do empresário.

Assim, o executivo precisa questionar se o seu tempo está sendo bem utilizado e se o mesmo afeta o relacionamento com: superiores, subordinados e pares. O executivo ao assumir uma atribuição importante deve obter de seus superiores uma clara, concisa e inequívoca declaração, por escrito, de seus deveres, responsabilidades, relações, prestação de contas e âmbito da autoridade. Este documento é absolutamente essencial para que não faça mais tarde a humilhante e frustradora descoberta de que os parâmetros de seu serviço foram mudados, muitas vezes, sem que fosse avisado.

Para superar deficiências de comunicação, o executivo precisa não depender excessivamente de sua equipe de assistentes, muitos dos quais absolutamente não são centros de comunicação, mas barreiras a ela. Sempre que possível, o executivo deve ir a seu pessoal diretamente, apresentando-lhe relatos sobre a situação da empresa e encorajando a realimentação, mesmo que seja manifestação de descontentamento.

Comportamento do Vendedor – O vendedor deverá, acima de tudo, ter ética em seu trabalho e ajudar o cliente consumidor em suas necessidades. Um comportamento adequado ao bom vendedor pode ser enquadrado nos seguintes fatores:

- Individualizar a venda.
- Provar o que diz.
- Conhecer, de antemão, o nível de percepção do comprador.
- Entrar em contato com o comprador quando este estiver disposto a ouvi-lo.
- Conhecer os sistemas de venda da empresa, suas atribuições e responsabilidades.
- Utilizar argumentos convincentes.
- Saber quais as objeções e como eliminá-las.
- Ajudar o cliente consumidor a escolher.
- Manter o ponto de venda, estando sempre atualizado com a clientela.
- Saber redigir relatórios e preencher, corretamente, formulários.

Os mais eficientes vendedores são pessoas que podem criar qualquer estado de espírito que desejem, conforme a modulação, inflexão e colorido que imprimam a voz. Aproveitar-se da enorme gama de tons da voz humana não é um estilo de vendas que muitos adotam ou mesmo conheçam. Mas esse fato, por si só, deve fazer que isso se torne mais importante para você. Pense nisso da próxima vez que se preparar para um contato de vendas.

Assim que começar a falar, decida como quer parecer, se: forte, controlado, informado, confiante, seguro, curioso, ansioso, agressivo, desesperado, indiferente. Tudo isso pode ser transmitido através da fala e do corpo.

Comportamento do Consumidor – Pesquisar tendências sobre comportamento e hábito do consumidor ficou complicado. Hoje, o consumidor é menos rígido, mais propenso a experimentar novidades, mais educado, esperto e seletivo. São difíceis de persuadir e agem de maneira contraditória. Foi-se o tempo em que era possível dividir a população entre engajados, constantes e alienados. Os consumidores individuais também estão longe do controle dos empresários.

O comportamento de cada indivíduo é afetado por hereditariedade e pelo ambiente em que a pessoa cresceu e no qual vive. Estas forças moldam o comportamento de compra e os distribuidores as levam em consideração antes de tomarem uma decisão de marketing, isto é, um fornecedor não pode controlar tais variáveis, como mudar as tradições culturais, valores e papéis na vida do consumidor. Mas podem monitorá-las e ajustar-se a elas.

Hoje, a tecnologia oferece ao consumidor diversas ferramentas de pesquisa de mercado, mas também este é muito influenciado pelo bombardeio massivo da propaganda pelos meios de mídia.

Os consumidores de hoje têm um nível educacional mais elevado e estão mais bem informados; costumam ser céticos quanto às mensagens promocionais que não sejam acompanhadas pelo produto propriamente dito. Eles estão também mais ecléticos. Seus comportamentos não se encaixam nos velhos e convenientes esquemas de segmentação socioeconômica. Há, cada vez mais, consumidores de classes sociais altas que compram produtos de marca própria. Esses consumidores eram os que compravam marcas mais caras.

A mudança de comportamento dos consumidores tornará necessária uma transformação notável na função organizacional de marketing.

Comportamento do Administrador – É o comportamento em que a decisão é mais importante do que a execução. Assim, existe uma racionalidade no comportamento administrativo, pois o comportamento das pessoas da organização é planejado e orientado no sentido de metas, objetivos, propósitos e desafios.

Comportamento do Negociador – O sucesso da negociação ocorrerá, se o comportamento das partes for equilibrado e houver garantia da palavra empenhada. À medida que as partes caminham para uma posição final, cresce o grau de incerteza quanto ao fechamento da negociação. Como nem sempre tudo funciona conforme o planejado é necessário estabelecer compromissos, redigir um documento que formalize a negociação, comunicar e solicitar recomendações e desenvolver instrumentos de controle para acompanhar programas, planos, processos e cronogramas preestabelecidos.

É provável que os problemas sejam minimizados quando os negociadores são pessoas experientes na arte da negociação. O negociador experiente deve saber ouvir e não tomar a iniciativa de formular propostas e também deixar que elas sejam construídas ao longo da negociação. De um negociador experiente espera-se que não cometa erros banais, a fim de evitar obstáculos que não possam ser trabalhados, tais como:

- Facilitar as coisas para o confrontante.
- Comprometer-se antecipadamente.
- Deixar questões importantes para mais tarde.
- Demonstrar triunfo e júbilo antes do tempo.
- Desviar o rumo da negociação.
- Fundamentar sua argumentação em incertezas.
- Embaraçar o confrontante.
- Demonstrar pressa e ganância.

6.4 Comportamento Interpessoal

As principais características no comportamento interpessoal são:

Empatia – É definida como sendo a compreensão intelectual, ou imaginativa, de assumir o papel de outra pessoa. Na maioria dos casos, é uma característica adquirida. Alguns acham que a empatia é a capacidade de projetar-nos dentro das personalidades de outras pessoas. A empatia é um dos mais importantes elementos influenciadores do relacionamento.

Indiferença – A indiferença fundada no orgulho, na vaidade ou numa falsa convicção de superioridade, é uma barreira à comunicação e ao entendimento entre pessoas que devem trabalhar juntas.

Submissão – Atitude de acatar determinações, ordens e proibições, sem contestação. A atitude de submissão anula o indivíduo, tirando-lhe toda iniciativa. Uma série de motivos leva o indivíduo a adotar uma atitude de submissão: medo das consequências da desobediência; apatia ou simples comodismo; inexperiência e desejo autêntico de ser liberado do esforço e da responsabilidade de pensar e agir por si próprio; messianismo admirativo e incondicional; prazer em rebaixar-se e autoanular-se (masoquismo); necessidade de expiação; utilidade mercenária; desejo de obter um crédito de confiança para usá-lo posteriormente.

Rejeição – Atitude de anular a presença física e/ou psíquica de outra pessoa.

Rivalidade – A rivalidade cria um clima de hostilidade, de desconfiança, de lutas pessoais, cujo resultado é sempre uma diminuição da produtividade. A rivalidade surge sempre, quando duas ou mais pessoas visam um mesmo alvo, que não é partilhável, e cada uma se julga com bastante possibilidade para eliminar os demais. Na rivalidade há, sistematicamente, o enfrentamento. A rivalidade se dá com pessoas mais ou menos semelhantes ou iguais. Cada uma odeia na outra as qualidades que gostaria de possuir sozinha. É a existência de traços iguais que cria a competição.

Domínio – A atitude de domínio pode surgir quando o indivíduo é fadado à liderança, por ser colocado numa posição de mando; por se julgar superior aos demais; por ser escolhido como líder. Em qualquer caso, entretanto, quem assume uma atitude de domínio adquire um estado tensional mais pronunciado. É por isso que os líderes estão sempre propensos ao cansaço e à irritação. Às vezes, a atitude de domínio é do tipo paternalista e, embora diminuindo a tensão emocional do líder, cria problemas éticos entre os dominados, com efeitos, não raro, nocivos.

Coação – A coação é uma ferramenta de direção que não dá alternativa à pessoa de recusar uma ordem, porque poderá ser punida por tal atitude. As pessoas podem fazer algo se forem coagidas, mas o que é feito por coação não é fruto de escolha pessoal. Logo, segue-se a conclusão lógica: Quem é coagido age somente dentro dos limites que o ajudem a evitar punições, mas não se oferecerá para agir dentro dos limites superiores. Um soldado, cumprindo serviço militar compulsório, fará a limpeza do quartel desde que com isso evite o seu confinamento e a perda da folga. Mas, não se apresentará como voluntário para um trabalho que julgue desagradável.

Intimidação – Atitude de amedrontar, assustar, apavorar ou ameaçar outra pessoa, por diversas razões.

Interação – A interação refere-se ao comportamento interpessoal. Um dos pontos fortes da empresa é a interação entre os funcionários. Observar esta interação determina quem faz o quê, quem reage e como reage. A pedra fundamental do sistema social numa empresa é o grupo primário. O primeiro estudo abrangente de um grupo primário num ambiente industrial foi o estudo de Hawthorne.

O grupo primário se origina de interações, ou de fazer algo em associação pessoal íntima com outras pessoas durante um período de tempo. A interação pode ser verbal ou não. O superior não deve ignorar o papel positivo que os grupos primários podem desempenhar na promoção dos objetivos organizacionais.

Integração – A integração é um estágio superior da interação, porque é quando o indivíduo se sente realmente fazendo parte do grupo, conhece seus membros como a si mesmo, conhece a organização onde trabalha, conhece os companheiros, sabe participar de uma reunião, sabe a hora de falar e ouvir e sabe se controlar. Já que o trabalho se desenvolve quase sempre em grupo, necessário se torna que o indivíduo se integre ao mesmo. Pode-se considerar um indivíduo integrado no grupo, quando:

- O seu comportamento e a sua atitude se afinam com os demais membros do grupo.
- Demonstra satisfação em pertencer ao grupo.
- As suas iniciativas envolvem o interesse do grupo, surgindo em função dele, de modo que a ação denota interesse coletivo e não egoístico.
- Coopera com os demais, sabendo que a cooperação deve ser espontânea.
- Os seus sentimentos se identificam com os do grupo.

Envolvimento – O envolvimento ajuda o grupo a ter maior motivação para o trabalho. A falta da capacidade de envolvimento do executivo não lhe dará a possibilidade de motivar para o trabalho os seus subordinados. O envolvimento pode ser realizado por coação, recompensa ou valoração do trabalho. Em todos estes casos o dirigente se apresenta como aquele que trabalha com o risco calculado de manter um subordinado necessariamente motivado para desempenhar determinada tarefa.

A própria valorização do trabalho pode ser fruto de uma manipulação bem articulada.

Confrontação – Ato em que uma pessoa vai de encontro às normas do grupo ou do comportamento de alguns de seus membros.

Colaboração – A atitude de colaboração, que se dá quando consideramos o companheiro como nosso semelhante, resulta de uma combinação harmoniosa das atitudes opostas de domínio e submissão. É a aceitação da autoridade naquilo em que alguém é capaz, e vice-versa. Uma combinação assim alternada e harmoniosa permite um equilíbrio tensional e facilita o entrosamento.

Com a colaboração se obtém uma fusão de pontos de vista que permite maior e melhor entendimento e comunicação entre os componentes de um grupo de trabalho. Onde há colaboração, a vida acontece com mais suavidade.

Ainda faz parte do comportamento interpessoal os seguintes conceitos: comprometimento, credibilidade, confiabilidade, influência, persuasão.

6.5 Grupo de Trabalho

Um grupo não é simplesmente o somatório de indivíduos. Cada um, com as suas idiossincrasias e traços diferentes, é um elemento que influencia o grupo e que por este se deixa influenciar. Essas interações dão ao grupo um caráter ativo e dinâmico. A convivência grupal cria sentimentos, laços de simpatia e amizade, que dão ao grupo certa força interna, formando uma verdadeira trama de tensões. Existem vários tipos de grupos sociais, como: família, clube, escola, igreja, partido político, empresa.

Uma empresa terá de ser dividida em grupos de trabalho para poder funcionar. Estes grupos serão divididos, em função das atividades, como: Produção, Marketing, Vendas, Segurança, Informática, Material, Logística, por exemplo.

Cada um desses grupos possui um campo psicológico pessoal e nele se desenvolve com relativa autonomia. É preciso observar que tais campos não divirjam excessivamente, pois, em tal caso, a coesão grupal diminuirá e surgirão problemas, ou atritos, quer entre um membro e o grupo, quer entre os participantes do grupo.

O estudo das tensões entre os membros do grupo de trabalho permitirá conhecer as relações de trabalho, bem como melhorar o ambiente social, tornando-o positivo. É preciso saber quais as pessoas que podem ou devem trabalhar juntas; as que devem trabalhar, mais ou menos, distantes; as que devem ser escolhidas para cargos de chefia. Saber escolher os indivíduos, quando o trabalho de um depende do outro, é muito importante nas relações humanas.

Os comportamentos, os motivos, as atitudes e as reações de um indivíduo em um grupo de trabalho precisam ser estudados, para se entender a dinâmica do grupo. Também é preciso levar em consideração o nível hierárquico. A compreensão dessas variáveis, que ajudam ou inibem os indivíduos para o trabalho em grupo, é de grande importância. Os dirigentes precisam avaliar as causas de maior ou menor produtividade, bem como o grau de criatividade do grupo ou do indivíduo.

Segundo Etizioni, "Quanto mais se compreendem os grupos, melhor se pode administrá-los. Embora a administração possa encarar os indivíduos como recursos para os fins organizacionais, as pessoas exprimem-se como personalidades integrais, transpondo-as para suas tarefas". Além das características que o ambiente e os indivíduos levam para o grupo, dois atributos: tamanho e estrutura, podem influenciar sua capacidade de operar de forma satisfatória. Depois de formados, os grupos podem diferir, sobremaneira, em sua aparência e comportamento. Interiormente, no entanto, todos têm os mesmos elementos.

6.6 Relações Humanas

O real objetivo das relações humanas é a motivação e o interesse pelo trabalho, para que este seja o melhor possível, tanto para as pessoas quanto para as organizações. Relações humanas não é uma doutrina ética, embora de algum modo implique a ideia de dignidade humana. O estudo das relações humanas não resolve todos os problemas da organização, porque muitos destes não são humanos. As relações humanas buscam a interação social das pessoas numa organização, através de ações e atitudes.

Na organização surgem muitas dificuldades, como: a falta de interesse pelo trabalho; falta de assiduidade e de pontualidade; excessiva rotação ou pouca estabilidade; intrigas, perseguições, rivalidades, falsidades. Há, também, resistência ao cumprimento de ordens e determinações; excessivo número de reclamações ou de reivindicações; elevado número de acidentes e frequentes questões trabalhistas ou sindicais.

O sucesso em relações humanas é grandemente determinado pela espécie de pessoa com a qual se tem de lidar. Uma vez que tenham sido contratados empregados com boas características de relações humanas, o passo seguinte é desenvolver as mesmas ao seu potencial máximo. No trabalho surgem muitas dificuldades e, portanto, muitos problemas. Uns são de natureza técnica, outros de natureza financeira e outros, ainda, de natureza humana.

Eis algumas medidas para evitar problemas nas relações humanas:

a. Explicar, cuidadosamente, os deveres do indivíduo diante do grupo.
b. Evitar discussões intermináveis, quanto aos direitos e deveres de cada um.
c. Dar salários proporcionais à produtividade e ao mérito.
d. Apresentar os novos companheiros a todos os membros do grupo.
e. Evitar de magoar um chefe, passando por cima de sua autoridade.
f. Mostrar critérios objetivos para promoções.
g. Evitar admissões de novos membros no grupo, que não tenham as qualidades necessárias para a função.
h. Criar comissões para propor soluções objetivas para problemas de relacionamento.
i. Diminuir a distância social entre chefes e subordinados.

Os comportamentos, as atitudes e as reações de um indivíduo, no grupo de trabalho, são influenciados pelos motivos que o levam a trabalhar ou a ter gosto pelo trabalho. A alguns pode parecer que as pessoas trabalham somente por causa do dinheiro. Isso é falso. Existem muitos outros motivos que levam o indivíduo a trabalhar.

6.7 Tipos de Relações Humanas

Relação entre Indivíduo e um Grupo – Os motivos que levam um indivíduo a pertencer a um grupo são: necessidade de se manter ativo como uma fórmula para descarregar tensões; necessidade de sobreviver; necessidade de afirmação pessoal; necessidade de exibição; necessidade de competição; necessidade gregária; necessidade expiatória; necessidade de encobrir outras atividades.

Relação entre Indivíduo e Equipe de Trabalho – Os comportamentos que o indivíduo tem para com sua equipe de trabalho são:

Orientado para o Ego: Dominar a reunião, interromper a fala do outro, não saber ouvir, reagir de maneira nervosa, não dar atenção aos argumentos do outro, recusar assumir responsabilidade.

Orientado para a Interação/Integração: Conciliar opiniões divergentes, receber e mostrar interesse por ideias e sugestões, aliviar tensões, estimular a cooperação.

Orientado para a Tarefa: Organizar o ambiente de trabalho, ativar processos produtivos, ler e compilar informações, esclarecer e ensinar a quem precisa, observar, concluir e relatar fatos, eventos e objetivos, possuir objetividade e saber sintetizar.

Relação entre Superior e Subordinado – O superior deve tratar o subordinado de forma adequada. Criar um ambiente próprio ao bom trabalho, evitar atritos, evitar tirar o entusiasmo do subordinado, chamar atenção sobre o valor pessoal, motivar o subordinado, evitar a insatisfação, dizer a cada empregado como ele está no trabalho, dizer o que você espera do subordinado, frisar os meios de aperfeiçoamento, analisar o valor de novas proposições, tomar em consideração todo trabalho fora da rotina, falar enquanto o assunto "está quente", falar com antecedência sobre mudanças que afetaram as tarefas dos subordinados, explicar o porquê das modificações, conseguir a aceitação da modificação, utilizar a melhor das capacidades individuais, descobrir capacidades não aproveitadas, não ser obstáculo ao progresso do empregado ou subordinado.

Relação entre Indivíduo e Organização – O relacionamento do indivíduo com a organização nem sempre é um relacionamento cooperativo e satisfatório. Muitas vezes, é um relacionamento tenso e conflitante. Enquanto o indivíduo traz habilidades, conhecimentos, capacidades, destrezas, juntamente com sua aptidão para aprender e um indefinido grau de desempenho, a organização, por sua vez, deve impor responsabilidades, mas sempre como desafio.

A organização espera que o empregado obedeça à sua autoridade, e, por seu turno, o empregado espera que a organização se comporte corretamente com ele e opere com justiça. Embora não exista acordo formal ou coisa claramente dita, o contrato psicológico é um entendimento tácito entre indivíduo e organização, no sentido de que uma vasta gama de direitos, privilégios e obrigações, consagrados pelo uso, será respeitada e observada pelas partes.

Relação com Proprietários – É a relação que pode ser entendida da seguinte maneira. Uma empresa é uma pessoa jurídica com muitos direitos legais e privilégios das pessoas físicas. É uma entidade cujo controle independe dos proprietários. A empresa pertence aos proprietários, mas os seus bens são geridos por dirigentes (diretores e gerentes), que nem sempre são os donos do negócio.

As prerrogativas administrativas dos proprietários (acionistas) estão essencialmente limitadas ao direito de eleger os diretores e de apelar aos tribunais, quando os atos da administração puderem ser prejudiciais aos seus interesses.

Relação com Consumidores – Hoje, é comum se falar de CRM (*customer relationship management*) nas empresas como veículo de relações lucrativas para ambos os lados e um canal de integração. Empresas de diversos setores passaram a gastar fortunas para aprimorar a gestão do relacionamento com o cliente. Para tal, as respostas, em geral, foram: telemarketing, serviço de atendimento a clientes (SAC) e processo integrado de dados dos consumidores. Mas, o leitor precisa estar atento para a Lei de Pareto que diz: "20% dos consumidores respondem por 80% da receita da empresa".

A promessa do gerenciamento das relações com o cliente é cativante, mas, na prática, pode ser arriscada. Quando funciona, o CRM possibilita que as empresas reúnam, rapidamente, os dados dos clientes, identifiquem os mais valiosos ao longo do tempo e aumentem a fidelidade oferecendo bens personalizados. Também reduz custo dos serviços e facilita a conquista de novos clientes. Mas, quando não funciona, o que ocorre com frequência, pode levar a desastres colossais. As empresas gastam muito tempo e dinheiro na tentativa de aprofundar seu relacionamento com os seus consumidores.

Assim, é necessário que o leitor entenda algumas premissas básicas do CRM:

- A maioria dos administradores confunde tecnologia de CRM com estratégia comercial.
- O grau de importância do CRM varia, em função dos objetivos empresariais.
- A implementação do CRM deve vir a reboque de uma estratégia (ou política) de abordagem do consumidor.
- A implantação do CRM exige mudanças comportamentais e estruturais.
- É um erro imaginar que o CRM sempre exige tecnologia de última geração.
- É um erro confundir CRM como um conjunto de aplicativos relativos a clientes.
- O consumidor deve ser cativado e não conquistado.
- As empresas não mudam na mesma velocidade dos consumidores.
- O CRM não deve ser encarado como mais um modismo.
- O sucesso do CRM depende mais da estratégia do que do investimento feito em tecnologia.
- O CRM não deve ver Informática como corolário da Administração Moderna.

O gerente de relacionamento é responsável pelo cliente e deve ser o ponto central de todas as informações sobre o mesmo e também o mobilizador dos serviços de atendimento. Cada um desses gerentes terá de administrar apenas alguns poucos clientes.

6.8 Relações Públicas

As relações públicas de uma empresa é o conjunto de atividades de comunicação com públicos, direta ou indiretamente, interessados nas atividades da organização, tais como: governos, concorrentes, organismos de representação social, associações patronais, associações de classe, fornecedores, funcionários, colaboradores, líderes de opinião pública, bancos, institutos de pesquisa, universidades, artistas, líderes comunitários, visando criar uma imagem favorável às marcas, aos produtos e às suas atividades junto à comunidade.

A empresa não deve apenas se relacionar com seus consumidores (usuários, pacientes, parceiros), mas também com outras empresas e governos. O pessoal de relações públicas procura manter os veículos de divulgação informados sobre novos produtos, interesses sociais da empresa e envolvimento com a comunidade. O pessoal de relações públicas ajuda a empresa a atingir seus objetivos, à medida que desenvolve as seguintes atividades:

- Manter boas relações com os meios de comunicação.
- Influenciar formadores de opinião.
- Fazer publicidade dos produtos e das marcas da empresa.
- Ter um sistema de comunicação voltado para fora e para dentro da empresa.
- Trabalhar junto aos políticos.
- Criar expectativas antes do início da propaganda.
- Opinar na criação e descontinuidade de um produto.
- Dar assistência ao lançamento de novos produtos.
- Desenvolver técnicas para influenciar determinados públicos.
- Trabalhar constantemente para construir uma imagem positiva.
- Construir um relacionamento permanente com o consumidor.
- Transformar consumidores satisfeitos em defensores da empresa e de suas marcas.
- Promover e proteger a imagem da empresa, suas marcas e seus produtos.
- Disseminar notícias favoráveis, sobre a empresa.
- Controlar o poder destrutivo da mídia.
- Agir, dentro da empresa, como um advogado dos consumidores.

As empresas tendem a subestimar as relações públicas ou usá-las apenas como complemento. Todavia, um programa de relações públicas, bem coordenado com outros elementos do composto promocional pode ser extremamente eficaz. Hoje, é comum uma empresa de porte possuir um grupo chamado Assessoria de Imprensa que além do trabalho de divulgação também responde pelos embaraços da empresa.

A assessoria de imprensa cria um relacionamento com os representantes dos meios de comunicação, que são formadores de opinião, visando promover uma atitude favorável à marca e à empresa. O papel dessa assessoria se torna cada vez mais relevante à medida que a sociedade se democratiza e exige maior transparência dos meios de comunicação, dos governos e das empresas. Nesse contexto, a imprensa tem-se tornado mais ativa, investigativa e analítica, ampliando sua influência sobre o público.

6.9 Motivação

Para se compreender o comportamento humano, é fundamental o conhecimento da motivação humana. Motivação é o ato de estimular alguém a agir da maneira que se deseja (atingir um objetivo) ou fazer com que um indivíduo desenvolva uma atividade que lhe dê satisfação. A motivação pode ser definida como um conjunto de variáveis de uma pessoa que a levam a um comportamento específico.

O êxito do administrador depende de muitos fatores, mas o mais importante é, sem dúvida, o grande talento para motivar pessoas. A motivação inclui uma grande quantidade de propósitos possíveis e uma ramificação de motivos abstratos e concretos. A motivação estuda todas as técnicas de interação humana.

O comportamento não é espontâneo nem isento de finalidade, sempre haverá algum motivo implícito ou explícito. A motivação das pessoas depende basicamente de: estímulo (causa), necessidade (desejo) e objetivo (propósito, meta, desafio). Ela é ato de encorajar os subordinados à realização das tarefas, satisfazendo suas necessidades ou apelando para elas, além de permitir participação e incentivar a criatividade e a iniciativa, premiando a inteligência e a cooperação, além de aplicar justiça.

Motivação é tudo aquilo que impulsiona a pessoa a agir de determinada forma ou, pelo menos, que dá origem a uma propensão de ter um comportamento específico. Não é possível compreender as relações entre as pessoas sem um mínimo conhecimento da motivação de seu comportamento. É óbvio que as pessoas são diferentes no que tange à motivação.

As necessidades variam de indivíduo para indivíduo, produzindo diferentes padrões de comportamento. Para complicar ainda mais, as necessidades, os valores e as capacidades variam no mesmo indivíduo conforme o seu período de tempo. A motivação da pessoa se faz por comunicação, treinamento, remuneração e recompensa, por exemplo.

O impulso da motivação (o motivo) pode ser provocado por um estímulo externo ao indivíduo ou vir do sistema de cognição da pessoa. O sistema cognitivo de cada pessoa inclui os seus valores e suas percepções, profundamente, influenciado pelo ambiente social e físico em que vive. Assim, todos os atos de um indivíduo são guiados pela sua cognição, isto é, pelo que sente, pensa e acredita.

Como já observado, existem motivos que levam o indivíduo a trabalhar, tais, como: manter-se ativo, descarregar tensões emocionais, adquirir prestígio junto ao grupo, ganhar a vida, realizar-se, exibir-se, competir, fazer autoexpiação, colocar o grupo acima de si mesmo e, principalmente, ter prazer no que faz. As variações desses motivos dependem, em grande parte, da posição do indivíduo dentro da empresa, isto é, do seu nível hierárquico, do cargo que ocupa, do poder que possui e das atividades que desenvolve. Algumas premissas da motivação são básicas:

- A motivação é um processo que orienta opções de comportamentos diferentes.
- O conhecimento da motivação é determinante no estudo do comportamento humano.
- A motivação se baseia em princípios sociológicos e psicológicos.
- Um sistema motivacional deve ser produtivo, competitivo, amplo e flexível.
- A motivação é grandemente baseada em interesse, ela precisa estabelecer metas que possam ser atingidas.
- As pessoas são influenciadas tanto por atrações e conceitos intangíveis como por metas concretas, senão mais.
- A motivação deve ser baseada em estímulos e está longe de ser a expressão de uma personalidade atraente.
- As pessoas se tornarão mais produtivas se forem motivadas para isto e estarão inclinadas a permanecerem no emprego, quando se sentem emocionalmente satisfeitas.
- Os subordinados só são motivados para atingir altos níveis de produtividade se considerarem as expectativas comunicadas como reais e atingíveis.
- Pessoas estimuladas a lutar por metas inatingíveis, logo se desmotivarão.
- Motivação pode transformar atividades e opiniões.
- A motivação ajuda a pessoa a aprender e a desenvolver interesse pelo conhecimento.

6.10 Ciclo Motivacional

O ciclo motivacional é um conjunto de etapas a serem percorridas para atingir a satisfação humana, como mostrado na Figura 6.1:

6.11 Considerações sobre Motivação

A seguir, serão feitas considerações a cerca da motivação:

Desmotivação – Há uma infinidade de maneiras de desmotivar uma pessoa. As mais importantes são: a omissão e a ação. Desmotivar por omissão é fazer com que o subordinado pareça não contar na organização. Se uma ação (decisão) não é comunicada a um subordinado, ou a um gerente, mesmo que remotamente ele possa ser afetado, isto se traduz como desmotivação. Outras maneiras de desmotivar o subordinado são: não ouvir quando ele quer nos expor suas ideias; cortar uma explicação com outro assunto; dar um risinho de mofa quando algo sair errado; reclamar asperamente na presença de outros; humilhar e desprezar suas iniciativas, criatividades, interesses e ajudas.

É bom não esquecer de citar um fator importante na desmotivação: *A falta de tolerância para com a mediocridade.* O fato é que se os subordinados têm um comportamento medíocre, provavelmente, cabe ao superior a falta de capacidade de criar mecanismos de motivação. É importante deixar bem claro que o trabalho é para o ser humano uma forma de realização pessoal.

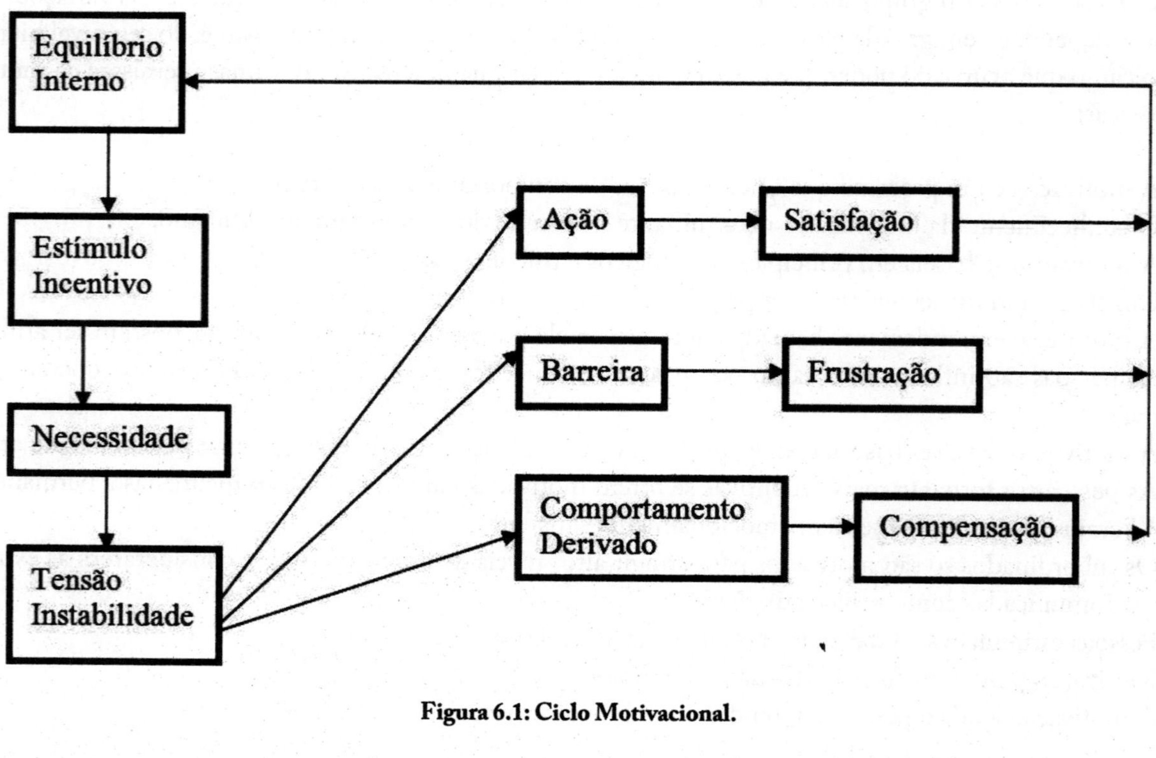

Figura 6.1: Ciclo Motivacional.

Indústria da Motivação – Motivar os empregados de uma organização tornou-se uma grande "indústria", haja vista o mundo de "espertos" no assunto. Contudo, devemos questionar: Não contratamos pessoas motivadas? Para que um programa de motivação? Todos não estavam motivados quando começaram a trabalhar na empresa? Um pouco nervosos, o que é natural, aliás. uma reação saudável. Tudo era positivo.

As pessoas precisam causar boa impressão, aprender o trabalho, dar o máximo de si. Talvez por ambição, ou, então, porque precisam do emprego, ou, ainda, o cargo pode apresentar uma grande oportunidade. Porém, com o passar dos anos, as coisas tornam-se diferentes. O empregado já não mostra motivação para com a empresa, o emprego e a própria vida. O padrão de desempenho pessoal, a pleno vapor no início, passa a decair.

Motivação e Comportamento – Vemos a motivação como um aspecto da ciência aplicada do comportamento. A ciência que estuda o como e o porquê da interação humana. O cientista do comportamento interessa-se pelo mesmo tipo de questões que preocupam o administrador, por exemplo, como se formam e transformam as atitudes e as opiniões? Como a criatividade é estimulada? Como a motivação ajuda as pessoas a aprender e a se desenvolver?

O administrador fala em termos de empresa, enquanto a pessoa deseja e precisa ouvir alguma coisa sobre os benefícios que lhe serão oferecidos. A conclusão é óbvia: Se você quer ser eficiente como um administrador-líder, precisa mudar, constantemente, sua forma de se expressar para atingir as pessoas. Dessa forma, terá uma equipe altamente motivada. A motivação tem suas raízes no interior de um indivíduo, que o leva a se comportar de uma determinada maneira.

Problema da Motivação – Problema, geralmente, resolvido por meio do dinheiro. O esforço organizado em larga escala seria impossível sem a motivação. Certas pessoas são mais motivadas pelo dinheiro do que pelas satisfações sociais, de status ou de profissão. Outros dão pouca ênfase aos valores expressos pelas recompensas monetárias. É pouco provável que um grande número de pessoas reaja bem a um só destes incentivos. Uma organização que procure motivar por meio de dinheiro ou de satisfação social experimentará, sem dúvida, dificuldades. Somente a mistura dos dois dará resultados positivos.

As organizações, frequentemente, condicionam os motivos de seus recursos humanos, através da educação, treinamento ou doutrinação. Gastam grandes somas para estabelecer uma imagem favorável e os programas de relações com sócios e funcionários são importantes instrumentos no condicionamento dos motivos daqueles que participam do esforço organizacional. Inculcar motivos "adequados" faz parte do planejamento estratégico da empresa.

A questão da motivação deve ser encarada como uma combinação de fatores complementares e competitivos. Um sistema motivacional deve satisfazer muitos diferentes motivos humanos. A falta de conhecimento dos mesmos impede qualquer tipo de solução "perfeita" para o problema. Felizmente, há ajustes para decisões fracassadas no processo de motivação.

6.12 Desenvolvimento Humano

O desenvolvimento é o ato de crescer, aumentar, construir e progredir. Também pode ser considerado como um caminho para criar e aplicar métodos, técnicas, metodologias e regras para melhorar (alavancar): práticas administrativas, práticas sociais, atividades, processos, políticas, soluções, estratégias, táticas, ações, planos, projetos, modelos, decisões, análises, pesquisas, avaliações.

O desenvolvimento humano é uma área que está adquirindo grande significado, num cenário de rápidas transformações. A empresa não pode se dar ao luxo de deixar que seus empregados fiquem em posição inferior à dos empregados de firmas concorrentes. Tampouco, pode o empregado ser complacente, repousando sobre o conforto de um acordo sindical, ou no colo de uma gerência afável, abrindo espaço para vir a ser tragado pelo futuro.

A natureza do desenvolvimento humano tem sido obscurecida, porque a confundem com treinamento. Uma pessoa que se desenvolveu é alguém mais maduro e mais sábio. Este desenvolvimento requer tempo, porque um homem pode ser ensinado, mas não aprende necessariamente, isto é, a empresa não pode desenvolver um executivo, mas sim, proporcionar a oportunidade para que o mesmo se desenvolva. É como se diz, vulgarmente, não adianta dar a vara de pescar, sem dizer que, quando, quanto, como e por que pescar.

Os recursos humanos apresentam uma incrível aptidão para o desenvolvimento, que é a capacidade de aprender novas habilidades, obter novos conhecimentos e modificar atitudes e comportamentos. Existe uma ampla variedade de meios disponíveis de que as organizações podem lançar mão no sentido de desenvolver seu pessoal. Mas a questão é: Como aprimorar, capacitar e utilizar meios, recursos e processos para que a pessoa tenha mais qualidade e consiga se desenvolver, tornando-se melhor diante do grupo de trabalho, do grupo social, do grupo primário (família), da organização e da sociedade?

O desenvolvimento humano está profundamente ligado à missão da organização, ao compromisso da luta pela excelência e à crença de que o trabalho realizado, ou a realizar, é importante. Assim, torna-se imperativo que as empresas desenvolvam negócios, causando impactos positivos no desenvolvimento social (movimento progressivo de uma sociedade em constante mudança planejada) e reduzindo seus impactos em seu ambiente.

A satisfação e o progresso valem tanto quanto o dinheiro para o sucesso de uma sociedade. Por isso, governos e empresas começam a medir o índice de felicidade das pessoas. A tendência, que põe a praticidade dos resultados financeiros em segundo plano e a complexa subjetividade de bem-estar social em primeiro, tem adeptos de peso.

6.13 Aprendizagem

Segundo Drucker, setenta anos depois de Smith, por volta de 1840, um alemão, August Borsig, inventou um sistema de aprendizagem, que combinava a experiência na fábrica, sob orientação de um mestre, com fundamentos teóricos na sala de aula. O homem aprende, para melhor se integrar aos ambientes (físico e social), para atender suas necessidades, que se não as houvesse, não haveria aprendizagem.

Toda elaboração da cultura tem origem nos obstáculos que se antepõem ao homem, obrigando-o a conhecer e superar tais dificuldades. Todo aprender não é mais do que superar obstáculos e desafios. Deduz-se daí, que ninguém pode ensinar nada a alguém se este não quiser. Assim, toda aprendizagem nada mais é do que superar a si mesmo.

Como a aprendizagem está intimamente ligada à percepção, podemos dizer que ela se processa, em função das mudanças comportamentais que resultam de nossas experiências, novos conhecimentos, habilidades, capacitações e práticas. É uma mudança na relação estável entre um estímulo que o organismo individual percebe e a resposta que formula. O processo de aprendizagem envolve a existência do estímulo de alguma coisa que o organismo seja capaz de sentir. Este precisa realmente sentir o objeto e percebê-lo de fato.

O estímulo, sendo percebido, deve ser interpretado pelo organismo que deve produzir uma resposta, segundo tenha sido ele entendido e interpretado. Logo, quanto maior for o nível de aprendizagem do planejador do canal de ensino, melhor será o desempenho deste.

A aprendizagem é um fator fundamental do comportamento humano, pois afeta poderosamente não somente a maneira pela qual as pessoas pensam, sentem e agem, mas também suas crenças, valores e objetivos. Os principais fatores que levam a uma aprendizagem são: motivação e interesse; conhecimento do desempenho correto a ser atingido; avaliação do resultado das tentativas feitas; conhecimento do progresso na aprendizagem; duração e distribuição das práticas; quantidade e dificuldade do material a ser aprendido; organização adequada do material de ensino; organização adequada dos esforços do aprendiz.

Há várias maneiras de aprender. Há pessoas que aprendem fazendo muitas anotações. Há pessoas que aprendem ouvindo. Há pessoas que aprendem escrevendo. Há aquela que aprende construindo. Há pessoas que aprendem observando. Mas, há pessoas que nunca aprendem.

A aprendizagem envolve as mudanças no comportamento de um indivíduo, em função da experiência. A maior parte do comportamento humano é aprendida. Os teóricos acreditam que a aprendizagem de uma pessoa é produzida através da atuação recíproca de impulso, estímulo, sugestão, resposta, realimentação. O impulso é definido como um estímulo interno forte que impele a ação. Ele pode se tornar um motivo quando é direcionado a um objetivo específico. Sugestões são estímulos menores que determinam quando, onde e como a pessoa responde.

A seguir, algumas premissas da aprendizagem:

- O indivíduo deve acompanhar os resultados do seu desempenho.
- O indivíduo aprende melhor quando está motivado.
- A maneira como um indivíduo consegue ter um bom desempenho é saber como ele aprende.
- A aprendizagem é, profundamente, influenciada pela recompensa e punição.
- A distribuição dos períodos de aprendizagem deve considerar a fadiga, a monotonia e os períodos adequados para a assimilação do material aprendido.
- Exercício e prática são indispensáveis para a aprendizagem e retenção de habilidades.
- A aprendizagem eficiente depende da utilização de técnicas institucionais adequadas.
- A aprendizagem depende da aptidão e da capacidade individuais.

6.14 Chefia e Liderança

Os dirigentes de empresas precisam compreender que cargos e funções envolvem dois aspectos distintos e complementares: Chefia e Liderança. A chefia está vinculada à autoridade e aos aspectos organizacionais e normativos exigidos pelo processo administrativo. A liderança está vinculada à confiança que o gerente inspira nos seus subordinados, e vice-versa.

Quando o clima de liderança inexiste, a autoridade do gerente degenera em autoritarismo, o comportamento dos subordinados deixa de ter estímulos para motivações superiores e passa para a alienação, quando não para a anomia. Nesse clima, os chefes se transformam em feitores do trabalho, mas estão longe de serem líderes de pessoas.

Convém insistir num ponto fundamental. Não há nada de antagônico nos conceitos das diferentes metodologias para programas motivacionais. Para seu sucesso, todos exigem um clima gerencial favorável, que os considere do ponto de vista de instrumentos de aprimoramento do trabalho em equipe e da integração e interação dos esforços das pessoas na consecução de objetivos comuns. Se assim for, os resultados concretos de redução de custos, melhoria ambiental, novas ideias para aprimorar as condições de trabalho e produtividade, por exemplo, virão como consequência.

Se, contudo, o pensamento gerencial dominante for o de que toda e qualquer técnica deve ser implantada com a finalidade primordial de apresentar resultados imediatos, o caminho para o fracasso já está delineado. Num clima de pensamento como este, os programas, os planos, os métodos, as políticas, os procedimentos, os projetos, as estratégias, por exemplo, se transformam em rituais, em que os gestos não guardam coerência com os pensamentos e motivações das pessoas.

Haverá alguns resultados, naturalmente, mas a proporção entre eles e o esforço dedicado para obtê-los não será animador, pois as pessoas somente cumprirão ordens, mas não tomarão a iniciativa de dar boas ideias e sugestões.

Um outro ponto a ressaltar é a relação de poder e liderança. O poder de uma organização apoia-se em pessoas e suas posições relativas na estrutura hierárquica. O poder pessoal é sempre um poder normativo, baseia-se no controle de símbolos e pode favorecer o aparecimento do compromisso com a pessoa que o possui. Um indivíduo, cujo poder deriva, principalmente, de sua posição na organização é denominado oficial (formal). O poder informal é caracterizado pela capacidade de controlar pessoas, sem a chancela da direção da empresa. Um indivíduo que impõe tanto o poder da posição como o pessoal é um líder formal.

6.15 Medidas Disciplinares

Disciplina é um processo ou forma de pensar que ajuda o ser humano a desenvolver autocontrole, tornando-se alguém mais efetivo. A disciplina, em geral, é vista de forma pejorativa e está associada a recompensas e punições (sanções). Na realidade, a disciplina é uma habilidade do administrador que o ajuda a analisar situações (problemas) e determinar qual decisão (solução) tomar.

Todos os dirigentes devem estar preparados para lidar com situações desagradáveis. Esta fase do trabalho é conhecida como ação disciplinar, que é uma ação corretiva do comportamento de uma pessoa ou de um grupo.

A disciplina é necessária aos administradores, porque aqueles que não correspondem às recompensas ameaçam aqueles que correspondem. Independente do nível de responsabilidade do dirigente, este pode adotar medida disciplinar para infrações sérias e/ou repetitivas, como: não obedecer a programas, políticas e procedimentos; não cooperar, utilizando letargia, negligência e mau exemplo; revelar informações confidenciais; promover insubordinação. A ação disciplinar é executada pelo superior imediato de quem cometeu a falta.

O dirigente não deve encarar a medida disciplinar como um castigo ou como meio de ajuste de contas. Em vez disso, deve usá-la como meio construtivo para obter desempenho satisfatório do subordinado. Antes de se decidir sobre qualquer medida disciplinar, é importante que obtenha a versão do infrator sobre o que aconteceu.

Antes de punir o subordinado, o dirigente deve questionar sobre o comportamento dele e sobre o seu próprio. Lembrar que deve, tanto quanto possível, ter equilíbrio na punição, porque punição excessiva agrava o subordinado e punição branda não corrige comportamento.

Se decidir que houve infração deliberada, talvez queira tomar uma ou mais das seguintes medidas disciplinares: dê conselho construtivo; faça com que o subordinado corrija o trabalho; retenha ou adie recomendação para aumento salarial, transferência ou promoção; mude as responsabilidades do indivíduo; recomende a demissão.

A punição é um castigo ou penalidade, real ou potencial, para coibir certos tipos de comportamento. Assim, é preciso saber quanto uma punição é eficiente. Por isso, é necessário lembrar: a ameaça de dispensa é menos eficaz, se muitos subordinados estão a ponto de sair; a autoridade não se consegue através de punições; o uso de punições indica um colapso da autoridade; punições severas não devem ser uma constante; o jogador que sempre blefa; o policial que nunca multa; as nações que não lutam contra a corrupção; os professores que nunca reprovam tendem a ser menos eficientes na consecução de seus propósitos.

Um superior deve considerar o efeito que uma punição pode causar. Às vezes, é melhor demitir, ou não fazer nada, do que empregar uma punição leve. Um superior tolerante pode ser um líder, mas jamais um disciplinador, tal atitude pode afundar a empresa.

A punição pode parecer cruel demais para a falta cometida, mas não, caso se considere que seja necessária para manter a disciplina. Duas observações são básicas no emprego de punições específicas. Uma delas é a atitude do subordinado diretamente afetado. Outra é a maneira pela qual o emprego de punições pode influenciar o comportamento dos outros subordinados. A primeira consideração é relativamente menos importante, quando a demissão é usada como punição. Por isso, o superior deve tentar tornar uma demissão tão suave quanto possível, por razões humanitárias.

A dispensa de um empregado pode ajudar a dar uma má imagem à empresa e causar insatisfação entre aqueles de seu relacionamento. Algumas punições são equivalentes à dispensa do serviço. Punições podem levar o subordinado a tomar atitudes negativas para com a empresa. A advertência é uma comunicação oral ou escrita feita a alguém por seu comportamento irregular, isto é, um comportamento incongruente à cultura da organização.

Deixar de exigir uma disciplina rigorosa pode resultar de propensões psicológicas que tornam o superior relutante ou incapaz de impor sua vontade aos subordinados. O superior que sente a necessidade de ser querido, nem sempre o consegue. Ele pode utilizar-se de seu cargo e poder para suplementar sua deficiência de personalidade.

Os subordinados, algumas, vezes, se sentem inclinados a tirar partido da situação e usar o superior para atingir objetivos pessoais. No entanto, a despeito desta limitação, o superior tolerante pode ser um líder mais eficiente do que um disciplinador severo. A tolerância é limitada pela necessidade que o chefe tem de se conformar aos padrões de procedimentos e rotinas da empresa.

A tolerância se torna demência se é levada ao extremo ou praticada sem finalidade. O superior não deve, contudo, encarar esta tática como uma troca de favores. A arte da liderança requer dissimulação, sem deixar transparecer. Um líder eficiente é consciente de que não está praticando uma espécie de jogo.

Teste de Aferição de Conhecimento

01 – O estilo comportamental do ser humano depende de:
( ) Sua personalidade
( ) Sua formação
( ) Suas necessidades
( ) Seu conhecimento

02 – O comportamento do consumidor é hoje:
( ) Mais exigente
( ) Mais bem informado
( ) O mesmo do que no passado
( ) Mais globalizado

03 – O sucesso nas relações humanas depende em grande parte do:
( ) Ambiente
( ) Interesse
( ) Motivo
( ) Objetivo

04 – Faça a correspondência:

(A) Motivação	( ) Desempenho
(B) Expectativa	( ) Conflito
(C) Mudança	( ) Estímulo

05 – Quando mudar?
( ) Sempre
( ) Nunca
( ) Quando é necessária a competitividade
( ) Quando há instabilidade

06 – Agente de mudança é o mesmo que:
( ) Executivo
( ) Empreendedor
( ) Líder
( ) Consultor

07 – Qual técnica é a mais rápida para a administração de conflitos?
( ) Reunião
( ) Análise
( ) Questionário de pesquisa

08 – Por que a liderança é tão estudada?
( ) Devido à função administrativa direção
( ) Devido às técnicas de chefia
( ) Devido às mudanças organizacionais

( ) Devido às necessidades de comando

09 – O desenvolvimento humano é o mesmo que:
( ) Performance de mão de obra
( ) Luta pela excelência
( ) Qualidade de vida

10 – A aprendizagem é definida como:
( ) Resposta positiva a um estímulo
( ) Fator comportamental para o conhecimento
( ) Integração ao ambiente
( ) Esforço do aluno para aprender

Capítulo 7

Empresa

"A propriedade essencial de um cargo não é definida pelo fato de ser especializado ou não, de ser de linha ou de staff, mas sim pela natureza das decisões que ele exige".
Peter Drucker

Objetivos do Capítulo

- Mostrar que empresas são criadas com a finalidade de atender diversos objetivos, às vezes até escusos.
- Mostrar que a vontade de ser empresário muitas vezes fica no sonho, devido às múltiplas dificuldades e adversidades.
- Mostrar as diversas associações empresariais.
- Mostrar alguns problemas vivenciados na empresa.

7.1 Conceito de Empresa

É bom lembrar que as empresas constituem, segundo Chiavenato, a instituição mais complicada e engenhosa que o ser humano chegou a inventar. São tão complexas que dedicamos a elas um longo tempo de estudo e não chegamos a conhecê-las na sua totalidade. Da mesma forma, como acontece com as pessoas, não existe duas empresas iguais. Cada empresa tem características próprias e individualizadas, assim como seus objetivos, seus produtos, seus recursos, seus problemas. Mas, embora sejam diferentes, elas guardam alguns aspectos comuns, todas são organizações sociais.

A empresa é uma organização social que por meio de seus recursos explora um negócio, visando atender uma necessidade da sociedade. É um núcleo gerador de riqueza que permite o desenvolvimento econômico e o bem-estar de sua população.

Empresa é a organização que tem por objetivo produzir bens e serviços, só existindo num grupo social, tendo como meta fundamental sua sobrevivência. Acostuma-se ver a empresa através de sua estrutura organizacional, cuja finalidade é definir com clareza as responsabilidades e relações funcionais. A empresa, seja ela qual for, possui um critério de organização que pode ser por: finalidade, estratégia, objetivo, função, atividade, recurso, área geográfica, clientela, produto.

Empresas só existem por delegação da sociedade, e têm de prestar contas a ela. Só se legitimam quando funcionam como veículo para que as pessoas se realizem e não apenas para que seus donos fiquem ricos. Empresa é todo empreendimento humano que procura reunir e integrar recursos no sentido de se autossustentar e de lucrar, através da produção e comercialização de bens e serviços. É a lucratividade, o estímulo básico capaz de assegurar a livre iniciativa, manter e aumentar o empreendimento.

O que faz as empresas diferentes das demais organizações é que as mesmas são orientadas para o mercado, assumem riscos, são dirigidas e reconhecidas como um negócio, geralmente, avaliadas sob um ponto de vista contábil e constituem propriedade. A seguir, um esquema simples que mostra como as empresas atuam na sociedade:

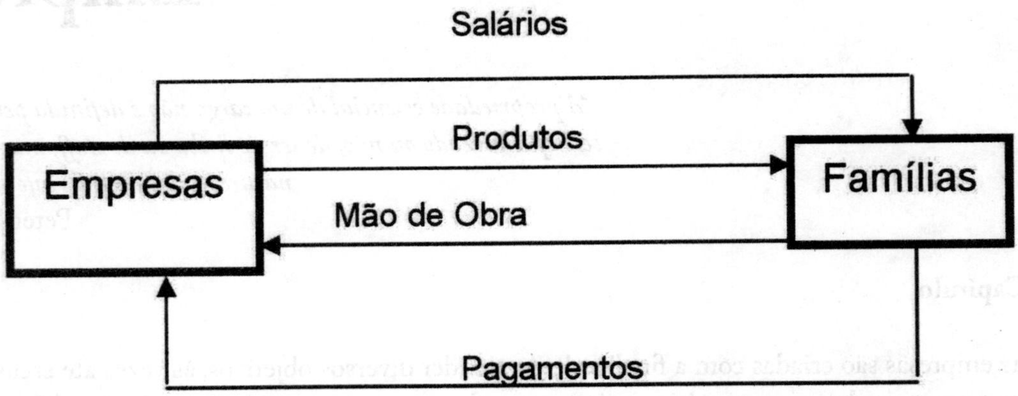

Figura 3.1: Empresas na Sociedade.

7.2 Elementos da Empresa

A seguir, os mais importantes elementos da empresa:

Objetivo da Empresa – As empresas podem ser estudadas por meio de seus objetivos. Estes estabelecem as relações que a empresa deve ter com seu ambiente. A empresa não busca um só objetivo, pois precisa satisfazer uma enorme quantidade de requisitos e exigências internas e externas.

Teoria da Empresa – É a teoria que aborda os motivos pelos quais a empresa deve ser remunerada pelo que faz.

Finalidade da Empresa – Uma empresa é uma organização de finalidade econômica. Utiliza e elabora recursos (meios, métodos, ferramentas, instrumentos) para facilitar o seu desenvolvimento e o seu rendimento, assegurando-lhe as melhores condições operacionais.

Criação da Empresa – A História mostra que a empresa é criada e dirigida por pessoas e não por forças. As forças econômicas fixam limites à atuação da direção. Criam oportunidades para agir, mas não determinam por si só o que a empresa seja ou faça. Não há nada mais tolo de se afirmar, como constantemente se faz, que a direção só adapta a empresa às forças do mercado (política neoliberal).

Propósito da Empresa – O propósito da empresa é fornecer valores ao seu público-alvo para que as pessoas tomem decisões inteligentes, relevantes e esclarecidas. O lucro que decorre dessa oferta de valor mostra que a empresa é eficiente, eficaz e efetiva. E mais, a empresa corresponde às expectativas da clientela. O propósito da empresa começa no lado de fora, com o consumidor, pois este é quem determina o que o negócio é, o que produz e se prosperará.

Orientação da Empresa – A empresa orientada para o mercado é a que aloca recursos a fim de coletar dados sobre as expectativas e comportamentos. Isso implica a participação de todas as áreas funcionais da organização. Existem empresas, por exemplo, orientadas para a produção, cujo objetivo é manter um baixo custo. Neste caso, elas preferem produtos simples, linhas estreitas de produtos e alto volume de produção.

Missão da Empresa – A criação de uma empresa está em função da sua missão, isto é, qual a razão da sua existência.

Imagem da Empresa – Uma boa imagem é um dos principais objetivos da empresa. Muitas vezes, o consumidor possível se torna impossível, porque a imagem não ajuda ou porque esta deixou de ser favorável por alguma razão. Portanto, devemos ter cuidado com o grupo que lida com o público como um conjunto que pode valorizar ou jogar fora todo o esforço feito para bem servir. Tal grupo pode valorizar, aproveitar, atrapalhar ou destruir a imagem da empresa.

História da Empresa – Embora, sempre ter existido o trabalho organizado e dirigido, a história das empresas e, sobretudo, a história da sua administração é recente, pois data do início do Século XX.

Grupos Interessados na Empresa – Os grupos interessados numa empresa são muitos. Os que mais se destacam são: governo (tributos); sócios (retiradas); acionistas (dividendos); empregados (salários); consumidores (qualidade, atendimento, preço); credores (juros); distribuidores (descontos, volume de vendas, prazos de pagamento); fornecedores (liquidez); associações patronais (interesses econômicos setoriais); associações de empregados (qualidade de vida); comunidade (apoio social).

O intervencionismo estatal, no Brasil, leva os governantes a pensar que podem ditar as regras de como administrar negócios da livre iniciativa.

Ciclo de Vida da Empresa – Similarmente ao que ocorre com qualquer organismo vivo, as empresas nascem, crescem e morrem. Elas são, geralmente, pequenas quando nascem. Algumas se mantêm pequenas e saudáveis durante um longo tempo; outras crescem rapidamente e depois estacionam; enquanto outras crescem de maneira gradual e constante. Na medida em que são bem-sucedidas, as empresas tendem a sobreviver. Se o resultado for positivo, elas tendem a crescer. A sobrevivência e o crescimento são sinais evidentes de sucesso empresarial.

Desempenho da Empresa – Alguns indicadores balizam o desempenho da empresa. Estes indicadores podem ser: fatia de mercado, rentabilidade, patrimônio, vendas, margem de venda, endividamento, produtividade, liquidez, carga tributária, competitividade, investimento, eficiência operacional, lucro, prejuízo, ativo imobilizado, riqueza criada.

Setor da Empresa – A empresa será enquadrada, em função de suas atividades de produção, num determinado setor da economia, tais como, segundo a Revista Exame, os seguintes: Alimentos; Atacado e Comércio Exterior; Automotivo; Bebidas; Comércio Varejista; Comunicações; Confecções e Têxteis; Construção; Eletroeletrônico; Farmacêutico; Fumo; Higiene, Limpeza e Cosméticos; Material de Construção; Mecânica; Mineração; Papel e Celulose; Plásticos e Borracha; Química e Petroquímica; Serviços de Transporte; Serviços Diversos; Serviços Públicos; Siderurgia e Metalurgia; Tecnologia e Computação; Telecomunicações.

Desenvolvimento da Empresa – A tarefa mais crítica com que se defronta a direção da empresa, em cada período, é a de encontrar um novo conjunto de métodos empresariais que se torne a base para administrar o período seguinte de expansão evolutiva. Por mais curioso que pareça, esses novos métodos com o tempo dão origem as suas próprias sementes de decadência e levam a outro período. Por conseguinte, as empresas sofrem a ironia de ver uma genial solução de agora se tornar um grave problema amanhã.

Conhecimento da Empresa – Ter uma força de trabalho fundamentada no conhecimento é uma grande vantagem competitiva. Por isso, que o administrador terá de encarar esta aquisição como um desafio a ser perseguido, diariamente, porque precisará fazer pessoas comuns realizarem coisas extraordinárias. O segredo é descobrir o potencial das pessoas e ajudá-las a desenvolver-se.

Tecnologia da Empresa – A tecnologia adotada pela organização será adaptada às suas necessidades e recursos. Porém, uma coisa é certa: toda empresa utilizará um tipo de tecnologia. Dentre a enorme variedade de coações e contingências que o ambiente impõe, a tecnologia aparece como a variável crucial, principalmente, quando as inovações tecnológicas acontecem em outras empresas concorrentes.

É comum que alguns autores mencionem tecnologias de: capital intensivo (tecnologia, automação e robótica) e de recurso humano intensivo (pessoas com habilidades manuais e intelectuais).

Premissas da Empresa – As seguintes premissas, relativas à empresa, ajudarão a construir um bom plano empresarial:

- Toda empresa precisa definir, claramente, o objetivo de sua própria existência e oferecer para seus funcionários metas bem definidas.
- As empresas devem colocar sempre a satisfação do consumidor à frente do lucro.
- As empresas devem ter a qualidade por objetivo a ser perseguido, com rigor, mediante técnicas de controle estatístico de qualidade.
- Todo funcionário deve ser tratado com o mesmo respeito devido aos ocupantes dos cargos executivos.
- A missão principal da empresa é criar clientes satisfeitos e cativos para que voltem a comprar seus produtos.
- A empresa deve evitar aqueles produtos que não se enquadram dentro dos melhores interesses do seu público-alvo e do ambiente circundante.
- Os consumidores apoiarão aquelas empresas que demonstrem preocupação com sua satisfação e bem-estar.

Responsabilidade da Empresa – Uma empresa deve ter poder para contratar, demitir, promover, estabelecer normas de conduta, exigir resultados, atribuir cargos e tarefas, por exemplo. Mas, tal poder pode ser limitado pelo governo local. É por isso que a sociedade fala tanto de responsabilidade social da organização. E numa empresa? O desenvolvimento econômico é a principal responsabilidade de uma empresa, porque ele é a base de sustentação da própria empresa e respaldo para todos os outros compromissos que a mesma venha assumir.

Análise da Empresa – A análise da empresa objetiva buscar informações sobre seus produtos, pontos fortes, pontos fracos, fontes de recursos, setor econômico, práticas do comércio local, tecnologias, custos, canais de distribuição, oportunidades, ameaças, preços de mercado, margem de lucro, políticas...

Linguagem – A linguagem utilizada numa organização deve ser entendida por todos que nela trabalham.

Problema – Basicamente, os problemas empresariais podem ser de:

Relacionamento – São questões com: Sócios, Acionistas e Empregados (Demissão, Contratação, Remuneração).

Responsabilidade – São questões de: Responsabilidade Pessoal, Responsabilidade do Cargo, Responsabilidade Funcional, Responsabilidade Social, Responsabilidade de Segurança no Trabalho.

7.3 Empresário

O empresário é peça básica da empresa que, através de seu trabalho, conhecimento e criatividade, manterá a empresa viva e crescente. Todo empresário inteligente colocará a empresa acima de seus interesses pessoais e preconceitos. Portanto, o empresário, coração da empresa, deve aprender a convivência com o risco, aproveitar situações, adquirir conhecimento das funções administrativas e organizacionais, liderar mais do que chefiar, ser independente e agir com otimismo, não exagerado.

O empresário apoia empreendimentos, cujas virtudes e consequências são, infinitamente, menos previsíveis, menos mensuráveis e menos demonstráveis para a maioria das outras pessoas. Empreender não é coerente com certeza, pois requer fé fortificada por energia, ousadia e sorte.

O empresário exerce atividades próximas da audácia.

Os administradores são calculistas cuidadosos de prós e contras, homens que merecem confiança por seu equilíbrio mental. Embora possam ter grande conhecimento, autoconfiança e energia, estes talentos têm pouca probabilidade de aplicar-se a novos empreendimentos, altamente arriscados. Seus talentos, em geral, se aplicam a uma situação existente.

Entende-se que o maior impedimento ao desenvolvimento da empresa (não do empresário) está na incompetência administrativa. A capacidade empresarial é inerente à criação, existência e desenvolvimento do empreendimento. Através dela o empresário concebe projetos alternativos, geralmente, em resposta a: estímulos financeiros, solicitações do mercado, incentivos fiscais e facilidades cambiais.

A carência de conhecimentos de administração entre os empresários que não foram bem-sucedidos pode até não ser claramente admitida. A falta de organização administrativa é a décima razão por eles apontada para seu insucesso, mas vem à tona sem disfarce quando se observam as respostas dos mesmos entrevistados sobre procedimentos que adotariam na abertura de uma nova empresa. Pela ordem eles iriam procurar assistência técnica, levar adiante uma pesquisa de mercado, adquirir conhecimento administrativo e ampliar seus conhecimentos sobre o setor em que atua.

As explicações são muitas para o sucesso e o fracasso dos empreendimentos de pequeno porte. Até a sorte, esse aliado abstrato, pesa. Mas a principal explicação, em ambos os casos, é uma só e gira em torno do dinheiro. Não se trata da simples disponibilidade de capital. Dinheiro, nesse caso, é um conceito que vai além do saldo bancário do empreendedor. Envolve desde a adequada captação de recursos para o pontapé inicial até o cálculo exato do preço do produto que se pretende vender.

É comum o empresário apontar, como fatores de sucesso e de fracasso, os seguintes:

Fatores de Sucesso: Persistência, boa administração, dedicação do empresário, boa estratégia de vendas, capital próprio, experiência no ramo, mercado favorável, investimento, qualidade do produto, fonte de renda, otimismo, tino empresarial, sorte, criatividade, boa localização, ajuda da família, relação com fornecedores, preços competitivos, riscos calculados e imóvel próprio.

Fatores de Fracasso: Recursos financeiros, instabilidade econômica, limitação do mercado, concorrência, problemas pessoais, planos de governo, localização inadequada, inflação, encargos financeiros, desorganização administrativa, custos das matérias-primas, desinteresse, incentivos oficiais, burocracia governamental, tempo, baixa lucratividade, maus pagadores, experiência, mão de obra e mudança de ramo.

A riqueza, por si só, não produz utilidade nem individual e muito menos coletiva, na medida em que ela é praticada apenas dentro de uma visão acumulativa e não empreendedora. Além de gerar empregos, pagar tributos e movimentar um mercado cada vez mais incerto, turbulento, mutável e competitivo, o empresário só terá condições de exigir um papel mais comprometido do governo na proporção direta da sua abertura para uma ação mais associativa e menos individualizada.

A formação de corporações gigantescas faz parte de um momento histórico em que capitalismo e capitalista se distanciam cada vez mais. Os tempos em que uma empresa era a versão corporativa da personalidade do seu fundador parecem ter ficado para trás. Mas isso não significou que tenham sumido os valores que funcionam como um fator invisível entre os funcionários e que, em tantos casos, os motivam muito mais do que o salário.

7.4 Classificação das Empresas

As empresas apresentam uma enorme heterogeneidade. Elas são profundamente diferentes entre si. Por isso, independentemente da espécie de sociedade escolhida, as empresas podem ser classificadas sob diversos aspectos:

A) Quanto aos Recursos:

Empresa Grande – Também chamada de corporação. É uma organização de grande porte em que o controle financeiro é centralizado e as decisões operacionais são descentralizadas. Esta organização pode reunir diversas empresas com objetivos comuns.

Empresa Média – Empresa com razoável volume de recursos, onde existem profissionais de administração em sua direção.

Empresa Pequena – É aquela na qual o administrador (geralmente o proprietário) enfeixa o comando de todas as áreas funcionais, não havendo um segundo nível diretivo para essas responsabilidades. As empresas pequenas podem ser desdobradas em miniempresas e microempresas. A maioria das pequenas empresas têm muito pouca disponibilidade de caixa, durante, pelo menos, os primeiros anos de operação e ficam altamente vulneráveis a qualquer mudança repentina do ambiente. Muitas delas, por necessidades de dinheiro, fracassam num momento em que estão tendo lucro, apesar de economicamente viáveis.

B) Quanto ao Número de Empregados:

Setor da Economia	**Classificação das Empresas**			
	Micro	Pequena	Media	Grande
Comércio e Serviço	Até 9 Empregados	De 10 até 49 Empregados	De 50 até 99 Empregados	Acima de 100 Empregados

Indústria	Até 19 Empregados	De 20 até 99 Empregados	De 100 até 499 Empregados	Acima de 500 Empregados

Quadro 7.1: Classificação das Empresas pelo Número de Empregados.

C) Quanto à Atividade:

Empresa Agrícola – É aquela que trabalha a terra na produção de alimentos.
Empresa Industrial – É aquela que transforma recursos em bens econômicos.
Empresa Comercial – É aquela que faz a ligação entre o produtor e o consumidor.
Empresa Financeira – É aquela que trabalha com dinheiro, títulos, ações e valores.
Empresa do Conhecimento – É aquela voltada para a educação, treinamento, tecnologia educacional, capital intelectual, informação, talento, criatividade.
Empresa Virtual – É aquela que negocia via Internet.
Empresa de Comércio Exterior – As empresas de comércio exterior são conhecidas como "trading companies".
Empresa Transportadora – As empresas prestadoras de serviços de transporte cobram, como qualquer outra empresa, uma taxa ou tarifa pelos seus serviços. Quando se trata de cargas, o valor que se paga é denominado frete.

D) Quanto à Cultura:

Empresa Conservadora – Comportamento formal.
Empresa Empreendedora – Preocupa-se em investir em novidades.
Empresa Tradicional – Valoriza o trabalho em grupo.
Empresa Individualista – Valoriza a competição.
Empresa Racional – Maximização do desempenho individual.
Empresa Desenvolvimentista – Viabiliza-se através de líderes que optam por ações de curto prazo, devido à incerteza ambiental.
Empresa Consensual – Viabiliza-se através de líderes do tipo empreendedor que optam por linhas de longo prazo.
Empresa Hierárquica – Viabiliza-se através de líderes do tipo experimental (especialista).
Empresa Imitadora – Copia algumas coisas da empresa líder, mas mantém a diferenciação em termos de preço, embalagem, propaganda, atendimento, serviço e outros fatores.

E) Quanto à Propriedade:

Empresa Pública – As empresas públicas constituem o chamado setor público e compreendem as empresas, cujos objetivos são o bem-estar social, pois estão voltadas para o benefício da sociedade em geral. São as chamadas empresas não lucrativas. Elas são propriedades do estado (100% do governo, em nível federal, estadual e municipal).
Empresa Privada – As empresas privadas são de propriedade de particulares, ou seja, fazem parte da livre iniciativa. Compreendem as organizações cuja constituição visa a lucratividade.
Empresa Mista – As empresas mistas (51% do governo e 49% do público) são sociedades por ações de participação pública e privada, simultaneamente. Todavia, o governo é o sócio majoritário e, portanto, detém o controle administrativo. São empresas que prestam serviços de utilidade pública.

F) Quanto à Gestão:

Empresa Profissional – É gerida por administradores profissionais.
Empresa Familiar – É gerida pelo dono, herdeiros e familiares.

7.5 Ambiente Empresarial

Ambiente é todo um espaço (contexto) que envolve externamente uma organização de forma direta e indireta. É constituído de: pessoas, sistemas, recursos, grupos, famílias e organizações que formam a sociedade. Alguns autores ainda consideram que existem dois ambientes: externo e interno (a organização). O ambiente é um fator incontrolável que pode causar prosperidade ou desastre em um mercado. Mas, com esforço e resolução, pode-se conseguir considerável controle sobre o mesmo.

As empresas não vivem no vácuo, isoladas e totalmente autossuficientes, mas funcionam dentro de um contexto, do qual dependem para sobreviver e crescer. É do ambiente que as empresas obtêm os recursos para poderem agir e devolver, ao mesmo tempo, bens, serviços e ideias.

Ambiente empresarial é o ambiente voltado ao estudo da cultura e do conhecimento organizacional da empresa. Isto inclui atitudes, impulsos, valores, objetivos, metas, funções administrativas, funções organizacionais, mudanças, leituras de cenário, riscos, estratégias, negócios, ameaças, restrições, oportunidades. O ambiente empresarial (corporativo, organizacional, unidade de negócio) não é um conjunto estável, uniforme e disciplinado, mas um conjunto bastante dinâmico que muda a cada momento.

As relações entre as organizações e o ambiente são altamente complexas, uma vez que as organizações vivem em um mundo humano. As empresas constituem organizações sociais inventadas pelo homem para se adaptarem às circunstâncias ambientais, a fim de alcançarem determinados objetivos. Se essa adaptação é conseguida e os objetivos alcançados, então a empresa terá condições de sobrevivência e de crescimento.

A seguir, os principais ambientes empresariais:

Ambiente Estável – Este ambiente apresenta estabilidade, quando não há mudanças relevantes de comportamento. Normalmente, é conservador, previsível e rotineiro.

Ambiente Instável – Ambiente de constantes mudanças, gerando incertezas. Uma das características do ambiente instável é que ele potencializa as oportunidades e as ameaças à empresa. É crucial, portanto, que os empresários aprendam a reconhecer os solavancos do mercado e a lidar com eles.

Ambiente Mutável – Ambiente também chamado dinâmico, apresenta instabilidade no comportamento dos clientes (consumidores, usuários, fornecedores, funcionários, pacientes, concorrentes, agentes do governo, intermediários). Neste ambiente as reações empresariais são diferentes e variadas, em função do tempo.

Ambiente Turbulento – Ambiente onde as estratégias passadas são suspeitas, a rentabilidade não acompanha o crescimento, o futuro é muito incerto e cheio de surpresas. Em ambientes turbulentos, a alternativa ao incremento lógico é o planejamento estratégico, abrangente e sistemático, que desafia, reexamina e reforma a lógica de desenvolvimento da empresa.

Ambiente de Tarefa – Ambiente operacional e específico de cada organização. Corresponde ao segmento do ambiente geral mais imediato e próximo da empresa. É constituído por pessoas e seus recursos com as quais são mantidos contatos diretos para poder operar. É o contexto mais relevante para a empresa poder cumprir sua missão.

Ambiente Tecnológico – Ambiente que fornece o desenvolvimento de novos produtos e processos, função dos avanços tecnológicos.

Ambiente Cultural – Ambiente traduzido pelos usos e costumes da região. Uma organização poderá mudar hábitos culturais ou não. As diferenças culturais são assustadoras, baseiam-se, em grande parte, nas tradições: religiosa, social e econômica. Para os americanos, a pontualidade e o estabelecimento de datas limites são procedimentos comerciais normais. Mas, no Oriente Médio, tal atitude é considerada rude, atrevida e exigente.

Ambiente Político – Ambiente ditado pelo sistema político onde a organização está inserida.

Ambiente Econômico – Ambiente que retrata o poder de aquisição da população. O poder de compra existente em uma economia depende da renda atual, preço, poupança, empréstimo e disponibilidade de crédito. As empresas devem prestar muita atenção às principais tendências nos padrões de renda e de gastos em bens de consumo. Assim, para que existam mercados, é preciso que haja pessoas e poder de compra.

Ambiente Legal – Ambiente que mostra à organização as restrições legais para a sua criação e seu desenvolvimento. A sociedade reconhece que se criam desigualdades quando os sistemas social e econômico ficam entregues a si mesmos. Teoricamente, o governo representa os desejos e necessidades de seus cidadãos e promulga leis em seus benefícios. Assim, como as pessoas não podem dizer que não conhecem a lei, os empresários precisam estar conscientes das leis e regulamentações governamentais que afetam seus produtos e projetos.

Ambiente Demográfico – Ambiente que mostra à organização o crescimento da população e suas faixas etárias. As tendências demográficas são altamente confiáveis a curto e a médio prazo. Há pouca justificativa para uma empresa ser repentinamente surpreendida por desenvolvimentos demográficos. O estudo do ambiente demográfico é muito importante, pois dará à empresa as informações necessárias para que ela possa ler e avaliar o cenário. As empresas operam em mercados, que são compostos de pessoas (físicas e jurídicas).

As empresas precisam atentar para as faixas etárias, para que nenhum grupo seja esquecido, quando produzirmos uma mensagem de divulgação dos nossos produtos. Cada geração tem costumes e hábitos diferentes. Se nossos consumidores potenciais são solteiros, casados, divorciados, sozinhos e trabalhadores de tempo integral, precisamos saber como atendê-los da melhor maneira possível.

7.6 Diagrama de Atividades da Empresa

Diagrama é um gráfico, geralmente, em um espaço bidirecional, onde podemos representar, por meio de pontos, linhas e superfícies, resultados, estruturas, rotinas, relações, atividades, programas, controles, prazos, gargalos e programações, por exemplo. Os mais clássicos diagramas utilizados são: organogramas, fluxogramas, cronogramas e congestionogramas. É uma ferramenta importante para análise de séries históricas, pois uma simples apreciação permite, com razoável rapidez, chegar-se a conclusões não só sobre a evolução do fenômeno, mas também sobre o relacionamento entre este e os dados que compõem a série.

Como o diagrama facilita o entendimento do fato, o mesmo sempre deve ser precedido de um estudo analítico, pois as conclusões tiradas ajudam a determinar o método mais inteligente de abordar a situação.

O diagrama de atividades da empresa serve para mostrar o fluxo de informações entre os diversos setores da empresa. Tal diagrama ajudará a determinar estratégias, táticas, decisões, políticas, procedimentos, regras, relações, canais de comunicação, necessidades de informações e necessidades de recursos. A partir do diagrama de atividades de uma empresa é possível começar a determinar que tipos de decisão são necessários.

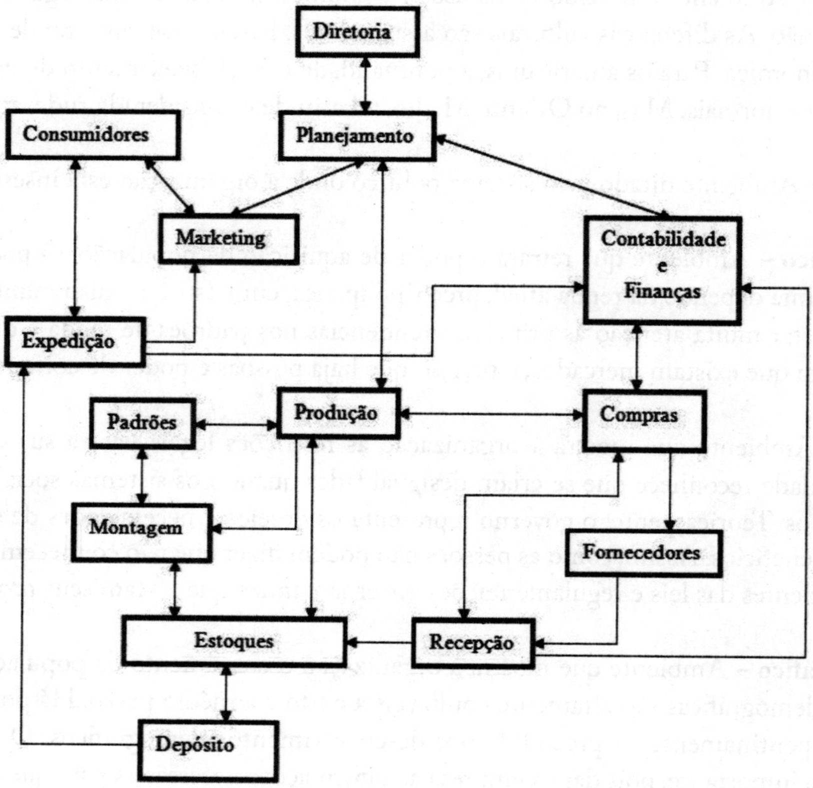

Figura 7.2: Diagrama de Atividades da Empresa.

7.7 Ciclo de Vida da Empresa

Assim, como os seres humanos, os produtos e as organizações possuem um ciclo de vida, pois eles não são eternos, também um projeto terá seu ciclo de vida, que será maior ou menor, em função do seu objetivo. Este ciclo é constituído de diversas etapas que vão da concepção até a finalização. Ao final de cada etapa é gerado um conhecimento que permite, ou não, que a empresa continue. Quanto mais avançamos na empresa mais entendemos o produto que está sendo desenvolvido.

Analiticamente pode-se dividir a empresa nas seguintes fases:

Fase de Criação – No estágio inicial de uma empresa, toda atenção deve se concentrar na criação de produtos e de mercados consumidores. As características básicas deste período são:

- Os fundadores da empresa, geralmente, agem com técnica, desprezando as atividades administrativas.
- Tudo é concentrado em fabricar e vender.
- A comunicação é frequentemente informal.
- Longos períodos de trabalho são recompensados com salários modestos e a promessa de participação na empresa.
- O controle das atividades é feito com base em informações imediatas recolhidas diretamente no mercado,
- A diretoria age conforme a reação dos consumidores.

Fase de Direção – As empresas que sobrevivem à primeira fase, porque contrataram um diretor de vendas competente, geralmente, entram num período de expansão contínua debaixo de uma direção capaz e objetiva. Eis as características desse período:

- É criada uma estrutura empresarial, separando a parte industrial da comercial, enquanto que os cargos se tornam mais especializados.
- São introduzidos programas (softwares) aplicativos para diversos sistemas de controle.
- São adotados incentivos para as pessoas, orçamentos e normas de trabalho.
- A comunicação se torna mais formalizada e impessoal, à medida que vão surgindo os cargos e as posições hierárquicas.
- O novo diretor-geral e seus principais gerentes assumem a maior parte da responsabilidade pela direção da empresa, enquanto que os administradores de nível inferior são tratados mais como especialistas em suas funções do que como dirigentes autônomos que tomam suas próprias decisões.

Fase de Delegação – A nova era de desenvolvimento surge da aplicação adequada de uma estrutura empresarial descentralizada. Esta fase apresenta as seguintes características:

- Muito maior responsabilidade é concedida aos superintendentes de fábrica e diretores regionais de venda.
- Os dirigentes passam a utilizar métodos de motivação.
- Os altos dirigentes no escritório central restringem-se a administrar por exceção, baseando-se em relatórios periódicos sobre a atuação da equipe de vendas.
- A diretoria concentra sua atenção em novas incorporações, as quais podem ser colocadas ao lado de outras unidades industriais autônomas.
- A comunicação da alta administração é pouco frequente e, geralmente, é feita por papel, meio eletrônico ou através de visitas rápidas.
- Diretorias descentralizadas, com maior autonomia e mais incentivos, são capazes de penetrar num maior número de praças, reagir mais rapidamente à demanda e criar novos produtos.

Fase de Coordenação – No transcorrer desta fase, observa-se:

- O período evolutivo se caracteriza pelo uso de sistemas formais para conseguir maior coordenação e pelo fato de altos executivos assumirem responsabilidades pela criação e administração destes novos sistemas.
- As unidades descentralizadas fundem-se com grupos de produtos.
- Processos formais de planejamento são estabelecidos e revistos com grande frequência.
- Inúmeros funcionários são contratados e colocados no escritório central para criar e desenvolver programas, planos, políticas, procedimentos, regras e mecanismos de controle que envolva toda a empresa.
- Investimentos são cuidadosamente avaliados e distribuídos por toda a organização.
- Cada grupo de produtos é tratado como um centro de investimento no qual os lucros sobre o capital inves-

tido constituem um critério importante para a distribuição de verbas.

- A compra de ações e de outras empresas e a distribuição do lucro são usadas para promover a imagem da empresa.

Fase de Colaboração – Nesta fase acontece:

- Uma forte colaboração pessoal numa tentativa de superar as crises e as mutações ambientais.
- A atenção concentra-se na rápida solução de problemas, através da ação conjunta e aplicação de alta tecnologia.
- As equipes combinam seus esforços para uma determinada atividade.
- Os especialistas do escritório central são reduzidos em número, remanejados em seus postos e, por fim, colocados em equipes interdisciplinares para assessorar unidades de vendas.
- Estruturas matriciais são usadas, geralmente, para montar projetos e solucionar problemas.
- Os sistemas anteriores são simplificados e combinados em novos sistemas, simples, de finalidades múltiplas.
- Há mais reuniões e programas de educação e treinamento.
- Sistemas de informação são integrados nas decisões cotidianas.
- Compensações em dinheiro são ajustadas mais ao desempenho da equipe do que à atuação de cada um.
- Experiências com novos métodos são estimuladas em toda a empresa.

Fase de Sobrevivência – É preciso tornar as empresas mais ágeis, abertas, flexíveis, desburocratizadas e, consequentemente, competitivas. Uma organização mais leve poderá reduzir significativamente as suas despesas gerais, reforçando-se o investimento em pesquisa, novos produtos e desenvolvimento de recursos humanos, fatores fundamentais para a modernização de qualquer instituição. Suas características são:

- Criar práticas de austeridade.
- Implantar planos participativos.
- Melhorar processos e métodos.
- Enxugar custos.
- Aumentar a produtividade.
- Utilizar a melhor tecnologia possível.
- Melhorar a qualidade dos produtos.
- Comprometer as chefias com os resultados da empresa.
- Ampliar o grau de adesão dos funcionários.
- Integrar horizontalmente os níveis de gerência.
- Eliminar o nepotismo e a corrupção.
- Sobrepor o coletivo ao individual.
- Treinar recursos humanos para novas tecnologias.
- Educar funcionários.

7.8 Legalização da Empresa

Para que uma empresa possa iniciar suas atividades, é necessário que esteja devidamente legalizada, ou seja, deverá estar registrada em determinados órgãos dos governos: federal, estadual e municipal. Tais registros são comuns a todas as empresas, mas em função de suas atividades, é possível que outras exigências devam ser cumpridas.

Um estudo divulgado pelo Banco Mundial afirma que o processo de abertura de uma empresa no Brasil, em geral, é muito mais lento que no resto do mundo. Os levantamentos lidos sobre o tempo de abertura de uma firma variam de 80 até 100 dias. Para evitar prejuízos ou problemas, é conveniente, antes de alugar ou comprar um imóvel ou realizar qualquer registro de documento de uma nova empresa, verificar previamente se não existe restrição para o exercício da atividade empresarial.

Em função do investimento, verificar se o capital social disponível é compatível com o porte da empresa. É importante definir o tipo de sociedade a ser configurada. Para pequenos negócios, o recomendado é que seja Sociedade Comercial por Cotas de Responsabilidade Limitada. A seguir, as etapas a serem cumpridas para a legalização da empresa:

Passo 01 – Consulta prévia do local onde a empresa funcionará (endereço) na Prefeitura Municipal.
Passo 02 – Consulta sobre o nome da empresa na Junta Comercial da localidade.
Passo 03 – Redigir um contrato social, no qual ficam estabelecidos as condições do regime jurídico, o funcionamento e a liquidação da sociedade.
Passo 04 – Registro do contrato social na Junta Comercial da localidade.
Passo 05 – Inscrição no CNPJ (Cadastro Nacional da Pessoa Jurídica) após o registro na Junta Comercial.
Passo 06 – Certificado de aprovação e laudo de exigências do Corpo de Bombeiros.
Passo 07 – Inscrição estadual na Secretaria de Estado de Fazenda, para fins de recolhimento do ICMS (Imposto sobre Circulação de Mercadorias e Serviços).
Passo 08 – Inscrição no INSS (Instituto Nacional do Seguro Social).
Passo 09 – Requisição à Inspetoria Regional de Licenciamento e Fiscalização do alvará de licença para estabelecimento e a inscrição municipal.
Passo 10 – Aquisição e autenticação de livros fiscais.
Passo 11 – Definição e confecção de notas fiscais (cupom fiscal, nota fiscal eletrônica).

7.9 Modelos de Empresa

Desde a década de 1980, novas formas de pensar as organizações empresariais têm surgido, como as que vamos analisar, a seguir:

Modelo Capitalista Popular – Modelo que se inspirou nas iniciativas do governo Tatcher, da Inglaterra, para confrontar soluções socialistas para problemas básicos da sociedade. O ponto principal da política capitalista popular, que afeta diretamente as empresas, é a tentativa de aproximar objetivos pessoais dos da organização, tornando o empregado sócio do empreendimento e a conversão de empresas estatais em iniciativa privada, para que os recursos do governo sejam investidos em programas sociais e também em programas de desenvolvimento, a fim de ampliar as oportunidades de negócios e beneficiar as organizações e seus sócios.

O trabalho é estruturado em pequenas equipes de menos de vinte pessoas com um líder. Os líderes são treinados para falar em público e estimulados a manter diálogo com a força de trabalho, fazendo convergir seus interesses com os interesses organizacionais, esvaziando a ação sindical. As estruturas de cargos e salários procuram trabalhar com diferenças salariais nas quais o maior salário não pode ser mais do que cinco vezes o menor salário. O número de cargos é reduzido e as funções são ampliadas, a fim de evitar reivindicações trabalhistas por isonomia salarial.

A participação nos lucros torna o empregado sócio do negócio, através da distribuição de ações e formação de uma poupança para tempos difíceis, evitando-se as greves e as reivindicações salariais.

Modelo da Co-Gestão – Modelo que tem sua origem nas lutas trabalhistas alemães, desde o Século XIX. Seu objetivo não é apenas estimular a participação efetiva dos empregados nos resultados e nos destinos das empresas ou chamar os empresários às suas responsabilidades sociais para com os recursos humanos. Vai mais além, ao tentar despertar a consciência civil e o sentimento de cidadania.

O modelo é todo regulamentado por lei e ganhou formas mais bem definidas a partir da década de 1980. Tomando por base as sociedades anônimas, que são a forma mais comum das grandes empresas, o modelo se constitui na assembleia-geral, conselho fiscal, diretoria e comissão dos trabalhadores. A assembleia é formada pelos acionistas, que decidem, entre outros assuntos, sobre a aplicação dos lucros, fusões, aquisições, dissolução da empresa e mudanças no estatuto.

O conselho fiscal é formado por número igual de representantes dos empregadores e dos empregados. A diretoria é o grupo executivo responsável pela gestão da empresa. A comissão dos trabalhadores é composta por eleitos que decidem sobre assuntos que afetam os funcionários.

Modelo da Administração pela Qualidade – Modelo que coloca algumas premissas, que devem nortear a forma de se organizar a empresa, e, principalmente, os comportamentos e atitudes que reforçam os valores. O planejamento é de longo prazo e há um objetivo único a ser perseguido, que é o da melhoria contínua. A empresa deve pensar em pessoas, depois em qualidade e, por fim, na rentabilidade.

O chefe é substituído pelo líder, o mentor. A avaliação de desempenho deve ceder espaço à educação e ao treinamento. A busca do zero defeito deve evitar o medo de errar e a vontade de mentir. O gerente se responsabilizará pela educação dos funcionários, isto é, pelo seu desenvolvimento pessoal e profissional e as empresas devem dar total apoio.

Modelo da Empresa Atomizada – Modelo que é uma concepção de organização que troca o modelo piramidal por um de três níveis de atividade: núcleo, franja contratual e mão de obra flexível, lembrando a estrutura de um átomo. O núcleo é formado por um número de pessoas superqualificadas, cujo trabalho é essencial para a organização, com grande flexibilidade e autonomia na forma de realizar o trabalho. A franja é formada pela terceirização de funções não essenciais, pelo sistema de parcerias e pela prestação de serviços, que são atividades diretamente vinculadas ao negócio da empresa, só que realizadas por firmas externas e pessoas contratadas.

A mão de obra flexível está ligada à sazonalidade de mercado, ao melhor, ou pior, pique dos negócios, ao trabalho por tarefas, chegando a ter horários flexíveis e contratos por tempo determinado. Há participação e tomada de decisão por pessoas que atuam na ponta do negócio.

O órgão central trabalha em função das áreas de interface intensa com consumidores e fornecedores e as unidades regionais e locais possuem autonomia para agir com o mínimo de interferência da alta administração.

Em todos os modelos apresentados, as relações de trabalho, a vinculação profissional, as estruturas organizacionais e as formas de gerência são afetadas. Novos modelos ainda poderão surgir. Assim, as empresas, os empresários e os dirigentes devem construir modelos que respondam à realidade do mercado e às necessidades dos consumidores, o mais rápido possível.

7.10 Sociedade

Sociedade é uma organização dinâmica de indivíduos autoconscientes que compartilham objetivos comuns e são capazes de ação conjugada. A sociedade humana é um conjunto de pessoas que vivem em certa faixa de tempo e de espaço, seguindo normas comuns, e que são unidas pelo sentimento de consciência de grupo. Definir uma sociedade é tão difícil quanto definir a vida, pois as características simples e básicas desaparecem sob uma massa complexa e atordoante de detalhes.

Em sua vida social e política o ser humano precisa de uma sociedade que funcione. Mas o fato de que o homem precisa de uma sociedade não significa necessariamente que ele a tenha. Uma massa humana desorganizada não é uma sociedade, mas um grupo de pessoas. Sociedade e civilização, no mínimo, só são possíveis com a ajuda de algum mecanismo ou regra que gere ordem e acomodação. É ai que entram os costumes, as culturas, as leis, os valores, os princípios, as filosofias, as religiões, as ideologias.

Sócio é aquele que participa de uma sociedade (organização) da qual espera auferir lucro (social ou financeiro), isto é, algum benefício mesmo que tenha de pagar (investir) para entrar. Os sócios recebem cotas ou ações da sociedade, que representam frações do capital social. Essas cotas passam a integrar o patrimônio do sócio. As cotas são a contrapartida dos bens de um sócio transferidos à sociedade. Sendo titular de cotas sociais, o sócio mantém, em relação a estas, direitos e obrigações.

Procede-se à constituição de uma sociedade, por meio de instrumento público ou particular, firmado por todos os sócios, no qual se declaram as condições básicas da entidade, inclusive nome, domicílio, capital social, cota de cada sócio, objeto social, forma de administração, prazo de existência e processo de liquidação. Esse ato constitutivo deverá ser arquivado num órgão público.

A seguir, as principais formas de sociedades de negócios:

Sociedade por Firma – É uma associação de duas ou mais pessoas, operando sob nome ou firma comum, seja comercial ou industrial, ficando os sócios responsáveis solidariamente pelos direitos e obrigações da firma, sem qualquer limite.

Sociedade de Capital e Indústria – É uma associação de dois tipos de sócios. Os sócios capitalistas respondem, solidariamente e ilimitadamente, pelas obrigações da sociedade, pois contribuem com os recursos (físicos, materiais, financeiros). Os sócios industriais contribuem com mão de obra especializada, não respondendo pelo capital social.

Sociedade por Cotas de Responsabilidade Limitada – Nesta forma jurídica, a responsabilidade dos sócios está limitada ao valor do capital social como registrado no contrato que constituiu a sociedade. Pode funcionar com o nome de algum sócio ou adotar uma denominação social.

Sociedade Anônima – É uma associação na qual o capital social é dividido em ações de um mesmo valor nominal e constituído através de subscrições. Ou seja, cada pessoa adquire (subscreve) o número de ações que lhe convier, tornando-se acionista desta sociedade. A pessoa, ou grupo, que tiver o maior número de ações pode eleger os dirigentes da empresa.

A sociedade anônima, como qualquer pessoa jurídica, manifesta-se através de órgãos aos quais compete produzir a vontade social. Os órgãos da sociedade anônima são: a assembleia geral, o conselho de administração, a diretoria e o conselho fiscal. Além desses, dos quais apenas o primeiro e o terceiro são de funcionamento obrigatório em todas as sociedades anônimas, poderá o estatuto criar outros órgãos com funções técnicas ou de aconselhamento (staff).

Sociedade em Comandita Simples – É uma associação na qual o capital social é formado pelas contribuições de duas classes de sócios: os sócios comanditários ou capitalistas que respondem limitadamente ao capital subscrito, e os sócios comanditados, que respondem solidária e ilimitadamente pelas obrigações sociais, empenham seu patrimônio, seu trabalho e são os sócios comerciantes da sociedade.

Esta sociedade é uma forma jurídica através da qual o empresário obtém capital, vinculando os investidores ao limite proporcional à importância por eles aplicada.

Sociedade em Comandita por Ações – Assemelha-se à sociedade anônima com a diferença de que a direção é exercida pelos sócios ou acionistas.

Sociedade Cooperativada – Trata-se de uma associação voltada exclusivamente para suprir necessidades e interesses dos associados. O objetivo desta sociedade é amparar os associados por meio de uma cooperativa. O capital é formado por cotas que não podem ser transferidas a terceiros alheios à sociedade. As decisões são tomadas em assembleia por meio do voto.

Sociedade por Conta de Participação – É a forma jurídica que ocorre quando duas ou mais pessoas, sendo pelo menos uma delas comerciante, se reúnem, sem firma social, em uma ou duas operações comerciais previamente determinadas, com o objetivo de lucro comum, trabalhando uma, algumas ou todas elas, em seu nome individual para o fim social.

Neste tipo de associação, existem dois tipos de sócios: o ostensivo que é o único que se obriga com terceiros e o oculto, que fica obrigado somente com o sócio pelos resultados das transações e obrigações sociais, nos termos daquilo que ficou acordado. Esta sociedade não está sujeita às formalidades legais prescritas para a formação das demais sociedades.

Sociedade de Economia Mista – É uma associação de capital privado e público, em forma de sociedade anônima. O estado subscreve 51% do capital e canaliza o restante (49%) do capital, por meio da participação privada. Desta forma o controle é exercido pelo governo e sua constituição depende de autorização do Congresso. As empresas mistas são mais conhecidas como estatais.

A escolha do tipo de sociedade comercial depende de um conjunto de fatores relacionados entre si, tais como: a capacidade financeira dos sócios, o volume de capital necessário, o tipo de mercado, o que será produzido, o risco envolvido, a estratégia, a estrutura, por exemplo.

7.11 Parceria

A competitividade e a sobrevivência das empresas dependerão, cada vez mais, da sua capacidade em estabelecer e manter relações de parceria com outras organizações que complementem as suas atividades ou com as quais compartilhem investimentos em tecnologia, infraestrutura de produção e/ou de distribuição. É interessante observar que uma das formas mais comuns de capitalizar uma empresa é sua associação a outra mais bem dotada de recursos.

É possível que a parceria possa acontecer por força do dinheiro, do tempo, do trabalho e da ideia. A escolha do parceiro talvez seja a decisão mais importante de todo o projeto de associativismo. É preciso avaliar a competência técnica e cultural da empresa parceira e ver até que ponto ela se adaptará a reformulação pretendida.

A parceria é hoje, reconhecidamente, uma ferramenta de competitividade, porque trás ganhos de produtividade, pois os parceiros ficam engajados num mesmo processo. Dependendo do objetivo da parceria, esta pode ter as seguintes conotações:

Aliança Estratégica – Na aliança estratégica duas ou mais empresas se juntam para compartilhar e competir no mesmo mercado, cada uma participando com a parte ou etapa do processo onde detém maior conhecimento (pontos fortes). Esta forma de parceria é muito difícil e está sempre relacionada aos grandes cartéis.

Associativismo Empresarial – O efeito destruidor que crises econômicas e políticas exercem sobre as atividades das empresas é enorme, sendo que o principal deles é a desatenção do governo. A urgência de se criar, principalmente entre os pequenos empresários, uma atitude, no sentido de conscientização do seu papel social e político na sociedade, bem como de torná-los menos dependentes da assistência estatal, é um passo fundamental no caminho da livre iniciativa. O associativismo empresarial propicia ações coletivas, programas integrados, informações sobre o segmento em que opera a empresa, desenvolvimento e aplicação de recursos.

Franquia – O sistema de franquia não se constitui num negócio em si mesmo, mas meramente num método de distribuir bens e serviços. Os franqueadores são empresas detentoras de marcas fortes e famosas, seus produtos já são consagrados no mercado consumidor e seus conhecimentos tecnológicos e administrativos são repassados aos franqueados.

Joint-Venture – A associação de grupos nacionais com empresas estrangeiras, através de joint-venture, surge como uma alternativa capaz de interessar ambos os participantes do negócio. Com a saturação das oportunidades de investimento em outras regiões e o desenvolvimento acelerado das nações emergentes, os grupos internacionais têm adotado uma perspectiva mais construtiva em relação ao problema.

Os fatores básicos são: necessidade de capital para expansão, busca de tecnologia para diversificação, necessidade de conhecimento, abertura de mercado no exterior, disponibilidade de matérias-primas e mão de obra, aparecimento de empresários inovadores, empreendedores e progressistas em nível nacional. As joint-ventures passaram a ser consideradas como oportunidades realmente interessantes de aplicação de recursos se as restrições às tecnologias forem aos poucos sendo eliminadas.

Terceirização – A ordem é baratear o custo com elevação da produtividade e melhoria da qualidade, dando um serviço de excelência, já que a empresa terceirizada é orientada para isso. A terceirização tem-se mostrado, entre as diversas estratégias de parceria, a que teve o maior sucesso. Mas, em alguns casos a terceirização tem sido aplicada de forma inadequada em muitas empresas. Sobretudo, quando o objetivo não está voltado para a competitividade e sim para a redução de custos.

O comportamento do mercado de trabalho está passando por um período de mudanças, e observa-se que as empresas estão procurando acompanhar este processo de modernização de suas ações e operações. Um bom exemplo é a redução da folha de pagamento de pessoal das empresas, desativando grande parte da área de serviços gerais. A prestadora de serviços de terceirização necessita dispor de um efetivo de pessoal, formado por profissionais competentes, que atenda a demanda e a expectativa de seus clientes.

Não há como fugir da terceirização. As necessidades de baixar custos, aumentar produtividade, diminuir os níveis hierárquicos, reengenharia, conhecimento aprofundado naquilo que faz (ou produz), encargos sociais com pessoal, satisfação com o serviço prestado, qualidade, rapidez na aplicação, descentralização, modernidade, necessidade de treinamento, custos de demissão, flexibilidade, distribuição, fornecedores de recursos e maior competitividade são alguns fatores que contribuíram para a criação deste mercado. Outra vertente a ser considerada é a legislação trabalhista, que pode inviabilizar o próprio trabalho, porque cria mais obstáculos do que facilidades.

A terceirização proporciona vantagens, tais como: permite direcionar melhor os investimentos; divide riscos do mercado; proporciona elevada agilidade decisória e administrativa pela maior flexibilidade nos processos; provoca redução na cadeia de custos indiretos; ameniza o impacto dos encargos trabalhistas em seus custos fixos; proporciona melhor qualidade pela atuação de empresas especializadas, contribuindo para a melhoria do produto; permite redução dos serviços de apoio; simplifica a organização e incrementa a produtividade. Porém, uma grande desvantagem é o desemprego na empresa que terceiriza.

Como, hoje, se terceiriza tudo, desde a gerência de sistemas até a fabricação, parte da motivação, para isso, vem da natureza da economia que se pratica na atualidade. Devido ao avanço da tecnologia, o conhecimento necessário ao desempenho de qualquer atividade relevante tornou-se altamente especializado, sendo cada vez mais dispendioso e difícil manter sob controle uma massa crítica de gente para cada tarefa específica. Tendo em vista que o conhecimento se deteriora rapidamente, manter pessoas contratadas sem reciclagem gera ineficiência. Mas como reeducar recursos humanos, sem alterar custos de produção?

A seguir, algumas premissas que ajudarão a entender o que é terceirização:

- A redução de custos não deve ser a finalidade principal da terceirização.
- Nem sempre é mais econômico desenvolver uma atividade que não seja a principal.
- Uma regra importante da terceirização é a definição das áreas que, por segurança ou segredo tecnológico, devem permanecer na empresa.
- Alguns executivos não querem um enxugamento da estrutura da área sob o seu comando.
- As empresas devem evitar superestruturas para administrar empresas terceirizadas.
- Na terceirização, é necessário fazer um diagnóstico preciso das atividades a serem repassadas.
- A empresa não deve criar laços paternalistas com o terceirizado.
- Para transformar o terceirizado em parceiro, é preciso: diálogo, conveniência, confiança e identificação cultural.

Parceria em Rede – A tecnologia digital da informação possibilita criar uma rede de parcerias para melhor servir os consumidores. É possível criar uma empresa virtual onde se integrem serviços de comércio, administração, marketing e sistemas operacionais de informação e comunicação. Esta tecnologia dará também à empresa apoio logístico do tipo Just-in-Time.

Segundo Gates, "O fluxo de informação digital torna possível que uma empresa crie uma organização sem limites, mas é preciso uma nova mentalidade e uma nova cultura empresarial para transformar os fornecedores em cúmplices do negócio, isto é, parte integrante do processo de servir bem o consumidor". Todos estão integrados eletronicamente no negócio, podendo dar opinião e participar com ideias inovadoras.

Aliança de Produto – Uma empresa licencia outra para fabricar seu produto, ou duas empresas, em conjunto, vendem produtos complementares. Esta aliança pode ser a nível de propaganda, da promoção, da logística e do preço, por exemplo. Todo este esforço é para equilibrar pontos fracos e pontos fortes. Quando bem administradas, estas alianças permitem que as empresas maximizem lucros e minimizem custos.

Cooperativa – A cooperativa é uma associação de produtores, intermediários ou consumidores que se reúnem com o propósito de fazer negócios a custo reduzido e, geralmente, no curto prazo. A cooperação supõe, de certa forma, uma espécie de divisão de trabalho entre os indivíduos participantes de um mesmo grupo, porque ela aumenta a capacidade da performance humana.

Parceria Público-Privada – Tidas como grande alternativa à incapacidade financeira do Estado de investir em infraestrutura, estas parcerias transformaram-se numa espécie de panaceia, tanto no discurso governamental como no dos empresários. As PPPs são contratos em que o setor privado se torna sócio do Estado no fornecimento de obras e serviços para a população, mediante contrapartidas em recursos públicos. Criadas no início dos anos de 1990, na Inglaterra, nem sempre as PPPs corresponderam às altas expectativas dos países que as adotaram.

Os principais problemas das parcerias são:

Aliança Estratégica – Na aliança estratégica, a parceria é muito difícil, porque está relacionada aos grandes cartéis.

Associativismo Empresarial – No associativismo empresarial, a dificuldade está no nivelamento por baixo e nas regras estabelecidas nos estatutos da associação.

Franquia – Na franquia, os importantes problemas são: independência limitada, inflexibilidade para estratégias e táticas, submissão na hora do pedido, falta racionalidade na política de expansão.

Joint-Venture – Na joint-venture, os problemas estão na remessa de lucro, na restrição de transferência de conhecimento, na legislação do país sede e na legislação do país de origem.

Terceirização – Na terceirização, os principais problemas são: qualificação do terceirizado, expectativas e contratos não cumpridos, indefinição do objetivo (competitividade ou redução de custos) e legislação trabalhista.

Parceria de Rede – Na parceria em rede, o maior problema é criar uma cultura baseada na tecnologia digital da informação.

Aliança de Produto – Na aliança de produto, o problema maior é conhecer os pontos fortes e pontos fracos dos participantes.

Cooperativa – Na cooperativa os problemas mais importantes são: limitações dos associados, controle do capital de giro, juros a serem aplicados, concorrência, modalidade das transações, distribuição dos lucros e neutralidade política, por exemplo.

Parceria Público-Privada – Na parceria público-privada, os problemas deste tipo de associação referem-se à divisão dos riscos de maneira eficiente e ao cumprimento fiel dos prazos. Portanto, conhecer a experiência internacional ajuda a evitar erros.

7.12 Regulamentação

A regulamentação é uma iniciativa dos governos sobre as empresas, os mercados, os consumidores, os usuários, as sociedades, os distribuidores, os industriais, os fornecedores. A história das regulamentações, em todo o mundo, revela os seguintes objetivos: manter a concorrência, repelir monopólios e oligopólios, estimular interesse para projetos especiais, cuidar para que a população tenha maior poder de compra, coibir propaganda enganosa, criar mecanismos de defesa do consumidor, proteger a propriedade de marcas e patentes. É preciso estar atento às regulamentações governamentais e seus objetivos:

Regulamentação Econômica – A regulamentação econômica objetiva regulamentar as atividades industriais, comerciais e de serviços, cuidar para que a população tenha maior poder de compra, apresentar medidas antidumping.

Regulamentação do Comércio – A regulamentação do comércio afeta tanto a compra quanto a venda, já que se trata simplesmente de dois aspectos do mesmo processo. Esta regulamentação objetiva a defesa do consumidor, bem como mostrar restrições legais de instalações comerciais.

Regulamentação da Indústria – A regulamentação da indústria objetiva segurança no trabalho, insalubridade, condições ambientais de trabalho, perigo de contaminação, melhoria ambiental, poluição, degradação ambiental, higiene, limpeza, embalagem, qualidade do produto, validade de duração, garantia, qualidade de vida do empregado, controle de acidentes.

Regulamentação do Transporte – A regulamentação do transporte objetiva estabelecer controles de tarifas, posse e operação do meio de transporte (duto, fluvial, marítimo, esteira, terrestre, aéreo).

Regulamentação do Armazenamento – A regulamentação do armazenamento objetiva higiene, qualidade ambiental, normas de segurança, limpeza, validade do produto, prazo de armazenagem.

Regulamentação do Preço – A regulamentação do preço objetiva não permitir desabastecimento, vigiar a evolução dos preços, questionar os motivos de alta, evitar congelamento dos preços, dar bom exemplo quando do aumento das tarifas públicas, interferir em aumentos abusivos.

Regulamentação do Seguro – A regulamentação do seguro objetiva controlar os repasses, controlar a relação preço/valor, controlar o cumprimento dos contratos (forma legal).

Regulamentação das Comunicações – A regulamentação das comunicações objetiva controlar o abuso da mídia e da transmissão de dados.

Regulamentação Tributária – A regulamentação tributária objetiva o arrocho (controle) fiscal, taxa de juros, alíquota do imposto de renda. Cuida, ainda, das contribuições, taxas e impostos sobre produtos, empresas e pessoas físicas.

7.13 Legislação

Na lei, é importante observar as premissas:

- A lei possui, invariavelmente, um conteúdo empírico determinado, que, em princípio, pode sempre ser controlado por elementos observacionais, obtidos através de procedimentos próprios.
- A lei é formulada sem exceção, por intermédio de um só e único enunciado.

Qualquer que seja a legislação, ela estabelece basicamente: Quem é o responsável; Como fazer; Onde atuar; Com que frequência acompanhar; Por que das precauções; Quais produtos são autorizados; Quanto de obrigatoriedade assumir; Qual documentação utilizar; Quais as boas práticas de obediência; Quando é preciso mudar; O que fazer.

A seguir, abordaremos as principais legislações, que afetam a vida empresarial e que são, cada vez mais, restritivas para a livre iniciativa:

Legislação Comercial – A legislação comercial visa proteger as empresas da concorrência desleal; os consumidores de práticas comerciais injustas; os interesses da sociedade contra o comportamento desenfreado das empresas; os consumidores dos abusos da propaganda enganosa; o ambiente da degradação; os agentes do governo da corrupção.

Um importante propósito dessa legislação e/ou obrigação é cobrar das empresas os custos sociais gerados por seus produtos ou processos de produção. Esta legislação restringe as horas de trabalho dos empregados e limita, por exemplo, o horário dos estabelecimentos comerciais. Seria aceitável se, para a sua promulgação, se estudasse devidamente o equilíbrio a estabelecer entre as concessões legítimas a fazer aos empregados e as necessidades, não menos legítimas, da produção e do consumo.

A legislação sobre o comércio eletrônico ainda está sendo definida. Não há consenso sobre assuntos como a natureza dos contratos eletrônicos, a distribuição de material protegido por direitos autorais, a pornografia, a indevida divulgação.

Legislação Ambiental – A maior parte das vezes, o governo atravanca o crescimento econômico por omissão. Mas, há momentos em que a administração pública atrapalha o progresso pela ação. É exatamente isso que está acontecendo no manejo do meio ambiente, em que as autoridades responsáveis pela aprovação dos projetos criam dificuldades em nome de causas nobres.

Hoje, por pressão de grupos verdes, de ONGs e de alguns setores do governo, obras importantes para o crescimento do país estão paralisadas, fazendo com que o Brasil tenha um dos mais baixos índices de concessão de licenças ambientais do mundo. O processo demora, em média, o dobro do que nos Estados Unidos, conhecido como um país rigoroso até demais na preservação dos seus recursos naturais.

Legislação Trabalhista – Contratar e descontratar no Brasil se baseia inteiramente na regulação criada por lei. Ao criar um novo emprego formal, as empresas têm de arcar com despesas que podem chegar a 100% do salário líquido do empregado. Felizmente, com a nova legislação trabalhista, aprovada em 2017, as coisas começaram a mudar, pois foi introduzido o fator negociação entre empregados e empregadores.

Legislação Protecionista – A legislação protecionista, quando sabidamente orientada, consegue realmente proteger a indústria e proteger a saúde do consumidor, minimizar os conflitos entre produtores e consumidores, bem como direcionar as ações dos órgãos fiscalizadores do poder público. E, se estes interesses se equilibram, não se trata de uma lei restritiva, porém de uma simples medida econômica sem caráter especial.

Teste de Aferição de Conhecimento

01 – O principal objetivo da empresa é:
( ) Produzir bens e serviços
( ) Ter lucro
( ) Atender a sociedade
( ) Sobreviver

02 – Qual o elemento mais importante da empresa?
( ) Imagem
( ) Ciclo de vida
( ) Desempenho
( ) Constituição

03 – Se considerarmos a empresa como um sistema, que tipo de sistema é:
( ) Sistema fechado
( ) Sistema de informações
( ) Sistema aberto
( ) Sistema produtivo

04 – Uma sociedade em que há sócios que participam com capital e outros com mão de obra, como se chama?
( ) Sociedade por firma
( ) Sociedade anônima
( ) Sociedade de capital e indústria
( ) Sociedade cooperativada

05 – Qual parceria as empresas trocam tecnologia e capital como forma de diversificação de suas atividades?
( ) Franquia
( ) Joint-Venture
( ) Terceirização
( ) Aliança de produto

06 – Coloque em ordem as fases da empresa:

( ) Direção
( ) Delegação

( ) Criação
( ) Coordenação
( ) Colaboração
( ) Sobrevivência

07 – Empresário é o mesmo que:
( ) Administrador
( ) Executivo
( ) Dirigente
( ) Empreendedor
( ) Dono da empresa

08 – Qual a diferença entre regulamentação e legislação?
( ) Regulamentação tem caráter geral e a legislação é específica
( ) Tudo a mesma coisa
( ) Regulamentação é feita pelo governo

09 – Para que servem os modelos?
( ) Minimizar riscos
( ) Representar um problema
( ) Ajudam como uma ferramenta de análise
( ) Eliminam, completamente os testes de campo

Capítulo 8

Empreendimento

"Leonardo da Vinci podia imaginar todos os tipos de brilhantes dispositivos mecânicos, mas todos eles ficaram no papel, sem serem construídos, porque ele não conseguiu informações suficientes para criar um motor para movê-los".
Lester Thurow

Objetivos do Capítulo

- Mostrar que um empreendimento só será viabilizado, se o empreendedor tiver conhecimento pertinente àquilo que pretende realizar.
- Mostrar os fatores básicos que dão suporte a um empreendimento.
- Mostrar que um empreendedor, para ser bem sucedido, precisará contar com certas habilidades.
- Mostrar as dificuldades iniciais, para que um empreendimento tenha sucesso.

8.1 Conceito de Empreendimento

O empreendimento, por definição, transfere recursos de áreas de baixa produtividade e rendimento para áreas de produtividade e rendimento mais elevados. Naturalmente, existem os riscos do empreendedor não ser bem sucedido. Porém, se apresentar resultados positivos, mesmo que modestos, estes justificarão os riscos assumidos.

Segundo Drucker, as primeiras tentativas de criar um empreendimento data de 1857, quando os irmãos Pereire fundaram o Credit Mobilier, cuja finalidade era mobilizar dinheiro de terceiros para dar apoio aos novos empreendimentos. Toda prática se baseia na teoria, mesmo que o próprio praticante não se dê conta disso. A prática do empreendimento está assentada em teorias econômicas e administrativas, dentro de uma sociedade organizada. É preciso assinalar que tal prática é extremamente arriscada.

Há quase duzentos anos, tem havido uma total confusão sobre a definição de empreendedor e empreendimento.

Os empreendedores precisam agir de forma congruente com o ambiente onde habitam, porque correm um risco muito grande de entrarem em dissonância com este ambiente, o que, em geral, é catastrófico para o negócio, isto é, a organização deve dançar conforme a música. Os desafios que o ambiente trará serão cada vez mais difíceis de serem aceitos e resolvidos, porque exigirão um alto grau de complexidade tecnológica. A visão darwiniana de sobrevivência do mais apto prevalecerá.

Tampouco o empreendedor é um capitalista, embora, naturalmente, ele precise de dinheiro como qualquer atividade econômica e não econômica. Ele também não é um investidor. É claro que ele assume riscos. Mas, isso também acontece com todos os que se envolvem em qualquer atividade econômica. O empreendedorismo é, portanto, uma característica distinta, devendo ser de um indivíduo ou de uma instituição. Também não é um traço de personalidade.

Portanto, é de se esperar que o empreendimento seja uma atividade, consideravelmente, menos arriscada que a otimização de recursos. Realmente, nada pode ser tão arriscado quanto otimizar recursos em áreas onde o caminho é a inovação. Em princípio, a atividade empreendedora deve ser a menos arriscada e não um tiro no escuro. De fato, existem tantas organizações empreendedoras que deram certo, embora haja a crença generalizada que o risco de empreender seja elevado.

8.2 Considerações sobre Empreendimento

A seguir, algumas considerações sobre empreendimento:

Falta de Análise – É comum se achar que com uma ideia brilhante e com dinheiro é possível levar adiante um empreendimento. Assim, achar que vai dar certo não é critério para desenvolver um empreendimento. Por outro lado, o dinheiro não é tão difícil de conseguir. O complicado é manter o negócio e até ter lucro. Quem determina o sucesso do empreendimento é o mercado. Um erro fatal é ter pressa.

Sócio – Se você precisa mesmo de sócio, busque-o antes de abrir a empresa, e não depois. Esse sócio, além de dinheiro, deve ter os mesmos ideais e objetivos que você. O item sócio errado também está no topo da lista das razões pelas quais os empreendimentos fracassam.

Despesas – Mapear cada despesa, cada centavo gasto para manter em operação a empresa. Faça um controle de caixa rigoroso. A falta de controle financeiro é um dos venenos mais mortais para toda e qualquer empresa, seja pequena ou grande.

Contabilista – A mentalidade de que a contabilidade só serve para atender a legislação governamental precisa mudar. Contabilidade é essencial. Se bem feita, ela registra todo o passado, aponta caminhos no presente e projeta o futuro da empresa. Com números confiáveis, sabe-se quanto faturou, qual é o custo da operação, a margem de lucro, a despesa financeira, entre outras inúmeras informações, que são a base da análise gerencial. As atribuições do contador, além da escrituração, são preparar as guias de recolhimento de impostos e taxas. Sem um contabilista habilidoso você poderá se ver em maus lençóis.

Otimismo – Os gerentes costumam tomar decisões baseadas mais em otimismo lúdico do que pesando racionalmente a possibilidade de ganhos e perdas. Superestimam os benefícios, subestimam os custos e constroem cenários de sucesso, deixando de lado o potencial de erros. Como resultado, tais pessoas adotam iniciativas que dificilmente cumprirão, como também investimentos que nunca darão retorno.

Os otimistas tendem a viver num mundo de ilusões. Eles, frequentemente, atribuem seus sucessos à própria habilidade e os fracassos à falta de sorte. Os prudentes, de temperamento angustiado, costumam começar seus projetos, imaginando que tudo vai dar errado. Por isso, trabalham, diligentemente, sobre todos os detalhes e acabam se saindo bem.

Dirigentes predispostos ao pessimismo usam sua ansiedade como preparação para o momento em que terão de agir. O pensamento negativo concreto e detalhista pode ajudar os executivos a antecipar coisas, que possam dar errado, e melhor planejar, para evitar resultados ruins.

Controle – É difícil crescer rapidamente e não se encontrar diante de um problema. Mas, a chave da questão está no sistema de gestão, que deve acompanhar a expansão do negócio. Se os controles não forem rigorosos, o feitiço pode virar contra o feiticeiro. Assim, muitas das conquistas obtidas ficam comprometidas. Observe que há uma diferença enorme entre controlar e centralizar. No início da empresa, um empreendedor tende a fazer os dois. Mas, se mantiver a mesma postura no momento de expansão, vai causar confusão e conflito.

8.3 Empreendedor

Samuel P. Newman escreveu, em 1835, que "um bom empreendedor devia ter uma combinação de qualidades raramente encontradas num só indivíduo, pois deve possuir uma incomum intuição para negócios, bem como ser muito bom com números. Deve mostrar perseverança e constância de propósitos". Empreendedor é aquele que persegue com vigor novas oportunidades e não considera os recursos de que dispõe, naquele momento. Fato considerado por muitos como temerário.

O empreendedor, cada vez mais, combina sua intuição, perspicácia e disposição para o trabalho a uma dose, cada vez maior, de audácia recheada de sofisticação administrativa e mercadológica. Terá de ser, não só um bom gestor, como estar sempre pronto para:

- Ir para o seu negócio preparado para o pior.
- Contornar qualquer empecilho que objetive interromper seu sonho.
- Desempenhar qualquer função necessária à execução do seu projeto, mesmo que se sinta subutilizado.
- Estar preparado para as dificuldades de encontrar pessoal capacitado a ajudá-lo.
- Seguir a intuição sobre o pessoal que escolher.
- Trabalhar secretamente, tanto quanto puder.
- Apostar numa corrida de negócios, a menos que esteja participando dela.
- Lembrar de que é mais fácil pedir desculpas do que permissão.
- Estar seguro de que suas metas são realistas.
- Honrar as pessoas que lhe dão ou deram apoio.

A seguir, alguns elementos que ajudarão a fundamentar o conceito de empreendedor:

Premissas do Empreendedor – As premissas servem de base para mostrar coisas evidentes, difíceis de serem contrariadas. São como conclusões lógicas e antecipadas, frutos de estudos e experiências anteriores. O conhecimento de premissas é de extrema valia para a solução de problemas. As principais premissas do empreendedor são as seguintes:

- O empreendedor precisa jogar toda a energia na operação do negócio, ou seja, primeiro viabilizar a ideia, vender o produto e depois estruturar o empreendimento.
- O empreendedor não deve tentar impor nada ao mercado e, sim, identificar possíveis nichos.
- O empreendedor, dentro do possível, deve procurar a originalidade, criatividade e inovação, mesmo quando trilhar um caminho conhecido.
- O empreendedor não deve ter medo de constituir sociedade, porque os sócios ajudam a alavancar a construção de um novo negócio, permitindo dividir responsabilidades e conhecimentos.
- O empreendedor tem de trabalhar muito mais do que um empregado e não ter a pretensão de ficar milionário.

- O empreendedor não tem horário, férias e salários extras, não podendo nem ficar doente.
- O empreendedor de sucesso é um preenchedor de lacunas do mercado.
- O empreendedor deve desempenhar muitos papéis, em função dos diversos compromissos que tem de assumir, sendo, portanto, importante trabalhar em equipe.
- O empreendedor para ter sucesso, baseado numa economia do conhecimento, precisa criar um ambiente próprio e receptivo às suas ideias.
- O empreendedor precisa encontrar fórmulas criativas e compatíveis com sua capacidade de investimento, para se apresentar ao mercado e promover o produto.
- O empreendedor precisa saber se seus objetivos de vida são congruentes com os objetivos do negócio.
- O empreendedor precisa saber trabalhar com as principais ferramentas administrativas.
- O empreendedor deve usar de humildade, se não tiver um bom potencial em todas as funções organizacionais do projeto, pois precisará considerar o conhecimento de terceiros.
- O empreendedor jamais deve ser arrogante, prepotente e cabotino, pois isso o descredencia junto aos investidores.
- O empreendedor deve saber ouvir os mais sábios, os experientes e os membros da equipe.
- O empreendedor quando estiver conversando, não deve só falar do assunto que domina, para não parecer um chato.
- O empreendedor precisa estar comprometido com as metas e propósitos do projeto.

Fracasso e Sucesso – As explicações são muitas, para o sucesso e o fracasso dos empreendimentos de pequeno porte. Até a sorte, esse aliado abstrato, pesa. Mas a principal explicação, em ambos os casos, é uma só e gira em torno do dinheiro. Não se trata da simples disponibilidade de capital. Dinheiro, nesse caso, é um conceito que vai além do saldo bancário do empreendedor. Envolve desde a adequada captação de recursos para o pontapé inicial até o cálculo exato do preço do produto que pretende vender. É preciso estar muito atento à relação capital próprio e capital de terceiros.

Perfil do Empreendedor – Os principais fatores que formam o perfil do empreendedor são: capacidade de liderança; envolvimento com o trabalho; experiência profissional; propensão ao risco; competência técnica; visões: holística, generalista, estratégica e sistêmica; boa saúde; senso crítico; capacidade de análise; conhecimento muito grande das funções administrativas e organizacionais; estabilidade emocional; rapidez na tomada de decisão; propensão ao trabalho em equipe; disponibilidade financeira com austeridade; dificuldade em desfrutar suas próprias conquistas.

Comportamento do Empreendedor – O comportamento do empreendedor envolve uma atitude diferente em relação à mudança, porque, em vez de suprimir ou minimizá-la procura a mudança; em vez de reagir a problemas, o empreendedor se antecipa às ameaças e oportunidades futuras; em vez de soluções locais, há uma busca geral de alternativas de ação, em lugar de uma única alternativa. O comportamento empreendedor não ressurge a não ser sob condições de crise extrema, em geral, por uma erosão da função social da organização.

Espírito Empreendedor – O espírito empreendedor não é natural, não é criativo. É trabalho. Por consequência, a conclusão a que geralmente se chega, baseando-se nas evidências, é exatamente o oposto da correta. Como um número substancial de empresas em funcionamento consegue sucesso como empreendedoras, indica que o espírito empreendedor e o espírito inovador podem ser conseguidos por qualquer organização. Mas é preciso se empenhar conscientemente neles.

8.4 Ideia Empreendedora

Todo e qualquer projeto é desenvolvido partindo-se de uma ideia inicial (problema não resolvido, concorrência, solicitação da clientela, imposição legal, influência dos diretores, sugestões de consultores, necessidade de mudança). Tanto que as ideias são consideradas soluções plausíveis para atender uma ou mais necessidades, desde que sejam confrontadas com a realidade.

As ideias atraentes devem ser aperfeiçoadas em conceitos de produtos. A ideia de produto representa o possível produto que a empresa pode oferecer ao mercado, já que o conceito de produto é uma versão elaborada da ideia expressa em termos significativos para o consumidor.

Para levar uma ideia adiante, o empreendedor deverá ponderar sobre alguns fatores decisivos para o futuro de seu negócio, como: a sazonalidade, a situação econômica da sociedade, o controle governamental, a própria disponibilidade financeira, o custo do investimento e a lucratividade, por exemplo. Eleita a ideia mais adequada, o futuro empreendedor/empresário deve transformar a mesma num conceito de negócio.

A ideia tem de ter uma validade econômica.

As ideias são inúteis quando não usadas. A prova de seu valor está em sua implantação. Até que isso aconteça, elas se acham em um limbo. Isto não quer dizer que todas as ideias têm de ser minuciosamente documentadas antes que sejam mencionadas a qualquer um. Para que uma ideia seja considerada, é preciso analisar a posição ou cargo da pessoa que originou a ideia, sua complexidade, a natureza do negócio e a reação de quem a ideia é submetida.

Quanto mais complexas e envolventes as implicações de uma ideia, e quanto mais rearranjos exijam mudança, em relação à maneira atual de fazer as coisas, obviamente tanto maior será a necessidade de argumentar sobre a mesma.

Fazer o futuro exige coragem. Exige trabalho. Mas também exige fé. Estabelecer um compromisso com o imediato não é prático, pois nenhuma ideia é infalível, nem deve ser. A ideia sobre a qual vamos construir um empreendimento é por natureza incerta, porque a ninguém é dado o direito de prever o futuro. Portanto, a probabilidade de sucesso existe como também a de fracasso. Se não for nem incerta e nem arriscada, simplesmente não é singular, tendo toda a chance de fracassar.

8.5 Fatores Básicos do Empreendimento

Ambiente – Assunto já abordado.

Mercado – Mercado é um lugar organizado, onde as pessoas transacionam preços, quantidades e qualidades de determinados produtos. É todo ambiente onde compradores e vendedores de produtos se mantêm em estreito contato uns com os outros. Este contato se faz, em função das necessidades, desejos e disponibilidades dos consumidores. Conhecer o mercado é de fundamental importância. Não basta fazer afirmações infundadas e trilhar caminhos viciados no trivial e no cotidiano.

Prever a evolução do mercado ajudará a minimizar o risco do negócio. Duas regras a serem utilizadas: nunca seguir a onda, a não ser que esteja muito seguro do que está fazendo; não imaginar que descobriu uma fórmula mágica para driblar os veteranos do mercado.

Todas as economias modernas operam em mercados. Os fabricantes procuram os mercados de recursos, compram e os transformam em bens e serviços, vendendo-os para o mercado de intermediários, que vendem ao mercado consumidor. Os consumidores vendem sua força de trabalho pela qual recebem dinheiro para pagar os bens e serviços que compram.

O governo utiliza as receitas da tributação para comprar produtos, utilizando-os para bem servir a população. Assim, a economia de cada país e do mundo inteiro consiste de complexos conjuntos de mercados interrelacionados e unidos através de um processo de troca. Portanto, um estudo, ou uma análise, do mercado deve, tanto quanto possível, ser o mais completo, não apenas com o objetivo de viabilizar um determinado empreendimento, mas servir de subsídio concreto à administração da empresa.

Produto – Um produto é tudo aquilo que, oferecido ao mercado, seja capaz de satisfazer a um desejo ou uma necessidade. O mais importante de um produto é o serviço que ele presta. O produto não é somente o que o vendedor diz dele, mas, também, o que está implicado por sua concepção, embalagem, distribuição, preço, qualidade, garantia. Um produto é a síntese do que o vendedor pretende que o consumidor perceba.

O produto pode ser um bem, um serviço ou uma ideia. Uma informação, ou uma ideia, se for paga, é um produto. É algo que as pessoas compram. Se não vende, não é produto. As pessoas não compram produtos e sim as expectativas de seus benefícios. Em vestuário, não são os vestidos que são vendidos, mas a moda. O produto é tudo aquilo com que se acha cercado, elaborado, reforçado e que tem o poder de afetar a escolha do consumidor.

Um produto é fator básico no processo de troca. A expectativa de que será conseguida determinada satisfação, através de troca, é o que representa um produto, isto é, ele é o foco da reunião entre compradores e vendedores. Por outro lado, vivemos numa época em que nossa ideia do que seja um produto é muito diferente do que foi no passado. Hoje, o que conta é o aglomerado das satisfações.

Pouco vale fazer um produto muito bem elaborado, se "melhor" tem o significado de bonito, funcional, prático, útil e barato. Em geral, as características básicas de um bem, ou serviço, estão fundamentadas na tecnologia empregada.

Consumidor – Consumidor é aquele (indivíduo ou instituição) que compra um produto. Ele não consome coisas, mas os benefícios que espera do produto. Como criar e conservar um consumidor são muito importantes para o êxito do negócio, é bom que o empresário o veja como o principal objetivo da empresa. Quando um consumidor procurar uma empresa, esta deve ter o máximo cuidado em fazer um atendimento de qualidade para que aquele possa retornar. O consumidor deve ser o propósito de um negócio.

A abordagem econômica diz que os consumidores são os agentes da demanda, isto é, aqueles que se dirigem ao mercado com o intuito de adquirir um conjunto de bens e/ou serviços que lhes maximize sua função utilitária. Por outro lado, o conhecimento sólido das necessidades e desejos dos consumidores proporciona a base de informação para que haja maiores e melhores vendas, bem como resultados promissores.

O consumidor desempenha um duplo papel no mercado. Em primeiro lugar, ele atua como comprador. Em segundo lugar, elabora um estudo crítico daquilo que compra, como, também, dos métodos de comercialização.

Cenário – Segundo Michael Porter, "Um cenário é uma visão internamente consistente daquilo que o futuro poderia vir a ser. Com a maior necessidade de uma abordagem explícita da incerteza no planejamento, algumas empresas começaram a utilizar cenários como instrumentos para que pudessem compreender as implicações estratégicas da incerteza de um modo mais completo". Com a construção de múltiplos cenários, uma empresa pode explorar, sistematicamente, as possíveis consequências da incerteza para a sua opção de estratégia.

O uso de cenários, embora sempre tenha sido utilizado, passou a ser intensificado a partir da segunda metade do Século XX.

Um cenário não é uma previsão, e sim uma estrutura futura possível. O conjunto completo de cenários, e não o mais provável, é então empregado para projetar uma estratégia competitiva. O período de tempo usado em cenários deve refletir um horizonte possível. Para se construir um cenário basta seguir uma simples metodologia, como:

a. Identificar as incertezas que podem afetar a estrutura organizacional.
b. Determinar as causas que geram as incertezas.
c. Fazer uma série de hipóteses sobre cada causa da incerteza.
d. Combinar hipóteses com cenários consistentes.
e. Analisar qual estrutura sobreviveria a cada cenário.
f. Determinar as fontes de vantagem competitiva sob cada cenário.
g. Prever comportamentos da concorrência.
h. Delinear cenários.
i. Escolher cenário mais favorável.

Oportunidade – A oportunidade pode ser considerada como um acontecimento que favorece uma ação empresarial. É uma espécie de "força" ambiental incontrolável que pode ajudar na consecução dos objetivos organizacionais. Já as ameaças criam obstáculos. A oportunidade é vista como algo que consolida condições que darão à empresa uma vantagem concreta.

Como a oportunidade é um acontecimento que favorece a ação estratégica, o problema está em identificar aquilo que seja uma oportunidade, bem o que seja uma ameaça. A questão é como aproveitar a oportunidade. A identificação e aproveitamento de uma oportunidade transcendem o conhecimento comum de um gerente, porque este precisa levar em consideração as seguintes premissas:

- As oportunidades desaparecem com a mesma rapidez com que são detectadas.
- O indicador de gestão mais importante é a capacidade de antecipar oportunidades.
- As oportunidades aparecem do inesperado, da disparidade setorial, da vulnerabilidade dos processos, da incongruência, da transformação, da mudança, da percepção, do novo conhecimento.
- Quando a demanda e a oferta não se equilibram, conforme as expectativas, há uma oportunidade.
- As oportunidades raramente são compatíveis com os métodos tradicionais de atuação, em relação aos negócios existentes, exigindo novas abordagens.

Quando a empresa não está sendo confrontada com ameaças e/ou oportunidades, algo errado está acontecendo. O termo "Janela de Oportunidade" é utilizado para indicar o momento em que determinado projeto (produto) tem chance de ser colocado no mercado, com um retorno de investimento bastante favorável.

A oportunidade é avaliada pela ponte que faz dos recursos da empresa com o mercado, no momento e lugar certos. Mas, é importante que se diga que não é muito fácil, principalmente, quando se é jovem, tendo em vista o seu próprio conhecimento (nível de percepção do mundo). Mesmo porque, a oportunidade se caracteriza por forças ambientais incontroláveis pela empresa, que podem favorecer o seu planejamento estratégico, ou não.

A avaliação da oportunidade leva o projetista a traçar um paralelo entre as hipóteses e realidades daquilo que parece ser uma oportunidade. Uma oportunidade é algo que deve ser explorado em seu favor.

Inovação – A inovação não se limita somente a produtos, ela pode ser considerada como a capacidade de receber, idealizar, estruturar e operacionalizar situações novas. Pode-se renovar tudo, desde: os processos de manufatura à relação com o mercado e com os consumidores. O inovador além de pesquisador precisa ter ousadia. Em mercados altamente competitivos, a busca pela inovação tornou-se um "mantra", segundo Philip Kotler. Paradoxalmente, se as inovações não forem bem-sucedidas também perecerão.

Uma inovação refere-se a qualquer bem ou serviço que é percebida por alguém como sendo algo novo. As inovações levam tempo para se difundir através do sistema social. Invenção é o ato de gênio ao criar um novo conceito para um novo produto potencialmente útil. Quando a invenção é feita, a segunda metade da inovação começa, isto é, transformar a nova ideia em um sucesso comercial. Este segundo passo pode ser chamado de: implementação, desenvolvimento comercial, criação de novo empreendimento ou qualquer um de outros nomes.

A inovação é, hoje, um dos requisitos do mundo dos negócios. Um sem número de livros aponta a administração da inovação como uma das características essenciais para o sucesso no Século XXI. O raciocínio é que, para se distinguir num mercado cada vez mais competitivo, as empresas têm de obter avanços na produtividade, em geral, decorrentes de uma nova forma de fazer as coisas, seja um modo mais eficiente de aproveitar os recursos, seja a entrada em um mercado diferente ou a aposta num produto extraordinário.

O objetivo da inovação é aquele pelo qual uma empresa operacionaliza sua definição de qual deve ser o nosso negócio. Mas, o problema para estabelecer objetivos de inovação é a dificuldade de medir o impacto e a importância relativos das diversas inovações. A inovação traduz-se como: Algo de melhor vai acontecer! Ajuda-nos, assim, a criar a esperança de dias melhores, a incentivar sonhos e a aceitar mais facilmente as agruras do presente.

Por isso é que a inovação, quando proposta, tem aceitação fácil e até desejada por todos. Entretanto, a inovação é alguma coisa específica e coletiva, que altera crenças, hábitos e interesses sedimentados ao longo dos anos. A inovação refere-se à introdução de uma mudança julgada positiva, benéfica, isto é, constitui-se no uso prático de uma descoberta ou invenção.

Criatividade – A criatividade está ligada a algo novo e diz respeito a uma capacidade de encontrar novos caminhos ou novas soluções para problemas e/ou oportunidades do momento; pressupõe um poder de alterar o ambiente corporativo para melhor; refere-se a um processo crítico da realidade que resulta em algo antes desconhecido e não praticado. A criatividade leva ao encontro com o inesperado, normalmente, depois de um período consciente, ou inconsciente, de processamento de ideias e informações, relativas a um tema (problema) sobre o qual a mente foi alimentada.

A criatividade e a inovação são processos organizacionais contínuos e concomitantes, que prosseguem durante todas as fases de introdução e uso de ideias novas. Inovar é, antes de tudo, aplicar o incomum, o novo. É uma espécie de solução criativa para problemas que vão sendo detectados.

Não há fórmula prévia para se inovar, porque a inovação faz parte de um processo que descobre suas próprias regras. Assim, para inovar, não há que estabelecer uma lógica sequencial determinística entre inventar ou descobrir.

A experimentação atua como uma forma de aprendizado barato para a maioria das empresas e, usualmente, revela-se menos cara e mais útil do que pesquisas de mercado sofisticadas. Antes de podar uma ideia e antes que alguma avaliação convença de que ela não funcionará, surgem as questões:

- Existe alguma maneira de experimentar a inovação a baixo custo?
- O experimento é o instrumento mais poderoso para transformar a inovação em ação?
- Sempre é possível, para qualquer um de nós, nos tornarmos prepotentes a respeito de uma nova ideia?

8.6 Negócio

Todo negócio tem de ser rentável. Mas é preciso respeitar o tempo de maturação, ter paciência para colher os frutos e não comer tudo de uma só vez, lembrando que é preciso continuar plantando. O caminho é adotar a prática de avaliar causa e efeito, fazendo perguntas como: O consumidor está feliz? Por que ele compra meu produto? Onde estão problemas e desvios dos resultados esperados?

O maior problema de um negócio é a falta de uma definição da finalidade pela qual o empreendimento foi criado, embora o conceito de um negócio possa ser entendido como uma atividade lucrativa.

A questão é que tão, raramente, perguntamos, de forma clara e direta: Por que dedicamos pouco tempo a uma reflexão mais acurada sobre o negócio que queremos fazer? Um negócio pode ser conduzido por uma ou mais pessoas, proprietários ou não, bem como ser operacionalizado de diversas maneiras.

É indispensável ter clareza em relação à ideia do negócio. Uma pista é ouvir as opiniões e desenvolver respostas para suas observações, isto é, uma maneira de evitar pecados capitais, como subestimar as necessidades, subavaliar problemas e escolher parceiros errados. Ninguém deve tapar os ouvidos para aqueles que colocam obstáculos ao projeto. A decolagem de um negócio depende também de um bom desenvolvimento do seu projeto de negócio.

O mundo dos negócios é, por natureza, competitivo. Desde sempre as empresas tentam prever os passos dos concorrentes e se antecipar às suas ações. O fato é que a maioria tende a enfatizar muito mais o paradigma da guerra do que o da cooperação. Hoje é preciso que o empreendedor decida se vai atuar no mercado virtual, real ou ambos. Também é necessário lembrar que, para concorrer no mercado, terá de verificar se há recursos disponíveis para ter uma capacidade produtiva que permita negociar com lucro, mesmo que seja mínimo.

A análise do negócio objetiva: inventariar sintomas, definir a missão do negócio, determinar aquilo que é essencial, definir objetivos das funções vitais, comparar o real com o desejado, determinar os desvios, escolher variáveis a serem alteradas, decidir sobre o método de produção e a tecnologia que irá empregar, bem como as políticas de crédito, preço, distribuição e relacionamento com fornecedores, funcionários e consumidores. Finalmente, montar um plano de ação.

8.7 Investimento e Imobilização

Investimentos são gastos aplicados em bens duráveis, direitos de marca, tecnologias, máquinas e equipamentos, bem como recursos aplicados em participações (empresas coligadas e/ou controladas) e em outras sociedades (direitos de qualquer natureza). É importante assinalar que os investimentos são aplicações, relativamente, permanentes com o objetivo de produzir renda. Os investimentos empresariais podem ser vistos pela massa de capitais aplicados e pelo tempo da aplicação.

Embora o volume de capital seja preponderante em qualquer investimento, o que realmente interessa é quanto tempo vai levar para ter o dinheiro de volta, isto é, tempo de resposta.

É muito importante que o investidor faça uma análise da conveniência do investimento, bem como se deve comprar ou alugar alguns dos recursos que farão a empresa funcionar, porque os gastos com aluguel podem ser jogados na conta de despesas. Já o imobilizado só pode ser amortizado, em geral, em cinco ou mais anos.

A análise do investimento objetiva verificar a conveniência da otimização tecnológica para a substituição de máquinas e equipamentos, melhoria da produtividade (reditividade), avaliando o impacto na estratégia empresarial e qual a mudança no comportamento e cultura da organização.

Evidentemente, esses benefícios não são os únicos a se considerar, quando se precisa de uma máquina ou equipamento. Além da disponibilidade de caixa e da conjuntura econômica, fatores como o preço do equipamento desejado e o custo da locação devem ser, obrigatoriamente, pesquisados e analisados. Nesta análise, é importante que o tempo de utilização do ativo deva ser considerado, pois é esta variável que determinará o aluguel ou a compra.

O investimento tem uma relação inversamente proporcional com as taxas de juros de mercado. Se a empresa já dispõe de capital próprio, a taxa de juros representará o quanto a empresa ganharia se, em vez de investir em suas instalações, aplicasse no mercado de capitais. Se a empresa precisa tomar emprestado, para comprar bens duráveis ou ampliar suas instalações, a taxa de juros de mercado representa para ela o custo do empréstimo. Nas duas situações, quanto maior a taxa de juros de mercado, menores os investimentos.

A imobilização é o mesmo que retenção de dinheiro em determinados ativos ou ação de imobilizar capital no longo prazo. São considerados ativos imobilizados os bens e direitos de natureza permanente, destinados à manutenção das atividades da organização. Como é óbvio, o termo imobilizado não diz respeito à falta de mobilidade física dos bens de uma empresa, mas ao fato de que uma parcela dos recursos da sociedade (empresa) foi aplicada em ativo permanente.

A classificação de investimento permanente, ou ativo imobilizado, repousa na sua destinação, de forma que todas as contas relativas às atividades operacionais são classificadas no grupo imobilizado, que a empresa utiliza ou utilizará. O custo de instalação de uma câmara fria, por exemplo, compreenderá todos os gastos necessários para ter a mesma funcionando.

A taxa de imobilização informa quanto uma empresa conseguiu imobilizar e investir com relação ao capital próprio (patrimônio líquido). O aumento dos investimentos só se justifica se a empresa apresentar bons resultados. Mesmo assim, é necessário saber ler muito bem o cenário.

8.8 Locação

Uma questão que se coloca de saída a respeito da situação do imóvel, da localização e da propriedade: Ele deve ser próprio ou alugado? Em ambos os casos o que importa é o custo da opção. Os consultores não recomendam a imobilização em imóveis, pelo menos na fase inicial do projeto. É um custo pesado demais para quem necessita amealhar todo o capital de giro que lhe seja possível sem ônus dos juros cobrados pelos bancos.

O aluguel também deve estar compatível com as expectativas de retorno do capital investido. A experiência estabelece regras que devem ser seguidas, tais como:

- Caso a perspectiva de uso seja de pelo menos cinco anos, tempo médio para a amortização do ativo imobilizado, deve-se comprar a máquina.
- Caso o tempo provável de utilização fique abaixo desse patamar, deve-se alugar.
- Caso o fator tecnologia seja preponderante, será preciso analisar a relação custo/benefício. Considera-se benefício como: maior produtividade, menor consumo de energia, maior segurança e melhor qualidade, por exemplo.

Válido para situações de rotina, o aluguel ganha importância em momentos de emergência, que vão desde um pico de vendas a trabalhos não habituais da empresa. A parada ou retração da economia e a ênfase na prestação de serviços deverão constituir-se num forte argumento para investir, já que a maioria das empresas se esquece de que os custos com equipamentos não se esgotam na compra. Há toda uma estrutura de manutenção e de reparos a ser considerada. O maior empecilho está no preconceito com que o empreendedor trata a locação.

A maior parte das pessoas quer ser "dona", sem se preocupar com os resultados.

Se o aluguel é uma boa alternativa para as empresas que precisam de equipamentos por prazos curtos, para prazos mais longos a opção é recorrer ao arrendamento mercantil ou leasing. Contratado para período que pode variar entre três e cinco anos, esse sistema combina as operações de locação e financiamento, permitindo, ao final do arrendamento, que o bem seja adquirido ou, então, devolvido à empresa contratada.

Caso se decida pela compra, o interessado pagará à financeira o valor residual, um preço básico, previamente combinado, que pode ser de 1% a 100% do valor do equipamento.

O leasing funciona mais como uma linha de financiamento.

Comparado à locação normal, o *leasing* tem de diferente a obrigação contratual que estabelece para o arrendatário, ou seja, uma vez realizada a operação, não tem como desistir, ao contrário da locação, em que a devolução do equipamento pode ser feita a qualquer tempo.

Locação é o contrato pelo qual uma das partes se compromete, mediante remuneração que a outra paga, a fornecer-lhe, durante certo tempo, ou uso e gozo de uma coisa (mão de obra, objeto, imóvel, máquina). É contrato bilateral, consensual, oneroso, comutativo, de execução continuada e não solene.

A parte que concede o uso da coisa é conhecida como locador, mas também se chama de senhorio por pertencer-lhe a titularidade do bem. Quem recebe a coisa em virtude desse contrato chama-se locatário, ou inquilino. Na locação, uma das partes se obriga a ceder à outra, por tempo determinado, ou não, o uso e gozo mediante certa retribuição.

8.9 Capital

Um empreendimento precisará de capital financeiro para levar adiante os seus projetos. Assim, devemos questionar sobre: Quanto é preciso? Qual capital de giro é necessário? Qual fonte de capital? Será por meio de financiamento, empréstimo, leasing ou crédito? Qual a disponibilidade financeira? Dentre os problemas levantados, os mais graves são: o capital de giro e o capital próprio.

Quando se quer programar a futura atividade de uma empresa, devemos tomar em consideração os meios financeiros disponíveis que, muitas vezes, devem ser condicionados aos objetivos do empreendimento, e vice-versa.

Capital é o montante de recursos financeiros a serem investidos em um projeto, isto é, a soma do Capital Realizado mais o Capital a Realizar. Os investidores assumem o risco do Capital Investido, tendo o direito de controle e gerência do projeto e, logicamente, auferirem os benefícios futuros gerados pelo capital aplicado.

Para fazer o capital inicial, recomenda-se a utilização do patrimônio pessoal, resultante de indenizações, alienação de bens, hipotecas de imóveis, poupanças, aplicações, por exemplo. Somente como recurso final, recorrer a dinheiro emprestado. Nesse caso, a taxa de retorno tem de ser calculada com precisão, ela não pode ser inferior à taxa de juros, cobrada pelo mercado, sob pena de condenar o negócio à falência.

A lucratividade não pode estar abaixo da taxa de inflação real somada a taxa de juros de empréstimos.

O capital próprio é a participação dos proprietários no ativo. Ele não tem data de vencimento. Quando os proprietários investem numa empresa, não há acordo sobre a devolução do seu investimento inicial. Se um proprietário desejar reaver seu investimento, terá que achar outro comprador para sua parte ou liquidar a empresa.

Se o empreendedor vai ou não conseguir seu investimento original intacto, é uma questão que depende de sorte e de sua capacidade de gerenciamento do negócio.

Os capitais obtidos de terceiros têm prazos de vencimento. É preciso resgatá-los nas datas especificadas nos contratos realizados entre a empresa e seus credores. Se a dívida não for paga no vencimento, os credores podem penhorar o ativo ou forçar a liquidação da empresa, em função do contrato firmado.

8.10 Tipos de Capital

Capital Próprio – Somatório dos capitais dos patrocinadores (investidores) do projeto; Patrimônio líquido (capital + reservas).

Capital de Terceiros – Capital de credores, com prazos preestabelecidos de resgate. Aqueles que aportarem capitais no projeto, como terceiros, exigirão informações e garantias sobre a viabilidade do projeto, o retorno do investimento e a credibilidade dos gestores.

Capital Intelectual – Conjunto de todo conhecimento científico, tecnológico e metodológico que possui uma organização, através de seus registros, arquivos e pessoas.

Capital Social – É o capital declarado que tem o seu valor fixado pelo estatuto ou contrato social.

Capital Subscrito – É o valor do capital social representado por cotas (ações) totalmente subscritas pelos investidores.

Capital a Integralizar (a Realizar) – Capital que falta para compor o capital social (declarado em contrato entre sócios).

Capital de Empréstimo – Capital tomado no mercado de recursos, sob a forma de dinheiro, material, máquinas e equipamentos.

Capital de Giro Próprio – Diferença entre ativo circulante e passivo circulante.

Capital de Movimento – Soma do capital próprio com as exigibilidades correntes.

Capital Autorizado – É o capital limitado pelo que estabelece o estatuto. O capital autorizado não precisa ser contabilizado, mas seu limite deve ser divulgado nas demonstrações financeiras.

Capital Declarado – Capital estabelecido no contrato social.

Capital Realizado – Diferença entre capital declarado e capital a realizar.

Capital Efetivo – Diferença entre capital realizado e valores consumidos no projeto.

Capital Financeiro – Valores que podem ser transformados em dinheiro.

Capital Humano – Conjunto de pessoas que detêm conhecimentos úteis à empresa.

Capital Imobilizado – Capital retido em ativos necessários ao andamento das atividades do projeto, para maior eficiência, eficácia, efetividade e produtividade.

Capital da Marca – O capital da marca é o ativo que o responsável pelo marketing acumula para garantir a continuidade do consumidor e o lucro. Ele pode ser considerado como reserva de lucro da empresa.

Capital de Giro Líquido – Diferença entre o capital de giro e as receitas conseguidas durante a construção do projeto.

8.11 Capital de Giro

O capital de giro é o capital necessário às operações do projeto. Também é preciso lembrar que o capital de giro são os recursos financeiros para pagar as despesas operacionais, como a compra de matérias-primas, insumos, materiais de higiene e limpeza, materiais de escritório, manutenção de máquinas, manutenção das instalações, salários, despesas diversas. Também deve servir de reserva de capital para os primeiros meses de operação, depois de implantação do projeto.

É de fundamental importância saber quanto o empreendedor vai gastar para operacionalizar a empresa e quando executar os pagamentos. A preocupação com o capital de giro é a chave para uma administração financeira bem-sucedida, como também para o fluxo de caixa e as estratégias de crescimento e de lucratividade.

A necessidade de capital de giro pode aumentar quando acontece: compras à vista; redução dos prazos dos fornecedores; vendas em longo prazo; ineficiência nas cobranças; níveis elevados de estoques; dinheiro parado no caixa; imobilizações; retiradas excessivas.

A necessidade de capital de giro diminui quando acontece: vendas à vista; eficiência da cobrança; alienação de ativos desnecessários; aumento de capital com recursos próprios; otimização de recursos; maior margem de lucro; utilização de capitais de terceiros; maiores prazos de pagamento dos fornecedores; maior rotação dos estoques.

As ilustrações, a seguir, ajudarão a esclarecer o que é capital de giro:

Nº	Descrição	Valor	%
1	Necessidades de Capital de Giro: (2 + 3 + 4 + 5)	69.620,00	100,00
2	Caixa e Bancos	850,00	1,30
3	Contas a Receber	17.500,00	25,10
4	Estoques	42.750,00	61,40
5	Outros Créditos e Recebíveis	8.520,00	12,20
6	Fontes Externas de Capital de Giro: (7 + 8 + 9 + 10)	56.205,00	80,70
7	Fornecedores a Pagar	38.750,00	55,70
8	Contas a Pagar	6.785,00	9,70
9	Duplicatas Descontadas	6.320,00	9,10
10	Financiamento em Curto Prazo	4.350,00	6,20
11	Capital de Giro (1 - 6)	13.415,00	19,30

Quadro 8.1: Capital de Giro – Fontes e Aplicações.

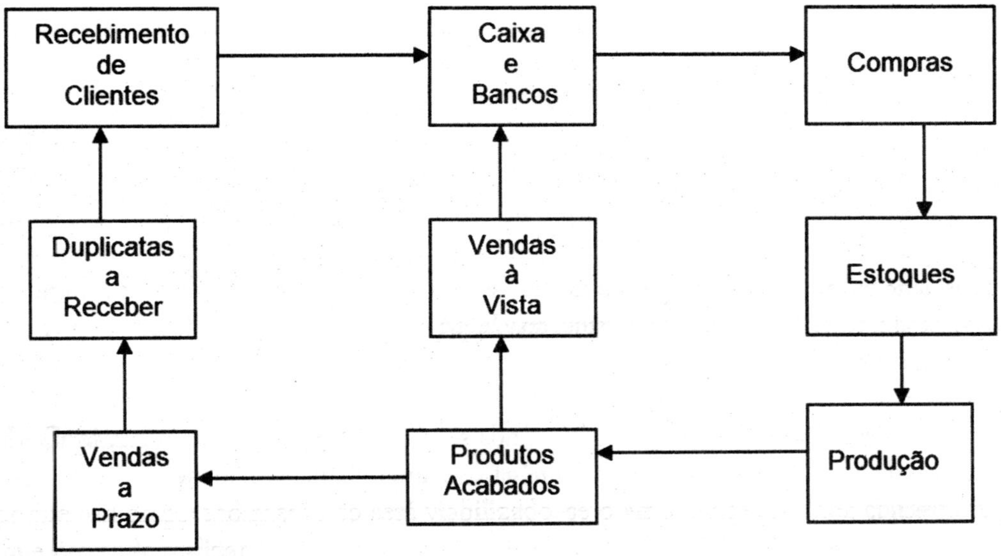

Figura 8.1: Fluxo do Capital de Giro.

O Capital de Giro Próprio é dado pela fórmula:

Capital de Giro Próprio = Ativo Circulante - Passivo Circulante

Onde:
Ativo Circulante = Disponível + Realizável de Curto prazo
Passivo Circulante = Exigível de Curto Prazo
Disponível = Caixa + Bancos
Realizável de Curto Prazo = Estoques de Matéria-Prima + Produtos Acabados + Contas a Receber
Exigível de Curto Prazo = Fornecedores a Pagar + Contas a Pagar + Empréstimos Bancários

8.12 Tributação

Entende-se como tributo a prestação monetária compulsória devido ao poder público ou, de forma mais simples, o somatório de impostos mais taxas. O empreendedor deve saber, de antemão, qual a carga tributária a incidir sobre o seu negócio, pois, um país como o Brasil desanima qualquer investidor. O conselho é se informar sobre impostos e taxas antes de se aventurar num empreendimento.

Assim, ao planejar os impostos, observe: o regime jurídico apropriado; as melhores formas de integralizar capital; as melhores alternativas para o financiamento; as melhores maneiras de distribuir lucros; como acelerar ou adiar receitas; quando e como incorrer em despesas; os melhores métodos para aplicar depreciação e valorizar estoque.

Se você não tiver conhecimento das exigências tributárias ou se por qualquer outro motivo deixar de pagar impostos nos prazos e valores corretos, poderá ter sérios transtornos em sua empresa, anos mais tarde, porque a cobrança de impostos passados fatalmente será executada em algum momento.

Pior ocorre, quando se desconsideram as notificações oficiais, que, se não levadas a sério, podem encerrar sua empresa.

Por menor que seja o negócio, é mais sábio contratar um especialista e fazer um bom planejamento tributário. Entenda-se, por isso, a adoção de estratégias para minimizar o impacto dos impostos e, assim, aumentar a rentabilidade. O custo inicial pode até ser alto, mas a economia que pode ser feita é para toda a vida da empresa.

Há muitos casos de empreendedores que, ao fazer esse planejamento, perceberam que se mudassem as características de seu produto, ou mesmo a área de atuação, pagariam menos impostos do que se mantivessem o projeto original.

Além disso, as empresas que agem corretamente ainda se vêem obrigadas a custear, na forma de benefícios sociais: plano de saúde, cartão transporte, cartão refeição, seguro de vida, previdência privada, plano de educação, treinamento e reciclagem profissional, programa de saúde dentária, programa de apoio educacional à família e outros benefícios, como colônia de férias. É um duplo pagamento. Um feito ao governo e outro para pagar benefícios que são responsabilidade do estado.

Neste contexto, a interpretação incorreta das normas fiscais faz com que os empresários e profissionais da área fiscal deixem de aproveitar alguns créditos nas apurações, pois exige muito estudo da legislação, como no caso do cálculo incorreto dos créditos do estoque inicial que, inúmeras vezes, o empresário deixou de aproveitar os créditos.

Assim, a realização de um planejamento tributário das apurações das contribuições por profissionais especializados, envolvendo o período dos últimos cinco anos, possibilita a regularização das apurações, evitando penalidades por parte da Receita Federal, como serve para a recuperação de créditos, possibilitando a redução da carga tributária.

8.13 Crédito

Desde os primórdios da civilização humana, as emergências com morte, doença e incêndio, por exemplo, têm exigido do indivíduo maior soma de bens do que ele eventualmente possui, no momento. Daí, a figura do crédito. Os créditos mais comuns, que o mercado utiliza, são: crédito mercantil e crédito ao consumidor.

O crédito pode ser considerado como cessão de mercadoria, serviço ou dinheiro para pagamento futuro. Também é dito que uma pessoa tem crédito pela sua capacidade de levantar empréstimos em instituições financeiras. Tanto que o crediário é um crédito aberto em troca da promessa de reembolso do valor com juros, em prestações iguais pagas dentro dos intervalos especificados.

A seguir, algumas considerações sobre os seguintes créditos:

Crédito Mercantil – Valores que uma empresa concede a outra na venda de mercadorias a serem comercializadas pelo tomador, sendo pagas dentro de prazos contratados. É, na verdade, um empréstimo indireto ao consumidor final. No crédito mercantil, o vendedor fornece os bens e espera pelo pagamento após um prazo predeterminado. Esse crédito aparece como contas a receber na contabilidade do vendedor e como contas a pagar na contabilidade do comprador. Este crédito é dado ao comprador, representando capital que ele não precisa desembolsar até a data do pagamento.

Provavelmente, a forma mais comum de financiamento em curto prazo é o denominado crédito comercial ou mercantil. Embora não atinja o montante das outras modalidades de crédito, praticamente, toda empresa, seja individual, sociedade de pessoas ou sociedade anônima, recorre a alguma forma de crédito comercial. Também podemos definir crédito comercial como sendo o crédito em curto prazo concedido por um fornecedor a um comprador, em decorrência da compra de mercadorias para posterior revenda.

Quando não houver o benefício do desconto para pagamento à vista, o crédito mercantil é, frequentemente, uma das mais dispendiosas fontes de fundos.

A utilização de crédito comercial em excesso é, muitas vezes, causa direta de falência. Visto ser mais facilmente obtido do que a maior parte dos outros créditos. Existe a tendência de alavancar uma empresa com crédito mercantil do que com capital próprio. O aumento da utilização desta modalidade de crédito é inadequado para acompanhar o aumento dos ativos de uma empresa, isto é, as contas se tornam perigosas, fazendo com que os fornecedores suspendam a concessão de novo crédito.

Uma situação em que a empresa pode não ter a quem recorrer. Se nossa situação de liquidez for muito fraca, teremos de procurar os fornecedores que ofereçam prazos mais convenientes.

Crédito ao Consumidor – Crédito ao consumidor é a facilidade que é dada a um indivíduo para que ele obtenha bens e serviços com a finalidade de consumo final, sob a promessa de pagar o equivalente num prazo futuro combinado. O crédito ao consumidor, como é entendido em nossos dias, só se tornou acessível, à maioria, no Século XX.

Um modelo comum de crédito ao consumidor envolve o consumidor, o lojista, a financeira e o investidor. A mais recente modalidade de crédito ao consumidor é o cartão de conta corrente da própria loja, onde o mesmo tem um máximo de crédito e um mínimo a debitar mensalmente.

O crediário é uma atividade que absorve uma boa parte dos recursos humanos da empresa, que cria um Departamento de Crédito e Cobrança para tratar deste assunto, tendo em vista o problema da inadimplência. O crédito ao consumidor traz vantagens e desvantagens, tanto para a empresa quanto para o consumidor.

CONSUMIDOR	Aumenta aparentemente seu poder aquisitivo
	Faz uma poupança forçada
	Melhora seu padrão de vida
EMPRESA	Aumenta o volume de vendas
	Aumenta o tráfego na loja
	Cadastro atualizado dos consumidores

Quadro 8.2: Vantagens do Crédito ao Consumidor

CONSUMIDOR	Preços mais caros
	Estímulo à compra de produtos supérfluos
	Risco de desabastecimento
EMPRESA	Aumenta serviços e custos
	Riscos de inadimplência dos consumidores
	Necessidade de maior capital de giro

Quadro 8.3: Desvantagens do Crédito ao Consumidor

8.14 Empréstimo

O empréstimo é o capital tomado de terceiros, cujo ressarcimento se faz, geralmente, com acréscimo de juros. Para facilitar o processo de concessão de empréstimos e reduzir a papelada e o desperdício de tempo nas negociações, os bancos colocam à disposição linhas de crédito de determinadas quantias para serem utilizadas nas empresas.

Devido ao seu conceito como emprestadores a determinados setores da economia, alguns bancos são considerados como importantes fontes de referência de crédito. A área de ação de um banco estabelece determinadas limitações, quanto ao volume de capital emprestado, que poderá conceder aos tomadores individuais. Além de guardar nossos depósitos e emprestar dinheiro, um banco oferece muitos outros serviços.

Se estivermos nos dedicando à exportação e importação, precisamos saber qual a capacidade de câmbio do banco. É normal que as empresas escolham determinado banco, em função da conveniência do local e pelo atendimento recebido.

Quando solicitamos um empréstimo, o banco procura obter informações básicas sobre: as pessoas que dirigem a empresa; os cadastros e referências que possui a empresa; as condições e formas de pagamento; as possibilidades de alienação de ativos (imóveis, bens duráveis); os demonstrativos de resultado e balanços patrimoniais.

A seguir, alguns motivos da recusa de empréstimos por parte de bancos:

- Capital próprio insuficiente.
- Lucros e reservas insatisfatórias.
- Capacidade administrativa duvidosa.
- Garantias insuficientes.
- Inadequado sistema contábil.
- Iniciantes sem imagem de bom pagador.
- Inadimplência para com fornecedores.
- Solicitações descabidas de condições e formas de pagamento.
- Solicitante não possui saldo favorável no banco.
- Carteira de empréstimos saturada.

O empréstimo bancário é amplamente utilizado, embora não tão comum quanto o crédito mercantil. Grandes empresas têm maiores possibilidades de acesso a outras fontes de fundos do que as pequenas, porque estas, em geral, não têm a solvabilidade suficiente para resgatar empréstimos e, também, porque não possuem um grande ativo circulante.

8.15 Financiamento

O financiamento é o valor dado a uma pessoa (física ou jurídica) para obtenção de: bens, capitais, instalações, máquinas, equipamentos. Suas duas figuras mais importantes são leasing e alienação fiduciária. Os financiamentos representam empréstimos de financeiras, com prazo de vencimentos superior a um ano. São compostos de: Principal e Encargos Financeiros.

O principal representa o valor da dívida, o montante recebido como empréstimo. Normalmente, esses financiamentos estão sujeitos a ajustes pela desvalorização da moeda, os quais, dependendo dos termos do contrato de financiamento, podem ser pagos periodicamente (mensais, trimestrais, semestrais, anuais) ou incorporados ao principal, para que seja pago juntamente com este.

Os encargos financeiros são os juros e comissões diversas que a empresa tomadora do empréstimo deve pagar, conforme contrato. Os ajustes pela desvalorização da moeda também representam encargos financeiros.

Ao configurarmos um projeto, devemos, portanto, indicar: as necessidades de recursos, as possíveis fontes de captação e onde serão aplicados tais recursos. Alguns cuidados básicos no financiamento de um empreendimento devem ser seguidos, tais como:

- O custo financeiro é de extrema importância, devendo ser muito bem estudado.
- O custo de cada financiamento deve ser o menor possível, nunca superior ao custo de mercado e bem abaixo da taxa interna de retorno do negócio.
- O prazo de cada financiamento deve ser negociado, em função do fluxo de caixa do empreendimento, isto é, os vencimentos devem coincidir com as disponibilidades de caixa geradas pelo negócio.

As garantias de pagamento devem ser as menores possíveis para não comprometer, excessivamente, a capacidade de obtenção de recursos adicionais. Em casos de emergência, devem ser, particularmente, evitadas as garantias pessoais do empreendedor. Um grande empreendimento só se torna algo próspero e viável quando a captação de recursos é criteriosa. As experiências bem-sucedidas mostram que a mesma criatividade, que pauta a construção de uma boa ideia de negócio, é capaz de descobrir o "pulo do gato" na hora de procurar dinheiro, como somar pequenos financiamentos, por exemplo.

É bem mais fácil e barato conseguir financiamento de um fornecedor de máquinas do que de um banco.

As principais figuras do financiamento são: Caução; Alienação Fiduciária; Leasing; Linhas de Financiamento Bancário; Juros de Despesas Financeiras; Fontes de Recursos Financeiros; Duplicatas a Receber na Carteira Bancária; Factoring.

8.16 Canal de Comunicação

O canal de comunicação é a linha existente entre duas pessoas (físicas ou jurídicas) com a finalidade de trocar informações (dados). Sem tais linhas, seria impossível fazer funcionar uma empresa (empreendimento). É através do canal de comunicação que duas ou mais unidades da organização trocam dados, informações, ordens, desenhos, relatórios, planos, programas, projetos, decisões, soluções, estratégias, táticas, políticas e procedimentos, por exemplo.

Canal de comunicação é o espaço intermediário situado entre o transmissor e o receptor, caracterizados por dois pontos.

Os canais podem ser deliberadamente planejados ou incorporados pelo uso. Mas, como as informações se movimentam no canal? As informações e estímulos transportam-se de suas fontes aos pontos de decisão. As instruções movem-se dos pontos de decisão aos pontos de ação. As informações relativas aos resultados (objetivos, metas) vão para as fontes de informação, através de um sistema de realimentação (ponto de controle).

Assim, um canal de comunicação pode ser caracterizado pela figura, a seguir:

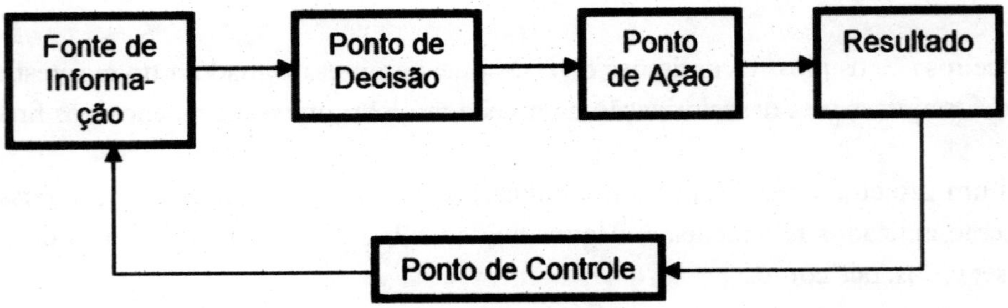

Figura 8.2: Canal de Comunicação.

O canal de comunicação é uma via de mão dupla, tanto vai como vem, cuja importância é tão grande, porque, muitas vezes, determina a eficácia da comunicação.

Uma estrutura organizacional, para minimizar a carga de informação que pende sobre suas unidades, cria canais de comunicação. À medida que os pontos de origem das informações são determinados antecipadamente, o único elemento móvel é o ponto de decisão.

Teste de Aferição de Conhecimento

01 – Qual o maior problema de um empreendimento?
( ) Análise
( ) Dinheiro
( ) Ideia
( ) Tributação

02 – Por que um projeto falha?
( ) Devido ao risco
( ) Falta de conhecimento
( ) Custo de desenvolvimento
( ) Retorno do investimento

03 – Para levar uma ideia adiante o empreendedor deve ponderar sobre:
( ) Situação econômica da sociedade

( ) Sua situação financeira
( ) Possibilidade de haver lucratividade

( ) Sua disponibilidade de tempo

04 – Qual a importância da leitura do cenário?
( ) Detectar oportunidades
( ) Detectar ameaças
( ) Detectar oportunidades e ameaças
( ) Prever o futuro

05 – Inovar é o mesmo que:
( ) Inventar
( ) Descobrir
( ) Criar um novo produto
( ) Mudar

06 – Qual o elemento fundamental de um negócio?
( ) Lucro
( ) Desafio
( ) Risco
( ) Oportunidade

07 – Qual é a visão de um negócio?
( ) Criar e manter consumidores
( ) Atender bem
( ) Ter produtos de qualidade
( ) Abocanhar um nicho de mercado

08 – Por que é importante estudar a conveniência do investimento?
( ) Pela imobilização de capital
( ) Pelo crescimento da renda nacional
( ) Pela estratégia da empresa
( ) Pelo retorno do investimento

09 – Faça a correspondência:
(A) Crédito mercantil
(B) Crédito ao consumidor

( ) Cartão de crédito
( ) Financiamento de curto prazo

10 – Coloque em ordem de prioridade as seguintes características do perfil do empreendedor:
( ) Capacidade de liderança
( ) Capacidade técnica
( ) Visão holística
( ) Boa saúde

- O empreendedor não tem horário, férias e salários extras, não podendo nem ficar doente.
- O empreendedor de sucesso é um preenchedor de lacunas do mercado.
- O empreendedor deve desempenhar muitos papéis, em função dos diversos compromissos que tem de assumir, sendo, portanto, importante trabalhar em equipe.
- O empreendedor para ter sucesso, baseado numa economia do conhecimento, precisa criar um ambiente próprio e receptivo às suas ideias.
- O empreendedor precisa encontrar fórmulas criativas e compatíveis com sua capacidade de investimento, para se apresentar ao mercado e promover o produto.
- O empreendedor precisa saber se seus objetivos de vida são congruentes com os objetivos do negócio.
- O empreendedor precisa saber trabalhar com as principais ferramentas administrativas.
- O empreendedor deve usar de humildade, se não tiver um bom potencial em todas as funções organizacionais do projeto, pois precisará considerar o conhecimento de terceiros.
- O empreendedor jamais deve ser arrogante, prepotente e cabotino, pois isso o descredencia junto aos investidores.
- O empreendedor deve saber ouvir os mais sábios, os experientes e os membros da equipe.
- O empreendedor quando estiver conversando, não deve só falar do assunto que domina, para não parecer um chato.
- O empreendedor precisa estar comprometido com as metas e propósitos do projeto.

Fracasso e Sucesso – As explicações são muitas, para o sucesso e o fracasso dos empreendimentos de pequeno porte. Até a sorte, esse aliado abstrato, pesa. Mas a principal explicação, em ambos os casos, é uma só e gira em torno do dinheiro. Não se trata da simples disponibilidade de capital. Dinheiro, nesse caso, é um conceito que vai além do saldo bancário do empreendedor. Envolve desde a adequada captação de recursos para o pontapé inicial até o cálculo exato do preço do produto que pretende vender. É preciso estar muito atento à relação capital próprio e capital de terceiros.

Perfil do Empreendedor – Os principais fatores que formam o perfil do empreendedor são: capacidade de liderança; envolvimento com o trabalho; experiência profissional; propensão ao risco; competência técnica; visões holística, generalista, estratégica e sistêmica; boa saúde; senso crítico; capacidade de análise; conhecimento muito grande das funções administrativas e organizacionais; estabilidade emocional; rapidez na tomada de decisão; propensão ao trabalho em equipe; disponibilidade financeira com austeridade; dificuldade em desfrutar suas próprias conquistas.

Comportamento do Empreendedor – O comportamento do empreendedor envolve uma atitude diferente em relação à mudança, porque, em vez de suprimir ou minimizá-la procura a mudança; em vez de reagir a problemas, o empreendedor se antecipa às ameaças e oportunidades futuras; em vez de soluções locais, há uma busca geral de alternativas [illegible]. O comportamento empreendedor não ressurge a não ser sob condições de crise externa, em geral, por uma atuação da função social da organização.

Espírito Empreendedor – O espírito empreendedor não é natural, nem criativo. É trabalho. Consequentemente, a conclusão a que geralmente se chega, baseando-se nas evidências, é exatamente o oposto da correta. Como um número substancial de empresas em funcionamento consegue sucesso como empreendedoras, indica que o espírito empreendedor e o espírito inovador podem ser conseguidos por qualquer organização. Mas é preciso se empenhar conscientemente neles.

Capítulo 9

Gerência

"Ser dirigente é como reger uma orquestra, onde as partituras mudam a cada instante e os músicos têm liberdade para marcar seu próprio compasso".
Paulo R. Motta

Objetivos do Capítulo

- Mostrar os mais importantes elementos da ação gerencial.
- Mostrar os fatores básicos do gerenciamento.
- Mostrar as ferramentas de combate ao desperdício.
- Mostrar os principais problemas que o gerente precisa enfrentar e como tratá-los.
- Mostrar o trabalho gerencial.

9.1 Conceito de Gerência

A gerência é a arte de pensar, decidir, agir, fazer acontecer, prover recursos, atingir objetivos estabelecidos e obter resultados positivos. Resultados que podem ser definidos, previstos, analisados e avaliados, mas que têm de ser alcançados por pessoas dentro de uma interação constante. A gerência é o exercício de uma atividade que exige mais de uma pessoa para exercê-la, existe em função de um objetivo comum, requer uma ação calculada e racional dos recursos, necessita de cooperação e coordenação entre indivíduos, para evitar superposição ou oposição em suas ações.

Você poderá ser gerente de você mesmo, mas não estará exercendo em toda sua plenitude a liderança de uma gerência, pois nesta cabem outras pessoas para poder acontecer.

A palavra gerência (management) tem sido usada como sinônimo de administração, mas, na verdade, apesar de muitas pesquisas, este termo ainda continua um tanto ambíguo.

Segundo Motta, "pode-se tratar a gerência como algo científico, racional, enfatizando as análises e as relações de causa e efeito, para se prever e antecipar ações de forma mais efetiva. Por outro lado, é preciso aceitar a imprevisibilidade, o ilógico, o intuitivo, o emocional, o espontâneo e o irracional. Gerentes não supervisionam rotinas ou lidam com tecnologias específicas. No entanto, sabem o que são e como funcionam".

As artes de pensar e de julgar que caracterizam os gerentes exigem maior conhecimento. Assim, é recomendado que os mesmos melhorem sua formação intelectual e cultural, aguçando sua mente para inovações, curiosidades e novas perspectivas sobre o futuro. Hoje, essa aquisição de conhecimento é altamente facilitada em função do desenvolvimento da tecnologia da informação.

Para não se perder em meio a uma infinidade de informações, o gerente precisa ser organizado, sistemático e específico; ter objetivos congruentes; ter uma ação de risco calculado; receber cooperação; saber coordenar e liderar pessoas.

A gerência da empresa atua no nível intermediário da organização. Neste sentido, torna-se imprescindível o conhecimento da natureza humana, já que a empresa é constituída de pessoas que ocupam cargos diferentes em níveis diferentes, realizando tarefas diferentes. Para lidar com tudo isso, o trabalho gerencial se torna muito complexo.

A gerência na empresa é necessária, porque existem atividades que um indivíduo sozinho não consegue realizar. Embora a função gerencial esteja ligada ao nível intermediário da organização, é comum se ler sobre gerências de alto nível, transparecendo que esta palavra gerência está ganhando cada vez mais importância e, via de consequência, galgando o nível estratégico da organização.

Durante muitos anos, a gerência foi relativamente mais simples do que em nossos dias, porque as mudanças ocorridas no ambiente eram mais lentas e previsíveis. O futuro era mais facilmente planejável a partir do estudo de séries históricas. Com maior grau de confiança, era possível coletar dados, estruturar relações de causa e efeito e estabelecer as bases para explicar, prever e interferir em um evento específico.

9.2 Ação Gerencial

Num passado recente, construía-se a Teoria Gerencial na premissa de que se poderia dominar, por critérios de racionalidade, a vida e o destino de uma organização. Para tanto, bastaria ter muitas informações para decidir de forma inteligente. Porém, a era da racionalidade gerencial parece ter chegado ao fim. Hoje, se sabe que o mundo organizacional é muito complexo e ambíguo, os cenários são cambiantes e incertos. Por isso, torna-se premente agir em tempo hábil.

Os processos racionais de decisão continuam válidos, mas incorporados de métodos heurísticos e intuitivos. Procuram-se novas formas de possibilitar ao dirigente a nova visão de totalidade, em um ambiente fragmentado.

A ação gerencial, muitas vezes, é baseada em informações incompletas sobre problemas graves e inéditos. No mundo de hoje, quando se lê relatos de dirigentes, descobre-se que métodos de previsão e planejamento acabam por serem tão valiosos quanto os métodos intuitivos e criativos. As novas habilidades gerenciais têm de ser desenvolvidas dentro de uma perspectiva de simplicidade, com base tanto na arte do julgamento quanto no conhecimento dos fatos.

A moderna Teoria Gerencial tem trilhado o planejamento estratégico, a descentralização e a ação integrada das diversas unidades organizacionais.

Ter domínio cognitivo, analítico ou conhecer alternativas de comportamento só faz sentido, na gerência, se esse domínio conduzir a uma ação mais eficaz. No entanto, a habilidade de ação é aqui caracterizada como uma categoria à parte, não só para enfatizar sua importância na gerência, mas, sobretudo, para lembrar que o novo conhecimento ou atitude não leva necessariamente à ação.

Acumular conhecimentos e ideias pode ser importante, mas, por si só, não conduz à ação esperada ou desejada. O conhecimento sobre alternativas de comportamento informa o indivíduo sobre novas possibilidades, mas é insuficiente para alterar comportamentos. A habilidade de agir, na sua dimensão individual, depende de características construídas na vida e passíveis de serem reconstruídas em programas e projetos de desenvolvimento gerencial.

A ação gerencial é uma expressão individual de autonomia, de reflexão, de segurança, de conhecimento e de seu papel na organização em que trabalha. Além do mais, a ação reflete o comprometimento, a autodisciplina e a adaptabilidade pessoal na consecução de uma missão. A habilidade desta ação é totalmente apoiada pelo conhecimento administrativo, na busca de novos horizontes.

9.3 Gerente

Chiavenato conceitua gerente como sendo aquele executivo que trabalha no nível intermediário da empresa, subordinado aos executivos do nível institucional e dirigindo os supervisores do nível operacional. No nível gerencial há a necessidade de que os recursos demandados sejam atendidos, obedecendo a padrões esperados de produtividade, principalmente, sendo fornecidos em volume adequado, não ocorrendo escassez e desperdícios.

O gerente precisa alocar recursos no tempo e espaço adequados, ou seja, nem antes e nem depois da sua necessidade, dando segurança de continuidade e progresso.

A função gerencial é multidirecional, envolvendo responsabilidades para gerir relacionamentos nos sentidos vertical, horizontal e diagonal da estrutura organizacional. Segundo Motta, a definição da função gerencial permanece uma incógnita. Ninguém logrou caracterizá-la com exatidão. Gerentes são nomeados e dispensados como técnicos de futebol, isto é, permanecem se conseguirem vitórias ou se vão com as derrotas.

Atualmente, já se aceita tratar a função gerencial como repleta de dualidades, cujo trabalho se faz de forma fragmentada e intermitente. Assim, se torna difícil uma conceituação precisa, ao contrário do passado onde achávamos que tudo deveria ser certinho, subtraindo a mudança do ambiente de operação da organização.

A maioria dos gerentes quando questionada sobre o seu trabalho, informa que encontra sempre uma carga inesperada de tarefas, muitas reuniões, interrupções e atividades burocráticas. Tais trabalhos são aleatórios e muito variados, fato que torna seus processos de tomada de decisão descontínuos. Também reclamam que gostariam de ser mais racionais, ter mais tempo para pensar e planejar, mas rendem-se ao imediatismo. Pior, levam trabalho para casa.

Gerentes, normalmente, são pressionados por demandas urgentes e raramente encontram tempo para, isoladamente, pensarem nos problemas do dia a dia. São profissionais que vivem pressionados para adotarem ações na busca de recursos e ferramentas para terem soluções de curto prazo e resultados que, geralmente, só aparecerão no longo prazo.

Para Thomas Peters e Nancy Austin, "a simplicidade, a intuição e a tecnologia do óbvio são consideradas fatores fundamentais do trabalho gerencial". Para Mintzberg, os gerentes (dirigentes) gastam a maior parte do tempo frequentando e conduzindo reuniões, onde discutem um conjunto de problemas, passando para novas reuniões, encontrando outros desafios e realizando um trabalho variado e intercalado por interrupções diversas. Nesse processo complexo-interativo, o decidir torna-se uma parte pequena do processo.

As organizações não poderão se expandir sem gerentes esclarecidos. A grandeza das empresas depende da qualidade de seus gerentes. Não é meramente questão de porte físico, econômico ou de capacitação tecnológica o que assegura a sobrevivência das mesmas.

O trabalho do gerente é de difícil enquadramento. Muitos acreditam que gerente é uma profissão. O que é errado, pois confundem com administrador que é profissão, enquanto gerente é apenas um cargo dentro da estrutura organizacional.

9.4 Fatores Básicos do Gerenciamento

A seguir, abordaremos alguns fatores considerados básicos no gerenciamento de qualquer negócio:

9.4.1 Custo

Custo são gastos relativos para fabricar produtos (bens e serviços). Como exemplos de custos podem ser citados os gastos com matérias-primas, embalagem, mão de obra, fabricação, aluguéis e seguros de instalações. Não são investimentos.

O custo é, sem dúvida, o ponto de partida na determinação do preço de venda. Mas, esta consideração tem a desvantagem de não levar em conta o consumidor. Muitas vezes, a gerência decide preços baseados exclusivamente no custo, quando deveria considerar outros fatores. O custo é muito importante quando calculamos o preço de venda de um produto, mas não é tão importante num mercado competitivo.

O somatório dos dispêndios para se obter um produto se chama custo do produto. Toda despesa com a transformação de matéria-prima e insumos na realização de um produto se chama custo de produção. Conhecer os custos de suas atividades é condição básica para tocar qualquer empresa, seja ela comercial, industrial, de serviços, agrícola, independentemente, de seu porte. Os custos devem refletir a empresa que os apura, para:

- Atender as exigências legais quanto à apuração e à avaliação dos resultados de suas atividades.
- Conhecer os seus custos para a tomada correta de decisões e o exercício de controles contábeis, financeiros e econômicos.
- Adequar-se às novas realidades ambientais.
- Fornecer dados para os sistemas de apoio gerencial.

A necessidade de dados analíticos concernentes aos custos de produção resulta de vários motivos. Os mais conhecidos e importantes são os seguintes:

- Determinação do preço de venda e o valor do estoque.
- Controle da eficiência de utilização dos fatores produtivos.
- Determinação da conveniência do processo de produção e da composição do produto.
- Utilização da capacidade instalada, em função do volume de produção.
- Análise da conveniência de utilização de meios (tecnologia) mais sofisticados.

- Cálculo dos lotes econômicos de aquisição e produção.
- Decisão entre comprar ou produzir.

O custo unitário do produto é o somatório dos dispêndios, para transformar recursos em um bem ou serviço, dividido pelo total de unidades produzidas. O custo final de um produto dependerá, fundamentalmente, da quantidade produzida, como mostra o quadro, a seguir:

Produto:		
Quantidade Produzida (Q): 500		
Período:		
Nº	Itens	Valor
1	Matérias-Primas	5.000,00
2	Insumos	1.000,00
3	Embalagens	2.000,00
4	Mão de obra direta	2.500,00
5	Encargos sociais	2.875,00
6	Custo variável (1 + 2 + 3 + 4 + 5)	13.375,00
7	Custo fixo (rateio)	600,00
8	Custo de fabricação	1.200,00
9	Custo de comercialização	800,00
10	Despesas financeiras	600,00
11	Despesas diferidas do projeto	0,00
12	Custo total (6 + 7 + 8 + 9 + 10 + 11)	16.575,00
13	Custo unitário (12/Q)	33,15

Quadro 9.1: Controle do Custo Unitário do Produto.

9.4.2 Preço de Venda

Preço é razão de troca entre o objeto que se negocia e qualquer outro objeto. Em geral, uma unidade monetária determina o preço, isto é, a quantidade de unidades monetárias que se deve despender na obtenção de uma unidade de determinado produto. Então, um bem ou serviço pode ser avaliado como caro ou barato, em função do mercado, da necessidade do comprador, da persuasão do vendedor, da escassez, da fartura, do governo.

O preço de venda de um produto é o preço resultante da soma do custo total de fabricação do produto mais uma margem de lucro. A margem de lucro é para compensar o esforço de produção e comercialização. Este preço adotado pela empresa estará dentro do intervalo (preço mínimo – preço máximo) que o mercado pode pagar. Se o produto da empresa é melhor em qualidade que o produto concorrente, então é possível aumentar o preço de venda, fazendo com que a margem de lucro seja maior.

O preço tem muitos outros nomes, tais como: aluguel, custo, tarifa, taxa, juro, pedágio, prêmio, honorário, suborno. Mas todos esses nomes se resumem em uma coisa: O que os consumidores pagam por um produto. Em suma, qualquer transação pode ser vista como uma troca de algo de valor, geralmente dinheiro, por um pacote de utilidades.

O preço de venda nasce da estimativa do custo de produção ao qual é adicionada uma margem suportável pelo mercado.

9.4.3 Lucro

O lucro é a diferença entre as receitas com vendas de uma empresa e as suas despesas. É comum se ter expectativa de lucro em qualquer transação comercial que se faça, pois sem lucro é impossível uma empresa investir em novas tecnologias, criar novos postos de trabalho e treinar seus recursos humanos, por exemplo. A evolução do lucro durante sucessivos exercícios leva a concluir que a organização vai bem ou mal. Neste caso o lucro é mais uma ferramenta de referência do que de expectativa.

Lucro não é uma designação ampla nem prescritiva do objetivo da empresa. É meramente o resultado ou a decorrência da atividade nos negócios. Não diz nada sobre o que essas atividades deverão ser. Dizer-se que um negócio existe para dar lucro aos seus proprietários não oferece prescrição acerca de como conseguir isso, não é um guia de como essa ação deve ser, para acomodar exigências, conflitos e mudanças.

Para Drucker, o lucro não é uma causa e sim uma consequência. É um resultado necessário para medir o desempenho econômico da empresa. Além disso, o lucro tem uma função importante, caracterizada pelo prêmio do risco de investimento.

A obrigação fundamental da empresa em um sistema de livre iniciativa é gerar lucros para cumprir obrigações e se desenvolver sob todas as formas tecnológicas, organizacionais e comportamentais possíveis.

Segundo Chiavenato, uma empresa que não gera lucros está fadada a desaparecer, pois a rapidez de sua morte dependerá da: paciência dos credores, liquidez para pagar compromissos, demanda por seus produtos, rentabilidade do capital aplicado e retorno do investimento, por exemplo.

A equação do lucro (L) é dada pela fórmula:

$$L = R - G$$

Onde:
R = Receita
G = Gasto

Uma vez por ano, todos os anos, a empresa deve apurar o resultado do exercício que se encerra. Apurado o resultado do exercício, devemos somá-lo aos resultados anteriores para se chegar a um resultado acumulado, que aparece no balanço patrimonial. A demonstração de lucros (ou prejuízos) nada mais é do que a exposição do que ocorreu na empresa, sob o aspecto econômico e financeiro.

Apurado o lucro de um período, após todas as deduções legais e contratuais, a administração pode propor sua permanência na empresa (retenção de lucros) ou distribuição aos sócios. Esta última, se malfeita, pode provocar a descapitalização. A distribuição de lucros, portanto, é uma das formas da empresa remunerar o capital investido.

Gerenciar o lucro é imprescindível para a continuidade do negócio. Exige uma postura diligente e uma atenção dirigida a toda a cadeia produtiva, que vai desde o fornecedor até o serviço pós-venda, quando a satisfação do consumidor é medida. Para tal, é necessário conhecer e dispor de informações pertinentes, de forma a orientar a tomada de decisão, tais como: custos, despesas, resultados, retornos do investimento, pontos de equilíbrio, margens de contribuição, simulações e cenários.

Uma das preocupações mais frequentes entre os empresários pequenos e médios é saber qual o lucro ou o retorno ideal para o seu negócio. Primeiro é importante distinguir lucro de retorno. Um lucro pode parecer excelente e não representar um bom retorno quando comparado ao investimento feito. Que retorno seria um bom valor para remunerar o capital aplicado? Se o investidor não tem uma ideia de retorno para o seu negócio pode pensar numa referência muito usada no mundo inteiro – Os Títulos do Governo Federal.

No Brasil, a taxa desses títulos é conhecida como Taxa Selic (Sistema Especial de Liquidação e Custódia). A Selic e o CDI (Certificado de Depósito Interbancário) são taxas de referência para se determinar o retorno adequado do investimento, pois, se o empresário não investisse no negócio, essas taxas seriam opções seguras. Há, no entanto, outra variável importante – A Taxa de Risco.

É comum se eleger a taxa de risco em 30% ao ano, numa atitude bastante conservadora. Todo este estudo mostra que, se margem de lucro não for maior do que 30% ao ano é melhor deixar o dinheiro aplicado em fundos de investimento de um sólido banco.

9.4.4 Ponto de Equilíbrio

O ponto de equilíbrio é conhecido como o ponto onde as receitas se igualam às despesas e que, portanto, o lucro é zero. O ponto de equilíbrio, um dos mais importantes indicadores de gestão, é um valor que sinaliza se a empresa tem condições de competir no mercado já que o preço de venda do produto é dado pelo mercado.

A fórmula do ponto de equilíbrio se chega da seguinte maneira:

$R = CT + L$
$R = CF + CV + L$
$R = Pv \times Q$
$CV = Cv \times Q$

Então: $Pv \times Q = CF + Cv \times Q + L$

Se o lucro é zero, vem:
$Pv \times Q = CF + Cv \times Q$
$Pv \times Q - Cv \times Q = CF$
$Q(Pv - Cv) = CF$

A quantidade no ponto de equilíbrio (QE) é:

$QE = CF / (Pv - Cv)$

Onde:
R = Receita
CT = Custo Total = CF + CV
CF = Custo Fixo Total (ou rateio do custo fixo se o estudo for feito para um produto em particular).
CV = Custo Variável Total
Pv = Preço de Venda Unitário
Cv = Custo Variável Unitário
L = Lucro
Q = Quantidade Vendida
QE = Quantidade de Equilíbrio
Pv - Cv = Margem de Contribuição
R - CV = Margem de Contribuição Total

Exemplo:

Custo Fixo = $ 100.000,00
Preço de Venda do Produto (Pv) = $ 50,00
Custo Variável Unitário do Produto (Cv) = $ 30,00
Margem de Contribuição (Pv - Cv) = 50,00 - 30,00 = $ 20,00
Quantidade de Equilíbrio = $ 100.000 / $ 20 = 5.000

Análise:
No ponto de equilíbrio não há lucro nem prejuízo. No exemplo acima, a empresa precisa produzir a quantidade de 5.000 produtos para chegar ao ponto de equilíbrio. O fator que mais pesa no cálculo do ponto de equilíbrio é o custo fixo. Se produzir acima de 5.000 e vender tudo, a empresa terá lucro. Mas, se produzir abaixo de 5.000, estará trabalhando com prejuízo. Repensar o produto, ou mudar de mercado, pode ser uma solução.

A margem de contribuição indica a importância do produto na formação do lucro e no pagamento dos custos fixos, permitindo consultas rápidas e comparações com os preços de mercado.

A seguir, algumas observações sobre a margem de contribuição:

- A margem de contribuição terá de ser sempre positiva.
- Considerar custos fixos constantes (para determinado período).
- Quanto maior a margem de contribuição menor é a quantidade a produzir para se chegar ao equilíbrio.
- Quanto menor a margem de contribuição maior é a quantidade a produzir para se chegar ao equilíbrio.
- É através da margem de contribuição que se verifica se a empresa tem condições para entrar no mercado e ser competitiva.
- Quando a empresa trabalha com muitos produtos, é comum ratear a parcela do custo fixo que cabe a cada produto, em função da sua contribuição percentual na receita com vendas.

O gráfico que relaciona receitas com custos é chamado de diagrama do ponto de equilíbrio. O volume de produção pode ser indicado em termos de valor das unidades produzidas ou em termos de capacidade instalada (utilizada).

Neste diagrama, consideramos: o preço do produto constante e a linha de custos obedecendo à norma linear de comportamento. Na realidade, os custos se apresentam como uma linha quebrada.

A seguir, um exemplo:

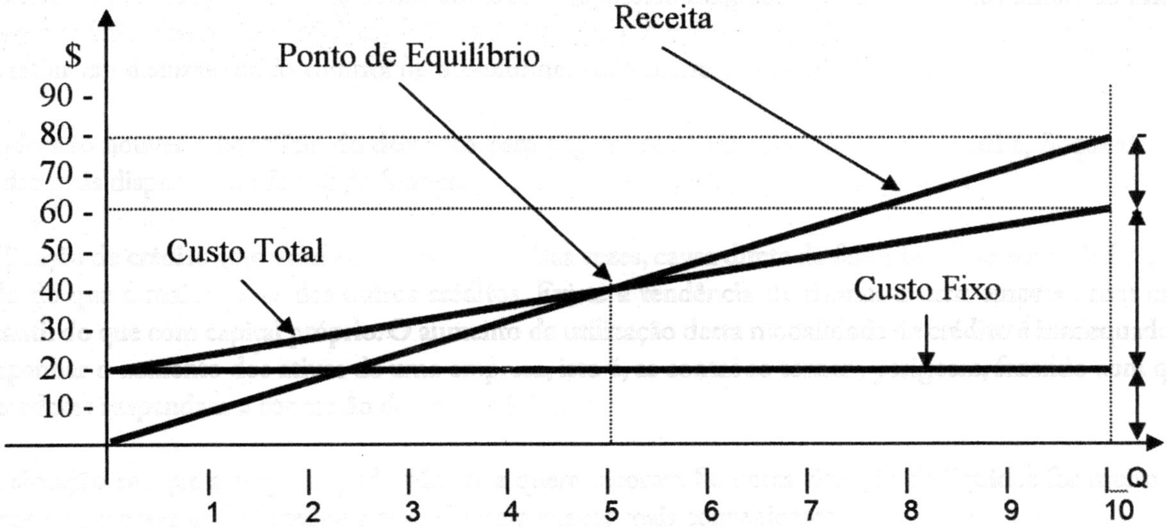

Figura 9.1: Gráfico do Ponto de Equilíbrio.

Onde:
L = Lucro
CV = Custo Variável
CF = Custo Fixo
Q = Quantidade
$ = Valor do Custo

Como é mostrado no gráfico, até certo volume de produção, os custos totais são superiores aos ingressos (vendas) totais e, por isso, a empresa está no prejuízo. Acima desse volume a empresa está no lucro. É evidente a importância do ponto de equilíbrio no planejamento da atividade empresarial, pois o mesmo mostra a evolução dos lucros, em função da produção.

9.4.5 Faturamento

Faturamento é o somatório de todas as notas fiscais tiradas no período. O faturamento no ponto de equilíbrio é dado pela fórmula:

FE = Pv x QE = Pv [CF / (Pv - Cv)]

A seguir, um exemplo:

Custo fixo total = 90.000,00
Custo variável total = 50.000,00
Faturamento = 200.000,00
Custo total = 90.000,00 x 50.000,00 = 140.000,00
Margem total = 200.000,00 - 50.000,00 = 150.000,00
Faturamento de equilíbrio = (90.000 / 150.000) x 200.000,00 = 120.000,00

Embora o controle do faturamento tenha sido abordado no Capítulo 4, é importante observar que se faz necessário acompanhar o desvio do faturamento, mês a mês. O desvio do faturamento é dado pela fórmula:

Desvio do Faturamento = (Valor Mensurado / Média do Faturamento) - 1

Onde:
Valor Mensurado = Faturamento Registrado no dia (mês ou ano)
Média de Faturamento = Valor Acumulado do Faturamento / Número de Dias
Valor Acumulado do Faturamento = Soma dos Faturamentos

Exemplo:

Valor Acumulado = $ 1.500,00
Número de Dias = 5
Média de Faturamento = $ 1.500,00 / 5 = $ 300,00
Valor Mensurado = $ 450,00
Desvio do Faturamento = (450,00 / 300,00) - 1 = 1,5 - 1 = 0,5 = 50%

Resposta: Neste dia o valor está 50% acima da média.

Se o valor mensurado é igual a $ 240,00, então:

Desvio do Faturamento = (240 / 300) - 1 = 0,8 - 1 = - 0,2 = - 20%

Resposta: Neste dia o valor está 20% abaixo da média.

Análise:
Quando o desvio do faturamento permanece, por algum tempo, abaixo da média, a empresa deve solicitar à Força de Vendas explicações a respeito.

9.4.6 Estratégia

A expressão estratégia do grego "strategos" (general) é de origem militar e significa a arte de conceber e organizar um plano de operações de guerra, estando ou não no teatro de operações. Estratégia é o caminho (meio) para uma organização, ou alguém, alcançar, preferencial e diferentemente, os objetivos e desafios em um ambiente mutável, cambiante, complexo e altamente competitivo. Imagine você, se é possível sobreviver sem uma estratégia sequer.

O conceito de estratégia começou a ser usado em Administração na década de 1950, com o intuito de incutir nas empresas uma nova perspectiva de futuro, através do conhecimento de onde e como expandir sua atuação e melhorar seu desempenho. Surgiu, assim, a aplicação da ideia de estratégia, ainda que limitada ao negócio da empresa, mas implantando a visão de maior escopo e longo prazo através de métodos analíticos.
De 1950 até 1990, as fronteiras da estratégia eram bem definidas, assim como os consumidores, os mercados, os concorrentes, os fornecedores e as ameaças potenciais. Hoje, esses elementos são cambiantes.

Algumas premissas ajudarão a utilizar melhor o tempo na formulação da estratégia:

- A estratégia evolui e muda com o tempo.
- As decisões estratégicas não são programadas e previstas com antecipação.
- Diferentes decisões são difíceis de integrarem uma única estratégia explícita e compreensiva.
- O ambiente de formulação de estratégias é complexo demais.
- Cada escolha estratégica é feita em diferentes contextos, com informações novas e incertas.
- A formulação da estratégia precisa levar em conta a incerteza e o risco.
- A essência da estratégia é o seu relacionamento com o ambiente.
- A estratégia se torna desnecessária, quando a dinâmica histórica da organização a leva aonde ela quer ir.
- A formulação da estratégia deve basear-se em informações bastante agregadas, incompletas e incertas.

Embora a empresa formule sua própria estratégia, é bom lembrar que é preciso responder a algumas questões:

- Qual é a atual estratégia da empresa?
- A empresa está tendo dificuldades na execução da estratégia atual?
- A estratégia utilizada exige maior competência e melhores recursos do que a empresa possui?
- Quais as possíveis alternativas que existem para a solução do problema da estratégia?
- Até que ponto as preferências da alta direção da empresa limitam as alternativas?
- Qual a alternativa que oferece a maior vantagem competitiva?
- Qual deve ser a nova estratégia?

9.5 Gestão Empresarial

A falta de pessoas preparadas em gestão empresarial é um dos fatores que impede o maior crescimento das pequenas empresas e que dificulta a sua competição com as grandes. Drucker sempre acreditou que a gestão dizia respeito aos recursos humanos, isto é, mais especificamente, de conhecimentos, capacidades e relacionamentos.

O termo gestão vem sendo preferido pelo desgaste das palavras administração e gerência.

A expressão mais nobre da administração tem origem no Século XVII, com a institucionalização mais clara do cargo de ministro. O administrador era, assim, o executor das decisões emanadas dos órgãos superiores ou dos parlamentos. A expressão gerência originou-se na área privada para significar a função subordinada àqueles que estão nos conselhos superiores.

Vale lembrar que os termos administração, direção e gerência foram sendo vítimas de ambiguidades e incompreensões. O uso indistinto das expressões administrador e gerente generalizou-se para significar posição de chefia. A palavra administração vem sendo, nos últimos 20 anos, substituída pela palavra gestão, mais como um modismo do que por outra coisa.

Até a década de 1970, a palavra administrador valia mais do que gerente. Gerentes eram considerados os que exerciam funções em pequenos comércios. No entanto, nos bancos, o gerente, como até hoje, é tratado como o todo poderoso da agência bancária e o decisor final de qualquer processo. Hoje, o administrador é uma pessoa que estudou Administração, por meio de um curso de graduação. Já o gerente passou a designar executivos de grandes empresas.

Gestão é da terminologia europeia, que não utiliza a palavra gerência. Para os europeus a palavra gestão engloba administração e gerência.

Hoje, a palavra management (gerência) é empregada no setor da gestão privada; a palavra administration (administração) é empregada para a gestão pública. Business administration (administração de negócios) e public management (gerência pública) são outros conceitos utilizados. Embora não tenha mudado o conceito, a alteração do sentido terminológico sempre assinalou a introdução de alguma novidade técnica ou uso diverso de ideias antigas. Segundo Motta, a palavra gestão é um termo genérico que sugere a ideia de dirigir e decidir.

9.6 Produtividade

Produtividade é a relação mensurável entre produtos e fatores de produção, ou seja, entre resultados obtidos e esforços para obtê-los. É, portanto, medida através da relação entre quantidades físicas. Num sentido geral, a produtividade é quantidade produzida por unidade de gasto. Suponhamos que uma empresa, em um ano, aumentou suas vendas reais em 40%, sem qualquer aumento no pessoal da fábrica e da administração, diz-se que houve um aumento de produtividade.

A luta pela produtividade é uma constante, desde que não comprometa a qualidade. A produtividade será maior quando a unidade de gasto é menor. É muito comum observar, através de séries históricas, as variações da produtividade para constatar se o aumento de recursos correspondeu ao mesmo aumento da produtividade, o que nem sempre acontece. Não é produzindo mais que se tem um indicador de produtividade maior. Existem diversas variáveis a serem consideradas, e uma delas, por exemplo, é o custo.

Um dos grandes responsáveis pela baixa produtividade é o processo de trabalho complicado, com movimentos excessivos e cansativos. É comum fazermos muito mais movimentos, mais esforços e usarmos mais materiais do que realmente são necessários, às vezes, para fazer um simples trabalho. A melhoria da produtividade é conseguida pelo melhor aproveitamento do tempo, dos recursos, da capacidade dos homens e das máquinas. O mais importante é que haja um desejo e um esforço constante para melhorar.

Tudo o que fazemos, certamente, poderá ser feito de maneira melhor, pois a perfeição é inatingível.

Quando comparamos a produção de produtos com os gastos com recursos, provocados para consegui-la, temos o que se chama de produtividade. Assim, por exemplo, para fazer 200 peças foram gastos $ 5.000,00. Logo, a produtividade é igual a 0,04 (200/5.000), que não deve ser confundida com o preço de custo de $ 25,00 (5.000/200). Comparando esse resultado com o obtido em épocas anteriores, podemos saber se a produtividade é boa, ou não, e se está progredindo. Deve ficar claro que a consequência direta da eficiência é a produtividade, porque quanto maior a eficiência maior a produtividade.

A produtividade pode ser melhorada:

- Diminuindo-se os gastos e mantendo-se a produção.
- Aumentando-se a produção e mantendo-se os gastos.
- Aumentando-se a produção e os gastos, sendo o percentual de aumento da produção maior do que o dos gastos.
- Conservando-se a produção e os gastos, mas obtendo-se produtos de melhor qualidade, com maior rapidez.

As maiores dificuldades e obstáculos que impedem a melhoria do nível de produtividade são, por exemplo: Desperdício de material; Má utilização de máquinas, ferramentas e equipamentos; Máquina cara utilizada para tarefas aquém de sua possibilidade. Um número elevado de acidentes, relações humanas conflitantes, qualidade do produto abaixo do padrão de mercado, elevado número de refugos e frequentes necessidades de repetições, também, são sinais de baixa produtividade.

9.7 Economia de Escala

A economia de escala segue duas linhas de pensamento. A primeira trata do aumento da produção de forma controlada e de acordo com a Lei dos Rendimentos Decrescentes, pois não adianta aumentar a produção, indefinidamente, para que o custo do produto atinja um patamar que ajude a solapar a concorrência, pois existe um limite para isso.

Tudo o que se sabe é que há mais probabilidade de variarem os rendimentos do que de permanecerem constantes. Sabemos que a divisão do trabalho, muitas vezes, permite conduzir a produção mais eficientemente, quando o seu volume se torna muito grande. Mas, também, sabemos que, num determinado ponto do volume de produção, os custos voltam a crescer. A segunda linha, também chamada de integração vertical, observa que o aumento da produção deve estar em função da otimização dos processos ao longo da fabricação.

A seguir, para um entendimento mais apurado do que seja economia de escala, dois exemplos que contribuem para a redução de custos:

A) Uma fábrica de roupas trabalha com tecido, matéria-prima principal, mas trabalha com aviamentos que são: linhas para costurar, botões, entretelas, zíperes e outros insumos adquiridos de fornecedores. Se a fábrica puder produzir um desses aviamentos, o repasse de custo será menor, teoricamente. Neste caso a economia de escala diz respeito à empresa produzir ela mesma as peças (ou materiais) do composto do produto, que é comprado de fornecedores. Antes, porém, é preciso orçar o custo dessa produção.

B) Uma fábrica de alimentos trabalha com matérias-primas, insumos, materiais, recursos hídricos e energéticos, por exemplo. Se houver a possibilidade da empresa cultivar alguns dos seus insumos (salsa, cebolinha, tomate, pimentão) ou captar a energia solar e a água da chuva, ela estará fazendo economia de escala.

9.8 Lote Econômico

A administração da empresa deve se preocupar em seguir caminhos que levem a empresa efetivamente à lucratividade. O planejamento deve ser otimizado no sentido de se conseguir custos mínimos e lotes de produção, economicamente, viáveis, isto é, determinar o ótimo a produzir e vender. Lote econômico é a dimensão do lote a produzir, cujo custo total é mínimo.

Coletados os principais parâmetros, se torna fácil montar sistemas para a busca de soluções. As soluções podem ser: Tabular; Geométrica; Algébrica. Como existem importantes diferenças de custo entre as várias dimensões de lote de produção, uma análise deverá ser levada em conta, cujo propósito é de determinar aquela dimensão que minimiza o custo total. Esta é a dimensão ótima a produzir.

Existem muitas fórmulas de lote econômico. Consequentemente, é importante compreender as razões dessas diferenças. É comum a aplicação sistemática de um modelo matemático, com a finalidade de encontrar a quantidade por lote para cada tipo de item a produzir, para o qual se quer ter custo mínimo. O método tabular é utilizado na solução de um problema, onde existem várias alternativas a produzir.

A seguir, um exemplo do cálculo do lote econômico a produzir para um pequeno conjunto de valores viáveis, por exemplo, as seguintes quantidades(Q): 100, 200, 400, 600, 800, 1.200. A dimensão econômica do lote deverá ser determinada a partir dos seguintes dados:

D = Dimensão por ano = 2.400 unidades
A = Custo por ordem de serviço = 12,00
C = Custo por unidade produzida = 1,00
d = Demanda mínima = 10 unidades/dia
m = Demanda máxima = 50 unidades/dia
I = Percentual de encargos financeiros que gravam o estoque (seguro, armazenagem, custo do capital, obsolescência, deterioração) = 20%/ano

A seguir, um exemplo:

Fatores de Custo		Fórmula	Q 100	Q 200	Q 400	Q 600	Q 800	Q 1.200
Número de Ordens por Ano	N	D/Q	24	12	6	4	3	2
Custo Total de Preparação	CTP	N x A (1)	288	144	72	48	36	12
Custo Direto Total	CDT	C x N x Q (2)	2.400	2.400	2.400	2.400	2.400	2.400
Custo Total de Manutenção de Estoque	CTME	(Q/2) (1 - d/m) CI (3)	8	16	32	48	64	192
Custo Total	CT	(1) + (2) + (3)	2.696	2.560	2.504	2.496	2.500	2.604
Custo Unitário	Cu	CT / CDT	1,123	1,067	1,043	1,040	1,042	1,085

Quadro 9.2: Lote Econômico.

Para maior esclarecimento, a seguir, está sendo feito o cálculo para CTME (custo total de manutenção de estoque) para uma quantidade igual a 100 unidades:

CTME = 100/2 (1 - 10/50) 1 x 0,20 = 50 (1 - 1/5) 0,20 = 50 (4/5) 0,20 = 40 x 0,20 = 8

Observações:

- A linha de custo direto total é de 2.400,00 para todos os valores de Q (quantidade).
- Dada a hipótese de que os custos diretos são constantes por unidade, esse custo é independente do tamanho do lote e, portanto, não possui influência nos diferenciais de custo entre alternativas.
- O custo total mínimo é de 2.496,00 para uma quantidade de 600 unidades (Lote Econômico).
- Para a quantidade de 600 unidades o custo total de preparação (CTP) é igual ao custo total de manutenção de estoque (CTME).

Resposta: O lote a produzir é econômico, quando a produção é de 600 unidades.

9.9 Tempos e Movimentos

Nós pensamos que o Estudo de Tempos e Movimentos seja uma inovação de Taylor e Gilbreth, quando na realidade, já em 1776, Adam Smith lhe devotou o primeiro capítulo de seu livro *Riqueza das Nações*, sua obra clássica. Porém, é creditada a Taylor a primeira determinação analítica de métodos de trabalho, sendo, inclusive, a expressão *Estudo de Tempos* a ele atribuída.

Frank e Lilian Gilbreth desenvolveram uma análise mais profunda daquilo que consideravam como elementos fundamentais do movimento. Estudaram em separado esses elementos, relacionando-os uns com os outros, para, em seguida, reagrupá-los. Denominaram seu trabalho de *Estudo de Movimentos.*

Tempos e movimentos é uma subfunção da função administrativa organização, onde se determina, de maneira racional, o método de realização de um determinado trabalho, em função do tempo de execução. A história e desenvolvimento do planejamento de métodos e processos mais racionais para a execução de uma tarefa são, em princípio, tão antigos quanto o próprio homem, pois o ser humano sempre se dedicou a eliminar ou diminuir o esforço desnecessário na execução de qualquer trabalho.

O estudo dos tempos e movimentos, além de permitir a racionalização dos métodos de trabalho e a fixação do tempo padrão para a execução de uma tarefa, trouxe ainda outras vantagens, tais como: eliminou os movimentos inúteis; tornou mais racionais a seleção e treinamento de pessoal; melhorou a produtividade; distribuiu uniformemente o trabalho; passou a pagar melhores salários, em função da produção; enxugou custos; adaptou melhor o homem a sua tarefa; eliminou desperdícios; estabeleceu normas detalhadas.

H. B. Maynard observou e concluiu que o objetivo de todos que trabalham é conseguir a máxima efetividade no seu desempenho e isso não tinha condições de ser obtido através de tentativas isoladas da análise dos movimentos dos operadores.

Nunca é demais lembrar que qualquer projeto coloca como preocupação o tempo de atendimento ao usuário/consumidor/paciente/parceiro/colaborador, ou seja, o quanto o projeto é efetivo para as necessidades de seu público-alvo e que método científico utilizar para a realização de um determinado trabalho.

Os principais objetivos do estudo de tempos e movimentos são:

- Reelaboração da tarefa para fazer com que os movimentos sejam mais simples e mais rápidos.
- Desenvolvimento de padrões mais eficientes de movimento, para os trabalhadores, de modo que possam fazer o trabalho mais rapidamente e com menos fadiga.
- Estabelecimento de padrões, para que certas tarefas sejam usadas como base para a determinação de escalas de pagamento e como critérios de avaliação dos funcionários.
- Desenvolvimento de uma descrição completa de tarefas, para ajudar no processo de recrutamento e seleção de novos funcionários, orientação e treinamento dos mesmos.

9.10 Racionalização

Desde as épocas mais remotas existiu a organização como atividade contínua e permanente, dado que o homem sempre procurou racionalizar, aperfeiçoar e simplificar suas ações para conseguir maior rendimento ou o máximo de bem-estar com o mínimo de esforço. Há, como sempre houve, homens excepcionais que sabem aproveitar as suas energias físicas e mentais, a sua inteligência, o tempo, os materiais. Enfim, os recursos que estão ao seu alcance e com isso se tornam eficientes, produzindo muito e desperdiçando pouco.

Infelizmente, porém, é maior o número das pessoas pouco eficientes, que gastam muito, desperdiçam muito, produzindo pouco. As causas da pouca eficiência são complexas, algumas relacionadas com a organização e outras com o elemento humano. Ao esforço que se faz, desde algum tempo, para a compreensão e eliminação dessas causas é que se dá o nome de racionalização.

Atualmente, se confunde a racionalização com o esforço para a melhoria da produtividade. Melhorar a produtividade é conseguir o melhor aproveitamento possível dos recursos de produção. E é exatamente isso que constitui o objetivo da racionalização, desde que surgiu.

A racionalização é o imperativo de todas as atividades administrativas de uma organização e é o que leva a uma infinidade de comportamentos diferentes para atingir objetivos. A racionalidade se faz mais do que necessário quando os recursos são escassos e se pretende alcançar, de maneira eficiente, resultados positivos. Dentre as técnicas de racionalidade do tempo, a mais rápida e simples é o uso adequado do não.

Fixar prioridades e antecipar as necessidades, a fim de evitar que tudo seja urgente e controlar a pressa e as preocupações também deve ser considerado. Muitos chefes, infelizmente, esquecem-se de que o subordinado não trabalha para ele, mas sim para a empresa, mesmo que este chefe seja o dono. A empresa é mais importante do que o empresário, fato desconhecido da maioria.

9.11 Desperdício

Um dos fatores do alto custo da produção, geralmente mal percebido, é o desperdício. Um exame, não muito profundo, revelará que não há atividade sem desperdício. Algumas formas de desperdício são facilmente percebidas, como acontece com o material. Outras são menos notadas, como acontece quando os funcionários gastam mais tempo e realizam mais movimentos do que os realmente necessários para fazer o serviço (Lei de Parkinson).

Toda vez que se consome mais material, tempo, energia e espaço do que realmente seria necessário, se o trabalho fosse realizado racionalmente, isso que se consome a mais é desperdício e encarece a produção. O desperdício é um fenômeno mundial. A maneira correta de combater qualquer mal é combater as suas causas. Assim, se houver um desejo de combater os desperdícios, é necessário eliminar e conhecer os seus motivos.

Examinando as causas dos desperdícios, verifica-se que algumas podem ser atacadas, através de medidas de caráter administrativo, de caráter cultural e de caráter educativo. Várias são as medidas administrativas, pois o corretivo dependerá da causa do desperdício. As medidas culturais estarão fundamentadas na formação de uma mentalidade, na doutrinação e no treinamento constante. As sugestões para minimizar o desperdício podem ser: campanhas educativas, cartazes, projeções de filmes, reuniões, palestras, e-mails e prêmios para ideias inovadoras e efetivas.

As principais causas de desperdício são:

Desperdício de Energia Elétrica – A utilização de equipamentos sem selo Procel (menor consumo de energia elétrica) é o maior exemplo desse tipo de desperdício. Um refrigerador não é um simples gabinete de aço com motor. Ele precisa de esforços conjuntos para se tornar um equipamento eficiente e eficaz, isto é, que refrigere muito com menos. Cada vez mais se verifica que o simples gerenciamento do consumo de eletricidade e a adoção de expedientes corriqueiros, como a substituição de lâmpadas ou o uso mais adequado do ar condicionado, diminuem sensivelmente as despesas.

Um plano de performance energética envolve também mudanças na rotina do pessoal da limpeza. Grande parte do desperdício de energia é resultado da prevalência dos critérios estéticos em detrimento da funcionalidade.

Desperdício de Gás – Muitos gerentes de empresas de alimentos se recusam a investir em um Fogão de Alta Eficiência por causa do preço. Além disso, várias tarefas de cozinha podem ser feitas com equipamentos chamados multifuncionais e combinados. Tudo isso com menos mão de obra e menos consumo de gás, com aumento da produtividade e ambientes mais saudáveis para os funcionários.

Desperdício de Alimentos – A perda de alimentos não consumidos em uma indústria de alimentos é enorme. A solução é o sistema de produção antecipada com imediato congelamento avançado que preserva o sabor e a consistência dos alimentos, deixando-os prontos para posterior regeneração, acionado somente no momento da demanda.

A produção em maiores volumes também diminui o custo unitário do produto, melhora a programação das compras, reduz a energia, sob qualquer forma. É muito mais fácil trabalhar com pratos semiprontos do que prepará-los do "zero".

Desperdício de Material – A armazenagem bem feita ajuda a identificar a margem esperada para perdas e refugos. Há uma diferença entre refugos e perdas. Refugos são partes de bens tangíveis rejeitados durante o processo de produção. Perdas são partes intangíveis não aproveitadas do produto gerado por um projeto. Se a taxa de refugo for alta, mostra que, na empresa, podem estar acontecendo: erros de projeto do produto; falhas no controle de qualidade; falhas no controle da produção; baixo nível de educação; mau uso das funções administrativas, principalmente, a função administrativa organização; armazenagem incorreta; falta de treinamento.

Perdas fazem parte do processo de fabricação, podendo-se minimizá-las, mas não evitá-las. Portanto, é necessário que a quantidade disponibilizada para a produção seja a mais exata possível, porque o custo pela perda será incorporado ao custo do produto. Se houver perda anormal, como no caso, por exemplo, de incêndio no almoxarifado, roubo, enchente, os valores correspondentes não devem ser tratados como custo de produção, e sim levados diretamente ao resultado.

As perdas anormais ocorrem de forma involuntária, sendo seu custo absorvido pelos demais produtos.

Desperdício de Mão de Obra – A mão de obra é um dos itens mais lembrados na lista de dificuldades de uma indústria, tendo em vista a dificuldade de lidar com o ser humano e por uma legislação trabalhista obsoleta e ultrapassada. São tantos os encargos sociais que vale reduzir a mão de obra, para a sobrevivência do negócio. Os problemas não são solucionados com mão de obra intensiva, mas com tecnologia intensiva. Hoje, deve-se depender cada vez menos de empregados.

Outro aspecto é o ambiente interno da empresa. É confortável? Os equipamentos obedecem as simples regras da Ergonomia? Há riscos de acidentes de trabalho? O funcionário trabalha com satisfação? Uma reengenharia dos processos, estruturas e métodos de trabalho pode diminuir o absenteismo, a falta de assiduidade, a impontualidade, o estresse e a rotação exagerada de pessoas e cargos.

Desperdício do Espaço Físico – Uma indústria se for pequena demais estrangula a produção. Mas se for grande demais custa caro. A adoção de equipamentos mais modernos, somados à revisão nos processos de fabricação, diminui os espaços ociosos. Alguns equipamentos, se bem aplicados, poupam espaços, embora sejam mais caros. Mas, ao longo dos meses, se mostram mais rentáveis.

Desperdício de Água – Atualmente, mais do que nunca, a água se mostra imprescindível para o homem. Porém, o mesmo homem polui, cada vez mais, seu próprio ambiente. Infelizmente, a água é utilizada de forma descontrolada. Hoje, a responsabilidade de algumas empresas para com o ambiente faz parte de sua estratégia.

Para que se otimize o uso da água, há algumas premissas, a seguir: Verifique se a torneira está realmente fechada; Ao lavar a louça, use a própria cuba da pia para ajudar na lavagem; Tente limitar o banho para no máximo cinco minutos; Feche a torneira enquanto se ensaboa; Jamais escove os dentes ou faça a barba com a torneira aberta; Sempre use a máquina de lavar em carga máxima; O excesso de sabão aumenta o número de enxagues; A lavagem de louças, copos, bandejas e talheres consomem uma quantidade enorme de água, que pode ser resolvido com equipamentos corretos.

Desperdício de Dinheiro – Na hora de comprar máquinas e equipamentos, avalie tudo, como: especificação, preço, marca, garantia, facilidade de limpeza, mobilidade, por exemplo. Certifique-se de que a manutenção futura seja organizada, tendo acesso, rapidez e confiabilidade. Escolha o equipamento pelo tempo estimado de vida útil, tomando como referência a concorrência. Lembre de que bons equipamentos custam caro e possuem um índice de depreciação menor do que os mais baratos.

9.12 Manutenção

A manutenção é tudo o que se faz para serem conservados os equipamentos em serviço, durante o maior prazo possível e com o máximo de rendimento, isto é, uma atividade desenvolvida para manter as instalações em condições, que irão melhor apoiar as metas da organização. Assuntos de segurança, boa qualidade dos produtos, estabilidade dos empregos e até a sobrevivência da empresa e da própria economia, indicam que as atividades de manutenção devem ser suscetíveis a um leque bastante extenso de objetivos, operando durante um longo tempo.

É comum pensar que manutenção diz respeito a máquinas e equipamentos, esquecendo-se que o conceito de manutenção é muito mais abrangente do que isso, haja vista, a manutenção do próprio corpo humano.

Equipamentos (máquinas, ferramentas, instrumentos, aparelhos, dispositivos) que não possam ser usados por não oferecer condições mínimas de utilização, ou que estejam sendo utilizados precariamente, acarretam uma série de problemas à empresa, tais como: operários e máquinas paradas; atraso na entrega das encomendas; sobrecarga de outras máquinas e operadores; necessidade de comprar ou tomar emprestado algum equipamento; terceirização dos serviços; elevado refugo; má qualidade do produto; baixa produtividade; acidentes; descontentamentos.

São os seguintes os tipos de manutenção:

Manutenção Corretiva – Troca ou recondiciona, o mais rápido possível, equipamentos que sofreram desgaste de qualquer natureza.

Manutenção Periódica – Feita para manter o equipamento em bom estado de funcionamento, incluindo, por exemplo: a lubrificação de motores, máquinas e equipamentos; a pintura de tubulações, em períodos preestabelecidos.

Manutenção Preventiva – Típica dos aviões e equipamentos de segurança, nascida das necessidades da guerra, com base estatística que considera o desgaste pelo uso, fadiga e outros fatores, para que esses limites não sejam alcançados. Uma série de medidas pode proporcionar uma boa manutenção preventiva, tais como: inspeção periódica do equipamento; comunicação imediata dos problemas; limpeza e lubrificação; revisões e pequenos reparos; proteções contra oxidação e apodrecimento; substituições de acessórios com data de validade vencida; estudo das instruções de uso; aprovisionamento de peças sobressalentes; treinamento do usuário.

Se você for encarregado da manutenção, lembre-se das seguintes premissas:

- A última coisa que se deve fazer é esperar que o equipamento quebre para depois pensar na manutenção.
- Todos os equipamentos, pequenos ou grandes, seguem a tendência de desgaste e com o tempo o valor dos mesmos diminui (depreciação) e o custo com manutenção aumenta.
- O controle estatístico é fundamental para a manutenção, pois ele é um serviço de alto nível.
- A manutenção deverá ser a menor possível, e, para isso, dependerá da qualidade dos equipamentos e do nível técnico do operador.
- A análise dos custos de manutenção deve sempre ser feita para cada caso particular.
- O risco de um equipamento parar será maior, quanto mais sofisticado for o mesmo.
- As intervenções às cegas podem causar mais demora, maior custo ou danos em equipamentos, por causa da pressa e da incompetência de não ter políticas de manutenção adequadas.

O pessoal da manutenção deve atender aos seguintes requisitos: Dispor de um conhecimento perfeito do equipamento; Ter em estoque todas as peças e acessórios prontos para serem utilizados; Haver adquirido, com base na experiência passada, a preocupação de treinar toda a equipe, a fim de minimizar o tempo gasto; Fazer um estudo minucioso do trabalho a executar.

A manutenção não só deve se preocupar com máquinas e equipamentos, mas também com edifícios, móveis, utensílios, instalações, encanamentos de água e esgoto, condutos de força e luz, que devem ser sempre mantidos em perfeitas condições de utilização e em bom estado de conservação. Quando os custos de manutenção de qualquer equipamento, mesmo já depreciado, chegar a 40% do seu valor de mercado, é mais conveniente comprar um novo, que, ainda, terá um período de garantia.

9.13 Segurança

A segurança pode ser conceituada como um estado, ou condição daquele ou daquilo, que se pode confiar. É impossível aos cidadãos, ou a qualquer segmento da coletividade, viverem dentro do alto índice de violência (insegurança), estampado diariamente pela mídia. Um problema de segurança é que não podemos realmente avaliar o valor de um braço, de uma perna ou de uma vida. Embora este valor seja considerado por muitos como de grande valor, não é assim que a maioria das pessoas pensa.

Por esta razão, os projetos de máquinas e equipamentos precisam apresentar um nível de segurança razoável para o operador. Em certos casos, as pessoas são suscetíveis a danos, quando a fonte de perturbação ultrapassa a capacidade de sua própria proteção sensorial, como nos casos de gases inodoros e radiações nocivas à saúde.

Infelizmente, muitos problemas de segurança surgem por causa de: preguiça, desleixo ou incompetência. A propensão a acidentes tem sido alvo de demorados estudos nas áreas de produção e distribuição. Embora a alma humana seja forte, o corpo é fraco. Os consumidores, usuários e pacientes querem segurança, bem como um controle de qualidade que alerte para condições perigosas.

A situação ideal é aquela em que todos os riscos são considerados. Isso é pouco provável, já que os riscos são analisados por sistemas humanos.

O sentimento de segurança, entretanto, abrange muitos aspectos além do econômico. Compreende também a confiança que se adquire pela adaptação ao meio ambiente. O sentimento de confiança com relação ao emprego depende de uma série de fatores entre os quais conhecer suas atribuições, saber como executá-las e fazê-las satisfatoriamente. Todo chefe deve procurar dar aos subordinados confiança sob esses aspectos.

O senso de segurança do indivíduo, que conhece sua função e sabe que está sendo bem sucedido difere acentuadamente de um outro que ainda se sente confuso e incerto, quanto à sua capacidade para desincumbir-se da tarefa.

A incerteza gera um sentimento de insegurança. Existem indivíduos autossuficientes, mas a maioria de nós tende a esperar o pior quando não sabemos o que poderá acontecer. Os boatos sobre possíveis mudanças de chefia, de métodos ou de outras condições de trabalho dão origem, frequentemente, a rumores e intranquilidade.

O esforço, o entusiasmo e o estímulo se deterioram quando o indivíduo se sente inseguro. Por outro lado, quando está livre de preocupações, pode concentrar sua energia em um trabalho construtivo. O chefe que consegue dar a seus subordinados esse sentimento de segurança aumenta, consideravelmente, as possibilidades de êxito na execução de suas atividades.

Os principais tipos de segurança são:

Segurança Patrimonial – Uma política de prevenção de roubos, geralmente, inclui: controle de entrada e saída de pessoal; controle de entrada e saída de veículos; estacionamento fora da área da empresa; ronda pelos terrenos da mesma e pelo seu interior; registro de máquinas, equipamentos e ferramentas; controles contábeis. Uma política de prevenção de incêndios pode ser praticada desde que as pessoas saibam o que provoca o incêndio e como fazer para a sua extinção.

O fogo que provoca um incêndio é uma reação química onde os seguintes elementos devem estar presentes: Combustível (sólido, líquido ou gasoso); Comburente (geralmente o oxigênio da atmosfera); Catalizador (a temperatura).

A extinção de um incêndio pode ser feita por meio dos seguintes princípios: Remoção ou isolamento (neutralização do combustível); Abafamento (neutralização do comburente); Resfriamento (neutralização da temperatura).

Patrimônio é o conjunto de bens e valores culturais e naturais devidamente reconhecidos.

Segurança de Pagamento – Com a expansão do crédito ao consumidor, com boa oferta de recursos, onde a modalidade de pagamento das compras de bens duráveis ficou facilitada, o consumidor se lançou nas compras a prazo, causando um alto grau de comprometimento de sua renda e gerando um endividamento, muitas vezes, difícil de pagar.

A segurança no pagamento de dívidas contraídas pelos consumidores fez com que fosse criado o Serviço Central de Proteção ao Crédito (SCPC). Também, outras instituições ajudam na proteção do crédito ao consumidor, informando o número de consultas e taxa de inadimplência. As consultas são um termômetro que reflete o movimento do comércio lojista.

Segurança da Informação – Como é grande o número de transações via internet, cresce a preocupação com a ética e a responsabilidade. As empresas desenvolvem ferramentas para ampliar a proteção dos consumidores virtuais contra a ação de hackers e vírus devastadores. Spam, e-mail indesejável, surge na tela sem permissão do usuário.

A capacidade multimídia da internet trouxe maior vulnerabilidade à propriedade intelectual e à falta de sigilo nas redes globais. Além disso, à medida que os serviços, via rede, aumentam, a segurança das transações, que envolvem dinheiro, são seriamente ameaçadas pelo crime organizado e pelos hackers independentes. Os e-mails são as portas de entrada dos hackers. Assim, nunca passe e-mails com arquivos anexos que possam ser executáveis. Vale acrescentar que não há nenhum sistema de informação 100% seguro (não existe risco zero). Portanto, é preciso determinar as medidas necessárias para que o risco seja minimizado a ponto de ser tolerável e quanto uma empresa está disposta a pagar.

Segurança do Trabalho – Assunto já abordado.

9.14 Higiene e Saúde

Do ponto de vista da administração de recursos humanos, a saúde, a higiene e a segurança dos empregados constituem uma das principais bases para a preservação da força de trabalho adequada. Higiene e saúde constituem duas atividades intimamente relacionadas, no sentido de garantir condições pessoais e materiais de trabalho, capazes de manter certo nível de saúde dos empregados.

A Organização Mundial de Saúde define saúde como um estado completo de bem-estar físico, mental e social e que não consiste somente na ausência de doença ou de enfermidade.

A higiene do trabalho refere-se a um conjunto de normas e procedimentos que visa à proteção da integridade física e mental do trabalhador, preservando-o dos riscos de doenças inerentes às tarefas do cargo e do ambiente físico onde são executadas. As mais importantes condições ambientais de trabalho são: iluminação, ruído, pressão, ventilação, temperatura, umidade, limpeza e esgotamento sanitário. Portanto, mantenha limpo e higienizado o local de trabalho, para não ter problemas de saúde.

A maioria das autoridades em administração está de acordo que os operários trabalham melhor em condições otimizadas de higiene e limpeza. Tais condições minimizam acidentes e incêndios. A higiene do trabalho previne o aparecimento das doenças ocupacionais.

Um plano de higiene industrial envolve, além dos serviços médicos adequados, os seguintes objetivos:

- Eliminação das causas das doenças profissionais.
- Redução dos efeitos prejudiciais provocados pelo trabalho em pessoas doentes ou portadoras de defeitos físicos.
- Prevenção do agravamento de doenças e lesões, por meio da preservação ambiental.
- Manutenção da saúde dos trabalhadores e aumento da produtividade.

Tais objetivos poderão ser alcançados pela educação de todos os funcionários, quer superiores e subordinados, para os perigos existentes e ensinando como evitá-los. É mister que sempre seja mantido um estado de alerta, por meio de pesquisas e observações, para novos processos, recursos e observações.

A higiene e limpeza têm relativa importância quanto ao bom aspecto do local de trabalho, não devendo, de forma alguma, ser relegado ao segundo plano. A falta de limpeza da empresa custa dinheiro sob três formas:

- Resulta mais cara, porque interfere na produção.
- A falta de limpeza nos locais de trabalho promove acidentes.
- Uma limpeza espaçada em períodos prolongados fica bem mais cara do que uma limpeza continuada.

A assistência à saúde é coisa séria para as empresas. Várias questões de gestão da saúde precisam ser tomadas em consideração, tais como:

- Como gerenciar o sistema de saúde da organização, maximizando resultados?
- Como alinhar o projeto de saúde à complexidade dos produtos?
- Qual o estágio de maturidade do conhecimento médico?

- Como incorporar elementos de diferenciação em serviços de saúde, com a experiência dos pacientes e com os custos associados?
- Qual o papel do setor público e do setor privado, no que diz respeito aos recursos financeiros?
- Qual o sistema de distribuição de verbas ótimo, entre o que é governo, empresa e indivíduo?
- Como encarar a longevidade e o envelhecimento da população?
- Qual a política de incentivos à pesquisa e desenvolvimento da saúde?
- Como incorporar novas tecnologias de maneira equilibrada para se atingir à efetividade?
- Quais os modelos a serem implantados para disseminar conhecimentos de saúde e de medicina?
- Como desenvolver índices e indicadores para avaliar o desempenho da saúde?
- Como disponibilizar dados e informações de saúde às demais organizações?
- Como criar banco de dados confiáveis e relevantes?

Teste de Aferição de Conhecimento

01 – O trabalho do gestor é:
( ) Sistemático
( ) Rotineiro
( ) Atípico
( ) Estratégico

02 – Otimizar, na linguagem administrativa significa:
( ) Usar os recursos que possui da melhor maneira possível
( ) Alavancar estrategicamente o recurso
( ) Dar o caminho adequado ao recurso

03 – Qual o conceito de produtividade?
( ) Relação entre quantidades
( ) Produção por unidade de gasto
( ) Comparação entre a quantidade de produtos fabricados, no passado, com os, hoje, produzidos.

04 – A racionalização é a luta:
( ) Contra a desorganização
( ) Contra o desperdício
( ) A favor da experiência
( ) Pela normalização

05 – Qual a maior contribuição do estudo dos tempos e movimentos?
( ) Racionaliza os métodos de trabalho
( ) Torna as tarefas mais fáceis de serem executadas
( ) Fixa um tempo padrão de execução da tarefa

06 – Qual a prioridade que se deve dar, para ter uma boa higiene na empresa?
( ) Serviço médico
( ) Limpeza
( ) Normas e procedimentos

( ) Acidentes de trabalho

07 – Qual aspecto é o mais considerado no sistema de segurança?
( ) Econômico
( ) Social
( ) industrial
( ) Pessoal

08 – É correto dizer que o lote econômico é o ótimo a produzir?
( ) Sim
( ) Não

09 – O estudo de Tempos e Movimentos é recente?
( ) Sim
( ) Não
( ) Data do final do Século XVII
( ) Muito recente

Capítulo 10

Problema

"A definição, a análise e a resolução de problemas são tão importantes quanto planejar e estabelecer estratégias".
Robert Heller

Objetivos do Capítulo

- Mostrar a dificuldade de se definir o que é um problema.
- Mostrar os principais tipos de problema.
- Mostrar que, mesmo utilizando as principais ferramentas de solução, nem sempre é possível se chegar a uma resposta satisfatória.

10.1 Conceito de Problema

Problema pode ser considerado como uma situação que exige busca e solução. Esta resposta pode alterar um processo, uma decisão, uma realidade, um objetivo, uma estratégia, uma política, um procedimento, um plano e um projeto, por exemplo. Chiavenato admite que "um problema acontece quando encontramos uma discrepância entre o que é e o que deveria ser". Hampton afirma que "a mola que aciona o processo decisório é a consciência de que existe um problema".

Assim, um problema (questão) é algo (situação, dificuldade, necessidade) não resolvido, que pode causar discussão, constrangimento, conflito, hesitação, perplexidade, por difícil de explicar ou de solucionar, em qualquer campo do conhecimento, e que merece um estudo aprofundado. É a partir da capacidade de reflexão crítica, a respeito dos problemas, que o administrador procura interpretar e descobrir as suas causas e efeitos.

O fracasso na resolução de um problema vai revelar em que pontos se acham as dificuldades e as condições mínimas que uma solução deve satisfazer. Albert Einstein afirmou: "Na ciência não é tão importante resolver os problemas como bem formulá-los".

Tomada de decisão e problema andam juntos, mas são diferentes, porque a decisão está intimamente ligada à solução de um problema, comprometendo-se com uma alternativa específica. É importante ressaltar o fato de que um problema não é a ausência de solução, pois existem problemas legados pelos povos antigos que, até hoje, não encontramos solução.

Os gregos descobriram que os problemas nunca são resolvidos e sim transferidos para outros. Assim, por exemplo, a redução de custos de uma empresa fez com que a mesma dispensasse mão de obra, isto é, ela transferiu o seu problema para os funcionários demitidos.

O administrador se defronta com problemas, cada vez mais, diferentes e complexos. Sua atenção será disputada por eventos e por grupos situados dentro e fora da empresa, que proporcionarão informações contraditórias; complicarão a sua diagnose, o seu diagnóstico e a sua visão de solução do problema. Cabe, aqui, um esclarecimento sobre a confusão que até autores consagrados fazem de diagnóstico, diagnose e sintoma:

Diagnose – É a caracterização da problemática, isto é, conjunto de problemas relativos a um mesmo assunto questão.

Diagnóstico – É o caminho que resolve, mesmo que temporariamente, o problema, através de hipótese(s) de solução.

Sintoma – Um sintoma é um desvio do comportamento de um sistema àquilo que se considera normal. Custos mais baixos do que os normais são um sintoma e não algo errado; indicam uma mudança no sistema.

10.2 Definição do Problema

A definição clara e precisa do problema representa um investimento em tempo e, às vezes, em recursos, cuja utilidade é frequentemente subestimada, com desastrosas implicações. O objetivo básico da definição do problema é obter uma ideia preliminar, geral e sistêmica da questão, da mudança, do impasse, do conflito, da desmotivação. As perguntas básicas são: Quê? Quem? Como? Quando? Quanto? Por quê?

A primeira coisa a fazer é descobrir as causas do problema para bem defini-lo. Em outras palavras, é necessário definir o que está errado e o que deve ser corrigido, ou o que é necessário criar para preencher uma lacuna ou finalidade específica. Não se trata ainda de dar detalhes sobre como ou o que fazer, mas sim de permitir uma visão da situação atual e de suas deficiências, se for o caso. Em resumo, é uma tomada de posição que formará, junto com os objetivos, um conjunto de razões que justificam encarar a situação como um problema que merece uma solução.

A formulação do problema indica exatamente qual a dificuldade que se pretende resolver. Formular o problema consiste em dizer de maneira explícita, clara, compreensível e operacional qual a dificuldade com a qual nos defrontamos e que pretendemos resolver, limitando o seu campo e apresentando suas características. O objetivo é tornar o problema individualizado, específico e inconfundível.

É importante observar que os limites do problema são fundamentais para a própria resolução do mesmo, tendo em vista que o administrador poderá dar respostas incongruentes ao verdadeiro tamanho do problema. Quanto menor for a questão, maior a facilidade de solução, e vice-versa. Como os limites são identificados por seres humanos, os mesmos estão sujeitos à subjetividade.

O entendimento do problema estará em função das informações coletadas e seus meios de busca. Mas, estas informações são interpretadas sob a ótica da percepção do analista. Assim, é difícil dizer se a interpretação é a melhor possível.

Um problema para existir precisa de uma causa (origem), que está diretamente associada ao efeito. Mas, nem todo efeito é um problema, pois pode ser algo favorável. As principais causas de problemas podem ser, por exemplo: Falta de Conhecimento; Comportamento Inadequado; Excesso de Aplicação de Métodos e Técnicas; Falta de Saúde; Falta de Metodologia; Falta de Habilidade; Excesso de Preciosismo; Falta de Atenção; Falta de Recursos; Falta de Ferramentas de Gestão.

10.3 Classificação dos Problemas

É muito difícil classificar os problemas já que estes existem sob todas as formas, porque tudo na vida pode ser considerado um problema. Assim, consideraremos a seguinte tipologia:

A) Quanto ao Tempo:

Problema Importante – Problema que precisa ser solucionado de forma mediata.

Problema Urgente – Problema que requer uma solução imediata.

B) Quanto à Definição:

Problema Estruturado – Problema que é claramente definido, tendo suas variáveis conhecidas.

Problema Não Estruturado – Problema que não é claramente definido, onde não há variáveis, ou, ainda, se existem, são pouco confiáveis.

C) Quanto ao Âmbito:

Problema Geral – Problema onde os limites não são claros.

Problema Específico – Problema onde os limites são definidos.

D) Quanto ao Contexto:

Problema Organizacional – Problema relativo a processos de melhoria do desenvolvimento e progresso da organização, cujas soluções serão encontradas, por meio das funções administrativas.

Problema Comportamental – Problema relativo à interação e integração das pessoas e seus conflitos.

Problema de Mercado – Problema que aborda preços, produtos, inovações, concorrentes, recursos e quantidades negociadas.

Problema Ambiental – Problema trazido do meio (ambiente externo) que compromete a organização. Os problemas de mutabilidade do ambiente estão relacionados às variáveis que afetam as atividades. Assim, o ambiente onde a tarefa é realizada estará em função da concorrência, das agências governamentais (reguladoras), dos fornecedores de recursos, dos consumidores, da mudança organizacional, das previsões de venda, das demandas de mercado, das inovações de produtos e processos, das novas tecnologias, das incertezas, das turbulências, das contingências, por exemplo. Não há como afastar o problema da mutabilidade, porque, cada vez mais, os cenários serão diferentes e cambiantes, levando a sociedade para o conflito. Infelizmente, não há como fugir.

Problema em Família – Problema onde são tratadas as relações entre parentes, herdeiros e sucessores, que trabalham na organização, como dirigentes da mesma, donos ou não. Uma empresa da qual participam numerosos membros de uma família, com variadas idades e relações entre si, muitas vezes, se desintegra por questões de domínio e sucessão.

Problema de Governo – Problema que trata das regulamentações e intervenções do Estado nas empresas/organizações. Os problemas governamentais surgem devido à ingerência exagerada que o governo tem sobre a iniciativa privada, tais como: alta tributação; falta de controle da poluição e desmatamento; juros de crédito elevados; burocracia; insegurança; tratamento igual para grandes e pequenos; regulamentação excessiva; custo pais; corrupção; infraestrutura; gastos públicos; política fiscal; legalização da empresa em vários órgãos de governo; impedimentos quanto ao horário de funcionamento; mecanismos de recolhimento cada vez mais complicados; políticas de padronização excludentes; contratos de parcerias; estrutura judicial e tantos outros.

Problema Empresarial – Problema que envolve a missão, os objetivos e os resultados da empresa, visando a sua sobrevivência.

Problema de Gestão – Problema relativo aos processos de gerenciamento e otimização dos recursos.

E) Quanto às Funções Organizacionais:

Problema Financeiro – Problema relativo à: capital próprio, liquidez, capital de giro, orçamentos, credores, caixa, câmbio, financiamento, contabilidade.

Problema de Marketing – Problema relativo à: marca, relações com consumidores, nichos de mercado, estratégias de divulgação do produto.

Problema de Produção – Problema relativo à: custo, produtividade, compra de matérias-primas e insumos, movimentação de materiais e produtos, distribuição, armazenagem, refugos, prevenção de acidentes, ambientes de produção, controle de estoques.

Problema de Venda – Problema relativo à: preço, carteira de pedidos, devoluções, cancelamentos, turnover de vendedores.

Problema de Logística – Problema relativo à: distribuição física de produtos, movimentação e fracionamento de cargas, meios (canais) de transporte e embarque.

Problema de Material – Problema relativo à: movimentação, armazenamento, distribuição, conservação, contabilidade, compra, suprimento, transporte, inventário.

Problema de Sistema – Problema relativo à: complexidade, abordagem, entropia, limites, atuação, interfaces, adaptação, ambiente.

Problema de Informática – Problema relativo à: utilização, finalidade, filtro, distorção, tratamento, segurança, valor, fonte, uso, engenharia, qualidade usuário, administração, fluxo e necessidade da informação.

Problema de Serviço – A insatisfação com o serviço gera um problema. É importante, de imediato, determinar sintomas que poderão vir a ajudar na prevenção dos problemas de serviço. Alguns sintomas podem ser observados, pelas questões: O serviço contém desvios de requisitos, especificações, procedimentos e preços? O serviço possui recursos para corrigir suas falhas? A gerência de serviços fornece padrões de desempenho e treinamento adequados? A direção da empresa admite uma parcela de responsabilidade pelo problema causado?

Problema de Desenvolvimento – Problema relativo à: criatividade, inteligência, conhecimento, percepção, educação, aprendizagem, treinamento, instrução, inovação, observação, perfeccionismo, personalidade, especialização.

Problema de Segurança – Problema relativo à prevenção de: acidentes, roubos e incêndios.

Problema de Manutenção – Problema relativo à: rendimento, produtividade, falha, quebra, deficiência, correção, desvio, custo, ruído, interrupção e reposição de: máquinas, equipamentos e instalações.

Problema de Tecnologia – Problema relativo à: treinamento, usuário, produção, compra, implantação, aplicação, desenvolvimento, atualização, investimento.

Problema Social – Problema relativo à responsabilidade da organização para com o ambiente, sociedade, empregados, consumidores, usuários, pacientes, fornecedores, parceiros, setores da economia, mercados, governos.

10.4 Solução

A habilidade de resolver problemas pode ser conceituada como aquela facilidade que a pessoa tem para definir, estruturar e solucionar o problema, determinando as variáveis e hipóteses que levam a solução. A solução é um meio ou processo de superar um problema. Nem sempre a solução apresentada permite a resolução total do problema, pois a mesma tem de ser conclusiva e demonstrável, como recomenda a ciência.

O homem tem buscado sempre o encadeamento das relações, dos fatos ou eventos, procurando estabelecer ligações entre os fenômenos e as ideias. É comum associar a ideia de que sistemas são utilizados no gerenciamento de problemas, como: a construção de uma fábrica, o desenvolvimento de um novo produto ou a descoberta de um novo processo, por exemplo. Por isso, vale a máxima: "Quando conseguimos definir um problema estamos a meio caminho da solução, mas, às vezes, a dificuldade em descobri-lo é um entrave para o homem de negócios".

Pode parecer fácil solucionar um problema empresarial para aqueles que administram no estilo "apaga incêndio", isto é, resolvem o problema, mas não se preocupam em criar condições para evitá-lo no futuro. Não estudam as causas, porque não têm esta habilidade.

A solução de um problema utiliza, racionalmente, as ferramentas gerenciais. Assim a função administrativa análise, por exemplo, busca a melhor resposta possível dentre várias. Resposta é uma reação necessária e suficiente, embora nem sempre seja a solução do problema. Resultado é o produto da saída de: um sistema, um processo, uma atividade (operação, ação, tarefa).

Assim, o resultado de uma empresa é ter consumidores satisfeitos, de um hospital é ter pacientes curados e de uma escola é ter alunos mais bem preparados para enfrentar a vida. O resultado leva o indivíduo (a organização) a tomar decisões apropriadas para continuar sobrevivendo e competindo no mercado e na vida.

A solução de cada problema é dada por meio de uma série de ajustamentos, em que cada um deles é avaliado em relação à margem de contribuição que dê para o resultado final. Como as pessoas evitam "perder" tempo, energia e dinheiro na busca de uma solução própria e original, elas se voltam para soluções já apresentadas e de conhecimento geral. Entretanto, nem todos os problemas são resolvidos com esta abordagem prática.

10.5 Ferramentas de Solução

Alguém com a ferramenta certa, no tempo certo, tem condições de resolver um determinado problema? É bem provável. Pode-se dizer que a ferramenta ajuda a diminuir a complexidade de como tudo se apresenta aos olhos do ser humano e, principalmente, de uma empresa, tendo em vista o alto grau de incerteza em todos os mercados que atua.

Em Administração, a ferramenta será considerada como um recurso apoiado em leis, regras, princípios, premissas, procedimentos e políticas, que dará ao dirigente, condições de não só decidir, como solucionar um problema. Todas as funções administrativas e organizacionais de uma empresa utilizam ferramentas para apoiar, no seu dia a dia, as diversas decisões e soluções a serem implementadas.

Apesar de sua grande utilidade, as ferramentas devem ser escolhidas e operadas tendo em vista a resolução do problema. O problema é que deve determinar a ferramenta e não o contrário. Um dos graves erros que se pode cometer é acreditar que uma ferramenta substitui o ato de pensar e dispensa a análise da situação. A seguir, as principais ferramentas de solução:

Método – O método é um dos procedimentos primordial na solução de um problema. Mas, não basta dominar os métodos de uma ciência, pois eles somente são úteis quando conhecemos o enunciado do problema para dar solução.

Metodologia – A metodologia é o arranjo de etapas (passos) de ação, por meio de uma organização lógica de procedimentos, visando atingir um determinado objetivo, que pode ser a solução de um problema. Se tal objetivo não for alcançado, é provável, que as etapas não foram seguidas ou as mesmas estão equivocadas. Também pode ser considerada como uma coleção de métodos, técnicas, procedimentos e ferramentas para otimizar um determinado processo, levando o indivíduo a: conhecer, agir e fazer um determinado estudo.

Política – Políticas são guias de raciocínio planejadas para a tomada de decisões repetitivas. Quando não existem políticas, já se sabe qual é o resultado: A cada dia um caminho diferente. As políticas proporcionam um padrão de decisão para problemas recorrentes de natureza semelhante, aumentando o poder de comparação e avaliação. São orientações para a ação que facilitam a tomada de decisão. Uma política rege, mas não faz o trabalho.

Reunião – Um grupo bem entrosado, que se reúne para trocar conhecimentos e opiniões, necessidades e esperanças, confiança e medo cria um efeito sinergético e uma mecânica bastante dinâmica, que muda de minuto a minuto, à medida que a interação grupal se desenvolve. É importante dizer que a reunião é a ferramenta mais utilizada para solucionar problemas.

Dinâmica de Grupo – A dinâmica de grupo é o nome que se dá à reunião de pessoas em pequenos grupos para a solução de um problema de interesse comum. Este método não só ajuda a solucionar problemas como desenvolve estratégias, táticas, procedimentos, rotinas, diretrizes e políticas. Através da dinâmica de grupo as pessoas aprendem a se conhecer e a trabalhar em equipe.

Estudo de Caso – O estudo de caso consiste em apresentar de forma sucinta uma situação real ou fictícia, para ser discutida em um grupo. A forma de como apresentar o caso pode consistir em descrição, narração, diálogo, dramatização, sequência de fotos, filme, artigo, resenha, relatório. Esta técnica consiste na apresentação de um caso para um determinado grupo dar sugestões ou apresentar soluções, conforme o fato, enfoque ou método.

É importante observar que ninguém pode, com certeza, dizer qual o caminho certo na solução de um problema. Mas, quanto mais aprofundada for a análise metodológica, maior é a certeza de que a tomada de decisão apresente menor risco. As etapas do método de estudo de caso são as seguintes: Leia o caso cuidadosamente; liste os aspectos (fatos) básicos e relevantes; Avalie as informações e busque definir o problema; estabeleça alternativas de solução para o problema; Escolha a alternativa de solução mais adequada; implemente; Comunique a solução.

Modelo – Os modelos ajudam a economizar tempo e dinheiro. Munidas desses instrumentos, as pessoas correm menos riscos, tendo em vista que a construção de modelos se aplica, principalmente, a tomada de decisão, resolução de problema e avaliação de desempenho. Sua utilização permite o ser humano errar menos, eliminar testes de campo, porque podem substituir referidos testes por simulações. Um modelo é a expressão de um raciocínio, de um encaminhamento lógico que parte dos dados de base, que são o resultado da observação da realidade, para a escolha de uma solução que possibilite uma ação.

Gráfico – Gráfico é a representação, em uma superfície plana, de um objeto, de uma relação ou de um raciocínio esquematizado, objetivando visualizar uma ideia e facilitar a transmissão precisa de um resultado como também explicitar o problema a ser tratado. O uso de gráficos visa fornecer desenhos tão simples e evidentes quanto possível e, ao mesmo tempo, permite a definição de um modelo esquemático que possa servir aos fins de cada estudo, como uma fiel reprodução da situação real.

Variável – A variável é qualquer quantidade, qualidade, classificação, medida, característica ou atributo que pode possuir diferentes valores numéricos. O aspecto que mais salta aos olhos no equacionamento de um problema são as variáveis que assumem diferentes valores, às vezes, mutuamente excludentes para ajudar a testar a(s) hipótese(s). Portanto, uma variável pode ser considerada, também, como: valor, aspecto, propriedade, fator, objeto, traço, magnitude.

Para que a solução seja confiável é necessário que a variável seja embasada nas seguintes propriedades: Homogeneidade (relacionamento lógico); Inclusivibilidade (dentro de determinada categoria); Utilidade (serve a um fim); Exclusivibilidade (representa uma única dimensão).

Hipótese – Hipótese é uma suposição que se faz na tentativa de explicar o que se desconhece. Ela é uma proposição enunciada para responder, tentativamente, a um problema. É um enunciado conjectural das relações entre duas ou mais variáveis. A característica básica de uma hipótese é de que ela é uma suposta, provável e provisória resposta a um problema. Isto quer dizer que demanda tempo para ser comprovada e aceita.

Pesquisa Operacional – A pesquisa operacional é considerada simplesmente uma teoria da decisão aplicada. Ela pode ser caracterizada como a aplicação de métodos, técnicas e instrumentos científicos aos problemas que envolvem operações de sistemas, de modo a munir os executivos responsáveis de técnicas, de soluções ótimas para os problemas. Este tipo de pesquisa levará em conta os seguintes aspectos: Uma visão sistêmica do problema a ser resolvido; Uma concordância quanto ao uso do método científico; A utilização de estatística, probabilidade e matemática.

Programação Dinâmica – A programação dinâmica é uma técnica aplicada a problemas que possuem várias partes interrelacionadas, sem, porém, perder de vista o objetivo último. Somente quando o efeito de cada decisão for determinado é que poderá ser efetuada a escolha final. Chiavenato nos mostra um exemplo de aplicação dessa programação: Um motorista que deseja ir de um ponto a outro, devendo ainda interromper a viagem para almoçar, normalmente, soluciona o problema por fases. Primeiro, seleciona locais de refeição. Segundo, determina o trajeto ótimo (menor caminho). Terceiro, onde vai almoçar, em função do trajeto anteriormente traçado.

Programação Linear – Programação linear é uma técnica da pesquisa operacional que visa encontrar soluções que otimizem os resultados, minimizando os custos decorrentes. Ela é baseada na pressuposição de que existe uma relação linear entre variáveis e que os limites de variação podem ser bem determinados.

Teste de Aferição de Conhecimento

01 – Os problemas, quaisquer que sejam, sempre têm solução?
( ) Sim ( ) Não ( ) Depende do problema

02 – Os mais importantes causadores de problemas são:
( ) Por falta de conhecimento ( ) Por excesso de aplicação de técnicas

03 – Dentre as ferramentas abordadas para solucionar problemas, qual a mais prática?
( ) Metodologia ( ) Reunião
( ) Análise ( ) Dinâmica de grupo

04 – Por que a formulação de um problema é tão importante?
( ) Ajuda na sua solução ( ) Mostra a situação a ser resolvida
( ) Diz qual o ambiente de solução

05 – O que é um problema?
( ) Uma situação pretendida que não é alcançada ( ) Algo que não deu certo

06 – A solução de um problema estará em função dos recursos do analista?
( ) Sim ( ) Não ( ) Somente dos recursos financeiros

07 – Decidir sobre uma situação é o mesmo que solucionar um problema?
( ) Sim ( ) Não ( ) Decidir não tem nada a ver com solucionar

Referências Bibliográficas

ACKOFF, Russel L. *Planejamento empresarial.* Rio de Janeiro: LTC, 1979.

ADDISON, M. E. *Fundamentos de organização e métodos.* Rio de Janeiro: Zahar, 1979.

ADIZES, Ichak. *Os ciclos de vida das organizações.* São Paulo: Pioneira, 1990.

ALBERS, H. e Schoer L. *Princípios de organização e administração.* Rio de Janeiro: Renes, 1970.

ALBERS, Henry H. *Princípios de administração.* Rio de Janeiro: LTC, 1971.

ARAÚJO, Luiz César. *Organização e métodos.* São Paulo: Atlas, 1994.

ARGYRIS, Cris. *Personalidade e organização: o conflito entre o sistema e o indivíduo.* Rio de Janeiro: Renes, 1969.

BACÃO, Yolanda Ferreira e L. Leite Cordeiro. *O comportamento humano na empresa: uma antologia.* Rio de Janeiro: FGV, 1977.

BACKER, Paul de. *Gestão ambiental: a administração verde.* Rio de Janeiro: Qualitymark, 1995.

BARKI, Roger e Josy Alzogaray. *Guia completo do funcionamento de uma empresa.* Petrópolis: Vozes, 1985.

BARNARD, Chester I. *As funções do executivo.* São Paulo: Atlas, 1971.

BARNES, R. M. *Estudo de movimentos e tempos.* São Paulo: Edgar Blücher, 1969.

BAUER, Ruben. *Gestão da mudança: caos e complexidade nas organizações.* São Paulo: Atlas, 1999.

BENNIS, Warren G. *Desenvolvimento organizacional: sua natureza, origens e perspectivas.* São Paulo: Edgard Blücher, 1969.

BENNIS, Warren. *Formação do líder.* São Paulo: Atlas, 1996.

BERGANINI, Cecília Whitaker. *Motivação nas organizações.* São Paulo: Atlas, 1997.

CASTILHO, Áurea. *Liderando grupos: um enfoque gerencial.* Rio de Janeiro: Qualitymark, 1999.

CHIAVENATO, Idalberto. *Administração: teoria, processo e prática.* São Paulo: Makron Books, 1987.

CHIAVENATO, Idalberto. *Introdução à teoria geral da administração.* Rio de Janeiro: Campus, 2000.

CHURCHUMANN, C. West. *Introdução à teoria dos sistemas.* Petrópolis: Vozes, 1972.

COSTA, Nelson P. *Análise do resultado empresarial.* Rio de Janeiro: Ciência Moderna, 2010.

COSTA, Nelson P. *Básico de administração.* Rio de Janeiro: Pecos, 2005.

COSTA, Nelson P. *Comunicação empresarial.* Rio de Janeiro: Ciência Moderna, 2008.

COSTA, Nelson P. *Documentos empresariais.* Rio de Janeiro: Ciência Moderna, 2012.

COSTA, Nelson P. Gestão de restaurante. Rio de Janeiro: Ciência Moderna, 2016.

COSTA, Nelson P. *Marketing para empreendedores.* Rio de Janeiro: Qualitymark, 2003.

COSTA, Nelson P. *Tempo: aprenda a administrar.* Rio de Janeiro: Ciência Moderna, 2008.

CULLIGAN, Matthew J. *Administração de volta às origens.* São Paulo: Abril, 1987.

CURY, Antonio. *Organização e métodos: uma perspectiva comportamental.* São Paulo: Atlas, 1981.

D'ARAUJO, A. Luiz. *Princípios de organização.* Rio de Janeiro: Fórum, 1974.

DEMING, W. Edwards. *A nova economia.* Rio de Janeiro: Qualitymark, 1997.

DEMING, W. Edwards. *Qualidade; a revolução da administração.* Rio de janeiro: Saraiva, 1989.

DRUCKER, Peter F. *Inovação e espírito empreendedor.* São Paulo: Pioneira, 1990.

DRUCKER, Peter F. *Introdução à administração.* São Paulo: Pioneira, 1991.

DRUCKER, Peter F. *O gerente eficaz.* Rio de Janeiro: Zahar, 1981.

DRUCKER, Peter F. *Prática de administração de empresas.* Rio de Janeiro: Zahar, 1959.

DRUCKER, Peter F. *Uma era de descontinuidade.* Rio de Janeiro: Zahar, 1974.

ENRICK, Norbert L. *Planejamento administrativo.* São Paulo: Atlas, 1972.

ETIZIONI, Amitai. *Organizações modernas.* São Paulo: Pioneira, 1969.

FARIA, A. Nogueira. *A comunicação na administração.* Rio de Janeiro: LTC, 1982.

FARIA, A. Nogueira. *Chefia e liderança*. Rio de Janeiro: LTC, 1982.
FARIA, A. Nogueira. *Dinâmica da administração: perspectivas e projeções*. Rio de Janeiro: LTC, 1978.
FARIA, A. Nogueira. *Organização de empresas*. Rio de Janeiro: LTC, 1974.
FARIA, Nivaldo Maranhão. *Organização do trabalho*. São Paulo: Atlas, 1984.
FAYOL, Henri. *Administração industrial e geral*. São Paulo: Atlas, 1981.
FRANCAROLLI, Luiz Machado. *Pequena e média empresa*. São Paulo: Pioneira, 1975.
GARCIA, Volnei Pereira. *Desenvolvimento das famílias empresariais*. Rio de Janeiro: Qualitymark, 2001.
GARVIN, David A. *Gerenciando a qualidade: a visão estratégica e competitiva*. Rio de Janeiro: Qualitymark, 1998.
GATES, Bill. *A empresa na velocidade do pensamento*. São Paulo: Companhia das Letras, 2000.
GIL, Antonio de Loureiro. *Sistemas de informações contábil e financeira*. São Paulo: Atlas, 1992.
GRAHAM, Pauline. *Mary Parket Follet: profeta do gerenciamento*. Rio de Janeiro: Qualitymark, 1996.
HAMPTON, David R. *Administração contemporânea*. São Paulo: McGraw-Hill, 1983.
HAMPTON, David R. *Conceitos de comportamento na administração*. São Paulo: EPV, 1973.
HANKS, Kurt. *O navegador de mudanças*. Rio de Janeiro: Qualitymark, 1998.
IUDICIBUS, Sergio de. *Contabilidade gerencial*. São Paulo: Atlas, 1987.
JUCIUS, Michael J. e Willian E. Schlender. *Introdução à administração*. São Paulo: Atlas, 1988.
KANAANE, Robert. *Comportamento humano nas organizações*. São Paulo: Atlas, 1999.
KATZ, Daniel e Robert Kanh. *Psicologia social das organizações*. São Paulo: Atlas, 1976.
KEIN, David A. *A gestão estratégica do capital intelectual*. Rio de Janeiro: Qualitymark, 1998.
KOONTZ, Harold e Cyril O' Donnel. *Princípios de administração*. São Paulo: Pioneira, 1974.
LAWRENCE, Paul e Jay Lorsch. *As empresas e o ambiente*. Petrópolis: Vozes, 1973.
LEONE, George S. Guerra. *Custos: um enfoque administrativo*. São Paulo: Atlas, 1983.
LERNER, Walter. *Organização, sistemas e métodos*. São Paulo: Atlas, 1982.
LIKERT, Rensis. *Novos padrões de administração*. São Paulo: Pioneira, 1971.
LODI, J. G. *A crise da organização*. São Paulo: Atlas, 1986.
LODI, João Bosco. *A diretoria da empresa: estratégia e estrutura*. Petrópolis: Vozes, 1972.
LODI, João Bosco. *A presidência da empresa*. São Paulo: Pioneira, 1985.
LODI, João Bosco. *História da administração*. São Paulo: Pioneira, 1980.
LOEN, Raymundo. *Administração eficaz*. Rio de Janeiro: FGV, 1985.
LUCENA, Maria D. Salete. *Avaliação de desempenho*. São Paulo: Atlas, 1992.
MACHIAVEL, Nicolo de. *O príncipe*. Rio de Janeiro: Civilização, 1976.
MASLOW, Abraham H. *Maslow no gerenciamento*. Rio de Janeiro: Qualitymark, 2000.
MAXIMIANO, Antonio C. Amaru. *Teoria geral da administração*. São Paulo: Atlas, 2000.
Mc GREGOR, Douglas. *O lado humano da empresa*. São Paulo: Martins Fontes, 1980.
MINTZBERG, Henry. *Criando organizações eficazes*. São Paulo: Atlas, 1995.
MORAIS, Carmem. *Atitudes de empreendedores*. Rio de Janeiro: Qualitymark, 2000.
MOTTA, Paulo Roberto. *Gestão contemporânea: a ciência e a arte de ser dirigente*. Rio de Janeiro: Record, 1991.
MOTTA, Paulo Roberto. *Planejamento Organizacional*. Rio de Janeiro: FGV, 1988.
NASBIT, John e P. Adurdene. *Megatrens*. São Paulo: Amana-Key, 1990.
OUCHI, Willian. *Teoria Z*. São Paulo: Nobel, 1988.
PARKER, S. R. *Sociologia da indústria*. São Paulo: Atlas, 1988.
PARKINSON, C. Northcote. *A lei de Parkinson*. São Paulo: Pioneira, 1967.
PAULA, Ieda de. *Do chão de fábrica à presidência*. Rio de Janeiro: Qualitymark, 1999.
PERROW, Charles. *Análise organizacional: um enfoque sociológico*. São Paulo: Atlas, 1976.
PETERS, Thomas e Robert Watermann Jr. *Vencendo a crise*. São Paulo: Harbra, 1991.
RAMOS, A. e Materko R. *Comunicação administrativa eficaz*. São Paulo: Alhambra, 1985.

RESNIK, Paul. *A bíblia da pequena empresa*. São Paulo: McGraw-Hill, 1991.
RONCHI, Luciano. *Organização, métodos e mecanização*. São Paulo: Atlas, 1973.
SILVA, Adelphino Teixeira. *Administração básica*. São Paulo: Atlas, 2000.
SIMON, Herbert A. e James G. March. *Teoria das organizações*. Rio de Janeiro: FGV, 1970.
SIMON, Herbert. *Comportamento administrativo*. Rio de Janeiro: FGV, 1964.
SLOAN, Alfred. *Minha vida na General Motors*. Rio de Janeiro: Record, 1965.
TAVARES, Maria das Graças de Pinho. *Cultura organizacional*. Rio de Janeiro: Qualitymark, 1999.
TAYLOR, Frederick Winslow. *Princípios de administração científica*. São Paulo: Atlas, 1966.
THUROW, Lester C. *A construção da riqueza*. Rio de Janeiro: Rocco, 2001.
TOFFLER, Alvin. *A empresa flexível*. Rio de Janeiro: Record, 1985.
TOFFLER, Alvin. *O choque do futuro*. Rio de Janeiro: Artenova, 1972.
TZU, Sun. *A arte da guerra*. São Paulo: Record, 1990.
VIEIRA, Marcelo M. Falcão e Lucia M. B. de Oliveira. *Administração contemporânea: perspectiva estratégica*. São Paulo: Atlas, 1999.
WARLICH, Beatriz M. S. *Uma análise das teorias de organização*. Rio de Janeiro: FGV, 1974.
WEIL, Pierre. *Relações humanas na família e no trabalho*. Rio de Janeiro: FGV, 1976.
WOODWARD, Joan. *Organização industrial: teoria e prática*. São Paulo: Atlas, 1977.

Impressão e acabamento
Gráfica da Editora Ciência Moderna Ltda.
Tel: (21) 2201 - 6662